Ullstein Sachbuch

D1660313

ÜBER DAS BUCH:

Vielfach mangelt es Frauen, die eine Berufslaufbahn einschlagen wollen, an Orientierungshilfen, die für Männer ganz selbstverständlich sind. Aufstiegswillige Frauen haben noch selten direkte weibliche Vorbilder, mit denen sie sich positiv oder negativ auseinandersetzen können, und Informationen über weibliche Berufslaufbahnen sind rar. Das vorliegende Buch möchte diese Lücke schließen. Hier wird nicht einseitig jubelnd über Karrierefrauen berichtet, sondern Frauen, die in ihren Berufen sehr erfolgreich sind, erzählen selbst von ihrem Werdegang und ermöglichen so einen direkten und menschlichen Einblick in die Entwicklung von weiblichen Karrieren.

ÜBER DIE AUTORIN:

Beate Henes-Karnahl, geboren 1953, ist Diplom-Volkswirt und arbeitet freiberuflich als Wirtschaftsjournalistin. Sie war stellvertretende Chefredakteurin eines Wirtschaftsmagazins und veröffentlichte das Buch »Kurs auf den Erfolg – Karriere-Strategien für die Frau im Beruf«.

Beate Henes-Karnahl

Frauen machen Karriere

Ullstein Sachbuch

Ullstein Sachbuch
Ullstein Buch Nr. 34765
im Verlag Ullstein GmbH,
Frankfurt/M – Berlin

Originalausgabe

Umschlaggestaltung:
Theodor Bayer-Eynck

Printed in Germany 1992
Gesamtherstellung:
Ebner Ulm
ISBN 3 548 34765 7

März 1992

Fotonachweis:

S. 11: Michael Rennertz, Meerbusch
S. 12: KölnMesse
S. 72: Foto- und Pressedienst v. K., Offenbach
S. 92: Monika Werneke, Wiesbaden
S. 115: Foto-Atelier Gerda Herrmann, Gütersloh
S. 156: Regina Klose, Frankfurt
S. 196: Bernhard Ott & Sohn, Frankfurt
S. 221: Helmut Claus, Köln
S. 248: Bundesbildstelle, Bonn
S. 295: Hipp-Foto, Berlin
S. 317: Atelier Schorcht, Gütersloh
S. 338: J. Darschinger
S. 360: Adam Pentos, München
S. 402: Harald Paulens, Berlin
S. 424: Scheben PR

Die Deutsche Bibliothek –
CIP-Einheitsaufnahme

Henes-Karnahl, Beate:
Frauen machen Karriere / Beate
Henes-Karnahl. – Orig.-Ausg. –
Frankfurt/M; Berlin: Ullstein, 1992
(Ullstein-Buch; Nr. 34765:
Ullstein-Sachbuch)
ISBN 3-548-34765-7
NE: GT

Inhalt

Vorwort

Mit einem Telefonat zum Jahresanfang 1989 begann alles: Ob ich denn Lust hätte, ein Buch über erfolgreiche Frauen in der Arbeitswelt zu schreiben, über Frauen, deren Namen noch nicht in allen Tageszeitungen standen? Etwa zehn bis zwölf Frauen, die sich mit Bravour in der Berufswelt durchgesetzt hatten, sollten vorgestellt werden. Nach kurzem Nachdenken und in der festen Überzeugung, daß es wesentlich mehr Frauen auf Karrierekurs geben müßte, als allgemein bekannt, und es so schwierig nicht sein könnte, diese Frauen zu finden, lautete meine Antwort »Ja«.

Mit dieser Zusage startete eine intensive, dreijährige Zusammenarbeit zwischen Sibylle Bayer, der Ideengeberin und Lektorin dieses Buches, und mir. Hätten wir damals geahnt, auf welches aufwendige und langwierige Projekt wir uns tatsächlich einließen: Wer weiß, ob wir es uns nicht im letzten Moment anders überlegt hätten.

Wie vermutet, gibt es sie tatsächlich, die erfolgreichen Berufsfrauen in allen Branchen und Sparten – der Beweis liegt hier gleich zwanzigfach vor –, aber leicht ist es wahrlich nicht, sie zu finden. Glaubte ich anfangs, ich hätte mich wider Erwarten auf die berühmte Suche nach der Stecknadel im Heuhaufen begeben, entdeckten wir bald zahlreiche beruflich höchst erfolgreiche Frauen: angestellte Managerinnen, Politikerinnen, Unternehmerinnen oder Freiberuflerinnen. Berufserfolg ist eben tatsächlich nicht mehr nur an das männliche Geschlecht gebunden.

Aber schnell stieß ich auch auf Widerstände: Für Frauen ist es viel schwerer als für Männer, zum eigenen beruflichen Erfolg zu stehen. Männer, die sich mit ihren eigenen Karrieren brüsten, werden nicht nur allgemein anerkannt, sondern es wird sogar von ihnen erwartet, daß sie über die eigenen Erfolge möglichst lautstark reden. Wenn jedoch Frauen Berufserfolge aufzuweisen haben, haftet ihnen leicht die Aura der »Ausnahmefrau« an. Der Begriff »Karrierefrau« ist eben – ganz im Gegensatz zum »Karrieremann« – immer noch negativ besetzt. Deshalb vermute ich, daß Frauen wesentlich stärker als Männer dazu neigen, sich und ihre Leistungen kleiner zu machen, als sie in Wirklichkeit sind.

Selbst den erfolgreichsten Frauen ist es oft geradezu peinlich, über ihren beruflichen Werdegang zu sprechen. Das, was sie erreicht haben, ist für sie einerseits ganz selbstverständlich; andererseits beschleicht sie doch leicht der Gedanke, männliche Kollegen könnten glauben, sie spielten sich auf, sie wollten sich besonders hervortun. Aus Furcht davor, im Kollegenkreis anzuecken, behalten sie dann ihre Erfahrungen und ihr Wissen lieber für sich.

Manche Frauen schrecken auch vor der eigenen Courage zurück: Erzählen ist die eine Seite der Medaille, aber das Ganze schwarz auf weiß zu sehen, ist wieder etwas anderes. Eine in der Konsumgüterbranche beschäftigte Frau hat mir beispielsweise, nachdem sie den Text über sich gelesen hatte, lapidar mitgeteilt: »Ich möchte nun doch nicht, daß so viel über mich und mein Leben an die Öffentlichkeit dringt.« Eine andere mit einer interessanten Position im Staatsdienst hat mit dem Argument abgelehnt, es handle sich um eine »Selbstdarstellung, die nach Eigenlob aussieht«, was sie nicht gut fand. Eine Dritte, eine Unternehmerin, war zwar von dem Text über sich sehr angetan, doch sie lehnte, wenn auch mit Bedauern, eine Veröffentlichung ab, weil sie jetzt den Verkauf ihres Unternehmens plante und »Publizität gegenwärtig gar nicht gebrauchen« konnte.

Zwei weitere Frauen, die ich gerne vorgestellt hätte, haben nach mehrmaligen Telefonaten mit der Begründung abgelehnt, in ihrer Branche seien so wenig Frauen beschäftigt, daß es negativ auffallen könnte, wenn sie sich öffentlich präsentieren würden. Eine andere schrieb mir: »Wenn man Karriere gemacht hat in einer Männerdomäne, muß man besonders behutsam sein. Eine Herausstellung in der Öffentlichkeit zur Person ist nicht angebracht.« Diese beiden Sätze verdeutlichen die derzeitige Situation von Frauen in der Arbeitswelt. Die Zeiten der reinen Männerzirkel sind zwar vorbei, aber die Frauen, die es geschafft haben, sich erfolgreich zu behaupten, sollen ihre Erfolge möglichst im stillen Kämmerlein genießen, damit die männliche Konkurrenz sich nicht abgedrängt fühlen muß. Manche Frauen berücksichtigen im Eigeninteresse diese unausgesprochenen Wünsche der Männer: Sie wollen es sich nicht schwerer machen als unbedingt nötig.

Andere Frauen wiederum, die zunächst begeistert zugestimmt hatten, verschoben die vereinbarten Interviewtermine ganz kurzfristig wieder und wieder, bis ich dann auch irgendwann einmal keine Lust mehr hatte, meine Zeit mit verfehlten Terminplanungen zu verplempern. Beispielsweise hatte ich einen festen Termin mit einer Dame aus der Kunstszene. Das war im Januar 1991. Etwa eine halbe Stunde bevor ich mich zu ihr auf den Weg machen wollte, kam ein Anruf von der Sekretärin, die Dame würde mit Fieber im Bett liegen, aber sie würde sich selbstverständlich, sobald sie wieder gesund sei, bei mir melden. So weit, so verständlich, jeder kann krank werden. Nur: Noch heute warte ich auf das avisierte Telefonat.

Und ein weiteres Porträt einer höchst kreativen Unternehmerin erscheint hier nicht, weil die Technik mir einen großen Streich gespielt hat: Das Aufnahmegerät ging unbemerkt während des fünfstündigen Gespräches kaputt. Es zeichnete zwar auf, aber von dem ganzen Interview blieben nur verzerrte Worte und Rauschen übrig. Diesen Tücken der Technik wollte ich gerne ein Schnippchen schlagen durch ein erneutes Treffen, aber es wurde einfach nichts mehr daraus, was ich sehr bedauere.

Allen Widrigkeiten zum Trotz habe ich jedoch eine erfreuliche Feststellung gemacht: Die meisten erfolgreichen Frauen verhalten sich nicht wie Diven, die hofiert werden wollen, sondern wie Profis. Und Profis sind sie schließlich auch, die zwanzig Frauen, die hier vorgestellt werden.

Warum gerade diese zwanzig Frauen? Die Entscheidung fiel für sie, weil es sich bei ihnen um außergewöhnliche Frauen handelt, und um Frauen, die in nicht frauenspezifischen Berufen erfolgreich sind. Diese Frauen stellen unter Beweis: Die Berufswahl ist nicht an das Geschlecht gebunden, sondern an das individuelle Interesse, das eigene Können und die eigenen Fähigkeiten. Alle diese Frauen haben sich für Berufswege nach ihren Neigungen und ihren Fähigkeiten entschieden, unabhängig von Tradition, unabhängig von überlieferten Erwartungen. Sie haben ihren individuellen Weg gesucht und gefunden – manche auch durch Mut zu einem kalkulierten Risiko.

Hier sind sie, die beruflichen Werdegänge von weiblichen Vorbildern in anspruchsvollen Positionen, die so häufig vom weiblichen Nachwuchs vermißt werden. Die Porträts zeigen deutlich, daß sich mittlerweile in allen Branchen und Berufszweigen Frauen erfolgreich durchgesetzt haben. Offen und ehrlich haben mir alle Frauen Rede und Antwort gestanden auf meine Fragen, wie sie ihre beruflichen Vorstellungen realisiert haben, wie ihr beruflicher Alltag aussieht, und auch nach den Stolpersteinen, die sie auf dem Weg überwinden mußten.

Diese Porträts demonstrieren auch klar und deutlich, daß es kein geheimes Patentrezept gibt, wie die Hürden in der Arbeitswelt erfolgreich bewältigt werden können. Frauen müssen sich eben – wie die Männer auch – Stück für Stück auf der Karriereleiter hocharbeiten. Wie das im Einzelfall am besten geht, ist insbesondere abhängig vom spezifischen Berufsumfeld und vom jeweiligen Unternehmen.

Berufserfolg scheint mir aber unabdingbar mit Begeisterung für die eigene Arbeit verknüpft zu sein: Alle Frauen, die ich während meiner Recherchen kennengelernt habe, erleben ihren Berufsalltag wesentlich mehr mit Freude als mit Frust. Auch ein gerüttelt Maß an positivem Ehrgeiz gehört dazu, um im Berufsleben erfolgreiche Akzente setzen zu können. Und hinzugesellen muß sich im Karrieregepäck – für Männer wie für Frauen – ganz selbstverständlich berufliches Können, die Fähigkeit, andere Menschen zu führen, überdurchschnittlicher Einsatz, Kommunikationsfreude, die Bereitschaft, Verantwortung zu übernehmen, persönlicher Charme und – gerade für Frauen mit Familie ist das wichtig – ein großes Organisationstalent.

Was mir an allen zwanzig Frauen ganz besonders aufgefallen ist: Jede einzelne agiert in ihrem beruflichen Umfeld mit sehr viel Fortune und hat ihren Erfolg ganz allein sich selbst zu verdanken. Keine verfügte über überdurchschnittlich gute Startchancen oder gar über spezielle Förderer. Diese Frauen haben ihre Positionen ganz allein aufgrund eigener Leistung, eigenem Können und eigenem Durchsetzungsvermögen erreicht.

Ihr Beispiel beweist, daß Berufserfolg Interesse, Kompetenz und Leistungsfähigkeit voraussetzt, aber nicht das männliche Geschlecht. Nicht verhehlen will ich allerdings, daß es aufstiegsorientierte Frauen immer noch ein Quentchen schwerer haben als die Konkurrenz: Frauen mit Karrieredrang streben eben immer noch das gesellschaftlich Unerwartete an. Aber genau diesen Effekt können junge Frauen auch positiv für sich nutzen. Da Frauen in der beruflichen Männerwelt viel mehr auffallen als Männer, haben sie es wiederum einfacher, sich zu profilieren. Die Nachteile und die Vorteile davon, als Frau im Berufsleben eine Führungsposition anzustreben, heben sich also gegenseitig fast auf.

Ich wünsche mir, daß diese Porträts den Leserinnen Mut machen, eigene Berufserfolge anzustreben. Ich wünsche mir auch, daß die Leser registrieren, daß die beruflich orientierten Frauen für sich keine Extrabehandlung wünschen und schon gar keine Quoten: Frauen erwarten, daß ihre Leistung entsprechend der Leistung der männlichen Kollegen gemessen und honoriert wird; sie wollen keine frauenspezifische Meßlatte, sondern die in der Wirtschaft übliche. Was sie wollen und nutzen, wenn sie ihnen geboten werden, sind gleiche berufliche Chancen.

Ganz herzlich bedanken möchte ich mich bei jeder Frau, deren Porträt hier veröffentlich wird: Jede einzelne hat mir sehr viel ihrer kostbaren Zeit geopfert. Aber jede einzelne trägt auch dazu bei, das schiefe Bild, das in der Öffentlichkeit von Karrierefrauen besteht, zurechtzurücken.

Mein Dank geht insbesondere auch an meine geduldige Lektorin Sibylle Bayer, die mich immer erneut motiviert hat, und an Dagmar Lendt, die mit viel Akribie die höchst umfangreichen Interviews erst einmal zu Papier gebracht hat. Last but not least auch ein Dankeschön für meine Familie, die während der Arbeit an diesem Buch sehr zu kurz gekommen ist.

Frankfurt, Dezember 1991
Beate Henes-Karnahl

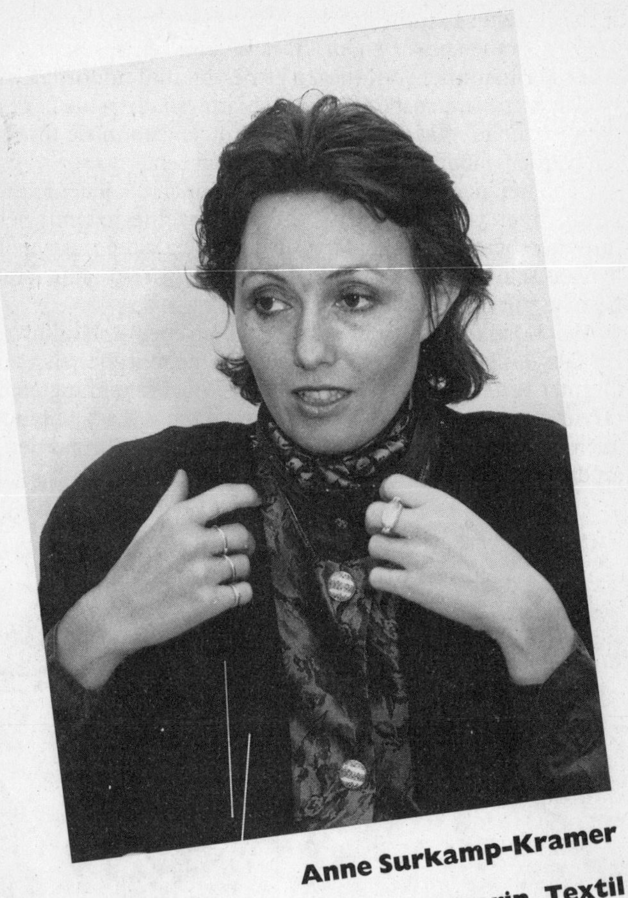

Anne Surkamp-Kramer

Unternehmerin, Textil

In der Welt der Stoffe, Farben und Dessins fühlt sich Anne Surkamp-Kramer genauso zu Hause wie andere in ihren eigenen vier Wänden – kein Wunder also, daß sie ihre Leidenschaft für alle schönen Materialien beruflich umsetzen wollte. Was aber auf den ersten Blick schon einem kleinen Wunder gleicht, ist die Tatsache, daß es ihr als Außenseiterin gelungen ist, sich erfolgreich auf dem Krawattenmarkt durchzusetzen.
Mehr oder weniger durch Zufall stieß sie auf diese Marktlücke, setzte danach aber ihr ganzes berufliches Streben höchst zielgerichtet ein: Mit viel Ehrgeiz und mit noch mehr Engagement hat Anne Surkamp-Kramer sich ein eigenes Unternehmen aufgebaut. Sie setzte auf ihren extravaganten Geschmack, sie wagte den Einsatz – und gewann.
Widerstände schafft Anne Surkamp-Kramer leise, aber höchst beharrlich beiseite. Klappt es beim ersten Anlauf nicht, dann eben beim zweiten, und sie wagt auch einen dritten Versuch, um an das gesetzte Ziel zu kommen. An Problemen verzweifelt sie nicht, sie akzeptiert Schwierigkeiten vielmehr als persönliche Herausforderungen, an denen sie wachsen kann.
Ihre kreative Intelligenz ist gepaart mit einer ausgeprägten

Hartnäckigkeit und einem immensen Durchsetzungsvermögen – eine Kombination, die keineswegs alltäglich ist. Anne Surkamp-Kramer steht mit beiden Beinen in der Realität, sie rennt nicht phantastischen Ideen nach, sondern steckt sich erreichbare Ziele. Was sie sich in den Kopf setzt, das erreicht sie auch. Sie hat ihren Erfolg nicht einem ökonomischen Wunder, sondern allein ihrer unternehmerischen Spürnase und ihrem eigenen Einsatz zu verdanken.

Ich war von Anfang an das Enfant terrible in der Krawattenwelt: Das ist eben eine reine Männerdomäne. Ich fiel auf jeder Messe auf. Kaum war von unserem Messestand der Sichtschutz entfernt, kamen die Mitbewerber zum Schauen. Als ich mit der Krawattenfertigung begann, mußte ich nicht nur gegen die männliche Produzenten-Dominanz kämpfen, sondern hatte auch im Handel Hürden zu überwinden. Kamen meine Reisenden mit meiner Kollektion an und sagten, »ich vertrete die Firma Anne Surkamp-Kramer«, da hieß es im Handel, »was ist das denn? Eine Frau? Wieso macht eine Frau Krawatten?«

Anfangs drängte man mich, einen anderen Firmennamen zu nehmen. Ein Frauenname auf einer Krawatte sei lächerlich, den könne man nicht verkaufen! Daß ich meinen Eigennamen als Firmennamen behalten habe, war eine Gegenreaktion: »Warum soll eine Frau keine Krawatten machen?« sagte ich mir. Gerade beim Start hat mich die Diskussion um den Namen natürlich tüchtig gewurmt. Ich habe darüber oft mit meinem Mann gesprochen. Aber er fand es auch gut, daß die Firma meinen Namen trägt. Mittlerweile hat sich der Aufruhr um den Firmennamen gelegt, ich habe mich ganz feminin in diesem Männermetier plaziert, im Gegenteil: Mit dem Namen wird ständig die Erwartung auf etwas Neues verbunden.

Im Jahr 1986 expandierte das Unternehmen, und ich begann zu investieren. In diesem Jahr ist auch mein Mann mit seiner vollen Arbeitskraft als Kaufmann mit in das Unternehmen eingestiegen. Von diesem Moment an hatten wir zusätzlichen Druck: Wir mußten von der Krawattenproduktion leben. Von Anfang an hatten wir ein ergänzendes, schönes Arbeiten. Wir sind ein Team, das 24 Stunden am Tag zusammen ist, aber jeder hat seine eigenen Kompetenzen. Und das klappt hervorragend. Die unternehmerische Freiheit, die wir haben, ist für uns beide auch nicht mehr wegzudenken.

Mein Mann hat mittlerweile die gleiche innere Bindung an das Unternehmen wie ich. Anfangs fragte ich ihn manchmal, »wenn es nicht so klappen würde, wie wir es uns erhoffen, und du müßtest wieder zurück, was wäre dann?« Damals sagte er, das würde ihm gar nichts ausmachen. Heute sieht er das ganz anders: Er könnte sich nicht mehr vorstellen, in einem anderen Unternehmen zu arbeiten. Er spricht zwar immer von »wir«, aber er stellt sich nicht auf die gleiche Stufe mit mir, obwohl er die gleiche Verantwortung trägt und genauso seinen Kopf hinhält. Früher habe ich das auch gebraucht für mich selber. Es war mir für mein Ego wichtig, zu sagen: Ich habe es allein geschafft. Ich habe auch eine Weile gebraucht, bis ich kapiert hatte, daß er mir nichts wegnimmt durch seine Mitarbeit. Mittlerweile weiß ich: Besser kann es gar nicht sein.

Die Entscheidung, daß er mit in die Firma einsteigen sollte, fiel ganz schnell. Ich merkte sofort, daß das Kaufmännische nicht mein Metier ist. Würde ich das auch noch machen, wäre schon längst alles zerbrochen. Mittlerweile ist die kaufmännische Abteilung auf dem neuesten technischen Stand. Durch Einsatz einer EDV wird das Unternehmen betriebswirtschaftlich unterstützt. Den Einkauf machen wir gemeinsam. Mein Mann legt vorher fest, welcher Umsatz geplant ist, und gibt vor, welche Mengen an Stoff in den einzelnen Preisgruppen erforderlich sind. Wenn ich allein losmarschieren würde, würde ich einfach kaufen und mich wahrscheinlich auch verkaufen.

Ich bin am 25. Februar 1952 in Krefeld geboren. 1971 habe ich Abitur gemacht, danach eine Goldschmiede-Lehre. Nach der Ausbildung habe ich pausiert und 1973 geheiratet. Ich habe zwei Kinder bekommen und war zehn Jahre lang Hausfrau und Mutter. Die Jungen sind 1974 und 1977 geboren. 1983 habe ich dann wieder angefangen, etwas zu tun: Ich habe kreativ gearbeitet, im Textilbereich. Anfangs habe ich die textilen Objekte nur für mich gemacht, aber ich registrierte schnell das Interesse anderer daran. Ich habe die figürlichen Objekte aus Kunststoff in Verbindung mit Textilien über Galerien, Ausstellungen oder die Frankfurter Messe verkauft. Von den Einnahmen konnte ich eigenständig leben. Angefangen damit habe ich, weil ich ein Typ bin, der ständig Beschäftigung sucht, und durch die kleinen Kinder mußte ich etwas machen, was ich zu Hause tun konnte. Ich habe dann zusätzlich Ledergürtel, Taschen und Modeschmuck entworfen und hergestellt. Und immer war ich auf der Suche nach schönen Stoffen, alten und neuen, generell ausgefallenen Webereien; ich bin über alle Messen gerannt, zu allen möglichen Herstellern, und habe da meine speziellen Dinge gefunden. Später bin ich mit diesen Sachen zum Beispiel auf die IGEDO nach Düsseldorf gegangen und habe angefangen, sie an Modegeschäfte zu verkaufen. Das waren alles aufwendige Stücke, die immer ihre Liebhaber fanden.

1985 hatte ich dann das Schlüsselerlebnis: Da habe ich auf einer Messe ausgefallene Schals gezeigt, die ich aus Meterware gesäumt hatte. Es kam ein älterer Herr, der sich als Krawattier vorstellte und mich auf die Stoffe ansprach: Er könne sich Krawatten aus diesen Stoffen vorstellen. Nach der Messe hat er mich besucht, wollte die Adressen meiner Stofflieferanten haben. Wir haben dann vereinbart, daß er aus meinen Stoffen Krawatten machen, ich aber die von ihm konfektionierten Krawatten mit verkaufen kann. Dann hat er mir aber für das Konfektionieren der Krawatten so viel Geld abgenommen, daß ich mir sagte, was der kann, kann ich schon lange, und in eigener Regie begonnen habe, Krawatten zu machen.

Wir wohnen in einer alten Stadtvilla im Zentrum, und in der fing ich mit meiner Arbeit an, zuerst ganz allein. Aber ich hatte bald ein paar Studenten, die bei mir gejobbt haben, und einen Mitarbeiter, der aus dem Textilfach kam, aber von der Herstellung von Krawatten auch nichts verstand. Wir setzten uns also hin und fingen an, manuell Krawatten zuzuschneiden. Da wir wirklich nicht wußten, wie das geht, trennten wir alte Krawatten auf und nahmen die Schnitte ab. Dann machten wir uns höchst mühevoll an die Arbeit und nähten an einer alten Haushaltsmaschine. Ich saß oft mit Tränen in den Augen an der Maschine, weil ich die Krawatten-Spitze nicht hinbekam. Das Futter bei einer Krawatte ist zurückversetzt, und ich schaffte das einfach nicht. Mein Mitarbeiter redete mir immer gut zu, »versuch's noch mal«. Also trennte ich wieder auf und nähte wieder, ich trennte und nähte, immer wieder neu. Zu guter Letzt habe ich mir einen Zwischenmeister gesucht. Zwischenmeister sind Firmen, die in Lohnkonfektion arbeiten: Der Auftraggeber liefert den Stoff an und bekommt das fertige Produkt wieder.

Unsere Stoffe waren zu der Zeit sehr extrem, sie glimmerten und glitzerten und hatten Effekte, waren also ganz untypische Krawattenstoffe. Dieser Zwischenmeister half uns, eine qualitativ vernünftige Krawatte auf die Beine zu stellen. Heute würde ich freilich die Hände über dem Kopf zusammenschlagen, aber damals dachte ich nur an Damenkrawatten, die ein großes Modethema waren.

Dann bin ich 1985 mit einem Stand voll Krawatten auf die IGEDO in Düsseldorf gegangen. Die Krawatten bestanden nur aus Stoffen, die irgendwelche Gags hatten, streckenweise durchsichtig waren, Ornamente hatten oder handbemalt waren. Ich wollte die Damen eben schmücken. Doch dann fuhren die ersten Männer auf meine Krawatten ab, weil es solche Krawatten nirgends gab. Davon ermutigt, nahm ich für die Messe in Köln, die Herren-Modewoche, einen kleinen Messestand, um auch den Männern meine Krawatten zu präsentieren. Obwohl der Stand in der äußersten Ecke war, wohin sich wirklich niemand durch Zufall verlief, war es ein voller Erfolg. Ich hatte die Krawatten über weißlakkierte Packrollen gehängt, und meine nicht vorhandenen Musterbücher hatte ich durch Zeitungshalter ersetzt, in die ich die Krawatten reinklemmte. Immer wenn ein Kunde kam, habe ich diese Halter rausgeholt, über zwei Tische gehängt, und dann konnten die Kunden bestellen – nach Nummern, die jede einzelne Krawatte hatte. Das war der Anfang.

Ziemlich bald traten bei dem Zwischenmeister Probleme auf: Jeder Zwischenmeister arbeitet auf Stück und auf Geschwindigkeit, und er kam mit meinen verrückten Stoffen nicht zurecht, weil die sich für keinen Automaten eigneten. Als Innenfutter hatte ich damals ein Metallgewebe, und das blieb an jedem Automaten kleben. Mir zum Gefallen nähte er die erste Kollektion, dann stand ich auf der Straße, war auf eine eigene Produktion angewiesen. Also suchte ich mir eine Krawattennäherin, die bei uns im Haus gearbeitet hat.

Auf dieser ersten Messe in Köln kamen bereits mehrere Männer, die als Vertreter für meine Produkte arbeiten wollten. Ich mußte mich nie um Reisende bemühen, sie kamen immer auf mich zu, weil sie die Aussage der Krawatten so gut fanden: Das war etwas Neues, das wollten sie gerne dazunehmen. Weil die Vertreter sofort anfingen, für mich zu arbeiten, kamen natürlich Aufträge. Also habe ich weitere Näherinnen in Heimarbeit gesucht und gefunden. Ihnen habe ich zu Hause spezielle Nähmaschinen hingestellt, und dann haben sie komplette Krawatten genäht.

Wir haben eine Spezialmaschine nach der nächsten gekauft: einen Schnellnäher, einen Langnahtnäher und eine Bandsäge. Wir haben in den ersten Jahren unseren ganzen Gewinn in die Firma gesteckt. Später haben wir auch unser Haus ausgebaut, im ehemaligen Keller wurde genäht, der Zuschnitt war in der ersten Etage. Damals hatten wir fünf Teilzeitkräfte und eine festangestellte Näherin. Aber zusätzlich haben wir noch Herrenaccessoires gemacht, zum Beispiel Westen, Kummerbunde, Schleifen oder Einstecktücher. Recht schnell erweiterten wir auf fünf festangestellte Frauen, Näherinnen und Zuschneiderinnen. Bis auf eine Krawattennäherin waren das alles gelernte Damenschneiderinnen, und die haben die Schneidertätigkeit übernommen. Die Schnitte hat eine freiberufliche Schnittdirektrice entwickelt.

Zu Anfang haben wir monatlich 500 bis 700 Krawatten verkauft und ebensoviele Schleifen, bei den Westen waren es rund 200 Stück zu Beginn. Zu dieser Zeit machten wir viele Fantasiekrawatten. Da bemalte ich auch manche Stoffe noch, wenn die Krawatten fertig waren. Ich ging in einen Keller, rührte Farbe zusammen, malte sie auf die Krawatten und ging danach mit einem Heißluftgerät drüber: Die Farben explodierten, es entstanden Muster wie Krater mit Steinchen drin. Mein Mann hat mir für diese Tätigkeit sogar eine Atemmaske gekauft, damit ich die Gase nicht einatme. Zu diesem Experiment gibt es eine lustige Geschichte: Auf einer Messe kam der Einkäufer eines riesengroßen Textilhandelsgeschäftes, sah diese Krawatten und war so begeistert, daß wir ein Angebot für 10000, 50000 und 100000 Stück machen sollten. Dieses Angebot haben wir nie erstellt. Ich konnte nämlich am Tag maximal 20 Krawatten dieser Art produzieren!

Dann wurden die Räumlichkeiten zu eng, wir haben so rapid steigende Umsätze gemacht, daß wir personell und räumlich nicht mehr klarkamen. Also zogen wir 1987 um, mieteten in der Innenstadt Gewerberäume an. Wir brauchten zusätzlich immer mehr Leute, mehr Zuschneider, mehr Näherinnen, wir brauchten für den Versand mehr Leute, wir haben unser Büro aufgebaut. Bis dahin hatte mein Mann noch alles in eigener Regie gemacht, hatte kein Wochenende, keinen Feierabend. Zu dieser Zeit hatten wir etwa 15 Mitarbeiter und ebensoviele Aushilfen. Zwischen 1987 und 1989 steigerten wir uns dann auf eine Produktion von etwa 1000 Krawatten pro Tag.

Heute haben wir 30 Mitarbeiter in der Produktion, das sind alles Näherinnen und Zuschneiderinnen, und fünf kaufmännische Mitarbeiter. Zusätzlich haben wir noch unsere Aushilfen, 15 bis 20 Personen, die das ganze Jahr für uns arbeiten, und bei Produktionsspitzen nehmen wir noch Zwischenmeister dazu. Im Grunde machen wir bei uns im Haus nur eilige Dinge: Wir produzieren täglich rund 1000 Krawatten und lassen außer Haus arbeiten.

Den Versand machen wir komplett selbst, mit einem Team von Versandleuten, die die Ware mit sehr viel Aufwand verpakken müssen: in Döschen, oder die Tücher in kleine Tüten mit Bändchen dran, das ist eine Heidenarbeit. Fest eingestellt im Versand sind sechs Leute, in Stoßzeiten kommen noch ein paar Studenten und Hausfrauen hinzu. Ende 1989 zogen wir wieder um, vergrößerten uns nicht nur räumlich, sondern überhaupt: Wir bekamen neue Maschinen dazu, und das Lager wuchs erheblich.

Meine Arbeit hat sich seit den ersten Anfängen kolossal verändert. Wir haben die Aussage einer hochwertigen, modischen Krawattenkollektion, die einen sehr eigenwilligen Geschmack hat. Das Gros unserer Kunden ist zwischen 25 und 50 Jahre alt. Es gibt auch ganz Junge, die sich eine solche Krawatte richtig absparen müssen, die einfach begeistert sind und sie haben möchten. Aber alle sind Männer, die modebewußt sind, schicke Anzüge tragen und ihre Accessoires selber einkaufen.

Wir beliefern zu 90 Prozent den Fachhandel. Wir verkaufen unsere Ware über die Vertreter und über Verkaufslager in den Modezentren. In Deutschland gibt es fünf Modezentren, in denen verschiedenste Hersteller vertreten sind. In diesen Modezentren können Einzelhändler ihren Bedarf decken. Unsere Verkaufslager werden von Agenturen betreut, die verschiedene Produkte und Firmen in ihrem Lager haben, beispielsweise Hemden, Anzüge, Socken und Krawatten. 1985 hatten wir fünf Vertreter, heute sind es neunzehn, eine Frau und achtzehn Männer. Wir haben nicht nur in ganz Deutschland Vertreter, sondern auch in den Benelux-Ländern, Skandinavien, der Schweiz, Österreich, USA und Kanada. Wir bieten eine Krawattenkollektion, die ernst genommen wird und die neben italienischen und etablierten deutschen Firmen standhält. Ich bringe in jeder Saison vier Kollektionen heraus. Jede Kollektion Krawatten umfaßt ungefähr 150 verschiedene Stoffe, ebenso im Abendbereich, bei den Schleifen. Wir haben zwei separate Kollektionen, eine Kollektion für Schleifen, die andere für Krawatten.

Meine Hauptaufgabe besteht heute im Einkauf der Stoffe. Como kenne ich deswegen fast besser als Krefeld. In Como sitzen die meisten Seidenweber und Seidendrucker. Wie Krefeld die Hochburg der Krawattenproduktion ist, so ist Como die Produktionsstätte für Stoffe. Krawattenstoffe werden auf die Maße der Krawatte ausgerichtet, vom Motiv und vom Rapport her.

Ich kaufe fertige Stoffentwürfe, die typisch italienisch sind, die ich aber für den deutschen Markt umkoloriere. Man kann italienische Farben nicht auf dem deutschen Markt umsetzen. Ich kaufe also die Muster und lege die Farben selbst fest. Diese Arbeit mache ich immer direkt bei dem Stofflieferanten. Wir haben Termine, die über viele Stunden gehen und sehr anstrengend sind, da ich meine ganze Konzentration und Phantasie einsetzen muß in der Farbzusammenstellung. Der Stoffproduzent legt mir entweder eine Zeichnung oder einen fertigen Stoff vor. Anhand von Farbbüchern, aus denen ich die einzelnen Farben entnehmen kann, koloriere ich den Entwurf. Ich kombiniere dann die Farben so, wie die deutsche Mode, sprich der Anzug oder das Hemd, es vorschreiben. Ein großer Teil meiner Kollektionen besteht auch aus Eigendessins. In Zusammenarbeit mit den Stoffdruckern realisiere ich eigene Ideen, die ich dann weltweit exklusiv verkaufe. Mode- und Trendinformationen bekomme ich von verschiedenen Mode-Instituten, auf Messen und auf Reisen, meist schon eineinhalb Jahre im voraus.

Ich kann nur selten fertig kolorierte Stoffe übernehmen, weil das bei uns nicht angenommen wird. Wenn ich typische Stoffe nehme, die schon an Deutschland angepaßt sind, dann hat die hier auch jeder. Ich habe lange gebraucht, um mir Stoffhersteller herauszusuchen, die auf dem deutschen Markt recht unbekannt sind. Dadurch haben wir eben diese etwas ausgefallene Kollektion, die vom Kunden honoriert wird. Die Kunden sehen genau, was eine typische Anne-Surkamp-Kramer-Krawatte ist, die stehen auch am Messestand und sagen, »die Kollektion ist unverwechselbar«. Unsere Kollektion ist immer sehr ausgefallen, weil sie mit viel Mühe speziell zusammengestellt wird und von einer eigenen Handschrift geprägt ist. Meine Kollektion paßt immer zur aktuellen Mode, weil ich mich farblich anpasse. Wenn Rost und Messing Mode sind, kann ich keine blaurote Krawatte anbieten, die würde niemand kaufen, die Stücke müssen schließlich zusammenpassen.

Meine Kollektion stelle ich nur nach meinem Geschmack zusammen. Wenn ich das Gefühl habe, mein eigener Geschmack galoppiert mir davon, wenn ich denke, es gibt zu wenige Männer, die diese Krawatte tragen würden, dann lasse ich sie weg. Aber ich würde nie sagen, ich kaufe jetzt einen anderen Stil. Unter finanziellen Gesichtspunkten betrachtet, würde ich lieber auf Umsatz verzichten als ein Produkt zu nehmen, was nicht meiner Linie entspricht. Meine Kollektionen sind abgerundet, ergeben vom Grundgedanken her ein Bild und eine Aussage. Da sind keine Ausflüchte nach rechts und links, da ist eine Linie drin. Wenn man auf die Messe kommt und die Krawatten hängen sieht, ist da Ruhe drin, Harmonie. Die gesamte Kollektion verkauft sich immer gleich gut. Das ist für mich Erfolg.

An Produktdiversifikation habe ich auch schon gedacht, aber diesen Gedanken habe ich schnell wieder verworfen. Ich habe mir letztlich den schlauen Spruch »weniger ist mehr« zu eigen gemacht. Man muß sich auf eine Sache konzentrieren und die wirklich konsequent durchziehen. Ich lehne es auch ab, Dinge zu machen, die andere anbieten. Über die Vertreter kommen manchmal Wünsche: Der Soundso macht Streifen, oder der Soundso macht Punkte, das müssen wir auch haben. Anfangs habe ich dann versucht, diese Sachen zu machen wie der Soundso, aber das wollten die Kunden gar nicht von mir. Da habe ich gelernt, daß man eine konsequente Linie haben und die auch durchhalten muß. Man muß seine Energie in das Wesentliche stecken, darf keine Abweichungen haben, dann hat man Erfolg.

Wir entscheiden uns für ein Dessin, und dann haben wir die Möglichkeit, auf verschiedenen Grundwaren die Sachen drucken oder weben zu lassen, und da staffelt sich eben der Preis. Wenn wir sagen, wir können nur soundsoviel ausgeben, dann muß man sich eben auch mit dem Preis auf einem Qualitätsniveau einpendeln, was den Preis rechtfertigt. Ich gehe bei der Qualität keine Kompromisse ein. Eher verzichte ich auf einen Artikel, als ihn auf eine simplere Qualität runterzusetzen. Dann nehme ich dafür was anderes, was der Preisvariante entspricht, aber dann eben in der höchsten Stufe.

Es ist üblich, daß die Krawattenleute nach Como fahren, ihre Firmen besuchen; dort werden die Stoffe auf den Tisch gelegt, und dann wird eingekauft. Das Problem ist bei Krawatten: Es wird ein Trend vorgegeben, und dem folgen alle. Schaut man sich auf Messen die Krawattenstände an, dann ist alles eine Auslage.

Ich fahre mit eigenen Ideen nach Italien und lasse mir die Dessins für den Verkauf schützen oder die Entwürfe vom Hersteller reservieren. Der Designer macht meistens mehrere Vorschläge, durch Computer lassen sich solche Dinge ja auch sehr gut machen, kleiner oder größer, wie man es haben will. In den meisten

Fällen bekomme ich drei oder vier Entwürfe vorgelegt, und einer davon ist meistens gut. Dann muß ich mich entscheiden, welche Menge Stoff ich bedrucken lassen will. Die Mindestabnahmemenge pro Dessin beträgt 100 Meter, und das werden je nach Stoffbreite ungefähr 600 Krawatten. Eigene Ideen kann man sich nur erlauben, wenn man diese Menge hinterher auch verkauft. Ich kann mir das seit etwa Ende 1989 leisten.

Wir machen eine Kollektion mit kurzfristigen Lieferzeiten. Das ist unsere Unternehmensphilosophie. Was der Kunde heute sieht, hat er in vier bis sechs Wochen im Haus. Wir sind immer direkt an der Mode dran. Wir erahnen die Trends nicht, sondern kennen sie und arbeiten danach.

Für die Herbstkollektion kaufe ich die Stoffe im Januar und Februar ein. Die Vorinformationen über die Herbsttrends des nächsten Jahres bekomme ich immer im Frühjahr des laufenden Jahres. Die Information, was die Hersteller der Anzüge sich vorstellen, kommt genau ein Jahr früher: Immer im Herbst führen die Anzughersteller ihre Schnittlinien für den Herbst des nächsten Jahres vor. Da werden auch Farben gezeigt und Formen, was bei den Hemden wichtig ist, welche Kragen kommen, und ob die Hemden bunt oder uni werden. Die Krawattenhersteller müssen sich auf diese Trends einstellen. Gerade für die Krawatte ist es wichtig, ob die Hemden gemustert, uni oder ganz bunt sind. Wenn ich ziemlich sicher bin, wo die Trends hinlaufen, kaufe ich meine Stoffe ein. Wir haben auch den Vorteil, daß wir kollektionsmäßig immer um eine Kollektion zu den Anzugleuten zurückliegen. Da ich gute Kontakte zu einigen Hosenherstellern, Anzugherstellern und Hemdenherstellern pflege, frage ich die auf den Messen ab, welche Kragen oder welche Hemden sie stark verkauft haben. Diese Informationen erhalte ich und bin mir dann sehr sicher, was sich durchsetzt. Dann kaufe ich ein und weiß genau, welches die richtigen Farben sind. Genauso wichtig wie der Einkauf ist die Zusammenarbeit mit dem Vertreterteam. Mehrmals im Jahr treffen wir uns zum Meeting, tauschen uns aus und geben wichtige Verkaufsinformationen. Unterstützend reise ich zeitweise mit, um unter anderem den Kontakt zum Kunden zu fördern und Informationen aus dem Handel zu bekommen.

Wir haben hier einen Krawattenbetrieb aufgebaut, der nichts mit der klassischen Krawattentradition zu tun hat. Das hat in vielen Dingen auch den Blick geöffnet. Wir haben zwar auch viel Lehrgeld bezahlt, aber wir haben es überlebt.

Ich bin ein sehr kreativer Mensch. Ich bin als Kind schon kreativ gewesen, die Goldschmiedeausbildung, hinterher die künstlerische Tätigkeit, das war immer kreativ. Ein Beispiel für meine Kreativität war schon meine Bewerbung als Goldschmiedin. Andere gingen zu ihrem potentiellen Ausbildungsunternehmen und haben ein Zeugnis hingelegt. Ich aber hatte diesen Spleen, ich müsse da etwas hinbringen, was ich selbst gemacht habe. Also habe ich im Bastelgeschäft Silberdraht und Kupferdraht gekauft und habe Biegearbeiten gemacht, die ich nachher auf Pappe aufzog. Dann ging ich mit dieser Pappe unterm Arm zu dem Goldschmied, und der war richtig gerührt, als ich damit ankam. Diese künstlerische Ader liegt bei uns in der Familie. Mein Vater hat viel gemalt und Holzplastiken gemacht, er war Kunsterzieher, und künstlerische Tätigkeit wurde von seiner Seite aus unterstützt.

Das Arbeiten mit Stoff liegt mir, diese Materie fasziniert mich, die Harmonie zwischen Material und Farbe, oder Material und Struktur der Stoffe, das ist etwas, was mir viel Freude macht. Ich habe eine starke Beziehung zu Stoff bekommen und wurde auch noch angespornt von der positiven Resonanz beim Endverbraucher.

Für mich ist die Selbständigkeit die einzige mögliche Existenzart. Ich hätte niemals einen Acht-Stunden-Job machen, einen Chef über mir haben können. Ich bin ein Typ, der gerne in eigener Verantwortung arbeitet. Diese Art von Arbeit ist mein Metier. Warum ich nun gerade in diese Richtung gerutscht bin, weiß ich nicht, aber an Zufälle glaube ich nicht, es hat alles einen tieferen Grund.

Ich hatte keine Probleme, als meine Kinder noch klein waren. Da hatte ich immer eine Frau zur Betreuung, damit ich auch raus konnte. Ich habe nie an einer Krabbelkiste gesessen und die Kinder Burgen bauen lassen. Mein Traum war immer, große Kinder zu haben. Je älter meine Kinder werden, um so stärker ist unsere Bindung. Ich finde es ganz toll, erwachsene Kinder zu haben.

Ich bin von Natur aus ein unruhiger Mensch, der ständig etwas machen muß: Stillstand oder Routine beunruhigen mich. Wenn ich mit einer Sache fertig bin, sehe ich schon die nächste. Mit meinen Objekten habe ich zu Hause begonnen. Die Kinder empfanden meine Tätigkeit als normal, eben alltäglich. Die haben das nicht großartig beachtet. Es war ja alles unter einem Dach. Da gab es mittags ein Essen, dann konnte ich die Hausaufgaben angukken, und wenn die Kinder im Bett waren, ging ich an meinen Arbeitsplatz. Ich konnte mir schließlich die Zeit einteilen, wie ich wollte. Als die Kinder größer wurden, sind wir umgezogen, und mittlerweile sind die Kinder so groß, daß ich eben erst abends nach Hause kommen und am Wochenende auch mal in die Firma fahren kann. Die brauchen mich nicht mehr so stark, die haben keine Schulprobleme und keine Pubertätsprobleme. Ich kann meine Arbeit machen, weil ich keine privaten Probleme habe. Wenn ich zu Hause Sorgenkinder hätte, wäre ich nicht Unternehmerin. Ich kann mich aber ins Auto setzen und nach Como fahren und weiß, zu Hause ist das Leben geregelt. Wenn ich nach Como fahre, bleibe ich immer rund eine Woche weg. Meistens bin ich noch mal zwischendurch mit den Vertretern bei Kunden. Das sind Tagesreisen, wo wir gemeinsam Termine wahrnehmen. Wir haben zu vielen unserer Kunden eine persönliche Beziehung. Von meinen Kunden höre ich oft, daß es richtig Spaß machen würde, mit einer Frau zusammenzuarbeiten, die Krawattiers sind eben sonst immer Männer. Die Kunden meinen, bei mir komme etwas Menschliches rüber, da könne man mal sagen, heute ist ein Mistwetter, oder es wäre schön, irgendwo Kaffeetrinken zu gehen. Und diese persönliche Beziehung kommt in Form von Aufträgen immer wieder zurück.

Viermal im Jahr sind wir in Deutschland auf den typischen Herrenmodemessen: auf der Herrenmodewoche und der It's Cologne, die finden in jeder Saison statt. Und wir sind in Holland auf der MODAM präsent, außerdem in New York und Kopenhagen. Wir gewinnen jetzt an Bekanntheit, und das unterstützen wir, indem wir stark in Werbung investieren. Insbesondere die Anzeigen in Frauenzeitschriften bringen eine starke Resonanz. Mehrere namhafte Magazine fordern ständig unsere Artikel zum Fotografieren an, die dann veröffentlicht werden. Eine Umsatzsteigerung ist gar nicht aufzuhalten. Wir sind von unserer Produktionskapazität her sehr gut ausgelastet, können aber trotzdem Produktionssteigerungen verkraften, weil wir auch außer Haus produzieren lassen. Mit unseren Aushilfen und den Zwischenmeisterbetrieben sind wir sehr flexibel. Unsere Mitarbeiter arbeiten nicht im Akkord. Bedingt durch unsere hochwertigen Stoffe, werden viele Arbeitsgänge in Handarbeit erledigt. Hochwertige Krawatten können nur so produziert werden. Die herkömmlichen Krawatten werden meistens mit Automaten genäht.

Die Krawatte ist nicht nur unser Broterwerb, die Krawatte bin auch ich selber. Mit jeder Krawatte geht ein Stück von mir selber raus, egal wie viele das sind und welche Mengen, weil ich so viel in dieses Produkt investiere. Ich arbeite auch manchmal mit bei der Produktion. Ich habe immer die Beziehung zum Produkt, verändere immer wieder etwas und bringe immer wieder neue Ideen rein. Spaß hat es den Mitarbeitern und mir gebracht, daß wir gelernt haben, selbst jeden Arbeitsgang durchführen zu können. Zur Not könnte ich eine Krawatte selbst herstellen.

Zweimal im Jahr entwerfe ich mit meinen Mitarbeiterinnen die Cocktail-Kollektion. Da entstehen immer wieder neue Schleifen-, Kummerbund- und Westenideen, die dann im Handel sehr prägnant auffallen. Auch hier ist es wieder wichtig zu wissen, was die Konfektion an Abendbekleidung anbietet. Der Kunde weiß zu schätzen, daß es bei uns die farbliche Ergänzung dazu gibt. Es gefällt mir, wenn ich einen Mann sehe, der eine selbstgebundene Schleife trägt.

Richtig benachteiligt gefühlt habe ich mich in der Männerwelt noch nie. Im Gegenteil, es hat mich bestärkt. Ich bin eine Kämpfernatur. Es hat mir Spaß gemacht, mich zu behaupten. Leistungsbewußtsein ist mir auch anerzogen worden. Es hat auch etwas Positives für sich, in dieser Position eine Frau zu sein: Man fällt auf. Es gab auch Situationen, wo ich meine Position klarstellen mußte, wo man mir Unrecht tat, versuchsweise, weil ich eine Frau bin. Da lasse ich nichts lange anbrennen und bringe die Sache unmißverständlich ins reine. Das ist dann immer so positiv ausgegangen, daß wir unsere geschäftlichen Kontakte sogar noch vertieft haben.

Mein Arbeitsstil ist konsequent. Ich bin morgens um sechs hier und bin auch die letzte, die geht. Ich habe selten ein freies Wochenende, weil ich dann in Ruhe Dinge aufarbeiten kann. Ich arbeite eigentlich immer. Für mich ist auch Pünktlichkeit wichtig: Ich erwarte Pünktlichkeit von meinen Herstellern, und wir liefern pünktlich. Wir liefern auf den Tag genau und nicht später. Wenn es tatsächlich mal Probleme geben sollte, informieren wir die Kunden. Dieses typisch deutsche Pflichtbewußtsein habe ich in mir, und so arbeitet auch die Firma, weil ich das von allen meinen Mitarbeitern erwarte. Viele Informationen gebe ich an die Mitarbeiter weiter. Sie arbeiten eigenverantwortlich mit großem Engagement und wissen genau, worauf es ankommt. So bringt jeder in einem guten Betriebsklima erstaunliche Leistung. Meinem Mann unterstehen alle kaufmännischen Mitarbeiter und auch in diesem Bereich klappt die Teamarbeit perfekt.

Durch meine berufliche Tätigkeit habe ich mich schon geändert. Ich werde gefordert, ich habe viel dazugelernt. Dieses Geschäftsleben hat mich sehr reifen lassen: Ich habe ein gesundes Selbstbewußtsein entwickelt. Ich war früher gehemmt und unsicher, jetzt bin ich selbstbewußt und innerlich viel ruhiger als früher. Mein Erfolg hat mich seelisch ruhig werden lassen, ich bin zufrieden geworden. Enorm viel Kraft schöpfe ich aus meinem zufriedenen Familienleben, das ist eine Oase für mich.

Meine Stärke ist, daß ich flexibel bin und nicht konservativ. Ich kann – symbolisch gesehen – sehr schnell den Mülleimer aufmachen, einiges reinschmeißen und neu anfangen. Wenn ich merke, die Sache läuft nicht, hake ich sie ab, denke nicht weiter darüber nach. Ich kann einen Schlußstrich ziehen. Das ist privat wie geschäftlich positiv. Meine Schwäche ist es, daß ich manchmal zu weich bin, mich vielleicht auch ausnutzen lasse. Ich kann schlecht ein hartes Nein aussprechen. Ich versuche immer, Kompromisse zu finden, aber das sind oft Kompromisse, bei denen ich der Dumme bin. Diese knochenharten Geschäftssachen lasse ich meinen Mann machen, und ich bin sehr froh, daß ich diese Dinge delegieren kann. Dagegen kann ich mich gut und selbstbewußt wehren, wenn mir jemand Unrecht tut.

Unsere Mitbewerber sprechen gut von uns, sagen, wir hätten in Windeseile viel Erfolg gehabt – und das stimmt. Aber das war auch eine Zeit, wo wir alles gegeben haben, das war kein Pappenstiel. Wir haben unsere ganze Kraft, unsere ganzen Finanzen und alles, was wir haben, in diese Zeit reingesteckt. Nur so kann man aufbauen.

Mein Beruf ist das, wovon und wofür ich existiere. Ich könnte mir nicht vorstellen, daß das anders wäre. Ich möchte auch, daß es so weitergeht. Es kann ruhig noch mehr werden, denn ich wachse mit der Belastung, mit der Herausforderung. Die Belastung belastet mich nicht, im Gegenteil: Das Unternehmen ist meine Welt, die ich brauche und in der ich mich glücklich und zufrieden fühle. Das sollte eigentlich so bleiben. Von mir aus kann es ruhig noch mehr werden. Die schlimmsten Hürden haben wir übersprungen, und wenn es dabei bleibt, bin ich zufrieden.

Jutta Wagner-Blasche

Vertriebsleiterin, EDV

Bei einem Kongreß Ende der achtziger Jahre sind wir uns das erste Mal über den Weg gelaufen – während einer unplanmäßigen Zigarettenpause. Dieses Gespräch zwischen Jutta Wagner-Blasche und mir, im Stehen vor dem Veranstaltungsraum geführt, ist mir als einziges positives Ereignis von diesem ganzen Kongreß in Erinnerung geblieben. Was sie alles zu berichten hatte, fand ich nun erheblich spannender als unseren Workshop.
Jutta Wagner-Blasche hat ihre beruflichen Erfahrungen in einem typisch männlichen Umfeld – EDV und Vertrieb – gesammelt und hat sich bewährt, manchen Irritationen zum Trotz: Ihre Erfolge beweisen das. Ihr Beruf in der Welt der Datenverarbeitung und der Nachrichtentechnik macht ihr Spaß, und sie weiß genau, was sie will. Weil sie ihre Wünsche gründlich analysiert, läßt sie nicht locker, bis diese Realität geworden sind.
Hartnäckigkeit und Durchhaltevermögen zeichnen Jutta Wagner-Blasche aus. Hat sie ihr anvisiertes Ziel erreicht, ruht sie sich aber nicht auf ihren Lorbeeren aus, sondern steuert bald wieder die nächste Herausforderung an. Auch vor ungewöhnlichen Aufgaben scheut sie nicht zurück.
Jutta Wagner-Blasche hat eine positive Unruhe in sich, die sie

einen erfolgreichen Schritt nach dem nächsten machen läßt. Sie ist eine Frau, die ihre Berufslaufbahn lustvoll beschreitet und die Hindernisse rechtzeitig erkennt und umgeht oder aus dem Weg räumt – mit einem großen Berufswissen und viel Intuition.

Angefangen bei der IBM habe ich aus Neugier. Das war etwas Neues. Mir gefiel die ganze Atmosphäre, die viel lockerer war als bei den Unternehmen, die ich mir vorher angeschaut hatte. Natürlich war alles reglementiert, aber nicht auf diese steife Art, daß ein Anfänger schön devot zu sein hat. Bei der IBM hieß es: Wir setzen dich in ein Büro, und dann sieh zu, wie du fertig wirst. So wurde es auch gemacht. Mich hat interessiert, daß es eine zukunftsorientierte Branche ist, von der noch keiner wußte, welche Richtung sie einschlägt, die aber geschäftsträchtig aussah. Mir gefiel die Idee, zu den Pionieren zu gehören, und die Atmosphäre: Die ganze Mischung sagte mir zu.

Im August 1972 bin ich bei der IBM Deutschland GmbH Frankfurt als DV-Assistent eingetreten. Die Trainee-Zeit begann ich als DV-Assistent in der Geschäftsstelle Banken und Versicherungen. Ich habe mit meiner Trainee-Ausbildung eine Phase erwischt, wo wir Trainees immer auf der Geschäftsstelle waren. Damals wurde in der Ausbildung der Schwerpunkt auf die praktische Arbeit gelegt. Ich hatte in diesen eineinhalb Jahren nur drei Kurse: eine vierwöchige Einführung in Sindelfingen, einen dreiwöchigen Block in Berlin und zum Abschluß noch einmal zwei Wochen in Sindelfingen. Nach 18monatiger Ausbildung war ich ab Februar 1974 Systems Engineer, kurz SE, also DV-Spezialist, für den Kundenkreis Banken und Versicherungen. Dort habe ich Projektkenntnisse gesammelt und meine Kenntnisse über die EDV erweitert. Ich habe alle Seminare besucht, die damals gut und teuer waren.

Dann kam 1976 der Zeitpunkt, zu dem ich doch tatsächlich Vertriebsbeauftragte (VB) werden wollte. Ich war wahnsinnig gerne SE und habe stundenlang in den Dumps meiner Kunden – ein Dump ist ein Speicherauszug – gewühlt. Mein Mann hat schon immer gesagt, ich würde wohl übertreiben, aber ich tat das wirklich gerne. Aber irgendwann fiel mir auf, daß mich zunehmend mehr Kunden auch um Rat in Hardware-Dingen fragten. Immer mehr wollten wissen, ob sie nun ein komplett neues Computermodell oder noch einen zusätzlichen Plattenstrang nehmen sollten oder diesen Drucker oder jenen. Ich habe diese Fragen immer nach bestem Wissen und Gewissen beantwortet, habe auch von mir aus schon einmal darauf hingewiesen, daß es einmal wieder an der Zeit wäre, etwas Neues zu kaufen. Irgendwann hat ein von mir betreuter Rechenzentrums-Leiter gesagt, »wissen Sie was,

Frau Wagner, dazu brauchen wir jetzt den Vertriebsbeauftragten gar nicht. Wir haben doch schon entschieden, was wir nehmen, lassen Sie den VB mal die Kaufscheine ausfüllen.« Nachdem so etwas das zweite oder dritte Mal passierte, daß der Vertriebsbeauftragte nichts anderes tat als den Vertrag auszufüllen und sich in der Geschäftsstelle feiern ließ für den tollen Abschluß, dachte ich mir, hier stimmt doch etwas nicht! Zum Glück habe ich damals noch nicht gewußt, wieviel mehr die Vertriebsbeauftragten verdienen als die Berater, sonst hätte ich den Aufstand geprobt. Daraufhin habe ich meine Kunden gefragt, ob es sie stören würde, wenn ich als Vertriebsbeauftragte zu ihnen käme. Die ständige Antwort: »Natürlich nicht, wir kaufen doch jetzt schon bei Ihnen. Schade wäre nur, daß Sie dann nicht mehr als SE zur Verfügung stehen würden.« Also trug ich meinen Änderungswunsch auf der Geschäftsstelle vor, und ein langer Leidensweg begann.

Es hieß, eine Frau als Vertriebsbeauftragte sei nicht denkbar, und schon gar nicht bei Banken und Versicherungen. Ich argumentierte, ich würde doch schon bei genau diesen Kunden »als Frau« arbeiten. Aber irgendwie wollte man das nicht recht akzeptieren. Ich mußte viele unübliche Wege einschlagen, um meinen Wunsch doch zu realisieren. Aber ich ließ nicht locker, wurde jedes Jahr vorstellig beim Geschäfsstellenleiter. Jährlich deshalb, weil der Arbeitsvertrag der Vertriebsbeauftragten eine Gebietszuweisung enthält, die sich jährlich ändern kann, und das 100-Prozent-Einkommen ebenfalls eine Jahresvorgabe ist. Natürlich ist es möglich, mitten im Jahr von der Systemberatung in den Vertrieb zu wechseln, aber das ist abrechnungstechnisch ein bißchen kompliziert, am einfachsten ist ein Wechsel generell zum 1. Januar. Das hatte ich schnell raus, auch daß die Personalrunden immer im September/Oktober laufen. Also bin ich im Herbst immer zu meinem Geschäftsstellenleiter gegangen: »Nun will ich endlich Vertriebsberater werden!« Was ich mir da habe anhören dürfen! Das erste Mal hat er mir gleich signalisiert: VB – als Frau? Das haben wir noch nie gehabt, kommt gar nicht in Frage! Das hat er natürlich netter ausgedrückt, er konnte sehr charmant sein, aber es war eine klare Absage.

Bei der ersten Abfuhr dachte ich noch, ich hätte vielleicht nicht das Auftreten oder würde mich tatsächlich nicht für den reinen Vertrieb eignen, aber dann kamen immer mehr Vorfälle, bei denen ich mich wieder und wieder fragte: Warum ich nicht? Es war noch nicht einmal so, daß ich das werden wollte, weil ich unbedingt in den Vertrieb wollte, ich war wirklich gerne Berater. Aber mich hat geärgert, daß man mir etwas vorenthielt!

Ganz en passant erfuhr ich, daß mein Unternehmen in einem Vertriebs-Team für Banken doch tatsächlich schon eine Frau eingesetzt hatte. Leider ging das schief. Noch heute, nach rund 15 Jahren, habe ich die männlichen Kollegen im Verdacht und sagte das denen damals auch auf den Kopf zu, daß die das hintertrieben haben, und nicht der Kunde – wie es nach außen hin gesagt wurde. Zwar muß ich gerechterweise zugeben, daß ich mir auch nicht gut hätte vorstellen können, daß diese Frau im Vertrieb reüssiert, es paßt eben nicht jeder Mensch in den Außendienst. Aber deshalb keimte in mir der häßliche Verdacht, ob man diese Frau vielleicht ganz bewußt für den Vertrieb gewählt hat, um dann sagen zu können, »Frauen eignen sich nicht für den Vertrieb!« Allerdings will ich das nicht als bewußte Handlung unterstellen.

Nach etwa einem Jahr war diese Frau heraus aus dem Vertrieb, angeblich weil das der Kundenwunsch war. Der Geschäftsstellenleiter dröhnte laut: »Nie wieder wird eine Frau bei mir VB! Das kann ich mir nicht noch mal leisten. Ich bin das Risiko eingegangen, und es ging schief! Das mache ich nie wieder!« Tendenziell habe ich das durchaus verstanden. Wieder verging ein Jahr, als ein männlicher Kollege Hausverbot bei einem Kunden erhielt. Das nahm ich zum Anlaß, um wieder beim Geschäftsstellenleiter vorstellig zu werden, und ich fragte vorlaut, »jetzt darf wohl auch kein Mann mehr bei Ihnen VB werden?« Seine lapidare Antwort: Ich solle doch nicht immer so logisch sein! Aber für mich rührte sich nichts.

Plötzlich hieß es, ich solle an Interview 1 teilnehmen, unserem Mitarbeiterentwicklungsprogramm. Ich sollte ins unterste Management weggelobt werden. Manager wollte ich damals überhaupt nicht werden. Ich wollte VB werden, weil man mir das verweigerte! Ich wurde also in Interview 1 geschickt, und in diesem Jahr hatte ich nun unangenehmerweise einen Chef, der mit mir nicht konnte und umgekehrt. Damit begann ein kleines Drama, vorher hatte ich keine Probleme mit Vorgesetzten, überhaupt nicht – im Gegenteil: Man hat mich auf die Bühne gestellt, ich durfte Reden halten, und andere haben giftig-neidisch geguckt. Ich wußte gar nicht, daß das etwas Besonderes ist; ich war noch nicht mal dankbar! Aber mir kam der Verdacht: Solange ich lieb, handlich, puppig und still bin, geht alles wunderbar. Mein bißchen Plänkeln und Betteln um VB war charmant und nicht so ernst zu nehmen. Im Sinne der Vorgesetzten wurde ich auch gefördert. Was wollte ich also mehr?

Es ergab sich dann zufällig, daß mich ein Kollege aus dem nachrichtentechnischen Bereich ansprach: »Wir brauchen dringend Vertriebsbeauftragte, und du hast doch schon mal so etwas von der DV-Seite her installiert, hast du nicht Lust? Ich weiß, du willst dauernd in den Vertrieb, komm doch zu uns.« Der Telefonbereich war ein Exotenbereich, für den dringend Leute gesucht wurden. Deshalb wurde auch eine Frau akzeptiert. Das würde zwar keiner zugeben, aber es war eindeutig so. Ich dachte mir, wenn ich clever bin, nehme ich diesen VB-Job, mache ihn als Rotation, als Vorbereitung quasi für die Manager-Laufbahn. Also habe ich endlich im Januar 1979 einen VB-Job bekommen in einem IBM-intern nicht angesehenen Bereich für Vermittlungssysteme in Frankfurt. Da war ich mittlerweile sechseinhalb Jahre bei IBM.

Mein Fazit war damals: Das Allerwichtigste ist, daß man das, was man anstrebt, auch wirklich will. Das ist schwierig, weil man das Neue noch gar nicht kennt. Aber es gibt Anhaltspunkte. In meinem Fall war es relativ einfach: Vertriebsbeauftragter und Systems Engineer sind immer zu zweit zum Kunden gegangen. Der VB zog zuerst allein los, bearbeitete das Geschäftsfeld und stellte fest, bei welchen Fragen er einen SE brauchte. Bei Fragen, die in die Tiefe des Fachlichen gehen, zieht sich jeder VB einen Berater für das entsprechende Gebiet hinzu, entweder einen Fachgebietsberater oder jemanden, der den Kunden als Haus-SE betreut hat und natürlich die Kundensituation kennt. Von daher wußte ich, wie im Vertrieb operiert wird. In den heißesten Verkaufsgesprächen ist der SE zwar nie dabei, das wird im elitären Kreis gemacht, aber das Vorfeld, wie man argumentiert, Vorteilsdarstellung und Aufbereitung, habe ich oft genug erlebt. Warum also sollte ich das nicht können?

Gereizt hat mich am Vertrieb, daß man in dieser Position den Kunden noch wesentlich stärker führt als ein Systemberater. Der VB muß den Kunden quasi in die Richtung bringen, etwas Neues zu tun, natürlich im eigenen Geschäftsinteresse, das ist klar. Aber umgekehrt profitiert auch der Kunde davon, das ist ein Geben und Nehmen. Zwischen VB und Kunde herrscht keine Gegnerschaft, wie manch einer immer glaubt. Der VB muß seinen Kunden, der auch vielleicht einmal bei seinem Vorstand mit einem Projekt glänzen möchte, unterstützen oder ihm helfen, wenn ein Projekt zu scheitern droht.

Hinzu kam die Lust an der Macht: Ein VB hat Einfluß. Man spürt schnell, ob man jemanden beeinflußt. Es macht Spaß zu merken, ein anderer nimmt die eigenen Ideen auf. Man merkt, da werde ich ernst genommen. Wenn das nichts taugen würde, was man sagt, dann würden die anderen das nicht annehmen. Wenn sich hinterher noch herausstellt, daß alles gut läuft, es eine gute Beratung war und alle zufrieden sind – das ist angenehm.

Hart wird diese Arbeit, wenn man etwas verkaufen muß, was nicht so gut ist, aber entsprechende Vorgaben bestehen. Man muß von dem, was man verkauft, schon überzeugt sein. Wichtig ist die positive Einstellung zum Produkt und zum eigenen Unternehmen, sonst kommt man schnell an eine Argumentationsgrenze. Es gibt nie eine objektive Sicht, wo man sagen kann, das Produkt ist Mist oder brillant. Wenn man sich selbst sagt, es macht einen gewissen Sinn, dann findet man immer positive Argumente dafür. Selbst wenn das Produkt dann ein bißchen teurer ist oder irgendwo ein Hebel fehlt, weiß man, es ist das eigene Produkt, es ist meins. Dann fällt mir immer etwas ein, warum mein Produkt trotzdem besser ist als die Konkurrenz. Wenn ich aber im Grundsatz nicht mit dieser ganzen Sache und ihren Zukunftsperspektiven einig bin, dann fällt mir nichts ein. Verkaufen ist eben eine brisante Sache.

Eine regelrechte Ausbildung für den Vertrieb habe ich nicht erhalten. Alles, was ich an Trainings besucht habe, war ein Lehrgang »Rhetorik und Präsentation«. Irgendwann besuchte ich auch einmal ein Seminar über den Aufbau von Verkaufsgesprächen, aber es kann nichts Dolles gewesen sein, weil es mir fast nicht in Erinnerung geblieben ist. Es gab auch einen VB-Grundkurs. Dort ging es primär um ganz pragmatische Dinge von Unternehmensseite aus, beispielsweise um Verhandlungen mit unserem Auslieferungslager. Den einzigen Lehrgang, den ich gut in Erinnerung habe, war »Verhandeln in Gruppen mit Gruppen«. Der Kurs war wirklich etwas wert, weil er sehr praxisbezogen war. Normalerweise geht kein VB allein zum Kunden, sondern er hat einen Spezialisten dabei. Auf der anderen Seite fühlt sich der Kunde natürlich auch einsam und allein, holt ebenfalls seine Fachleute hinzu: Zwei Gruppen sitzen sich gegenüber. Was sich da abspielt, ist faszinierend. Es fangen diese Spielchen an, wie man sich gegeneinander austrickst in der eigenen Gruppe. Wenn ein guter Verkäufer das merkt, kann er diese Situation für sich nutzen – und hat schon fast gewonnen. Auch muß ein Verkäufer die interne Machtstruktur gut kennen, damit er nicht eventuell den eigentlichen Entscheider übergeht. Beim Verkaufen zählt eben fast ausschließlich die Psychologie.

In der Position als Vertriebsbeauftragte arbeitete ich breitgestreut, hatte Kunden aus dem Handelsbereich, der Industrie, von Banken und Versicherungen und von Landesbehörden. Die Landesbehörden waren wichtig, weil ich dort die Gepflogenheiten der Behörden kennenlernte. Behörden vergeben Aufträge ganz anders als die Industrie, die Ausschreibungsgepflogenheiten sind anders, auch die Budgetierung.

Weil ich mit so vielen verschiedenen Bereichen und Branchen zu tun hatte, merkte ich auch, daß man sich überall anders verhalten muß. Von daher war diese Art von Job im Grunde ein Glücksfall, weil ich dort gelernt habe, daß es nicht den einen idealen VB gibt. Jeder denkt immer, alle Vertriebsbeauftragten sind sich ähnlich: Das ist falsch. Es kann nur der ein guter Vertriebsbeauftragter sein, der das Umfeld, in dem er verkauft, auch genau adaptiert hat. Ich kenne jetzt ziemlich genau alle Branchen, durch meine Wanderungen durch Deutschland, ich kenne jede Größenordnung von Kunden, vom allerkleinsten Händler bis zum weltweit operierenden Großkonzern, und das in den unterschiedlichen Landstrichen, was sehr wichtig ist, weil die Mentalität überall anders ist. Wenn ich sonst nichts gelernt habe in dieser Zeit: Ich weiß, daß man nicht jeden zu jedem und nicht jeden in jede Branche schicken kann. Es gelten bestimmte Gesetze, die Verhaltensweisen sind beispielsweise bei den Banken ganz andere als im Handel. Das hätte ich in einem anderen VB-Job nicht gelernt. Insofern war das Glück im Unglück. Dieses Wissen gibt mir eine viel breitere Basis für jede Art von Geschäft.

Hinzu kommt auch die eigene Mentalität: Mancher geht eher hemdsärmlig mit jedem Geschäftsführer um, macht auch einmal beim Skatspielen oder an der Bar die Geschäfte, wohingegen ich beruflich in den »edleren Branchen« aufgewachsen bin, bei den Banken und Versicherungen. Dort lernt man Kosten-Nutzen-

Analysen machen. Die Entscheidungen werden nach außen mehr rationalisiert, obwohl sie letztlich genauso emotional fallen – es geht eben nur alles feiner zu.

Das habe ich drei Jahre gemacht, letztlich mit dem Ziel, Manager zu werden. Die Rotation war zu Ende, und dann gab es natürlich gerade keinen freien SE-Leiter-Job. Außerdem hatte ich drei Jahre nur »Telefon« gemacht: Das konnte die Firma gerade überhaupt nicht gebrauchen. Und plötzlich hieß es ganz locker, »das ist ja nun was ganz Spezifisches, was Sie in den letzten drei Jahren gemacht haben, es tut uns schrecklich leid.« Dann erhielt ich plötzlich einen wunderbaren VB-Job auf meiner ehemaligen Banken- und Versicherungen-Geschäftsstelle: Man muß in der IBM eben schon ein gutes MEP (Management Education Programm) machen, um als Frau normaler VB werden zu dürfen. Ich war ganze vier Wochen als VB für Großbanken eingesetzt und erhielt dann aus heiterstem Himmel ein interessantes Angebot. Eigentlich hatte ich zu diesem Zeitpunkt eine Managementstelle schon lange abgehakt. Doch mir wurde plötzlich für das Telefongeschäft in Hamburg ein Vertriebsleiterjob angeboten. Insgesamt gab es für diesen Bereich nur fünf Vertriebsleiter in Deutschland, für jede Region immer einen, der in der Overlaystruktur für alle Kunden zuständig war. Die Hamburger Position mußte dringend besetzt werden.

1974 hatte ich geheiratet, noch in meiner SE-Zeit in Frankfurt, mein Mann ist Anwalt. Als ich wegging nach Hamburg, waren wir schon in der Trennungskrise. Ich bin nicht sicher, ob ich das Angebot jemals näher ins Auge gefaßt hätte, wenn die Ehe in Ordnung gewesen wäre – die übliche Überlegung eben. Aber wir waren zu diesem Zeitpunkt schon ziemlich getrennt, so daß eine geographische Trennung äußerst willkommen war. Mein Mann und ich hatten keine Schwierigkeiten, die beiden Berufe miteinander abzugleichen. Es ging jeder seinen Weg. Das ging sehr lange gut, zwei Ehrgeizige, die sich gegenseitig geholfen haben – auch heute noch. Das berufliche Interesse verbindet uns bis in die Gegenwart. Aus privaten Gründen war der Wechsel damals kein Problem, sondern im Gegenteil ganz praktisch. Die Berufstätigkeit hat mein Privatleben zwar reduziert, aber auf etwas verzichtet habe ich nicht. Meine Ehe ist zwar kaputtgegangen, aber sie ist keineswegs an der Berufstätigkeit gescheitert, im Gegenteil. Ich habe nach dieser Ehe auch nicht das Bedürfnis nach einem Partner, der mir dauernd auf der Pelle hockt. Wenn das der Fall wäre, würde ich mich durch ihn eher in meinem Berufsleben gestört fühlen als umgekehrt. Mir ist auch nicht nur der Partner wichtig, sondern der Freundeskreis. Und diese Kontakte kann ich mir so einrichten, wie ich das möchte. Das ist kein Problem.

Ich bin also 1982 als Vertriebsleiter für Telefonvermittlungssysteme nach Hamburg, zuständig für die Region Nord. Ich war damals nicht die erste Frau als Vertriebsleiter. Eigentlich ganz witzig: Genau in diesem Job gab es Jahre vorher eine weibliche Vorgängerin, die erste Vertriebsleiterin bei der IBM. Das war aber gar nicht angenehm, weil diese Dame die Geschäfte auf eine höchst weibliche Art geführt hatte, und da hört bei mir die weibliche Solidarität endgültig auf. Von dieser »Hypothek« hatte ich vorher nichts geahnt. Mitarbeiter und Kunden haben lange rumgedruckst, das ging vom einfachen Grinsen bis hin zu verbalen Anspielungen. Was ich mir da im Nachgang von Kunden und Kollegen alles anhören mußte, weil Männer oft meinen, Frauen seien gleich! Aber ich habe dann auch oft mit den Kunden darüber gelacht. Ich weiß nicht, ob ich diese Position akzeptiert hätte, wenn ich das vorher gewußt hätte. Manchmal ist es eben auch gut, wenn man nicht zuviel weiß. Was mich geärgert hat: Dem Unternehmen waren diese speziellen Verkaufsaktivitäten dieser Dame sehr wohl bekannt. Nicht ohne Grund hat man mich immer gefragt, wie ich denn überhaupt klarkommen würde. Noch Jahre später wurden mir Stories in allen Details erzählt.

Überhaupt scheinen in den Köpfen mancher Herren sehr merkwürdige Vorstellungen von den Damen im Vertrieb zu kursieren. In meiner SE-Zeit sprach ich wegen meiner VB-Pläne auch mit der rechten Hand des Geschäftsstellenleiters. Diesem Herrn, ein netter, intelligenter Mann, habe ich natürlich auch meinen Wunsch vorgetragen. Er wollte mir einen Gefallen tun und machte mich mit dem ersten weiblichen VB, den IBM in Deutschland je hatte, bekannt. Die Kollegin kam, wir unterhielten uns, und sie fühlte sich bemüßigt, mich vor »den Gefahren der Straße« zu warnen, ganz mütterlich. Ich empfand das danach als weiteren »Anschlag« auf meine Pläne. Inzwischen sind wir gute Freunde. Sie hat das auf den Punkt gebracht, indem sie sagte: »Wenn Sie als SE zum Kunden gehen, dann will der Kunde was von Ihnen, wenn Sie als VB hingehen, dann wollen Sie was vom Kunden, und damit sind die Machtverhältnisse verschoben.« Es könne schon einmal passieren, daß ein Kunde anfange zu flirten, außerdem sei man auch mit Kunden unterwegs, und dann nachts die Anrufe... Sie hatte das bestimmt nicht aus der Luft gegriffen, aber mit so etwas hält man mich doch schon gar nicht von meinen Vorstellungen ab! Ich präsentiere dies noch heute als allgemeine Witzstory, erzähle das auch den Kunden. Dann kommt endgültig keiner mehr auf abwegige Gedanken.

Acht Jahre lang war ich der einzige weibliche Vertriebsleiter, meine Vorgängerin hatte gekündigt. Es wunderte mich sehr, daß mein Unternehmen sich damit nicht geschmückt hat: Ich war erfolgreich, Neider gab es immer genug – aber in der Öffentlichkeit wurde ich nie erwähnt. Ich wurde ignoriert; dabei denke ich, daß wir Vorreiterinnen schon Vorbilder sind für die jungen Frauen.

Gedanken darüber, daß ich meistens in meiner Arbeitsumgebung die einzige Frau war und bin, habe ich mir nie gemacht. Eher hat es mich erstaunt, wenn einmal eine zweite Frau dabei war. Ich habe Jahre gebraucht, bis ich merkte, daß ich für die anderen etwas Besonderes bin – und nicht unbedingt im guten Sinne. Ich hatte weder in der Schule noch während des Studiums noch während der ersten Berufsjahre auch nur den leisesten Verdacht, daß es schwieriger im Berufsleben werden könnte, weil ich eben das andere Geschlecht habe. Daß wir Frauen es schwerer haben, merkte ich erst mit zunehmender Erfahrung. In dem Augenblick, in dem man von den Männern plötzlich ernst genommen, vielleicht sogar allzu ernst genommen wird, geht unterschwellig der Zirkus los: Es gab keineswegs Schwierigkeiten mit Kollegen, mit Mitarbeitern oder mit Kunden, sondern immer nur mit den Vorgesetzten. Ist das nicht merkwürdig? Das sind doch alles Männer. Ein Kunde hat das Phänomen so erklärt: Mit Kunden und gleichrangigen Kollegen arbeitet man zusammen, ein Vorgesetzter sollte und muß aber seine Leute fördern. Eine Frau zu fördern, berge jedoch für den Förderer mehr Risiken als bei einem Mann. Also ignoriert man das Thema am liebsten. Auch eine Betrachtungsweise. Man kann zwar immer noch behaupten, das sei ein Generationsproblem, aber bei den Männern meiner Generation hat sich auch nichts geändert. Ich sehe das auch bei den Frauen meiner Ex-Kommilitonen, zu vielen habe ich recht intensiven Kontakt. Diese Männer behandeln mich ganz anders als ihre eigenen

Frauen. Ich habe immer das Gefühl, die Ehefrauen werden alle als Trudchen behandelt, denen wird ganz nach alter Väter Sitte nichts zugetraut. Da bin ich immer ganz perplex!

Bei gleichaltrigen Freundinnen, deren Kinder schon fast erwachsen sind, spüre ich andere Probleme: Sie sind physisch und psychisch voll auf der Höhe, haben aber plötzlich keine Aufgabe mehr. Sie erkennen jetzt, das war die erste Hälfte des Lebens, wie geht es aber weiter? Andererseits beobachte ich ganz drastisch, wenn es vielleicht auch unfair scheinen mag: Sie sind nicht mitgewachsen in ihrem Umfeld, weder fachlich noch menschlich. Ich erschrecke richtig, wenn dieser übliche Effekt kommt, dieses berühmte »ich habe etwas verpaßt« oder »jetzt will ich mich selber verwirklichen«. Das Ganze ist noch gekoppelt mit total überzogenen Ansprüchen, »ach, ich wollte, ich wäre wie du, würde gerne rumreisen und tolle Sachen machen«. Dabei haben sie vollkommen falsche Vorstellungen. Natürlich genieße ich das, jetzt, wo ich natürlich die Routine im Beruf habe, um so mehr, obwohl ich auch oft frustriert bin. Aber daß sie glauben, in einer Stufe einspringen zu können, die andere sich mühsam von unten erarbeitet haben, das wundert mich schon. Auch deswegen erzähle ich meinen Freundinnen, was mich bedrückt im Beruf – wenn auch sehr abgemildert. Das Übliche, wenn ich mit meinen Schilderungen fertig bin: Sie fallen fast von ihrem weichen Ledersofa, also so etwas würden sie sich aber nicht bieten lassen. Regelmäßig frage ich dann, ob sie schon einmal darüber nachgedacht haben, daß ihr Mann vergleichbaren Situationen ausgesetzt ist und das nicht erzählt, weil er ohnehin nicht zu Hause über den Beruf redet oder sie nicht belasten will? Ich frage sie, ob sie eigentlich wissen, wie hart erkämpft der Job ihres Mannes ist und letztlich damit der gemeinsame Lebensstandard, und ob sie sich vorstellen können, wenn ihr Mann schlecht gelaunt nach Hause kommt, daß der vielleicht gerade einen Schock erlebt hat und keine Lust hat, darüber zu reden? Solange es die traditionelle Rollenverteilung gibt, wird sich das Verständnis füreinander nicht verändern.

Vier Jahre lang war ich Vertriebsleiter in Hamburg, von 1982 bis 1986, und ich hatte dort zusammen mit meinem Team ein paar ganz tolle Erfolge. Ich saß in Hamburg und hätte noch jahrzehntelang dasselbe machen können, zur Zufriedenheit meines Vorgesetzten, hatte aber keine aktive Förderung. Also habe ich mich mit meinem Vorgesetzten unterhalten, wie es denn nun weitergeht. Ich wollte den nächsten Schritt auf der Karriereleiter tun. Er hat mir dann vorgeschlagen, ich solle das Interview 2 besuchen, was ich auch gemacht habe, aber quasi als Gegenleistung müsse ich als Rotation den größten Vertriebsbereich in Düsseldorf übernehmen. Der sei gerade vakant geworden und müsse aus den roten in die schwarzen Zahlen geführt werden. Ich dachte mir, was hält mich in Hamburg: Der Job war zwar dienstrangmäßig nicht höher angesiedelt, aber der Sprung von der kleinsten Region in die größte Region bedeutete schon etwas. Fachlich war es sehr interessant, weil ich es in Düsseldorf mit Netzen – lokale Netze, Token Ring, Postnetz – zu tun hatte. Ich habe mich dann intensiv mit der Philosophie lokaler Netze, von der PC-Vernetzung angefangen bis hin zu sehr komplexen Konzeptionen, beschäftigt und mußte meine Nachrichtentechniker, die nur das Telefongeschäft kannten, umschulen. Ich selber mußte natürlich auch umlernen, also immer den Vorreiter spielen. Aber nach knapp zwei Jahren hatten wir einen exzellenten fachlichen Status erreicht.

Das Angebot mit Düsseldorf war schon sehr attraktiv und bedeutete eine kontinuierliche Entwicklung, aber die Zeitabschnitte zwischen den Stufen waren nach meinem Dafürhalten zu lang: Als SE hätte ich maximal fünf Jahre gebraucht, zwei Jahre VB hätten gereicht, drei Jahre Hamburg und drei Jahre Düsseldorf wären genug gewesen. Mein Werdegang war immer kontinuierlich, aber sehr viel gestreckter als bei Männern. Das führte dazu, daß ich immer von mir aus etwas tun mußte, weil von selber nichts passiert ist. Das funktioniert, toi, toi, toi, bis jetzt auch ganz gut, aber letztlich ist es eine Bettelei, und die liegt nicht jedem. Außerdem braucht man viel Energie und intern ein gut ausgebautes Netzwerk, um die nötigen Informationen zu bekommen. Das ist auch der Grund, warum ich schon ab und zu einmal überlegt habe, ob ich mich nicht selbständig machen soll. Auf der anderen Seite steht stark dagegen, daß dann das, was ich mir im Unternehmen geschaffen habe, alles umsonst gewesen wäre.

Mit ein Grund, mich für den Weggang von Düsseldorf nach Chemnitz zu entscheiden, waren interne Umorganisationen. Aber – und das ist das Primäre – mich reizte die Möglichkeit, etwas komplett neu aufzubauen. Natürlich hieß es, gesucht werden erfahrene Firstline-Manager mit Secondliner-Potential. Den weiteren Aufstieg im Blick, war die Perspektive für mich eindeutig dieser Schritt nach Chemnitz.

Am 1. Juli 1990 habe ich in Chemnitz mit einer Sekretärin und einer Robotron-Schreibmaschine buchstäblich beim Punkt Null angefangen, bei der System und Service Ost GmbH, einer Tochter der IBM Deutschland. Innerhalb von einem Jahr hatte ich eine komplette Vertriebsorganisation stehen, obwohl der Osten ein reines Experimentierfeld für mein Unternehmen ist: Es gibt nämlich erstmals in der Geschichte des Hauses keine Verwaltungsmitarbeiter. Das bedeutete für mich als Vertriebsleiterin immens viel Arbeit. Neben dem Aufbau eines mittlerweile sehr großen Kundenkreises mußte ich mich nicht nur um die Rekrutierung der Mitarbeiter kümmern, sondern hatte darüber hinaus die ehrenvolle und sehr zeitintensive Beschäftigung, eine Niederlassung zu organisieren. Das begann mit Liegenschaftsfragen wie der Anmietung und Ausstattung von Büroräumen, angefangen bei den Stühlen und Schreibtischen bis hin zu der notwendigen Technik, ging über die Kontaktknüpfung zu Kommunen und Verbänden bis hin zum Aufbau eines Sicherheitssystems. Mehr als hundert Personalgespräche mit potentiellen Mitarbeitern aus der Region Chemnitz wurden im ersten Halbjahr geführt, und inzwischen haben wir dort ein Team von achtzig Mitarbeitern: 50 Mitarbeiter im Vertrieb, 25 Techniker und 15 Mitarbeiter für spezielle Aufgaben. Auf das erste Jahr kann ich mit meiner Mannschaft zusammen stolz zurückblicken: Wir haben mit einem der besten Ergebnisse aus dem ganzen Osten abgeschlossen, und das, obwohl Chemnitz als schwierige Region bekannt ist.

Was ich in meinem Berufsleben gelernt habe, ist: Eine Frau hat kaum eine Aufstiegschance, wenn sie nicht deutlich und laut sagt, was sie will. Vor allen Dingen muß sie auch klar sagen, daß sie sonst die Konsequenzen zieht. Eine Frau muß viel, viel lauter schreien als ein Mann und an viel mehr Stellen. Das ist nicht schön, und ich habe lange gebraucht, bis ich das eingesehen hatte. Eigentlich hätte ich das nicht für möglich gehalten. Ich dachte immer, jeder weiß doch, was ich will, man hat mir das doch versprochen, also wird es auch laufen – wie naiv von mir!

Das Gefühl, daß ich weiterkommen wollte, war von Anfang an da. Schon in den ersten Berufsmonaten habe ich gemerkt, daß die fachliche Basis, das Kennen der Produkte des eigenen Hauses, ein ganz wesentlicher Aspekt ist. Es war ein Plan, daß ich mir sagte, ich muß zum Beispiel mittlere Systeme, große Systeme und Betriebssoftware kennenlernen und mich überall sachkundig machen. Das dauerte, weil es eine breite Ausbildung war. Und wenn ich gerochen habe, daß in meinem Umfeld ein interessantes Projekt war, dann habe ich mich eingeklinkt und versucht, dort mitarbeiten zu können. Im nachhinein hab ich festgestellt, daß das ganz gut strukturiert war. Ich hab also von Anfang an schon eine Planung bei meinem Beruf gehabt, aber ich habe nicht im entferntesten an eine bestimmte Position gedacht.

Ab wann ich anfing, auch in Jobs und Hierarchiestufen zu denken, kann ich nicht an einem Zeitpunkt festmachen. Das ging alles Hand in Hand. Nach der fachlichen Ausprägung im SE-Job bietet der aktive Vertrieb den Einblick in die kaufmännische Seite. Konsequenterweise folgt dann der Firstline-Manager. Mit der Aussage, daß ich das werden wolle, habe ich alle geschockt. Ich wurde gefragt, warum ich denn Manager werden wolle? Mit meiner Antwort trat ich ins Fettnäpfchen. Ich sagte nämlich: »Was glauben Sie wohl, wofür ich studiert habe? Um hier die Bits zu polieren, hätte ich nicht mal Abitur gebraucht!« Dabei war schon klar, daß die Frage ganz ernst gemeint war, es war keine der typischen Verwirrungsfragen. Man war wirklich erstaunt: Es gäbe doch so viele akademische Professionals. Ich verdeutlichte aber, daß es mein Ziel sei, Führungskraft zu werden. Insofern hatte ich ein Ziel, aber keine Planung, weil ich den Weg dorthin nicht kannte. Für mich hieß es, Chancen zu sehen, und dann zu sagen, jetzt! Irgendwann weiß man einfach, wie das alles im eigenen Unternehmen geht.

Was auch immer ich erlebt habe, ich habe kein einziges Mal daran gedacht, mich in das Schlupfloch Familie und Hausfrauentätigkeit zurückziehen. Für mich naheliegender wäre dann schon die Spekulation gewesen, in die Ebene der Professionals zurückzugehen. Ich kenne genügend Kollegen, die diese Konsequenz gezogen haben, die aus unterschiedlichen Erlebnissen heraus gesagt haben, die Befriedigung steht in keiner Relation zu dem Einsatz. Aber ich suche lieber den Weg nach vorne und nach oben als zurück. Zurück ist durchaus eine Möglichkeit, und zwar keine schlechte, denn das Preis-Leistungs-Verhältnis ist bei weitem glücklicher als bei den Firstlinern. Ich hatte noch im neunten Jahr als Manager Mitarbeiter, deren Gehalt um einiges über meinem lag. Ich gönne ihnen das, aber ich denke, das Management sollte schon gehaltlich über den Mitarbeitern liegen.

Tendenziell habe ich sicher einen anderen Führungsstil als ein Mann. Die meisten Frauen, ich ohnehin, neigen dazu, sich intensiver mit den Mitarbeitern zu befassen, ihnen sehr viel klarer zu erklären, warum etwas gemacht werden muß. Das ist sehr zeitaufwendig und kostet viel verkäuferisches Geschick, besonders dann, wenn es etwas Unangenehmes ist; angenehme Sachen muß ich nie verkaufen, die nimmt jeder und erkennt sie sofort. Aber die unpopulären Entscheidungen, die bei uns wie in jedem anderen Unternehmen manchmal getroffen werden, die müssen den Mitarbeitern eben erklärt werden. Ob man da den Mitarbeitern Rede und Antwort steht oder nicht, halte ich für ein wesentliches Element eines Führungsstils. Die meisten Männer, die ich kenne, machen das anders: Die sagen einfach, das ist jetzt so; keine Diskussion, das machen wir jetzt! Da geht es dann nach dem interessanten System Gehorchen und Loyalität. Tendenziell, glaube ich, sind weibliche Führungskräfte offener, ehrlicher mit ihren Mitarbeitern, auch wenn es um unangenehme Dinge geht. Was mir ganz stark auffällt: Die Mitarbeiter wissen es inzwischen sehr zu schätzen, ob ihre Vorgesetzten menschlich sind oder nicht.

Würde ich heute am Anfang meiner Karriere stehen, würde ich – das Wissen von heute unterstellt – schon einiges anders machen. Ich würde sehr viel präziser und früher meine Ansprüche anmelden, weil ohnehin alles lang dauert. Ich habe viel Zeit damit vergeudet, weil ich glaubte, daß man sich um mich kümmert und alles schon richtet, zum zweiten wußte ich lange nicht, daß die Vorgesetzten alles im Visier haben, nur keine Frauen für den Aufstieg.

Geändert habe ich mich in der Zeit meiner Berufstätigkeit durchaus, aber das sehe ich sehr positiv. Ich bin härter geworden, und das ist gut so. Allerdings meine ich mit Härte nicht Ungerechtigkeit oder zu sehr auf den eigenen Vorteil bedacht sein. Das darf nicht verwechselt werden. Früher habe ich oft zu gutmütig manches hingenommen, heute sage ich schneller, daß ich es nicht ertragen kann, wenn man mich ausnützt. Das kann ich auch im Privaten nicht vertragen. Ich habe im Berufsleben gelernt, Grenzen zu ziehen. Härter heißt auch, sich selbst präzise klarzumachen, was man will, das dann zu formulieren und sich nicht mit vagen Vorstellungen zufriedenzugeben. Das bedeutet auch, mit sich selbst härter zu sein, sich mal einzugestehen, daß man irgendwo nicht gerade geschickt gehandelt hat. Das ist eine Form der Härte, die sich entwickelt im Berufsleben, die aber nicht schlecht ist. Ich bin mit meiner Umwelt viel unduldsamer, weil ich mehr sehe, wie man gewissen Schwierigkeiten begegnen kann, um sie zu mildern. Wenn das einer nicht tut, weil er zu bequem ist, werde ich heute sehr viel ungeduldiger als früher. Ich habe Mitleid mit denen, die nicht können, aber bei denen, die könnten und nur aus Bequemlichkeit alles laufen lassen, kenne ich kein Pardon. Zu dieser Härte gehört auch die realistische Einschätzung der eigenen Möglichkeiten. Der Beruf prägt eindeutig und schärfer als eine Hausfrauentätigkeit das tun würde. Im Beruf lernt man nicht nur viel über sich selber, sondern auch viel über andere und über die Umwelt. Deshalb hatte ich noch nie das Gefühl, es würde mir durch den Beruf etwas fehlen. Ich hätte eher umgekehrt das Gefühl.

Geboren bin ich am 13. Juli 1947 in Leipzig. Dort bin ich 1953 eingeschult worden und noch ein halbes Jahr in die Schule gegangen. Meine Eltern sind dann von Sachsen nach Rheinhessen gezogen, nach Nierstein. Nierstein ist ein kleines Bauernnest, sehr anheimelnd, aber es hatte eine ganz bestimmte Infrastruktur: die von reichen Weinbauern. Dank dieser Weinbauern kamen wir aber nach Nierstein: Mein Vater übernahm mit seinen 47 Jahren den Vertrieb in einem großen Weingut.

Dieses wunderbare Nest Nierstein, dem ich eine glückliche Jugend verdanke, war zum Glück für meine Mutter nicht groß genug. Sie hatte den richtigen Riecher, sagte damals, »Kind, du gehst nicht in das Dorfgymnasium in Oppenheim mit den zwar reizenden und erdverbundenen, aber arroganten Kindern der Weingutsbesitzer. Dort bleibst du immer nur die zugezogene Fremde, du gehst in die Stadt!« Ich wurde Fahrschüler, ging nach Mainz auf ein Mädchengymnasium. Dafür bin ich meiner Mutter noch heute dankbar. Das war der entscheidende Schritt, mich aus diesem Provinznest zu lösen. Ich hatte noch dazu das Glück, in eine Klasse zu kommen, in der ich mich sehr wohl fühlte. Wir halten zusammen – bis heute. Abitur gemacht habe ich im Oktober 1966.

Danach habe ich Volkswirtschaft studiert. Die Wahl des Studienfachs war wohl eher eine Negativauslese: Wir waren 21 Mädchen in der Abitursklasse, von denen 17 Lehrerin geworden sind, in allen Varianten, eine hat Theaterwissenschaft, eine andere Medizin studiert, eine nächste ist in den Journalismus, und ich habe mich eben für Volkswirtschaft an der Universität Mainz entschieden. Für mich kam es nie in Frage, Lehrerin zu werden. Ich sagte immer, »Lehrerin? Nur das nicht!« Meine Eltern, die – wie immer – für ihr einziges Kind das Beste wollten, hätten es gerne gesehen, wenn ich Medizin studiert hätte. Doch da wußte ich instinktiv, dieses Fach ist nichts für mich. Dann wurde es schwierig, weil die Vorstellung gefehlt hat, was sich im Beruf tatsächlich abspielt. Ich habe über Jura nachgedacht, aber auch da hatte ich keine Vorstellung, was sich als Beruf wirklich dahinter verbirgt. Vielleicht steckt so ein kaufmännisches Element in mir, mein Großvater war Kaufmann, machte sich dann selbständig und war finanziell sehr erfolgreich. Von dem wurden immer so tolle Geschichten erzählt. Ich kann das heute alles nicht mehr richtig nachvollziehen. Ich weiß aber, daß meine Eltern zu der Entscheidung des Studiums sehr wenig beitragen konnten. Was aber klar war: Sie wollten, daß ich studiere. Mein Vater sagte immer, ich solle die beste Eintrittskarte fürs Berufsleben haben, die ich bekommen könne, mehr könne er mir nicht mitgeben. Er war zwar wahnsinnig konservativ, aber das hat er richtig erkannt.

Ausschlaggebend für die Volkswirtschaft war der Punkt, daß ich ein Studium wollte, das mir viele Möglichkeiten offenläßt. Parallel habe ich im Grundstudium Jura belegt. Ich hatte eine vage Vorstellung vom Beruf des Wirtschaftsjuristen und bin nach dem Vordiplom aufs Prüfungsamt, um mich zu informieren. Dort hieß es drastisch: Diesen Beruf gibt es gar nicht! Entscheiden Sie, was Ihnen mehr liegt. Machen Sie erst das eine zu Ende, hängen Sie dann vier Semester dran, aber machen Sie auf keinen Fall weiterhin beide Fächer parallel. Sie machen sich kaputt. Ich habe mich endgültig für die Volkswirtschaft entschieden. Als ich mein Diplom im Mai 1972 hatte, überlegte ich auch, ob ich promovieren sollte, ich hatte sogar eine Assistentenstelle angeboten bekommen, dachte aber, mit 24 Jahren wird es Zeit zum Geldverdienen. Und das war gut so. Was hätte mir mein Doktortitel genützt? Nichts oder nicht viel in der Wirtschaft.

Praktika während des Studiums habe ich auch absolviert, nicht nur des Geldverdienens wegen. Das war auch meinem Vater wichtig, der sich sonst kaum um mein Studium gekümmert hat. Er meinte, ich müsse wissen, was Berufsleben bedeutet. Über seine Kontakte kam ich in eine große Firma in die Finanzbuchhaltung. Das war ein absoluter Horror für mich: Berufsleben live. Alle kamen morgens zur gleichen Zeit an, dann hieß es für mich Belege zählen. Ich habe an Zahlen aber keineswegs viel Vergnügen. Fehlte irgendwo ein Pfennig, mußte ich den ganzen Tag suchen, bis der Pfennig da war; doppelte Buchhaltung eben. Ich bin fast wahnsinnig geworden. Aber damals habe ich gelernt, was regelmäßige Arbeitszeit und stupide Tätigkeit bedeuten. Jeden Tag ging es zur gleichen Zeit in die Kantine und hieß »Mahlzeit!«, und das Ganze in einem Umfeld zum Davonlaufen – es war einfach schrecklich. Ich mag schon ein bißchen Glanz um mich herum, keine Sperrholzmöbel und ungestrichene Gänge, wo man dann über den Hof in die Kantine muß. Ich wußte hinterher: Mit Buchhaltung will ich nie was zu tun haben! Ich wußte auch: Ich will nie in solch einer vermufften Umgebung arbeiten. Das war eine Erfahrung, die mich sehr geprägt hat.

Was ich nach dem Studium machen wollte, war mir auch wieder unklar. Deshalb nutzte ich frühzeitig die Möglichkeit, mich über verschiedene Unternehmen zu informieren. Über Kontakte habe ich einmal in eine Bank hineingeschnüffelt, das roch aber schon wieder verdächtig nach Finanzbuchhaltung. Ich nahm auch einmal an einer Veranstaltung in der Uni teil, bei der sich große Unternehmen den Studenten vorstellten. Es war auch ein Mann von IBM dabei, meine Freundin machte mich gleich darauf aufmerksam, weil sie ihn von einem Ferienjob bei IBM kannte. Mir gefiel das alles nicht so richtig, zu diesen Multis war ich damals – wie man als Student ist – sowieso nur contra eingestellt, und noch weniger gefiel mir dieser IBM-Mann, der meine Freundin auch erkannte und uns hinterher ins Café einlud. Beim Hinfahren ergab sich dann das peinliche Problem, wie er zwei Weiber in seinen Porsche quetschen sollte. Porschefahren fand ich danach auch ganz übel. Also fuhr ich meine Freundin lieber im selbstverdienten VW nach Hause und vergaß den Typ.

Nach dem Diplom war ich genauso unsicher wie nach dem Abitur auch, nur jetzt auf höherem Niveau, ausgebildet und mit anderen Ansprüchen. Ich las also Annoncen, stellte mich bei einer Versicherung und bei einem Chemiekonzern vor, die suchten jemand für die volkswirtschaftliche Abteilung und waren sehr interessiert an mir. Zweimal mußte ich dort antanzen, mir kam das alles wie eine Wohltatsfalle vor. Das wollte ich nicht. Ich wurde dort auch ins Casino geführt, und diese Dreiteilung gefiel mir gar nicht: ein Bereich für das arbeitende Fußvolk, einer für die Angestellten und einer für die Feinen. Nein, das war für meinen damaligen Geschmack nichts. Ich empfand auch dieses riesengroße Werksgelände als erschreckend, und als ich erfuhr, sie suchten jemand als Stabsfunktion für Statistiken, wußte ich zwar damals nicht, was eine Stabsfunktion ist, aber ich ahnte, daß Statistik nichts für mich ist.

Irgendwann las ich eine Annonce der IBM, in der Leute gesucht wurden für den Bereich Banken und Versicherungen. Ich dachte, ich könnte es mir einmal anschauen; nachdem ich nun schon bei einer Bank und einem Chemiekonzern gewesen war, und beides ausschied, käme es nicht mehr drauf an. Also bin ich zur IBM nach Frankfurt. Ich komme zur Tür herein und denke, mich trifft der Schlag! Wer empfängt mich? Der Porschemann, grinsend von einem Ohr zum anderen. Es kam die übliche Einstellrunde, die heute noch genauso abläuft wie damals, es waren ein Mitarbeiter von der Personalabteilung und ein Manager dabei, das war der Geschäftsstellenleiter der Geschäftsstelle Banken und Versicherungen in Frankfurt, eben der Porschemann.

Ich habe danach die übliche, achtzehnmonatige Trainee-Ausbildung bei der IBM durchlaufen, da ich ja von Tuten und Blasen keine Ahnung hatte. Das einzige, was ich jemals mit EDV zu tun gehabt hatte, war schließlich der Basiskurs an der Universität gewesen. Im gleichen Trainee-Team wie ich hat noch eine Frau angefangen, was recht ungewöhnlich war. Später erfuhren wir, daß es heiße Debatten gegeben hatte, ob man es wagen könne, zwei Frauen in einem Team gleichzeitig einzustellen. Schließlich hatte man überhaupt keine Erfahrung mit Frauen und befürchtete wohl, so hieß es, wir würden uns »zerfleischen vor Eifersucht«! Als wir beide das gehört haben, haben wir uns gebogen vor Lachen, und das tun wir heute immer noch, wenn wir daran denken.

Doris-Katharina Hessler

Köchin, Gastronomie

Doris-Katharina Hessler ist bekannt dafür, Journalisten nicht mehr mit weit geöffneten Armen zu empfangen, weil ihr all dieser Medienrummel tüchtig auf die Nerven geht. Um so mehr habe ich mich über ihre spontane Zusage gefreut, als ich ihr von diesem Buchprojekt am Telefon erzählte.

Lange dauerte es, bis wir einen passenden Interviewtermin hatten. Für die Köchin vom Main kam nur der eigene Urlaub in Frage. Da der Urlaub für die Hesslers nicht nur Freizeit ist, sondern etwa zur Hälfte auch immer baulichen Erneuerungen am und im Restaurant gewidmet wird, bei denen die Küchenchefin anwesend sein muß, hatten wir als Hintergrundmusik für unser Gespräch die Geräusche eines Preßlufthammers. Das war anstrengend, tat letztlich aber der Gesprächsqualität keinen Abbruch.

Doris-Katharina Hessler taut auf, wenn das Thema um ihre Arbeit kreist. Deutlich ist an dieser erfolgreichen Frau zu merken, daß das Wort Beruf von Berufung kommt: Nicht sie hat den Beruf der Köchin gewählt, sondern der Beruf hat sie gewählt. Doris-Katharina Hessler wurde ins Wasser geworfen und lernte nicht nur schwimmen, sondern lernte besser schwimmen als viele andere, die den Kochberuf in ganz jungen Jahren ausgesucht haben. Sie hat das Metier gefunden, für das sie Talent und den richtigen Gaumen mitbringt.

Der Beruf ist ihr zwar per Zufall in den Schoß gefallen, doch die Erfolge hat sie sich ganz allein erarbeitet: mit viel Engagement, mit festem Willen und mit Ehrgeiz. Sie hat etwas geschafft, was fast unmöglich scheint: sich von der kochenden Hausfrau zur Profiköchin zu entwickeln. Sie wollte beweisen, daß sie mit gelernten Köchen konkurrieren kann, und das ist ihr gelungen.

Doris-Katharina Hessler ist ein Paradebeispiel für Frauen, die als Jugendliche den Wunschberuf der Eltern ergreifen, der aber genau der falsche ist, weil er nicht zur eigenen Persönlichkeit paßt. Doch sie hat den Mut gehabt, auf die versprochene Sicherheit im Angestelltenstatus im öffentlichen Dienst zu verzichten, und hat das Risiko der Selbständigkeit gewählt. Dieser Mut hat sich ausgezahlt. In der Gastro-Branche ist Doris-Katharina Hessler eine der ganz Bekannten, was sie selbst immer noch nicht so recht glauben kann.

Heute genieße ich schon meine Sonderstellung als weiblicher Koch unter den »Großen« unserer Zunft. Es war aber ein langer und nicht immer leichter Weg bis dahin. Am Anfang, als junge »Sterne«-Köchin, sahen manche in mir nur ein hübsch anzuschauendes Mädchen. Eine Frau wird immer zuerst nach dem Aussehen beurteilt. Inzwischen aber, so denke ich, erkennen meine renommierten Kollegen und die Restaurantkritiker auch meine Leistungen an. Ich stehe täglich immer noch 10 bis 12 Stunden am Herd. Es macht mir eben Spaß, und dieser Energieaufwand zahlt sich aus.

Woher ich die Ideen zum Kochen nehme, das weiß ich auch nicht so genau. Ich lese sehr viel und habe immer ein Notizbuch neben meinem Bett liegen. Wenn ich etwas lese, was mir gefällt, oder wenn ich dazu eine Idee habe, dann notiere ich mir das, und so entwickelt sich das. Dann erfinde ich erst einen Rezepttitel und mache mir dann Gedanken, was ich daraus zaubern könnte, wobei ich natürlich Rezepte, die ich heute schreibe, morgen vielleicht gar nicht mehr so kochen werde, weil ich das einfach alles wieder anders sehe. Kochen ist eben kein statischer, sondern ein dynamischer Prozeß. Natürlich ist auch der Markteinkauf sehr wichtig. Wenn man sich Tag und Nacht nur mit Essen und Trinken beschäftigt, dann kommen die Ideen irgendwie ganz von selbst. Es ist aber nicht mehr so, daß ich jetzt jeden Tag zehn neue Ideen hätte. Früher war das anders, aber jetzt war alles auf irgendeine Art schon mal da.

Ich versuche in meine Gourmet-Küche Elemente der Natur- und der Vollwertküche einfließen zu lassen. Das wird heute immer mehr praktiziert. Wir machen das schon seit einigen Jahren. Ich benutze zum Beispiel Ringelblumen, wir verarbeiten Begonienblüten genauso wie Kapuzinerkresse oder Sonnenblumenblüten. Ich kann mit diesen ganzen Sachen etwas anfangen, mir kommen immer Ideen. Aus Holunderblüten habe ich beispielsweise einen Sirup gemacht und verfeinere damit unter anderem meine Wildsaucen.

Ich bin zur Naturkost- und Vollwertküche gekommen, weil mein Mann Diabetiker ist. Er war bei einem homöopathischen Arzt in Behandlung, der uns aufgeklärt hat über gesunde Ernährung. Er hat meinem Mann geraten, wie er sich ernähren soll: hauptsächlich roh, fast überhaupt nichts Gekochtes. Das bekam ihm tatsächlich besser. Und so fing ich an, mich intensiv mit naturbelassenen Speisen zu beschäftigen, habe das auch selber probiert, und fand das gar nicht schlecht. Da sind wir eines Tages auf die Idee gekommen, warum machen wir das nicht auch bei uns im Betrieb? Wir haben uns eine anständige Getreidemühle gekauft und haben angefangen, unser eigenes Mehl zu mahlen. Am Anfang haben wir das auch in die Karte reingeschrieben: Vollwert. Doch die Leute wollten das nicht essen, bloß keine Körner. Es war und ist heute noch so, daß viele Leute meinen, Vollwertkost wäre Körnerfresserei. Also haben wir das irgendwann wieder weggelassen auf der Karte. Wir machen es einfach. Ich spreche auch nicht gerne von Vollwertkost. Was ich mache, das ist eben keine Vollwertkost, das ist eben meine Art zu kochen. Das ist einfach ein Rückbesinnen auf Natürlichkeit. Was vor hundert Jahren noch normal war, hat die Industrie kaputtgemacht, die hat uns das weiße Mehl und die raffinierten Öle gebracht.

Wir in der Spitzengastronomie machen alle irgendwie Vollwertkost. Wir haben alle immer nur frische Ware verarbeitet. Der einzige Unterschied gegenüber meinen Kollegen ist, daß ich wirklich mein Mehl selbst mahle und keinen Industriezucker im Haus habe. Wir haben Honig, wir haben Zuckerersatzstoffe, wie Fruchtzucker, Ahornsirup und Apfeldicksaft. Wenn man sich damit beschäftigt, merkt man, daß man eigentlich gar nicht so viel süßen muß, auch nicht in der Patisserie. Allerdings arbeite ich in der Patisserie nach wie vor mit Schokolade. Schließlich sind wir kein Restaurant für Kranke, sondern für Gesunde und Genießer. Wer etwas nicht essen darf, der kann das weglassen. Genauso wie für mich Vollwertkost auch Fleisch und Fisch beinhaltet. Das heißt für mich, den Konsum von tierischen Sachen ein bißchen einzuschränken und ein bißchen mehr pflanzliche Kost zu sich zu nehmen. Wer das nicht will, der kann allerdings bei uns auch total vegetarisch essen. Wir haben sehr viele Gäste, die ein großes Menü rein vegetarisch essen oder an tierischen Produkten nur Fisch verlangen.

Am Anfang war das mit dem Kochen schon ein bißchen schwierig für mich. Als ich noch alleine war, konnte ich mir nicht so richtig vorstellen, wie das ist mit acht oder zehn Köchen, und zum Schluß ist ein Teller fertig. Damals hat mir Mario Scheuermann, ein Journalist, der zum ersten Mal über mich schrieb, vermittelt, daß ich bei Spitzenköchen hospitieren konnte. Ich war eine Woche bei Josef Viehauser in Hamburg, eine Woche bei Peter Wehlauer auf Burg Windeck und auch bei Heinz Winkler im »Tantris«. Die Herren wollten mich damals ungern haben, aber Mario hat das gemanagt. Er ist mit ihnen allen gut bekannt und hat sie überredet. Also war ich in deren Küchen. Der Josef Viehauser hat mit mir so gut wie gar nichts gesprochen, der Peter Wehlauer schon ein bißchen mehr. Aber ich habe gesehen, wie das da läuft. Ich habe in dieser Zeit natürlich dazugelernt. Wenn man mal eine Woche nur guckt und nicht arbeitet, lernt man viel. Das hat mir schon geholfen. Ich habe mir natürlich auch vieles durch Zeitschriften und Bücher und durch Ausprobieren beigebracht, aber so perfekt wie heute war ich natürlich nicht von Anfang an. Ich weiß noch, wie ich damals meine Saucen gemacht habe: Ich habe Fleisch, Knochen und Wasser genommen, die Knochen wurden ausgekocht, und dann kam überall Sahne dazu und Kräuter. Das hat schon gut geschmeckt, aber das waren halt bei jedem Menü immer Sahnesaucen – vom ersten bis zum letzten Gang.

Dann haben wir aber mal einen richtig guten Koch gehabt, der kam aus einem Zwei-Sterne-Restaurant. Als der bei uns anfing, hatte ich als Autodidaktin unheimliche Komplexe, und deshalb habe ich mich – nicht bewußt, aber unbewußt – untergeordnet. Ich war zwar immer der Küchenchef, aber er hat den Posten gemacht, den ich vorher hatte: Saucier und Fleisch. Ich habe dann die Patisserie übernommen und die kalte Küche. Heute bin ich froh, daß ich das damals so gemacht habe. Das hat nämlich zwei positive Dinge bewirkt: Erstens habe ich durch ihn gelernt, wie man richtig Saucen macht, und in der Patisserie und auf dem Salatposten habe ich zu dieser Zeit alles total umgekrempelt. Da habe ich angefangen, die Salate wie Bilder zu präsentieren. In der Patisserie war es mir auch zu langweilig, immer nur ein und dasselbe Dessert zu machen. Deshalb habe ich damals eingeführt, den Gästen verschiedene Desserts zu geben. Da es mir überhaupt zu langweilig war, immer das gleiche zu machen, habe ich dann begonnen, jedem Gast ein anderes Menü zu kochen. Dieser Koch war zweieinhalb Jahre bei mir, und ich habe sehr davon profitiert. Das war für mich ein großer Vorteil. Als er dann weg ist, bin ich auf den Posten zurück, habe die Saucen gemacht, die irgendwann noch besser waren als seine.

Vielleicht ist das Kochtalent ererbt: In unserer Familie gab es eine Urgroßmutter, die eine Fernfahrerkneipe in Grünstadt hatte, und meine Mutter hat natürlich auch immer viel gekocht. Früher war ich immer der Meinung, daß meine Mutter gut kocht, aber heute bin ich da nicht mehr so sicher.

Ich bin am 3. Oktober 1948 in Grünstadt in der Pfalz geboren, aufgewachsen bin ich in Maintal-Dörnigheim. Ich war ein halbes Jahr alt, als meine Eltern hierher gezogen sind. Mein Vater war bei der Berufsfeuerwehr, meine Mutter war immer Hausfrau. Insgesamt sind wir acht Kinder, drei Mädchen und fünf Jungen, ich bin die Zweitälteste. Meine Mutter hat fünf Kinder geboren. Als mein Vater starb, waren wir zu zweit. Dann hat sie meinen Stiefvater kennengelernt, der hat drei Kinder mit in die Ehe gebracht, und dann haben sie noch mal gemeinsam drei Kinder. Die jüngste Schwester ist zehn Jahre jünger als ich. Zwischen uns liegt fast immer ein Jahr Altersunterschied.

Mein Vater ist gestorben, als ich sechs Jahre alt war. Zu Anfang war das schon schlimm für mich. Doch meine Mutter heiratete bald wieder, und weil mein Stiefvater immer sehr lieb zu mir und meinem Bruder war, haben wir das ziemlich schnell vergessen.

1954 bin ich in Maintal in die Schule gekommen. Ich habe Volksschulabschluß, ich war acht Jahre in der Schule. Ich durfte von meinen Eltern aus nicht in die höhere Schule gehen, obwohl ich wollte. Die Mutter war halt der Meinung, als Mädchen wirst du irgendwann mal geheiratet, du brauchst keine Schule, kriegst Kinder. Mit 14 weiß man natürlich nicht, welchen Beruf man erlernen will, Praktika gab es damals noch nicht. Ich hatte also keine Vorstellung, was ich machen wollte. Da kam meine Mutter auf die Idee, am besten sei es, ich würde zur Stadt Frankfurt gehen, Beamtin werden wie mein Vater. Das sei etwas, wo ich abgesichert sei. Da habe ich halt »ja« gesagt, weil mir wirklich nichts anderes eingefallen ist. Dann habe ich meine Lehre angefangen, aber ich war todunglücklich: Ich bin während der Lehre in drei verschiedenen Ämtern gewesen und jedesmal, wenn ich in ein neues Amt reingekommen bin, habe ich geheult wie ein Schloßhund. Es hat mir überhaupt keinen Spaß gemacht. Alles war schlimm für mich, vor allem die ganze Umgebung. Das waren halt nur alte Gebäude und Akten, Akten, nichts als Akten, nur so alte Aktenschränke, eine verstaubte Atmosphäre. Ich fand das alles widerlich. Im ersten Lehrjahr war ich im Amt für Lastenausgleich, im zweiten Lehrjahr war ich im Wohnungsamt und im dritten Lehrjahr war ich in der Großmarkthalle in der Verwaltung. Es war alles furchtbar. Ich bin dann im letzten Drittel meiner Lehre zum Marktleiter gekommen, und der hat mich immer mit in den Markt genommen. Da konnte ich durch die Großmarkthalle laufen, das war schon ein bißchen interessanter. Da mußte ich nicht hinter dem Schreibtisch sitzen.

Nachdem ich meine Lehre abgeschlossen hatte, bin ich in die Uni-Klinik versetzt worden, die damals noch städtisch war. Hier hat mir das Arbeiten zum ersten Mal ein bißchen Spaß gemacht, aber nicht wegen der Arbeit, sondern wegen der netten Kollegen. Es war eine ganz andere Atmosphäre als zu Lehrlingszeiten. Ich habe auch ein paar Mark mehr verdient. Ich bin dann innerhalb von einem halben Jahr in eine andere Abteilung versetzt worden. Da habe ich die Abrechnung der Privatpatienten durchgeführt, das hat mir dann auch Spaß gemacht. Ich habe sogar teilweise den Chef der Abteilung vertreten, wenn dieser in Urlaub war. Da konnte ich selbständig arbeiten, was ich prima fand. Aber dann wollte ich mehr Geld haben, das habe ich nicht bekommen, das hat mir schon gestunken. Ich machte die Arbeit, die der Abteilungsleiter auch machte, aber der verdiente einen Haufen Geld und ich zu wenig.

Es war teilweise ganz schön schlimm, was in der Uni-Klinik nebenher gelaufen ist. Da haben sich die Angestellten und Ärzte mit den Schwestern rumgetrieben, hinter den Kulissen wurde viel getrunken. Ich fand das alles gar nicht so gut. Ich habe immer schön gearbeitet und mich gewundert, daß nachmittags kaum einer da war, dabei haben sich die anderen in der Registratur getroffen und haben Cognac-Cola getrunken. Die konnten dann oft bei Feierabend kaum noch gerade gehen, aber Auto fahren konnten sie noch.

Inzwischen – genau 1969 – hatte ich auch meinen Mann kennengelernt, der hatte in Maintal eine Diskothek – im gleichen Haus, in dem heute unser Restaurant ist. Da bin ich in der Disco gewesen, so oft ich konnte. Doch immer nur rumstehen hat mir keinen Spaß gemacht. Er hatte damals fünf Mädels hinter der Theke, und er hat mich dann mal gefragt, ob ich das nicht auch machen wollte. Meine Antwort darauf: »Ja, ich möchte das gerne probieren.« Also bin ich hinter die Theke gegangen und habe geholfen. Ich hatte so etwas vorher noch nie gemacht, hatte gar keine Ahnung. Ich kannte das alles gar nicht, auch keinen Alkohol. Bei uns zu Hause gab es Milch oder Limonade für uns Kinder. Ich habe dann die Theke gemacht, und da war eine Sache, die werde ich in meinem ganzen Leben nie vergessen: Die fünf Mädels und ich, die Neue, mußten damals für alles, was rausging, Kassenbons schreiben, und ich mußte einen Wodka bonieren. Da habe ich – ich wußte ja gerade mal, wie man Wodka ausspricht – WOTGA geschrieben, und die anderen haben sich über meine Dummheit natürlich amüsiert. Das war mir damals unheimlich peinlich. Das hat mich schon ein bißchen mitgenommen. Aber gerade wegen dieses Patzers gab es innerhalb von kürzester Zeit hinter dieser Theke keine fünf Mädchen mehr, sondern da gab es nur noch eine: Das war ich. Mein Ehrgeiz war durch meinen Fehler geweckt worden, und ich war unheimlich motiviert. Ich habe das so toll gemacht, daß mein Mann – damals mein Freund – gesagt hat, er braucht die anderen gar nicht mehr. Am Wochenende habe ich immer sehr viel gearbeitet, da war ich bis Geschäftsschluß da. Aber das hat sich dann auch unter der Woche immer mehr ausgedehnt. Ich bin immer länger und immer länger dort geblieben. Das war dann teilweise so schlimm, daß ich angefangen habe, am nächsten Morgen Tabletten zu nehmen, so »Hallo-Wach-Tabletten«, weil ich sonst eingeschlafen wäre. Und eines Tages, als ich merkte, daß ich auch in der Uni-Klinik nicht weiterkomme, habe ich gekündigt und nur noch in der Diskothek geholfen.

Das gab natürlich Ärger mit meinen Eltern, weil ich ab und zu mal nachts nicht nach Hause gekommen bin, obwohl ich da schon volljährig war. Mir hat dann zu Hause alles gestunken. Deshalb bin ich eines Nachts mit meinem ganzen Hab und Gut, mit allem, was ich hatte, von zu Hause abgehauen, obwohl das nur ein paar hundert Meter waren. Ich habe dann fast ein Jahr lang mit meinen Eltern nicht geredet; besser: meine Eltern nicht mit mir. Mein Mann hat mich aber immer beruhigt und hat gesagt: »Was willst du denn? Du bist volljährig!« Also lebten wir zusammen in der Diskothek.

Mein Mann hatte die Disco mit einem Freund zusammen, einem älteren Herrn. Mein Mann war Geschäftsführer, der andere war stiller Teilhaber. Damals war gerade die Zeit, wo eine Disco nach der anderen aufmachte, und unsere Disco lief schlechter und immer schlechter. Eines Tages kam der Kompagnon von meinem Mann an und hat ihm unterstellt, daß das an ihm liegen würde; er wollte jetzt selbst die Geschäftsführung übernehmen und mein Mann sollte stiller Teilhaber sein. Der andere war eben der Ältere, und das hat mein Mann akzeptiert. Inzwischen hatte ich mich auch schon wieder mit meinen Eltern vertragen, und jetzt blieb mir nichts anderes mehr übrig, als wieder nach Hause zu gehen! Ich konnte nicht mehr hier wohnen, weil der andere hierher zog. Ich hatte aber keine Arbeit mehr. Da haben meine Eltern natürlich gesagt: »Solange du hier bei uns die Füße unter den Tisch streckst, gehst du gefälligst arbeiten.« Also habe ich mir Arbeit gesucht, aber nicht in der Verwaltung, sondern in der freien Wirtschaft. Ich bin zu einer Firma, die Kleinteile für Autos hergestellt hat, beispielsweise Griffe für Aschenbecher. Ich habe bei dieser Firma relativ gut verdient, 1500 DM netto. Das war vor 20 Jahren viel Geld. Doch ich hatte in dieser Firma überhaupt nichts zu tun. Zuerst war ich in der Registratur, da mußte ich nur Zettel ablegen. Dann haben sie mich in ein Großraumbüro gesetzt, da mußte ich Briefe schreiben, was natürlich nicht meine große Stärke war. Und ich habe mich immer gefragt, was ich da überhaupt soll. Inzwischen hatte sich in der Disco rausgestellt, daß der geschäftliche Rückgang doch nicht an meinem Mann lag: Bei seinem Teilhaber lief gar nichts mehr. Also hat er wieder die Geschäftsführung übernommen, und ich habe da wieder abends gearbeitet. Der andere wollte dann raus aus dem Partnerschaftsvertrag, meinte, es hätte keinen Sinn mehr, die Disco würde für zwei nicht mehr genügend Umsatz bringen. Er machte den Vorschlag, daß mein Mann ihm seinen Anteil abkaufen sollte. Mein Mann hat sich das lange hin und her überlegt, aber da er in dieses Haus bereits viel investiert hatte, war die Entscheidung nicht schwer: Er hat einen Kredit aufgenommen und den anderen Anteil übernommen. Und ich habe natürlich wieder da gearbeitet. Bei meiner Firma hat mir alles keinen Spaß gemacht, da wollte ich sowieso weg. Dann war ich also wieder in der Gastronomie, und wir haben das zusammen gemacht.

Mein Mann war ab Sommer 1970 alleiniger Inhaber, und nach einem Jahr haben wir festgestellt: Disco hat keinen Sinn mehr. Wir wollten ein Restaurant und haben einfach gesagt, wir machen das. Meinen Bruder, der neben seinem Studium bei uns den Diskjokkey gemacht hatte, haben wir in einen Anzug gesteckt, der war dann Kellner. Per Anzeige haben wir uns einen Alleinkoch gesucht, ich habe die Theke gemacht, mein Mann war Mädchen für alles, und so haben wir angefangen mit unserer »Bauernschänke«.

Dann wurde mein Mann zur Bundeswehr einberufen, ich saß

alleine da mit dem Laden. Eines Tages hat er mich von der Bundeswehr aus angerufen: »Hör mal zu, wir heiraten.« Er wollte sich wohl auch sicher sein, daß ich seinen Laden ordentlich führe. Im Frühjahr '71 haben wir geheiratet. Inzwischen war von der Vermieterin unseres Hauses der Mann gestorben, und es kam in dieser Familie zu Erbschaftsproblemen: Unsere Vermieterin wollte das von uns gemietete Haus unbedingt verkaufen. Nachdem mein Mann so viel Geld investiert hatte, haben wir beschlossen, dieses Haus zu kaufen: Aber wie kaufen, ohne Geld? Wir haben es versucht, doch die Bank wollte uns nichts geben. Da sind wir dann draufgekommen, daß ich zusammen mit meinem Bruder hier in Dörnigheim ein Haus habe, in dem meine Mutter lebenslang das Wohn- und Nutzungsrecht besitzt. Diese Sicherheit akzeptierte die Bank dann. Außerdem haben wir noch mit einer Brauerei einen langfristigen Bierlieferungsvertrag abgeschlossen und haben dafür ebenfalls Geld bekommen. Jetzt konnten wir das Häuschen kaufen. Wir waren damals recht erfolgreich mit unserer Bauernschänke, in unserem Ort gab es auch keinen, der besser war als wir. Aber wir haben ständig die Köche gewechselt. Die kamen, und nach ein paar Wochen waren sie wieder weg, es war ein ständiger Wechsel.

Mittlerweile hatten wir Spaß daran bekommen, gut essen zu gehen. Ich war mit meinen Eltern nie essen gegangen, erst bei meinem Mann habe ich das kennengelernt, und da fing ich auch endlich mal an zu kochen. Zu Hause mußte ich nie kochen, das hat meine Mutter gemacht. Aber das Kochen hat mir Spaß gemacht. Und eines Tages saß an der Theke bei uns ein Ehepaar, die waren schon öfters da und kamen immer zum Bierchen trinken, und die Frau, eine ganz liebe, erzählte, daß es morgen bei ihr Sauerbraten gäbe. Da habe ich gesagt, »oh, Sauerbraten, toll, das würde ich gern mal wieder essen.« Da sagte sie, wir waren uns auch sympathisch, »kommen Sie doch einfach morgen zum Essen zu uns.« Am nächsten Tag sind wir hin und haben den Sauerbraten gegessen. Natürlich fühlte ich mich verpflichtet, dieses Paar ebenfalls einzuladen, und habe es zwei Wochen später auch sonntags zum Essen eingeladen. Jetzt wollte ich nicht nur irgend etwas, sondern etwas Besonderes kochen, schließlich waren wir ein Spezialitätenrestaurant. Und dann habe ich halt was gekocht, und sie haben uns wieder zurück eingeladen. Das hat sich so entwickelt, daß wir uns jeden Sonntag getroffen haben, einen Sonntag bei ihnen, einen Sonntag bei uns. Diese Frau hat immer rustikal gekocht, traditionell deutsche Küche und unheimlich gut, und ich habe immer versucht, etwas Ausgefalleneres zu machen. Ich habe nach Zeitschriften-Rezepten gekocht, das waren Rezepte zum Ausschneiden, die habe ich gesammelt. Damals konnte ich in Dörnigheim viele Zutaten, die ich brauchte, nicht kaufen, und da bin ich dann nach Frankfurt in die Kleinmarkthalle gegangen und habe dort immer alles eingekauft, weil es hier beispielsweise kein Lammfleisch gab, auch Gemüse gab es recht wenig. Und das ist immer verrückter geworden: Aus dem einen Gang wurden dann zum Schluß vier Gänge und mehr, das war also ziemlich extrem. Das ging bestimmt zwei Jahre lang immer so hin und her; aus Zeitgründen haben wir es dann irgendwann einschlafen lassen.

Dann gab es mal wieder so ein Problem mit einem unserer Köche. Und mein Mann kam auf die glorreiche Idee, ob ich denn nicht mal kochen könnte. Es war einfach schlimm, immer wieder neue Köche zu haben, doch ich habe gesagt, »nee nee, das kann ich nicht«. Aber mein Mann meinte, »mach mal!« Na ja, dann bin ich halt in die Küche gegangen. Das muß so Mitte der siebziger Jahre gewesen sein.

Ich wollte natürlich nicht alles so kochen, wie wir das die ganze Zeit gemacht haben, sondern habe langsam versucht, die Küche umzustellen. Inzwischen hatte ich auch von der Nouvelle Cuisine gehört: Wir haben unsere Urlaube nämlich immer in Gegenden verbracht, in denen man besonders gut essen kann, beispielsweise in Italien, im Elsaß oder im Badischen. Außerdem habe ich mir die ganzen einschlägigen Zeitschriften gekauft und habe eben versucht, auch Nouvelle Cuisine zu kochen. Inzwischen wußte ich ja durch das viele Essengehen, auf was es ankommt. Also habe ich die Küche nach und nach umgestellt, was natürlich zur Folge hatte, daß unsere Gäste alle wegblieben: Es wurden immer weniger, es kamen keine neuen nach. Die Gäste haben nicht verstanden, das wir hier etwas anderes machten. Unser Essen hat sie verschreckt, aber nicht weil es schlecht, sondern weil es anders war. Das war uns schon klar.

Eines Tages, das vergesse ich nie, es war Ostersamstag und relativ viel los, da war ein einzelner Gast da, der ein großes Menü gegessen hat. Das hieß bei mir damals Zwölf-Gänge-Karte. Jedenfalls hat sich zum Schluß herausgestellt, es war ein Tester von Ullsteins Gourmet-Journal. Das war der erste Journalist, der zu uns gekommen ist. Er hatte einen Brief bekommen, in dem unser Restaurant empfohlen worden war. Er war neugierig, weil hier eine Frau kochte, und hat uns getestet. Das war damals die Zeit, wo ständig neue Küchenstars geboren wurden, aber das waren immer Männer. Einen Monat später wurden wir dann in dieser Zeitschrift als Restaurant des Monats vorgestellt, er hatte uns relativ hoch bewertet.

Durch diesen Bericht sind dann schlagartig Gäste gekommen; aus ganz Deutschland, es war kaum zu glauben. Wir hatten damals mittags und abends auf, aber das ist mir dann zuviel geworden. Ich bin zu dieser Zeit fast durchgedreht, weil ich es einfach nicht mehr alleine schaffen konnte. Ich hatte zwar eine Küchenhilfe als Spülfrau, aber das war es dann auch. Deshalb haben wir beschlossen, einen zweiten Koch einzustellen. Es wurde aber eine Köchin. Die männlichen Bewerber konnten sich wohl nicht vorstellen, mit einer kochenden Hausfrau in einer Profi-Küche zu stehen. Aber wir sagten uns, was soll's, machen wir einen Weiberhaushalt und nutzen das Medieninteresse an Profiköchinnen mal für uns. Die Köchin war gerade zwei Tage bei mir, es war im November 1978, als morgens das Telefon klingelte. Am Telefon war Mario Scheuermann, der Journalist, der den ersten Artikel über uns geschrieben hatte, und sagte: »Ich gratuliere dir, du hast einen Stern im Michelin!« Ich war noch so verschlafen, ich konnte das gar nicht fassen. Und mein Mann hat es überhaupt nicht geglaubt. Er hat nur gesagt: »Das Buch muß her, mal gucken, ob es wirklich stimmt.« Es hat tatsächlich gestimmt. Zu diesem Zeitpunkt war ich gerade mal zwei Jahre in der Küche.

Durch den Stern im Michelin kamen dann noch mehr Gäste, und wir haben es zu zweit auch nicht mehr geschafft. Also haben wir uns die Dritte im Bunde geholt. Es mußte natürlich wieder eine Köchin sein. Das ging dann eine Weile gut mit uns drei Frauen, ich war recht zufrieden. Arbeit hatten wir ja genug, aber dann gingen die Frauenprobleme los. Das war schlicht und einfach grauenhaft. Dann ist die erste von denen gegangen, und ich beschloß, mir jetzt einen Koch zu suchen, einen Mann. Die zweite Köchin wurde dann bald darauf weggeheiratet, war also auch weg, und dann hatte ich eine Zeitlang nur noch Männer in der Küche.

Frauen machen nämlich die Arbeit in der Küche nicht mehr so intensiv, wenn sie einen Mann kennenlernen. Und wenn Frauen

Probleme mit ihrem Partner haben, merkt man das an ihrer Arbeit, bei den meisten zumindest. Bei einem Mann ist das ganz anders. Ich weiß nicht, warum. Vielleicht, weil es immer so war, daß der Mann gearbeitet und die Brötchen verdient hat? Der kann nicht jedesmal, wenn er Krach mit seiner Frau hat, arbeitsmäßig absacken. Aber eine Frau kann privaten Ärger nicht verbergen, das merke ich immer wieder. Die Mädels haben halt immer noch andere Interessen. Wenn sie keinen Freund haben, ist das genauso schlimm, als wenn sie einen haben. Wenn sie keinen haben, dann wollen sie gern einen, und eine Möglichkeit, jemand kennenzulernen, haben sie bei diesem Job auch nicht, denn wir arbeiten ja immer dann, wenn die meisten anderen Menschen Freizeit haben. Das ist also schon ein bißchen kompliziert bei Frauen. Dennoch ist eine gemischte Brigade gut für das Betriebsklima. Der Anteil an weiblichen Köchen, die sich bewerben, ist wohl bei mir wesentlich höher als bei Kollegen.

Die Mädels werden auch von vielen männlichen Kollegen überhaupt nicht genommen, die stellen überhaupt keine Frauen in die Küche. Ein Drittel aller Lehrlinge im Gastgewerbe sind inzwischen Mädchen, der Anteil ist schon gewaltig gestiegen, der Kochberuf hat einen höheren Stellenwert als noch vor ein paar Jahren.

Langsam hat sich dann alles weiterentwickelt: Mehr und mehr Journalisten sind auf mich aufmerksam geworden, und ab und zu hat mal eine Zeitschrift was über mich gebracht. Damit ist natürlich der Bekanntheitsgrad gestiegen, wir sind in alle Restaurantführer aufgenommen worden. Irgendwann habe ich dann noch mehr Köche dazugenommen, dann wurde die Küche oben zu klein, und wir haben umgebaut, die Küche nach unten verlegt. Und dann haben wir so peu à peu jeden Sommer das Restaurant umgebaut, alles etwas größer und eleganter gemacht. Dann kam der Zeitpunkt, als mich jemand anrief und erzählte, sie würden eine Fernsehserie drehen, »Essen wie Gott in Deutschland«, und ob ich nicht Lust hätte mitzumachen. Warum nicht, dachte ich und sagte, »gut, da mache ich mit«. Aufgrund dieser Sendung wollten plötzlich alle was von mir. Ich habe Angebote bekommen von großen Verlagen, die wollten Kochbücher mit mir machen, und viele Journalisten haben in allerlei Zeitschriften meist Positives über meine Person und meine Arbeit geschrieben.

Diese Fernsehserie war praktisch das Sprungbrett nach ganz

oben. Von diesem Zeitpunkt an wurde ich natürlich auch von meinen Kollegen mehr akzeptiert als früher. Vorher hatte sich keiner so recht um mich gekümmert: Was will die denn, die hat noch nicht mal den Beruf gelernt, und die wird so hochgepuscht! Aber spätestens nach dieser Fernsehserie haben mich alle akzeptiert. Ich hab mir dann einen Verlag ausgesucht und habe ein Kochbuch geschrieben, »Meine Vollwertküche«.

Im Moment sind wir zu acht in der Küche, sechs Jungen und zwei Mädchen. Heute ist vieles ganz anders in der Küche als früher. Die Leute, die heute zu mir kommen, die wollen etwas lernen, wollen keine privaten Probleme austragen. Köche zu kriegen ist kein Problem mehr, aber wirklich talentierte Köche sind nach wie vor rar. Die meisten sind noch relativ jung, kommen direkt von der Lehre und wollen noch etwas lernen, aber nach einem Jahr sagen sie dann Tschüs. Das ist schon blöd: Da bringt man ihnen was bei, und wenn sie endlich gut sind, gehen sie weg. Das finde ich nicht so gut. Ich hätte viel lieber eine feste Brigade.

Mein Mann leitet den Service. Im Moment hat er fünf Mitarbeiter. Er hat immer Schwierigkeiten, gute Kellner zu finden, das ist ein bundesweites Problem. Die jungen Leute wollen nicht »dienen«. Der Beruf ist nicht attraktiv genug. Der Kochberuf hat durch die Gastro-Medien ein sehr gutes Image. Ein Top-Restaurant jedoch lebt meiner Meinung nach zu 70 Prozent vom Service und vom Ambiente. Wenn es hier nicht stimmt, nützen die besten Köche nichts. Dies wird von den Restaurantkritikern oft nicht richtig verstanden. Die vergeben ihre Sterne und Mützen in erster Linie für die Küchenleistung, und die Kellner schauen ganz neidisch in die Röhre.

Ehrgeiz habe ich schon im Beruf, aber auch unheimlich viel Spaß. Das hängt bestimmt auch damit zusammen, daß ich früher einen Beruf lernen mußte, der mir absolut keinen Spaß gemacht hat. Und jetzt mache ich etwas, was mir die Möglichkeit bietet, mein Hobby zum Beruf zu machen. Natürlich ist alles sehr, sehr viel Arbeit, und ich habe relativ wenig Freizeit, aber das macht mir nichts aus. Mein größtes Problem ist und bleibt das Küchenpersonal. Und das in den Griff zu kriegen, ist unheimlich schwierig. Da kann ich mich noch so bemühen, das fällt mir so schwer. 1989 habe ich da auch wirklich Pech gehabt. Ich hatte einige Nieten dabei und bekam nur mit Mühe ein passables Team zusammen.

Ich muß mich ständig auf die Küchenarbeit konzentrieren, ich kann nie mal einen Tag weg sein, das geht einfach nicht. Das liegt wohl auch daran, daß meine Ansprüche ständig steigen. Die Leistung von gestern ist auch Schnee von gestern. Früher habe ich mal mittags, wenn nicht viel los war, meine Büroarbeit gemacht und meine Mitarbeiter alleine arbeiten lassen, aber das geht einfach nicht mehr. Jetzt mache ich die Büroarbeit in der Freizeit, genauso schreibe ich da meine Kochbücher.

Den Kücheneinkauf erledige ich auch selbst. Ich fahre einmal pro Woche zum Großeinkauf. Und wenn ich zwischendrin etwas brauche, besorgen es mir Freunde, die dort arbeiten. Ein großer Teil wird natürlich direkt ins Haus geliefert.

Meine Familie war am Anfang gegen die Gastronomie, heute ist sie natürlich stolz auf mich. Die Ablehnung hat sich auch ganz schnell gelegt. Nachdem ich dann verheiratet war und mit meinem Mann den Laden hier gemacht habe, kam der Umschwung: Jetzt hatte unsere Beziehung Hand und Fuß, und alle waren zufrieden.

Anfangs fand ich die Popularität schon toll, als dauernd Fotografen und Reporter kamen, ich war da auch ziemlich zurückhaltend und habe eine gewisse Ehrfurcht gehabt. Aber wenn man dann viel mit den Medien zu tun hat, merkt man, daß da auch nur mit Wasser gekocht wird, und inzwischen gehen mir manche ganz schön auf die Nerven. Ich bin den ganzen Rummel einfach leid. Ganz besonders im Restaurant geht mir dieser Bekanntheitsgrad manchmal ziemlich auf den Geist. Wenn ich rausgehe und die Leute starren mich so an, also das mag ich einfach nicht. Ich finde es zwar schön, überall wo man hinkommt, bekannt zu sein und hofiert zu werden, weil ich einfach in allen Läden gut bedient werde, aber es darf nicht zuviel werden. Seit diese Sendung im Fernsehen lief, ist das ganz schlimm. Für die meisten Leute ist eben jemand, der mal im Fernsehen war, irgendwas ganz Besonderes. Ich mag halt nur nicht diese Art, wenn die Leute einen so anstarren, wenn ich ins Restaurant gehe, die lassen Messer und Gabel fallen und so, das finde ich nicht so gut. Ich muß oft zu Gästen gehen und mich mit denen unterhalten. Selbst Wildfremde wollen, daß ich mich zu ihnen an den Tisch setze. Aber ich gehe nicht zu irgend jemand an den Tisch, bevor ich nicht am letzten Tisch die Desserts serviert habe. Ich serviere ja grundsätzlich selbst überall die Desserts.

Unsere Gäste sind zum größten Teil gutverdienende Leute. Wenn sie zu uns essen kommen, sind im Nu für zwei Leute so dreihundert bis vierhundert Mark weg. Das kann sich natürlich nicht jeder leisten. Es gibt aber auch Leute, die weniger gut verdienen, die für so etwas sparen. Die kommen dann am Hochzeitstag oder zu einer anderen Feier, und natürlich kommen auch viele Angestellte aus der Gastronomie. Das hat sich so eingebürgert, daß Köche und Kellner relativ viel essen gehen, weil sie tagein, tagaus, erleben, wie die Gäste mit dem Geld rumwerfen, und die versuchen das dann auch bei Kollegen zu praktizieren. Das finde ich persönlich nicht gut, wenn die dermaßen über ihre Verhältnisse leben und zu zweit mal eben so vier-, fünfhundert Mark im Restaurant verzehren. Das ist einfach nicht gesund. Wir gehen auch in gute Restaurants, aber man muß ja nicht gleich so viel ausgeben. Wenn ich einen sehr guten Spitzenwein trinken will, trinke ich den eben zu Hause.

Mein Mann stört sich nicht an meiner Popularität. Er will das für sich gar nicht. Ich habe manchmal das Gefühl, daß er schon sehr stolz auf mich ist und sich über meine Erfolge freut. Darunter leiden tut er – glaube ich – nicht. Genau kann ich es gar nicht sagen. Aber jetzt interessieren sich die Medien auch sehr für ihn, weil er sich auf Wein spezialisiert hat. Er ist mit seinem Wein so perfekt wie ich in der Küche.

Ich bin ein Typ, mit dem eigentlich jeder gut auskommen kann. Solange mir keiner was antut, solange mir keiner link kommt, kann er auch gut mit mir zurechtkommen. In Deutschland gibt es in der Spitzengastronomie inzwischen noch ein paar Frauen, die sich einen Stern erkocht haben. Zumindest eine davon ist auch recht bekannt, die Frau Bacher aus Neunkirchen. Einige dieser weiblichen Kollegen kenne ich etwas näher, aber einen engen Kontakt haben wir nicht. Ich komme eigentlich auch viel besser mit Männern zurecht.

Privat verzichte ich eigentlich auf nichts. Manchmal bin ich zwar ein wenig traurig, wenn Familienfeste sind und ich nicht dabeisein kann. Die Feiern sind ja meistens Samstag abends, oder wenn man privat eingeladen ist, kommt man eben erst nach Feierabend. Das ist schon ein bißchen komisch, weil dann alle anderen schon lustig und leicht angetüddelt sind. Aber deshalb vermisse ich nicht etwas.

Wenn ich diesen Beruf nicht hätte, könnte ich mir gut vorstellen, daß ich etwas mit Hunden und Katzen machen würde. Ich bin ein großer Hundeliebhaber. Mein zweiter Lieblingsberuf wäre daher eine Hundepension. Eine Pension, wo jeder ganz ohne Probleme seinen Hund hingeben kann, wo der Hund alles hat wie zu Hause. Ich habe zur Zeit einen Dobermannmischling, ein Weibchen, das einen ganz sturen Kopf hat. Wir haben aber schrecklich viel Spaß mit dem Vieh, die fährt auch immer mit uns in Urlaub und klettert sogar mit auf Berge.

Durch meine Arbeit habe ich mich auf jeden Fall verändert. Ich denke aber schon, ich habe mich positiv verändert. Ich denke über viele Dinge anders als früher. Ich beschäftige mich mit Themen, die mich früher nicht interessiert hätten. Ich lebe bewußter und fühle mich glücklicher und ausgeglichener, da mir mein Job mehr Freude als Frust bereitet. Ich gehe auch gerne mal ins Theater oder Konzert, oder auf die eine oder andere schöne Veranstaltung, meist in Zusammenhang mit dem Thema Essen und Trinken. Das macht mir Spaß.

In der Zukunft möchte ich gerne noch mehr Kochkurse geben. Es macht mir Freude, mein Wissen weiterzugeben. Ich bin nicht so, daß ich sage, es gibt irgendwelche Geheimnisse um das, was ich mache. Zwischen dem »gewußt wie« und dem Selbermachen ist schließlich immer noch ein großer Unterschied. Ich habe die Feststellung gemacht – selbst in der eigenen Küche, bei neuen Leuten –, daß ein Rezept für eine Sache mit immer den gleichen Zutaten bei jedem anders schmeckt. Ich weiß zwar nicht, wie die das hinkriegen, aber ich vermute, da fehlt schon ein bißchen die Erfahrung. Ich weiß genau, wenn ich zum Beispiel eine Terrine mache, muß die Masse so und so sein, damit es zum Schluß richtig ist. Aber ich kann das nicht erklären. Man kann schon vieles machen und nachkochen, was man gezeigt bekommt, aber das muß eben erst mal so schmecken, wie ich es mir vorstelle.

Ich koche natürlich da, wo es möglich ist, nach Gefühl. Gerade die Saucen mache ich alle nach Gefühl. Deshalb fiel es mir anfangs auch so schwer, Rezepte zu schreiben. Ich kann ja nicht einfach »einen Spritzer« reinschreiben, damit gibt sich keine Hausfrau zufrieden, wenn sie das nachkocht. Das muß alles schon ein bißchen genauer angegeben werden. Meine Rezepte basieren auf Erfahrungswerten. Ich bin auch der Meinung, daß Rezepte nicht unbedingt zum sturen Nachkochen dasind. Ich meine, Rezepte sollen Anregungen sein, irgend etwas Neues zu machen. Jede

Hausfrau, jeder Profikoch sollte ein bißchen was von seiner eigenen Persönlichkeit mit in ein Essen reinbringen. Man muß Stil und Handschrift erkennen. Das kann man aber nur dann, wenn man nicht stur nach Rezept kocht. Als ich anfing, mich für die Vollwertkost zu interessieren, habe ich viele Vollwertrezepte nachgekocht. Das Ergebnis war manchmal grauenvoll. Dazu stehe ich auch heute noch. Ich lese schließlich immer noch aus Interesse viele dieser Rezepte. Ich verstehe schon, daß so viele Leute die Vollwertkost verabscheuen, denn das meiste schmeckt einfach nicht.

Ein Lieblings-Kochbuch habe ich nicht. Ich besorge mir regelmäßig das, was an Kochbüchern neu auf dem Markt ist. Angefangen habe ich mal mit dem Bocuse-Kochbuch. Das war für mich aber so, als würde ich ein französisches Buch lesen, ich kann nämlich kein Französisch. Ich habe nichts verstanden, das war alles so kompliziert. Ich habe nie nach diesem Kochbuch gekocht.

Manchmal habe ich ganz spontane Ideen: Wir haben ein großes Menü von acht Gängen, und wir haben Gäste, die immer wieder dieses Menü essen. Ich schaue dann nach, wann die das letzte Mal da waren, ich schreibe mir das bei Stammgästen nämlich immer auf, und wenn ich denke, »verdammt, du müßtest denen mal was anderes machen«, schaue ich, was so da ist und versuche schnell was Feines zu machen. Wenn mir was einfällt, ist es gut, wenn mir nichts einfällt, dann lasse ich es allerdings lieber. Ich versuche nicht, krampfhaft irgendwas Neues zu machen, dann mache ich lieber Bodenständiges. Da kommen dann manchmal Dinge raus, die toll bei dem Gast ankommen. Das muß ich mir dann natürlich wieder alles aufschreiben, sonst vergesse ich das. Und wenn das gut ankommt, nehme ich es in die Karte auf. Denn nur Sachen, die die Gäste immer wieder loben, nehme ich regelmäßig in die Menüs auf. Das wollen die Leute auch. Es ist ja nicht so, daß der Gast jeden Tag wiederkommt. Im Grunde genommen könnten wir ja ein Menü ein halbes Jahr laufen lassen. Aber das mache ich nicht, weil es langweilig wird, immer wieder dasselbe zu kochen. Jeder Koch kocht auf seine Art und Weise, jeder hat einen besonderen Stil, jeder kocht gut, zumindest von den bekannten Köchen, die ich kenne. Wichtig ist es eben, seinen eigenen Stil zu finden, und den habe ich für mich gefunden.

Ich empfinde es nicht als schwer, kontinuierlich Qualität zu bieten: Wenn ich gute Zutaten habe und Leute, die damit umzugehen wissen, dann ist das überhaupt kein Problem. Es kommt zwar schon mal vor, daß der Fisch nicht so ist, wie man sich das vorstellt oder das Fleisch. Das sind Dinge, da steckt man nicht so drin, das ist manchmal schon Glückssache. Aber inzwischen nehmen mich auch meine Lieferanten ernst, und ich kann mich ganz gut auf sie verlassen. Die wissen genau, daß ich schlechte Ware unnachgiebig reklamiere. Vor etwa vier Jahren haben wir eine neue Küche gebaut. Dabei wurden alle meine Vorstellungen berücksichtigt. Wir haben eine ausgefeilte Küchentechnik. Dies wirkt sich absolut positiv auf meine Ware aus.

Ich selber esse unheimlich gern Nudelgerichte, so ganz einfache Sachen: Nudeln mit Schinken oder Nudeln mit Trüffel drüber. Ich esse auch zu 80 Prozent vegetarisch: ganz wenig Fleisch und auch wenig Fisch, beides überwiegend dann, wenn wir außerhalb essen gehen.

Um im Geschäft zu bleiben, muß man heute den Gästen natürlich auch etwas bieten. Nur gutes Essen allein nützt nichts, wenn der Background nicht stimmt. Dann kann ich kochen wie ein Weltmeister, das reicht einfach nicht. Deswegen sind wir auch ständig bemüht, immer wieder etwas Neues zu machen. Deswegen bauen wir auch ständig weiter. Unsere Gasträume sind jetzt absolut top. Um ganz oben mitzumischen, muß schon einiges an Luxus geboten werden.

Ich habe schließlich den Ehrgeiz, irgendwann einmal den zweiten Stern zu bekommen. Man muß ja ein Ziel haben! Ich weiß, daß es für mich als Frau unheimlich schwer sein wird, bei Michelin den zweiten Stern zu bekommen. Schließlich sind die Franzosen dafür zuständig, und die sind, was die Küche betrifft, konservativ, eben frankophil. Vollwertiges Kochen ist in Frankreich ein Fremdwort. Die haben zwar nach wie vor die besten und frischesten Rohprodukte, aber gekocht wird meist klassisch. Moderne Ernährungsfragen sind für die Franzosen kein Thema. Aber ich will es trotzdem schaffen.

Hadmut Birgit Jung-Silberreis

Anstaltsleiterin, Justiz

Natürlich hat die Anstaltsleiterin einer Justizvollzugsanstalt ihr Dienstzimmer innerhalb der Mauern dieser Anstalt – wo sonst? Trotzdem war dies die ungewöhnlichste Lokalität, die ich während meiner Arbeit bislang kennengelernt habe. Zwar hatte mir Hadmut Birgit Jung-Silberreis, Leiterin einer JVA in Frankfurt am Main, vorher gesagt, ich solle am besten gar nichts mitbringen, sonst müsse ich alles an der Pforte abgeben. Aber irritierend war es schon, als es tatsächlich soweit war und meine Handtasche der Sicherheit halber in einem Schließfach deponiert wurde.

Doch die leichte Beklommenheit schwand noch an der Pforte, als mich der dort sitzende Beamte freundlich-neugierig und mit unverhohlenem Stolz fragte, ob ich denn seine Chefin interviewen wolle, und wo er das Ergebnis lesen könne: Mein Berufsalltag war wieder hergestellt.

Hadmut Birgit Jung-Silberreis besetzt eine noch ungewöhnliche Position für eine Frau. Doch darüber macht sie sich kaum Gedanken. Kann eine Frau dieses oder jenes, oder kann sie es nicht – das sind Fragen, mit denen sie sich nicht beschäftigt: Leistung steht für sie im Mittelpunkt – unabhängig vom Geschlecht – und ihr Interesse an ihrer Arbeit.

Dieses Denken hat sie ihrem Elternhaus, insbesondere ihrer

Mutter, zu verdanken. Deshalb hat sie sich nie überlegt, ob die Arbeit im Justizvollzug für eine Frau unpassend sein könne. Und das ist gut so: Nur wenn Frauen ungeschriebene, aber bestehende Regeln durchbrechen, ändert sich etwas an den tradierten Berufswegen.

Hadmut Birgit Jung-Silberreis ist als berufstätige Mutter eine echte »Überzeugungstäterin«: Sie möchte ihren Beruf nicht missen, könnte sich auch keineswegs vorstellen, ausschließlich den familiären Part zu übernehmen. Sie gehört zu den Menschen, die nicht nur der Bildung wegen studiert haben, sondern die das Wissen, das sie sich in langjähriger Arbeit erworben haben, engagiert in die Praxis hineintragen und in ihrem beruflichen Umfeld positive Akzente setzen wollen.

Ich bin Leiterin der Justizvollzugsanstalt II Frankfurt-Höchst, einer Anstalt für männliche Untersuchungsgefangene. Diese Anstalt gehört in die Sicherheitsstufe II und hat ungefähr 170 Gefangene, die Belegung schwankt. Im Neubau sind rund 40 Gefangene, Jugendliche und Heranwachsende, im Altbau sind etwa 130 ältere Heranwachsende und erwachsene Untersuchungsgefangene untergebracht.

In einer Justizvollzugsanstalt für Untersuchungsgefangene liegt das Schwergewicht der Arbeit des Leiters mehr auf dem Personalbereich als auf dem Bereich der Gefangenen. Bei Untersuchungsgefangenen entscheidet vieles der Richter, zum Beispiel die Anordnungen, wer wann wie lange Besuch haben darf. Der Anstaltsleiter kann höchstens Stellung nehmen oder Einspruch erheben, wenn es zu viel wird oder zu viel durchgelassen wird, was etwa die Sicherheit beeinträchtigen könnte. Das kommt aber so gut wie nie vor. Im allgemeinen Vollzugsdienst sind in Höchst 64 Mitarbeiter beschäftigt, drei Sozialarbeiter, ein Psychologe, eine Ärztin sowie Verwaltungskräfte. Ich habe die Dienstaufsicht über alle, aber fachlich unterstehen mir natürlich weder die Ärztin noch der Psychologe, dafür ist ein Fachberater im Ministerium zuständig. Von meinem Vorgänger habe ich eine geordnete Anstalt übernommen, es lief im wesentlichen.

Man hat als Anstaltsleiter natürlich die Möglichkeit, eigene Schwerpunkte zu setzen, und mein erster Schwerpunkt hieß, das Gebäude zu modernisieren. Nicht nur die Häftlinge sollen eine gute Umgebung vorfinden, auch für die Bediensteten ist es angenehmer, in einem modernisierten Haus zu arbeiten. Auch bin ich damit beschäftigt, der Anstalt eine etwas andere Struktur zu geben, ein Abteilungssystem zu installieren.

Mit den Gefangenen selbst habe ich hier weniger zu tun als etwa in Strafhaft, es gibt keine gemeinsamen Konferenzen mit Gefangenen. Hier sind Untersuchungsgefangene, damit fällt beispielsweise die ganze Vollzugsplanung weg. Aber wenn ein Häftling mich sprechen will, kann er das selbstverständlich: Er füllt einen Antrag aus, ich hole ihn dann zu mir oder lasse ihn bringen, und wir reden in meinem Zimmer zusammen – im Regelfall unter vier Augen, das hängt von den einzelnen Umständen ab.

Eine meiner ganz wichtigen Aufgaben sehe ich darin, die Arbeit für die Mitarbeiter attraktiver zu machen, was aber erst im Laufe der Jahre geschehen kann. Die Bediensteten in einer Justizvollzugsanstalt stehen unter einem besonderen Druck: Sie sind täglich einer Klientel ausgesetzt, die vom Weg des Erlaubten abgewichen oder mutmaßlich abgewichen ist. Eine große Anzahl der Insassen in Höchst wird auch rechtskräftig verurteilt. Straftäter sind sicherlich in ihrer Masse anders als der unauffällige Bürger draußen, und die Auseinandersetzung mit ihnen belastet. Es gibt auch eine hohe Anzahl psychisch sehr auffälliger Gefangener, mit denen sie umgehen müssen. Hier müssen sie leider unter Umständen auch körperliche Zwangsmaßnahmen anwenden; es gibt immer wieder Selbstmordversuche oder Selbstmorde, allerdings 1990 und bislang 1991 nicht.

Von Seiten des Dienstablaufes belastet auch das Äußere, das könnte angemessener sein; es belastet auch der Schichtdienst, der im Wochenrhythmus wechselt. Was alle außerhalb einer Anstalt trifft, kommt für die Bediensteten hinzu, etwa die Frage: Werde ich angemessen entlohnt? Ich meine, das Gehalt der Vollzugsbeamten könnte ein bißchen höher sein zum Ausgleich für die außergewöhnlichen Belastungen. Auch wäre es schön, wenn die einzelnen Stufen vom mittleren Dienst in den gehobenen Dienst durchlässiger wären; der allgemeine Vollzugsdienst ist der mittlere Dienst. Die Bediensteten müßten die Chance haben, sich verändern zu können, selbst wenn sie in ihrem eigentlichen Aufgabenbereich bleiben. Es wäre schön, wenn es in diesem Bereich Führungspositionen gäbe, finanziell und als Anerkennung dieses Dienstes. Alle anderen sind irgendwo im gehobenen Dienst vertreten, nur diese Gruppe nicht. Der Sicherheitsdienstleiter, der ihnen vorgesetzt ist, ist ein Mann oder eine Frau aus der Verwaltung.

Ich versuche Mitarbeiter zu motivieren, indem ich sie insgesamt mehr beteilige. Beispielsweise fordere ich sie auf, sich Gedanken zu machen über die Ausstattung der Hafträume oder über die Anweisungen für den Ablauf an der Pforte. Auch habe ich eine »Aussprechstunde« für die Vollzugsbeamten ins Leben gerufen, die von einem Externen geleitet wird: Hier können sie einfach »mal Dampf ablassen«. Ich frage meine Mitarbeiter nach ihrer Meinung, sie haben etwas zu sagen, und dadurch denke ich, wächst bei ihnen auch nach und nach das Verantwortungsbewußtsein.

Es ist ein großer Unterschied, ob ein Vollzugsbeamter in einer Anstalt mit Untersuchungsgefangenen arbeitet oder mit verurteilten Gefangenen. Die Untersuchungshaft belastet meines Erachtens mehr, durch den ständigen Wechsel der Personen. Die Bediensteten können kaum Kontakt zu den Gefangenen aufbauen. Problematisch ist insbesondere dieser enorm hohe Ausländeranteil in der Untersuchungshaft von zum Teil 75 Prozent, der sich so nicht in der Strafhaft fortsetzt, weil viele zu Strafen verurteilt werden, die sich mit der bisherigen Untersuchungshaftdauer dekken, oder der Gefangene abgeschoben wird oder dergleichen.

Mit vielen Ausländern können die Bediensteten aufgrund der Sprachprobleme nicht sprechen. In den Strafanstalten sinkt der Ausländeranteil ganz erheblich ab auf etwa 40 Prozent. Es ist schon ein gewaltiger Unterschied, ob man mit der Hälfte der Leute reden kann oder nur mit einem Drittel. Die Verständigung geht dann mit Händen, Füßen und Mimik, manchmal wird es auf beiden Seiten entsprechend robust. Beispielsweise versuchte ein Bediensteter ausländischen Gefangenen zu erklären, daß alle gemeinsam woanders hingehen müßten, doch die Gefangenen lachten sehr, weil sie das falsch verstanden hatten. Der Bedienstete wiederum fühlte sich brüskiert, weil die Gefangenen vermeintlich über ihn lachten. Das Ganze schaukelt sich dann auf, verbessert die Atmosphäre nicht. Dann kommt leicht ein Kommandoton auf, der nicht unbedingt sein muß. Es ist allerdings schwierig, den zu vermeiden. Von meiner Seite aus kann ich den Bediensteten vorgeben, »ich erwarte, daß es meistens ohne geht«. Wenn ich meine Erwartungshaltung deutlich machen kann, wird sie auch berücksichtigt.

Zu Anfang meiner Tätigkeit in Höchst hatten wir viele Unterbringungen in einem besonders gesicherten Haftraum. Gefangene, die sich selbst oder andere gefährdeten, kommen da hin. Ich erwarte, daß so wenig wie möglich Gefangene dort untergebracht werden; solange irgend etwas anderes geht, ist es zu versuchen. Jetzt haben wir dort nur vereinzelte Unterbringungen. Ich muß also meinen Mitarbeitern meine Vorstellungen nahebringen, sie müssen wissen, was ich gut oder was ich schlecht finde und auch, was ich im Rahmen der Gesetze toleriere. Daran können sie dann ihre Entscheidungen ausrichten.

Um für eine funktionierende Kommunikation zwischen mir und den Vollzugsbeamten zu sorgen, habe ich eine monatliche Konferenz mit dem allgemeinen Vollzugsdienst eingeführt; regelmäßig habe ich eine Besprechung mit den Führungskräften des allgemeinen Vollzugsdienstes. Es gibt eine Neukonzeption der Vollzugsanstalt, die das Gespräch zwischen verschiedenen Anstaltsebenen und -diensten ermöglichen und damit die Arbeit am Gefangenen wieder stärker in den Vordergrund bringen soll.

Ich bin am 14. Oktober 1955 in Güglingen geboren. Ich habe eine Schwester, die vier Jahre jünger ist. Meine Mutter ist Kinderkrankenschwester, hat aber ihren Beruf aufgegeben, als ich geboren wurde. Mein Vater ist Chemiker. Als ich zwei Jahre alt war, sind wir in den Raum Stuttgart gezogen. Ich wurde in Ludwigsburg eingeschult, kam dort auf ein Mädchen-Gymnasium mit dem Spitznamen »Goethe-Kloster«. Nach Wiesbaden sind wir gezogen, als ich in der Quarta war. Da kam ich dann in eine gemischte Schule. Ich habe 1974 Abitur gemacht.

Ich bin relativ robust aufgewachsen. Meine Mutter vertrat die Einstellung: Ein Mädchen kann alles, was Jungen können. Ich bin nicht als behütetes Mädchen großgeworden, das nur Klavier spielen darf. Für meine Mutter war das Wichtigste: Ein Mädchen braucht eine gute Ausbildung, und zu einer guten Ausbildung gehört Durchsetzungsvermögen. Die Eltern pflegten den Grundsatz: Egal, was mit euch passiert, die Ausbildung ist eure Sicherheit. Deswegen war es für sie selbstverständlich, daß meine Schwester und ich Abitur machten. Es war für meine Eltern ganz schockierend, als ich einmal mit der Idee kam, vielleicht nicht studieren zu wollen.

Einige Zeit vor dem Abitur habe ich mich ernsthaft damit beschäftigt, was ich beruflich machen will. Da habe ich mich damit auseinandergesetzt, wer mit welcher Ausbildung später eigentlich welche Möglichkeiten besitzt. Zu diesem Zeitpunkt kam mir die Idee, Pilotin werden zu wollen. Doch das war für mich das erste negative Erlebnis, was Frauen und Gleichberechtigung anbetraf. Da stellte ich fest: Frauen dürfen nicht alles machen. Ich hatte mich offiziell bei einer deutschen Fluggesellschaft beworben, unter »Hadmut Jung« und unter »Birgit Jung«. Und was geschah – die Hadmut Jung erhielt aufgrund eines Mißverständnisses folgende Antwort: »Sehr geehrter Herr Jung, wenn Sie sich dafür interessieren, melden Sie sich da und da, Sie bekommen weitere Informationen.« Und die Birgit Jung bekam einen Brief: »Tut uns leid, Frauen werden nicht eingestellt.«

Ich habe mich dann erkundigt, ob das überall so sei, und erfuhr, daß beispielsweise in Israel und in der Sowjetunion Frauen sehr wohl die Pilotenausbildung absolvieren könnten. Doch das hat mir eben nicht geholfen. Ich habe mich dann von meiner Mutter trösten lassen, die den Beruf des Piloten sowieso nicht so attraktiv fand. Sie meinte, Flugzeugführerin sei besseres Busfahren, nur höher dotiert.

Nachdem klar war, aus der Pilotin wird nichts, entschied ich mich für die Juristerei. Ich wußte, Naturwissenschaften kommen für mich nicht in Frage, das ist nicht mein Metier. Ich wollte ein Studium, das mir viele Möglichkeiten offenläßt. Ich war auch so verärgert über die Absage der Fluggesellschaft, daß ich mir dachte, Kenntnisse des Rechtswesens können nicht schaden; deine Töchter können später einmal Pilotin werden, so sie es wollen. Die Entscheidung für Jura fiel dann ziemlich schnell, auch die Eltern waren sofort einverstanden.

Im Wintersemester 1974/75 habe ich mit dem Studium in Frankfurt begonnen. Spezialisiert habe ich mich auf Strafrecht, Zivilrecht erschien mir zu trocken. Mein erstes juristisches Staatsexamen habe ich 1979 gemacht, das zweite im Anschluß an mein Referendariat, 1981. Die Referendarausbildung habe ich beim Landgericht und der Staatsanwaltschaft in Wiesbaden, dem Polizeipräsidium Frankfurt, einem Wiesbadener Rechtsanwalt, der Spezialist für Strafsachen war, und der Staatsanwaltschaft in Frankfurt gemacht. Am interessantesten waren Staatsanwaltschaft und Polizeipräsidium.

Im Studium überwogen die Männer ganz eindeutig. Das war für mich allerdings selbstverständlich. Ich war immer in Klassen mit wenigen Mädchen und vielen Jungen, deshalb wunderte ich mich überhaupt nicht, daß das an der Uni auch so war. Mir war allerdings auch klar, daß das beispielsweise bei den Pädagogen anders gewesen wäre.

Das Lehrpersonal an der Universität hat überhaupt keine geschlechtsbezogenen Unterschiede bei der Behandlung der Studenten gemacht. Nur die Studenten untereinander ulkten, brachten diesen dummen Spruch »entweder man macht den Doktor selbst, oder man sucht ihn sich«.

Ich persönlich wurde an der Universität schon von Frauen im allgemeinen enttäuscht. Viele sind ausgestiegen aus dem Studium, ohne einen wirklichen Grund zu haben. Heirat ist für mich kein Grund, ein Studium abzubrechen, auch Kinder sind für mich kein Anlaß, mit einem Studium aufzuhören. Ich empfand

Frauen auch als sehr viel unzuverlässiger beim Miteinanderarbeiten als die männlichen Kollegen. Die Frauen sind bei einer Verabredung oft gar nicht gekommen, oder wenn sie kamen, hieß es, »ich habe wieder meine Migräne!« Ich habe dann schon einmal boshaft »Migräne-Weiber« gesagt. Es gab eine einzige Studentin, mit der ich gerne gearbeitet habe.

Gerne wäre ich nach dem Referendariat zur Schutzpolizei oder zur Kriminalpolizei gegangen. Aber das ging in Hessen damals nicht, da hätte ich nach Berlin gemußt. Aus mehreren Gründen habe ich mich dann gegen meine ursprünglichen Wünsche und für den Justizvollzug entschieden: Lange Gespräche mit einem Bekannten haben mir klargemacht, daß ich mir die Tätigkeit bei der Polizei nicht ganz richtig vorstelle. Außerdem wollte ich lieber nach Frankfurt als nach Berlin, obwohl mein Mann problemlos mitgegangen wäre. Ich habe in der Zeit beim Polizeipräsidium Frankfurt darauf geachtet, daß ich zur Vollzugspolizei kam und dort soviel als möglich in der Praxis erlebte. Das sollte jeder Strafjurist machen, denn sonst bleibt er seinem soliden Bürgertum verhaftet und urteilt entsprechend, und das ist sicherlich in der Auseinandersetzung mit Kriminalität nicht immer von Vorteil.

Mit meiner Berufstätigkeit habe ich im Gustav-Radbruch-Haus, der Anstalt IV in Frankfurt am Main, angefangen. Das Haus war damals voll belegt mit rund 540 Gefangenen. Diese Männervollzugsanstalt ist die einzige Anstalt des offenen Vollzugs in Hessen, die nicht einem geschlossenen Vollzug angegliedert ist. Offener Vollzug heißt keine oder verminderte Sicherheitsvorkehrungen, regelmäßig werden den Gefangenen dort Lockerungen gewährt. Die Gefangenen können grundsätzlich die Anstalt verlassen, wie lange, das kommt auf den einzelnen an. Rund die Hälfte sind Freigänger, die morgens aus der Anstalt zur Arbeit gehen und abends wieder in die Anstalt zurückkehren. Es gibt auch welche, die in der Anstalt arbeiten, nur in ihrer Freizeit die Anstalt verlassen können. Den Urlaub können alle draußen verbringen. Die Insassen dort setzen sich zusammen aus Männern mit kurzen und mit langen Freiheitsstrafen; lange Freiheitsstrafen enden überwiegend im offenen Vollzug.

In den ersten sechs Monaten war ich Bedienstete im höheren Dienst, nach einem halben Jahr wurde ich Vertreterin des Anstaltsleiters. Schon von Anfang an war ich mit der Vollzugsplanung beschäftigt. Jeder Strafgefangene bekommt solch einen Plan für die Zeit der Strafverbüßung. Der Vollzugsplan enthält die von ihm zu leistende Arbeit genauso wie Bildungsmaßnahmen, beispielsweise das Nachholen von schulischer Bildung, aber er enthält auch die Urlaube und die Maßnahmen der Vollzugslockerungen. Diese Vollzugsplanung wird aufgrund von Einzelgesprächen erstellt, die die Bediensteten des allgemeinen Vollzugsdienstes, Sozialarbeiter und Psychologen mit jedem einzelnen Gefangenen führen.

Der höhere Dienst im Vollzug, zu dem ich gehöre, hat weniger direkten Umgang mit den Gefangenen. Wir sind nicht die Sozialarbeiter und/oder Psychologen, sondern die Juristen im Vollzug, und unsere Aufgabe ist es tatsächlich nicht, die Gefangenen sozialarbeiterisch zu betreuen. Unsere Aufgabe ist es, beispielsweise die Vollzugsplanung juristisch umzusetzen. Sie muß hieb- und stichfest sein: für den Gefangenen, für die Gerichte, für uns und für die Öffentlichkeit. Dieses Umsetzen aufs Juristische, dieses Vertretbarmachen von Lockerungen, die Koordination aller Maßnahmen für jeden einzelnen Gefangenen, erfolgt von uns Juristen.

Die Vollzugsplanung wird – abhängig von der Entwicklung des Gefangenen – immer wieder fortgeschrieben. Wie, das hängt auch von der Zuverlässigkeit des Gefangenen ab.

Der Vollzugsplan wird dem Gefangenen in einer Konferenz vorgestellt. Da wird ihm dann erläutert, was wir mit ihm vorhaben. Zu diesem Zeitpunkt sah ich damals einen Gefangenen in der Regel überhaupt das erste Mal. Der Gefangene hat die Möglichkeit, Einwände zu erheben. Sind diese berechtigt, werden sie auch berücksichtigt, aber wir hatten uns natürlich vorher sehr gut überlegt, auch anhand der Akten, was für ihn wohl sinnvoll sein könne. Im nachhinein hat auch mancher Gefangene schon gesagt, »gut, daß ich nicht gleich das machen konnte, was ich wollte, ich wäre sowieso umgekippt«. Da bestehen bei den Betroffenen häufig Illusionen über das Realisierbare, falsche Vorstellungen von sich und dem eigenen Durchhaltevermögen. Beispielsweise muß man einem Betrüger, der als Makler arbeiten will, klarmachen, daß er dafür nicht gerade der Richtige ist.

Soll der Gefangene außerhalb der Anstalt arbeiten, muß er sich seinen Arbeitsplatz selbst suchen. Das kann er mit Hilfe der Arbeitsämter tun, auch die Sozialarbeiter können etwas Hilfestellung geben. Die Arbeitsplatzsuche ist ganz bewußt so angelegt wie draußen, nämlich auf Eigeninitiative. Meine Arbeit ging dann wieder weiter, wenn der Gefangene einen Arbeitsplatz gefunden hatte. Dann muß die Arbeitsstelle bewertet werden: Paßt sie zu dem Betroffenen, hat das überhaupt eine Chance. Es hat zum Beispiel keinen Zweck, jemanden mit einer hohen Freiheitsstrafe wegen Verstoßes gegen das Betäubungsmittelgesetz im Umfeld der Medizin oder von Apotheken anfangen zu lassen. Es gilt, rechtlich abzuklären, was möglich und erlaubt ist und was nicht. Das ist manches Mal sehr aufwendig.

Gedanken darüber, ob ich als Frau in solch einer Position etwas Außergewöhnliches war, habe ich mir selten gemacht, auch nicht über die Frauenrolle. Mit meinem Vorgesetzten, der recht anspruchsvoll war, gab es nie Probleme, weder von seiner noch von meiner Seite aus. Im Gegenteil: Wir haben sehr gut zusammengearbeitet. Auch mit Untergebenen oder anderen Mitarbeitern hatte ich nie wesentliche Schwierigkeiten. Ich denke, es ist von Vorteil, wenn man nicht in einer mittleren Laufbahn in den Vollzug kommt, sondern wenn man im höheren Dienst angesiedelt ist: Bestimmte Querelen bekommt man entweder gar nicht mit oder nur sehr am Rande. Es kann sich schlicht und einfach keiner leisten, unsachlich gegen jemand vorzugehen, der vorgesetzt ist. Von Intrigen gegen mich habe ich selten etwas gespürt. Es mag der eine oder andere seine persönlichen Schwierigkeiten mit mir gehabt haben oder heute haben. Vielleicht waren die Mitarbeiter manchmal etwas besorgter um mich, aber ansonsten empfand ich im Umgang keinen Unterschied zu einem Mann.

Im Gustav-Radbruch-Haus war ich zwei Jahre, bis 1984. Dann begann der »Marsch« durch den hessischen Vollzug. Am Ende der zwei Jahre im offenen Vollzug sollte ich noch Erfahrungen im geschlossenen Vollzug sammeln. Wer eine Anstaltsleitung übernehmen will, braucht Kenntnisse aus den unterschiedlichsten Anstalten, muß auch als Referent ins Landesministerium, weil er die Aufsichtsbehörde kennenlernen soll.

Ich sollte dann nach Butzbach. Dorthin kommen überwiegend Gefangene ab dreißig Monaten Freiheitsstrafe, also höheres Strafmaß, mittlere bis schwere Kriminalität. Diese Anstalt ist hochinteressant, wenn man sich für Kriminalität interessiert: Sie gehört zur Sicherheitsstufe I, das sind die besser gesicherten Vollzugsanstalten. Da ist es mir das erste Mal widerfahren, daß sich eine Gruppe an meinem Frausein gestoßen und das geäußert hat:

Nicht etwa die Aufsichtsbehörde, nicht etwa die Anstaltsleiter, sondern von anderer Seite kam, »in Butzbach eine Frau als Vertreterin, das kommt gar nicht in Frage. Das ist ein Sicherheitsrisiko, das geht nicht!«

Ich weiß nicht, welche Vorstellungen den Herren durch die Köpfe gingen, wahrscheinlich dachten sie, Frauen würden mißhandelt oder vergewaltigt. Aber ich denke, ich bin in einer Vollzugsanstalt bestens davor und vor ähnlichem geschützt. Natürlich ist man im Hafthaus, spricht auch Gefangene alleine, aber ich verfahre zur Erhaltung meiner Sicherheit wie jeder Mann auch. Ich bin Entscheidungsträger, das weiß ich, und entsprechend sichere ich mich ab, aber nicht besonders als Frau. Meine Erfahrung mit Gefangenen zeigt mir, daß es ihnen mehr oder weniger gleichgültig ist, ob die Anstaltsleitung männlich oder weiblich ist: Der Anstaltsleiter stellt für sie eine Macht dar.

Persönlich betroffen gemacht haben mich diese Vorurteile gegen Frauen nicht. Sie haben allerdings stark meine Einstellung bestätigt, daß ich auf mich selbst angewiesen bin. Also sagte ich mir erst recht: Da, wo ich jetzt hinkomme, zeige ich, was ich kann. Ich kam dann in die Justizvollzugsanstalt Frankfurt am Main I, eine der sichersten Anstalten, die wir überhaupt haben, sicherlich auch eine mit den schwierigsten und gefährlichsten Gefangenen: Dort sind nur Untersuchungsgefangene. Der Anstaltsleiter und seine Mitarbeiter nahmen mich einfach.

Untersuchungsgefangene stellen insofern ein höheres Risiko dar, weil man einfach nicht weiß, wen man vor sich hat. Die Männer werden zugestellt mit einem Haftbefehl, in dem beispielsweise stehen könnte, der Häftling fiel an der Straße X mit dem Messer über einen Menschen her und hat versucht, diesen umzubringen. Dann kann sich hinter diesem Haftbefehl eine relativ harmlose Geschichte verbergen, die sich nachher als Portemonnaie-Klauen herausstellt, es könnte sich aber auch um einen gedungenen Mörder handeln. In der Justizvollzugsanstalt Frankfurt am Main I sitzt alles ein, vom mutmaßlich hochgefährlichen Straftäter, der in einer Bande organisiert ist, bis runter zum Kleinkriminellen.

Als das Angebot von der Justizvollzugsanstalt I kam, habe ich mich sehr gefreut. Damit war jedes Argument in Sachen Frau und Sicherheit genommen, damit war auch der Weg später nach Butzbach frei. In der Justizvollzugsanstalt I war ich ein Vierteljahr. Da war ich im höheren Dienst. Ich kam einfach dazu, habe ausschließlich Einzelaufgaben wahrgenommen, weil es einen Vertreter gab. Dort wurde ich mit den ganzen Sicherheitseinrichtungen vertraut gemacht, habe auch erstmals Schießübungen absolviert und beschäftigte mich mit den ganzen Verfahrensabläufen in der Untersuchungshaft.

Es war die Einführung in den geschlossenen Vollzug. Danach kam ich vier Wochen nach Höchst, weil der damalige Anstaltsleiter ging und eine Vertretung gefunden werden mußte. Anschließend war ich ein Vierteljahr in Limburg, weil der Anstaltsleiter vertreten werden mußte. Limburg ist eine sehr kleine Anstalt. Dort war es interessant, weil man in einer kleinen Anstalt wenig Personal hat und entsprechend viele Aufgaben selbst übernehmen muß, mit denen man in einer großen Anstalt nie konfrontiert wird. Anschließend kam ich nach Butzbach als Vertreterin des Anstaltsleiters. Bevor es soweit war, gab es allerdings hinter den Kulissen noch einen Sturm im Wasserglas, aber der hat sich wieder gelegt. In Butzbach ist mir dann auch aufgefallen, daß schon jeder Schritt von mir beobachtet wurde. Neben der Vertretung des Anstaltsleiters hatte ich eigenverantwortlich den C-Flügel – Butzbach hat insgesamt drei Flügel – bekommen. Butzbach bedeutet geschlossener Vollzug. Ein ganz wesentlicher Aufgabenbereich ist dort ebenfalls die Vollzugsplanung.

Jedem Gefangenen, auch dem sehr »hochkarätigen«, muß schon möglichst frühzeitig mitgeteilt werden, wann aus Sicht der Anstalt eine Verantwortung für eine Vollzugslockerung übernommen werden kann. Ich halte es für wichtig, daß der Vollzugsplan schnell erstellt wird, damit der Gefangene relativ schnell weiß, was mit ihm geplant ist. Da der Vollzugsplan regelmäßig fortgeschrieben wird, bedeutet das nicht, daß zehn Jahre lang genau das passieren muß, was anfangs schriftlich festgelegt wurde, aber ich halte es unbedingt für erforderlich, einem Menschen Klarheit zu verschaffen, auch wenn es ihn belastet. Über diesen Punkt debattiere ich auch oft mit Kollegen. Ich halte das für fairer und anständiger, als immer wieder zu sagen, »in einem halben Jahr sprechen wir darüber«, und so jahrelang nur zu vertrösten. Damit schafft man sich viel eher Unruhe unter den Gefangenen. Mit meiner Methode hat man zwar schnell den Ruf, man sei hart, unmöglich und ließe sich nicht erweichen, aber ich finde es einfach anständiger und ehrlicher. Auch die Öffentlichkeit hat Ansprüche: Wenn eine Gesellschaft schon Freiheitsstrafen verbüßen läßt, dann sollten diese von den Gefangenen auch so verbüßt werden, daß die Öffentlichkeit vor den Straftätern geschützt ist, sonst müßte man das System ändern.

Ich habe mich für den Arbeitsplatz Vollzug entschieden mit dem Wissen um den geschlossenen Vollzug. Ich denke sogar, daß sehr viel mit und für die Gefangenen gemacht wird. Ich kann das System vertreten, deswegen arbeite ich da, und das ganz konsequent.

In Butzbach unterstanden mir die Mitarbeiter in meinem Flügel, inklusive der Sozialarbeiter und des psychologischen Dienstes. Wesentliche Probleme gab es in dem halben Jahr, in dem ich in Butzbach war, nicht – weder mit den Gefangenen noch mit den Mitarbeitern. Es gab immer einmal wieder Diskussionen, weil ich aufgrund meiner Erfahrungen aus dem offenen Vollzug eine etwas andere Auffassung von Vollzugsplanung mitbrachte, aber das waren ganz grundsätzliche Fragen, die nichts mit dem Geschlecht zu tun hatten. Ich denke sogar, daß es eine Frau manchmal etwas leichter hat in einem Kreis von Männern.

Nach der Zeit in Butzbach war ich noch mal zwei Monate als Vertreterin des Anstaltsleiters in Höchst, danach kam ich in die Aufsichtsbehörde, ins Justizministerium nach Wiesbaden, in die Abteilung Justizvollzug. Hier beschäftigte man sich unter anderem mit den Dienstaufsichtsbeschwerden der Gefangenen: beispielsweise, daß sie angeblich kein ordnungsgemäßes Essen bekämen, der Arzt nicht ausreichend betreue, oder sie entweder gar keinen oder nicht genügend Urlaub erhalten würden. In dieser Abteilung macht man überwiegend Schreibarbeit. Hinzu kommen aber auch die Anhörungen der Gefangenen in den Anstalten. Das habe ich immer sehr gerne gemacht, weil ich alle Anstalten in Hessen und sehr viele Menschen kennengelernt habe, auch alle Anstaltsleiter.

Diese Zeit war ungeheuer wichtig für mich. Ein Ministerium ist eben eine ganz andere Behörde als eine Justizvollzugsanstalt. Es ist eine Behörde, die auf Politisches und auf Öffentlichkeit achten muß. Viele Entscheidungen, die im Ministerium getroffen werden, werden für einen Anstaltsleiter oder einen Mitarbeiter in der Anstalt verständlicher, wenn man einmal selbst dort gearbeitet hat. Insgesamt war ich vierzehn Monate in Wiesbaden, zwei Monate davon in einem Personalreferat.

Anschließend kam ich als Anstaltsleiterin nach Preungesheim in die Justizvollzugsanstalt Frankfurt III. Das war nicht nur meine erste Position als Leiterin einer Vollzugsanstalt, sondern auch das erste Mal, daß ich in einer Frauenanstalt arbeitete. Das Arbeiten in einer Frauenanstalt war eine ganz neue Erfahrung für mich: Weibliche Gefangene sind anders, viel angepaßter, glauben viel mehr. Sie sind einerseits nicht so fordernd wie Männer, in Kleinigkeiten wiederum auf eine andere Art fordernder. Ich kann mich erinnern, da wurde ständig diskutiert, ob eine Bank nun dahin oder dorthin gestellt werden soll; auch daß die Bank endlich neu gestrichen werden muß, beschäftigte die Gemüter unendlich. Darum würden sich Männer nicht kümmern: Die würden die Bank im Zweifelsfall beseitigen.

Für mich war da vieles anders und vieles irritierend. Beispielsweise gibt es in jeder Anstalt Vordrucke, auf denen Gefangene ihre Wünsche niederschreiben können, wenn sie einen Antrag stellen wollen. Diese Vordrucke heißen im Sprachgebrauch sämtlicher Männeranstalten »Anliegen«, in der Frauenanstalt hießen diese »Rapportschein«, wie beim Militär. Ich empfand in dieser Frauenanstalt einen Widerspruch zwischen dem, was von einigen Mitarbeitern getan wurde, und dem, was sie verbal äußerten und sicherlich auch wollten, nämlich vorzügliche Behandlungsarbeit leisten. Diese Diskrepanz erklärte ich mir zum großen Teil mit einem falschen Ansatz bei den Mitarbeitern. Viele gehen davon aus, daß Frauen ausschließlich unschuldig seien, eben Opfer der Gesellschaft.

Diese Grundeinstellung vieler Mitarbeiter machte es mir nicht leicht, da zu arbeiten. Was für Männer gilt, muß im Prinzip auch für Frauen gelten. Auch eine Frau, die lange Freiheitstrafen zu verbüßen hat, ist mehr oder weniger gefährlich. Ich habe meine Schwierigkeiten mit der Einstellung, daß eine Frau generell weniger gefährlich sei oder primär durch den gesellschaftlichen Druck, durch den Druck der Männer oder des Ehemannes, in die Situation gekommen sei, in der sie steckt. Das spielt sicherlich auch eine Rolle, aber es finden Millionen von Frauen andere Lösungen als eine Straftat, und deswegen handelt es sich bei den Gefangenen schon um besondere Persönlichkeiten, die eben auch als Straftäterinnen gesehen werden müssen. Da gab es schon im Denkansatz mit einigen Mitarbeitern Schwierigkeiten. Wobei ich durchaus einräume, daß diese typischen Beziehungstaten bei

Frauen und bei Männern schon ein wenig anders beurteilt werden müssen.

Dieser Milde stand auf der anderen Seite Härte gegenüber. Ich erinnere mich an eine Situation, in der einer ganzen Gruppe die Radios weggenommen wurden: Da gab es ein paar Gefangene, die das Radio nicht leiser stellten, die wurden ermahnt, die Lautstärke zu drosseln, das klappte nicht, also wurde das Problem durch Wegnehmen bei allen gelöst. Die Frauen haben das hingenommen, ohne aufzumucken. Der »Rapportschein« und dieses Erlebnis mit den Radios waren für mich Beispiele, bei denen ich über einige Mitarbeiter dachte, »ihr unterdrückt die Frauen auch, nur auf eure Art«.

Ich kam nach Preungesheim als Nachfolgerin eines sehr liberalen Anstaltsleiters, der vorübergehend ein Jahr dagewesen war. Ich fühlte mich als Ausfeger, kam in eine Rolle, in die ich gar nicht wollte: Ich mußte alles »streng« machen. Dabei war Strenge gar nicht mein Ziel, ich wollte Gesetzmäßigkeiten, Fairneß. Was ich nicht wollte, war, daß im zweiten Stockwerk andere Regeln galten als im ersten Stockwerk; Willkür gab es vielfach in dieser Anstalt. Ich stand auch immer wieder vor der Situation, daß ich nein sagen mußte, weil viele andere es zu selten taten. Beispielsweise sagte ein Bediensteter zu einer Gefangenen, »Urlaub ist denkbar«, und ich mußte diesen dann aus wichtigen und vorher absehbaren Gründen ablehnen und war der Buhmann. Auf diese Art geriet ich in diese Ausputzersituation. Ich kam mit einigen Mitarbeitern sehr gut zurecht, mit anderen hatte ich Probleme. Ich glaube aber, daß meine Nachfolgerin nahtlos an meiner Arbeit ansetzen konnte. Es ist ganz wesentlich, welche Person vorher Anstaltsleiter war, wenn man eine Anstalt übernimmt. Und in einem Jahr kann man schon unheimlich viel tun.

Mir war dort vor allen Dingen wichtig, den Bediensteten in Uniform, dem allgemeinen Vollzugsdienst, so viel Selbstvertrauen zu geben, daß sie Entscheidungen selbst treffen, diese aber auch untereinander abstimmen und selbst vertreten konnten. Als ich kam, hatte ich immer das Gefühl, die waren oft gescholten worden, wußten einfach nicht mehr, wo es langgeht. Da wollte ich eine Linie reinbringen und das Gefühl vermitteln, wenn ihr eine Entscheidung trefft, auch wenn sie einmal falsch sein sollte, ich stehe hinter euch, und wenn sie ganz falsch war, heben wir sie gemeinsam auf und stehen das durch. Es wurde auch schon einmal eine Entscheidung getroffen, die dann in der Zeitung stand, die ich verteidigen mußte, obwohl es gar nicht meine Entscheidung war, aber das gehört dazu. Das versuchte ich den Mitarbeitern klarzumachen, darin habe ich meine Aufgabe gesehen, und ich hoffe, daß das bei ihnen angekommen ist. Doch um dieses Verständnis fest in den Köpfen zu verankern, hätte ich sicherlich Jahre gebraucht, und da kam meine Tochter dazwischen, die 1989 geboren ist.

Ich hatte ein Jahr Erziehungsurlaub, habe den allerdings für fünf Wochen unterbrochen und halbtags gearbeitet, um schon in der Justizvollzugsanstalt II Frankfurt-Höchst anzufangen, weil mein Vorgänger ausscheiden wollte.

Während des Erziehungsurlaubes hatte ich dem Ministerium signalisiert: Ich arbeite gern in einer Frauenanstalt mit allen Schwierigkeiten, nur ein Arbeitstag von zehn oder zwölf Stunden ist wegen des Kindes nicht mehr möglich. Ich habe auch gesagt, ich verzichte auf eine Beförderung. Ich wußte, Höchst wird nicht so hoch gehandelt, ist nur Sicherheitsstufe II und ist eine reine Männer-U-Haft. Die Frauen hatten Strafvollzug, U-Haft, offenen Vollzug, Mutter-Kind-Heim, und die Frauenanstalt Frankfurt III steht in einem ganz anderen Ansehen.

Das Ministerium ging auf meinen Vorschlag ein, was mich sehr gefreut hat, obwohl es Schwierigkeiten gab, die Frauenanstalt wieder zu besetzen: Ich war schließlich für mehrere Jahre eingeplant gewesen. Mit meinem Vorgänger in Höchst wurde ausgehandelt, daß er drei Monate länger Dienst versieht, als er beabsichtigt hatte. Seit Juni 1990 bin ich jetzt endgültig in Höchst.

Die übermäßig langen und aufreibenden Arbeitstage in der Frauenanstalt waren der Grund für mich, Preungesheim zu verlassen. Ich wußte, dann würde ich mein Kind kaum noch sehen. Diese Frauenhaftanstalt ist extrem zeitaufwendig, weil so viel von der Anstaltsleitung selbst getan werden muß.

Es hat mir sehr leid getan, daß ich diese Position aus privaten Gründen wieder verlassen mußte. Ich hatte auch ein bißchen das Gefühl, die im Stich zu lassen, die zu mir gestanden haben, die mit mir zusammen meine Vorstellungen verwirklichen wollten. Aber ich denke trotzdem, die Entscheidung war richtig so, wie ich sie getroffen habe. Das war das erste Mal in meinem Leben eine Entscheidung, bei dem das Privatleben eine wesentliche Rolle mitgespielt hat: Ein Kind fordert eben seine Rechte.

Besonders interessant ist der offene Vollzug, weil man da kreativ sein kann. Ich kann die Entwicklung am Gefangenen beobachten, sehen, wie sich jemand vom Vollzug wieder abnabelt. Wenn ich es mir wünschen könnte, möchte ich eine Anstalt offener Vollzug mit einer Abteilung geschlossener Vollzug. Andererseits ist die Arbeit mit Untersuchungsgefangenen wegen der Sicherheitsfragen und der Unmittelbarkeit sehr interessant.

Ich bestreite, daß die Untersuchungshaft an sich einen wesentlichen Einfluß auf den weiteren – strafbaren – Werdegang eines Menschen hat. Es heißt immer wieder, durch die Inhaftierung in den Vollzugsanstalten würden die Menschen zum Straftäter. Ich behaupte, eine gefestigte Persönlichkeit würde auch dann nicht zum Straftäter. Was sie sicher dazu macht, sind Erfahrungen, auch schlimme Erfahrungen. Etwas anderes ist das bei jungen Leuten, wenn sich da so etwas wie Bewunderung gegenüber gestandenen Kriminellen einschleicht – »Ach, was der alles kann« –, und das zu Werten wird. Natürlich kann auch ein 18jähriger einen 16jährigen beeinflussen. Eine der Hauptaufgaben im Bereich der Jugendlichen ist es deshalb, aufzupassen, daß genau diese Beeinflussung nicht stattfindet. Wir haben in diesem Bereich die Hafträume nachmittags bis abends offen, und für die Bediensteten bedeutet das, dasein und aufpassen, daß da nicht Druck entsteht und dies nicht das erträgliche Maß übersteigt. Aber genau diese Aufgaben, die an die Bediensteten besondere Anforderungen stellen, befriedigen, damit wachsen Bedienstete. Hier haben sie eine Aufgabe, müssen sich mit den Gefangenen auseinandersetzen, und das machen sie überwiegend gerne. Ich suchte beispielsweise einen weiteren Mitarbeiter für eine Verwaltungsaufgabe und fragte erst unter den Vollzugsbeamten. Da haben viele gesagt, sie wollen lieber auf der Station bleiben, bei ihrer Arbeit mit den Gefangenen. Das sei zwar manchmal mühsam, aber eben auch sehr abwechslungsreich. Das abwechslungsreiche Arbeiten und das Selbständigsein, das ist auch das, was mir gefällt. Es ist egal, ob ich eine Frau oder ein Mann bin, hier habe ich meine Funktion, bin anerkannt und kann meine Arbeit machen. Ich würde mich immer wieder und sofort für eine Tätigkeit im Justizvollzug entscheiden. Ich würde es mit meinem heutigen Wissen sogar eindeutiger machen.

Mein Mann und ich haben uns in meiner Referendarzeit kennengelernt und 1981 geheiratet. Er ist ebenfalls Beamter des Landes Hessen in Frankfurt. Natürlich reden wir zu Hause über unsere Berufe, wobei wir uns aber selbstverständlich an die Amtsverschwiegenheiten halten. Es ist von Vorteil, daß er Kenntnisse hat von meiner Tätigkeit und ich von seiner.

Für unsere Bekannten war meine berufliche Tätigkeit anfangs exotisch. Für die Allgemeinheit ist meistens die Arbeit von Juristen undurchsichtig, Strafjuristen sind wohl schon etwas sehr Niedriges, und die im Vollzug sind das Allerletzte. Befreundete Juristen fragten anfangs schon, wie kannst du das bloß machen. Aber das ist eben die falsche Vorstellung von dem Beruf.

Im Laufe meiner Berufstätigkeit habe ich mich sehr verändert. Ich habe Reife gewonnen, das Unbefangene ist weg, ich bin skeptischer geworden, auf der anderen Seite ist das Leben abwechslungsreicher geworden, im positiven Sinne bin ich erfahrener und reicher geworden.

Für mich war immer klar, daß ich als Mutter berufstätig bleiben will. Als Beamtin hätte ich mich leicht beurlauben lassen können und hätte beim Wiederkommen Anspruch auf eine gleichwertige Stelle gehabt. Aber ich habe nicht studiert, um mich an einen Herd zu setzen. Als das Kind da war, hatte ich etwas Druck von außen, Motto: Die Mutter muß doch Zeit haben für ihr Kind! So etwas habe ich unheimlich oft direkt und indirekt gehört. Natürlich möchte ich etwas von meinem Kind haben, möchte es genießen, will erleben, wie es hübsch und niedlich ist oder auch nicht; mein Kind braucht mich auch, aber nicht den ganzen Tag. Und nachdem ich zu dieser Erkenntnis gekommen bin, fällt es mir leichter zu sagen, ich will arbeiten, ich bleibe dabei. Ich empfinde es aber andererseits als Vorteil, diese Lücke zu haben; daß ich aufhören könnte, wenn ich möchte.

Ich kann mich an eine Fortbildungsveranstaltung erinnern, auf der einige Männer sagten, »mir stinkt mein Beruf, ich will aussteigen!« Ich könnte das machen. Ich kann jederzeit sagen: »Mein Mann arbeitet, ich setze mich zu Hause hin und versorge die Familie.« Das ist der Vorteil, den Frauen haben, sie können jederzeit sozial anerkannt aussteigen. Das kann kein Mann.

Ob ich eine Anstalt anders führe als ein Mann, weiß ich nicht, aber ich glaube schon, daß das so ist. Allerdings habe ich hauptsächlich unter einer bestimmten Generation von Anstaltsleitern gearbeitet, vom Alter her die generation meines Vaters. Das hat mich auch geprägt.

Nach meiner Erfahrung sind die Anstaltsleiter es in hierarchischen Organisationen gewöhnt, daß alles auf ihre Person zugeschnitten ist. Ich will eigentlich nicht alles auf mich ziehen. Ich bin schon hart, wenn es sein muß. Ich denke nur, ich versuche mehr, andere anzusprechen und einzubeziehen. Ob das aus der Frauenrolle kommt oder aus der Sicht einer anderen Generation, weiß ich nicht, weil ich Männer aus meiner Generation nie in dieser Führungsrolle erlebt habe. Der einzige Anstaltsleiter meiner Generation scheint aber einen ähnlichen Führungsstil zu haben: Eine klare Linie, wissen, was man will, aber eben auch versuchen, ein bißchen abzugeben. Ich versuche kooperativ zu führen, wobei ich auch immer wieder einmal scheitere. Weil ich eine Frau bin, kommt manches anders an, manches vielleicht strenger, aber manches auch sanfter. Schon der Ton ist bei mir anders, das Brüllen durch das Haus mag ich nicht. Es ist mir noch nie passiert, daß jemand mir gegenüber ausfallend geworden wäre, was männlichen Anstaltsleitern schon dann und wann widerfährt.

Das Verständnis, daß Frauen im Vollzug sich genauso bewähren wie Männer, war sicher schon vor meiner Zeit vorhanden, aber ich bin jetzt eine gewisse Bestätigung, und von daher wird es auch einem Ministerium erleichtert, Frauen künftig verstärkt in diesen Positionen einzusetzen, wenn sie sich dafür zur Verfügung stellen. Wenn sich Jurastudentinnen bewußtmachen, daß Arbeit im Vollzug nichts Exotisches ist, sondern interessanter Juristenalltag, wird es bestimmt mittelfristig hier auch mehr Frauen geben.

Marlen Theiß

selbständig, Managementtraining

Trotz sommerlicher Hitze und nicht unerheblicher Schmerzen im linken Knie hielt Marlen Theiß den vereinbarten Interviewtermin ein und brachte neben einer großen Tube Salbe fürs lädierte Knie noch eine große Portion guter Laune mit. Das ist Marlen Theiß, wie sie leibt und lebt: professionell zuverlässig in jeder Lebenslage. Wenn sie etwas will, erreicht sie ihr Ziel, auch wenn die Umstände nicht nur positiv sind.
Ihre beruflichen Erfolge als selbständige Trainerin und zuvor als Vertriebsfrau in einer Führungsposition sind ihr nicht wie Manna vom Himmel in den Schoß gefallen, sondern sie hat sie sich aus eigener Kraft erarbeitet. Mit der festen Vorstellung im Kopf, vorhandene Barrieren als Herausforderung, nicht als unüberwindbare Hindernisse zu sehen, und entsprechend beiseite zu räumen, realisiert sie ihre beruflichen Wünsche.
Marlen Theiß zaudert und zögert nicht: Wenn sie sich etwas vornimmt, prüft sie die Chancen, wägt Risiken gegen Erfolgschancen ab und legt los – auch ohne Netz und doppelten Boden. Allerdings hütet sie sich davor, unrealistische Pläne zu schmieden. Sie betrachtet die Berufswelt nicht durch eine rosarote Brille. Sie weiß nur zu genau, welche Anforderungen gestellt werden, und erfüllt sie.
Marlen Theiß ist eine Optimistin par excellence, und ihr

Optimismus wirkt ansteckend. Natürlich ist auch sie nicht frei von Zukunftsängsten, aber die macht sie sich bewußt, verdrängt sie nicht und kann deshalb mit ihnen leben. Ihre Offenheit und Ehrlichkeit, nicht nur zu sich selbst, sondern auch zu anderen, lassen jede Begegnung mit ihr zu einem angenehmen Erlebnis werden.

Die Idee zur Selbständigkeit kam mir durch ein Führungskräfteseminar in der Schweiz, bei dem ich Teilnehmerin war. Dieses Seminar hatte ich mir ausgesucht, weil es teuer und deshalb vermeintlich gut war: Ich wollte mir etwas gönnen. Teuer war es zwar, drei Tage kosteten 6500 Schweizer Franken, aber keineswegs gut: Der Trainer war ein ältlicher Gnom, der mit einem schönen dicken Ordner in der Hand vor uns stand, den wir auch alle bekommen hatten. Am ersten Tag begann er damit, uns den Text vorzulesen, den wir vor uns liegen hatten! Nachdem sich das auch am zweiten Tag nicht änderte, bin ich protestierend abgereist, weil ich mir sagte, veralbern kann ich mich allein. Zuvor habe ich dem Veranstalter allerdings noch einen bösen Brief geschrieben. Auf der Rückfahrt kam mir der Gedanke: Das könnte ich viel besser! Aber wie das so ist bei mir, dann kam gleich der Gedanke: ach nein, besser nicht! Doch diese Idee ließ mich nicht los. Also fragte ich einen Bekannten, der selbst Trainer ist, welche Einstiegsvoraussetzungen ein Trainer braucht, und ich merkte schnell, allein meine Fragen behagten ihm nicht. Am Anfang begriff ich das überhaupt nicht, fragte mich, warum der sich so komisch anstellt, aber dann hörte ich eine für mich sehr freundliche Interpretation heraus: Mir schien nämlich, als ob er befürchtete, ich könne mich zum Konkurrenten entwickeln. Dann sprach ich noch mit einem anderen Trainer, der mir klar und nett Auskunft erteilte und mich ermutigte.

Die Stunde Null schlug im November 1984: Ich meldete ein Gewerbe an. Das wäre zwar nicht nötig gewesen, aber das war ein schöner Akt. Das ist schöner, als einfach zu sagen, ich mache mich als Freiberufler selbständig. Dann überlegte ich, wie das Kind denn heißen sollte: Marlen-Theiß-Training war mir nicht prickelnd genug. Ich hatte immer für Unternehmen mit klingenden, guten Namen gearbeitet, so etwas wollte ich für meinen Laden auch. Mit Freunden machte ich dann Brainstorming: Stairs ist herausgekommen, und dabei ist es geblieben. Der Name ist gut, mittlerweile rankt sich darum eine richtige Corporate Identity.

Es hat mir großen Spaß gemacht, einen eigenen Namen und eine Broschüre zu entwickeln. Das erste Mal in meinem Leben mußte ich keine Firmenpolitik verkaufen, die nicht die meine ist. Mir war klar, wenn ich Fehler mache, sind es meine eigenen, und wenn ich tolle Sachen mache, sind die auch auf meinem Mist gewachsen. Ich verfiel in einen richtigen Ego-Rausch. Bei allem, was ich tat, dachte ich nur: Ich! Meins! Mir! Alles war ein ganz bewußter Akt. Als diese Phase überstanden war, saß ich in meiner Wohnung und fiel in ein supertiefes Loch: Jahrelang hatte ich nur in großen Unternehmen gearbeitet, in denen Aktivitäten am laufenden Band liefen, und plötzlich merkte ich, ich hatte mich selbst falsch eingeschätzt: Ich bin nicht der typische »lonesome wolf«, der um die Häuser schleicht. Mir braucht keiner zu sagen, was ich tun soll, aber ich brauche Leute um mich herum. Ich kann schlecht allein arbeiten. Das war sieben Monate nach dem Start von Stairs, und da bin ich in eine Bürogemeinschaft eingestiegen.

Die Anfänge meiner Selbständigkeit waren ganz naiv und blauäugig. Ich wollte ausschließlich offene Seminare für Frauen anbieten, so waren Briefpapier und Visitenkarten konzipiert: Stairs – Entwicklungstraining für Frauen. Doch mit dieser Idee war ich 1985 zu früh dran. Ich habe mich dumm und dämlich bezahlt an kleinen Inseraten in Frauenmagazinen, doch der Rücklauf war höchst mager. Auch heute noch stelle ich fest, Frauen sind – was ihre inneren Werte angeht – geizig: Die geben für Lidschatten ohne mit der Wimper zu zucken 60 DM aus, aber für ein Drei-Tage-Seminar damals 500 DM hinzulegen war ihnen zu viel. Es funktionierte nicht richtig, ich fand nicht genügend Interessentinnen. Ich zählte häufiger mein Geld und stellte fest: So kann ich nicht mehr sehr lange weitermachen, sonst bin ich pleite. Mir war klar geworden, nur mit den Frauen allein, das wird nichts. So habe ich mir sukzessive einen Kundenstamm aufgebaut, der immer größer wurde. Nach vier bis fünf Jahren stellte ich fest, daß ich durch die Hintertür mein Ziel mit dem Frauentraining doch realisieren konnte: Ich habe mein Frauentraining in den Unternehmen wieder angeboten, und plötzlich war dafür Interesse da. Ich bin mit meinen Vorstellungen fünf Jahre zu früh gewesen. Die Zeit war noch nicht reif, um ausschließlich von Frauen zu leben. Heute bin ich froh, daß das nicht geklappt hat: Ich möchte nicht als Berufsfrau durch die Landschaft ziehen, das habe ich damals nur nicht bedacht. Ich kam aus einer rein männlichen Welt und stellte mir das ganz toll vor, nur mit Frauen zu arbeiten. Daß ich beides kann, sowohl gemischte Seminare als auch reine Frauenseminare, darüber bin ich heute froh.

Mein Arbeitsleben heute ist mit meinem Arbeitsleben früher wenig vergleichbar. Früher habe ich es genossen, daß ich immer über ein Netz von Diensten verfügen konnte: Es wurde für mich getippt, die Folien wurden erstellt, die Dienstreisen wurden organisiert und und und. Heute ist alles ganz anders: Jetzt gefällt mir genau das, was mir auch wiederum nicht gefällt, nämlich daß ich alles selbst mache! Einerseits macht das viel Arbeit, andererseits finde ich das sehr interessant. Es ist wie immer im Leben: Dinge, die uns einerseits gut gefallen, sind andererseits die, die uns wieder nicht gut gefallen. Ich lerne, wieviel ich überhaupt kann, auch von Sachen, von denen ich vorher überhaupt keine Ahnung hatte, die ich auch nie machen mußte, weil immer jemand da war, der mir den Pott vorn Po getragen hat, und jetzt stelle ich auf einmal fest, daß ich ungeheuer kreativ im Lösen von Problemen bin.

Daß ich mit meiner Selbständigkeit keine Managerin mit Mitarbeitern mehr war, war zum Teil durchaus eine große Erleichterung. Vorher hatte ich natürlich Macht, aber die bedeutete auch Verantwortung. Zum Teil bin ich schon sehr froh, daß ich jetzt nur noch Macht über mich habe; wäre das anders, hätte ich schon längst Mitarbeiter. Manchmal frage ich mich schon, ob ich Leute einstellen will, ob ich größer werden will. Die Geldgier in mir schreit immer »ja«, doch meine Gefühle sagen bisher immer »nein«. Ich bin es leid, Verantwortung für andere zu übernehmen; ich will das einfach nicht mehr. Je größer ein Laden wird, um so größer wird der Anteil an Administration und Koordination. Ich habe noch nie so flexibel arbeiten können wie jetzt, und das genieße ich. Mein Vorteil ist, daß ich sehr nahe an der Basis bin. Wenn ich heute mit jemandem über einen Auftrag spreche, dann kann der andere sicher sein, daß ich das Besprochene realisiere und kein Dritter; Ursache und Wirkung sind dicht beisammen. Mir gefällt es, daß ich eben nicht nur trainiere, sondern verkaufe, Seminare konzipiere und Bedarfsanalysen mache. Wo sonst hätte ich solch eine Bandbreite?

Ich habe eine relative Freiheit, die ich genieße: Wenn andere arbeiten, kann ich Golf spielen, dafür arbeite ich am Wochenende, wenn der Golfplatz überfüllt ist. Keiner kann mir das verwehren, weil ich mir meine Zeit selbständig einteilen kann. Ich genieße es auch, Erfolg und Mißerfolg ziemlich direkt mitzubekommen. Ich muß mich über keinen Mitarbeiter pickelig ärgern, der meinen guten Namen in den Sumpf zieht, aber ich muß auch niemand seinen Erfolg klauen, wie das früher meine Chefs mit mir getan haben. Zur Zeit fahre ich noch ein ausgesprochenes Egoistenprogramm; ob ich das in fünf, sechs Jahren noch so möchte, weiß ich allerdings nicht. Aus diesem Grund habe ich 1989 eine intensive Weiterbildung angefangen: Ich werde Transaktionsanalyse-Beraterin. Die Ausbildung dauert zwischen fünf und sieben Jahren und zielt ab auf eine Tätigkeit als Coach oder als Beraterin für Führungskräfte.

Langfristig kann und möchte ich nicht so arbeiten, wie ich das derzeit tue. Ich denke, ich möchte nicht mein Arbeitsleben lang weiterhin so viel Zeit in Hotelbetten verbringen, wie ich das zur Zeit tue: Ich trainiere zwischen 80 und 90 Seminartage im Jahr. Das ist gemessen an der Branche wenig, der Branchendurchschnitt liegt bei 120, aber mein Ziel ist es, auf 50 Seminartage zu kommen und in der anderen Zeit gutes Coaching anzubieten. Dazu gehört, daß ich von Jahr zu Jahr meine Preise erhöhen muß, um mein Einkommen zu halten, und um das zu tun, muß ich einfach mehr bieten als andere. Deswegen tue ich sehr viel für meine Weiterbildung: Ich habe auch schon eine komplette Moderatorenausbildung abgeschlossen. Und ich denke, meine Auftraggeber merken, daß ich keine hohlen Reden schwinge, sondern daß meine Arbeit Hand und Fuß besitzt. Wie meine Zukunft aussieht, weiß ich derzeit noch nicht konkret, aber ich weiß, daß der Anteil an Trainings sinken wird.

Geboren bin ich am 23. September 1946 in Enkhausen, das ist ein kleines Kaff im Sauerland. Außer mir als großer Tochter hat Enkhausen noch einen großen Sohn, Heinrich Lübke, den ehemaligen Bundespräsidenten, hervorgebracht, nur: Ich kann besser reden als er.

In Enkhausen bin ich geboren, weil unser Wohnort Hachen keine Klinik hatte. Wir wohnten da sieben Jahre zusammen mit meinen Großeltern mütterlicherseits und einem Onkel, alle in einem sehr kleinen Haus, was mir freilich als Kind nicht aufgefallen ist, weil ich die meiste Zeit draußen war in dem riesigen Garten. Ich habe Erinnerungen an eine Fülle von schönen Sommertagen. Es kann nicht sieben Jahre nur Sommer gewesen sein, aber in meiner Erinnerung ist es so: Ich habe diese Großfamilie genossen. Mein Großvater war Norditaliener, einer der ersten Gastarbeiter, die nach Deutschland gekommen sind. Er war Talsperrenbaumeister und ein ganz liebevoller Großvater und ein toller Mann, der mich und meine Schwester nach Strich und Faden verwöhnt hat.

In den ersten Lebensjahren habe ich meine Mutter wenig als Mutter, zumindest nicht als Glucke, wahrgenommen; meine Hauptbezugsperson war mein Opa. Durch die Großfamilie war sowieso alles sehr verwaschen; beispielsweise kam mein Vater nur am Wochenende, er arbeitete als Bahnbeamter in der Nähe von Hamm. Als mein Vater dann im Siegerland eine Stelle als Bereichsleiter von einer Dienststelle der Bundesbahn bekommen hat, zogen wir dorthin in eine große Wohnung, das war 1953.

Für mich und meine Schwester wurde das sehr schwierig. Plötzlich war jeden Tag ein Vater da, der uns erziehen wollte. Mir fehlte die Großfamilie, die manches auffängt: Da hat man jemanden, wo man sich ausheulen kann, vom einen kriegt man ein Keks, vom anderen ein Pflaster, der nächste versohlte einem den Hintern, aber das war alles breit gestreut. Jetzt hatte ich auf einmal nur noch zwei Personen, von denen ich abhängig war, das war eben typisch Kleinfamilie. Meine Schwester kam im Umzugsjahr auf die Realschule, ich wurde eingeschult.

Die Volksschule fand ich wunderbar, ich war eine glänzende Schülerin, ich hatte einen tollen Lehrer. Weil alle der Meinung waren, ich wäre so eine tolle Schülerin, sollte ich nun das erste Kind der Familie sein, das zum Gymnasium geht. Das war der Anfang vom Ende. Ich war Fahrschülerin, kam 1957 in Siegen auf ein Mädchengymnasium. Während der Sexta dachte ich, das muß so weitergehen wie in der Volksschule: durch Nichtstun zum Erfolg kommen – was von meiner Umwelt am Anfang gefördert wurde, weil es immer hieß, »das Kind ist intelligent«, anstatt schon einmal rechtzeitig zu sagen, daß das nicht so bleiben kann. In der Quarta habe ich nichts mehr getan, und die Konsequenz war, daß ich sitzengeblieben bin. Für meine Beamtenfamilie war das sicherlich keine erhebende Erfahrung.

Ich kann in die rosaroten Erinnerungen, die viele Menschen an ihre Schulzeit haben, nicht einstimmen. Selbst heute noch bin ich froh, dem damaligen Schulsystem entronnen zu sein. Ich habe dann – bedingt durch das Sitzenbleiben – überhaupt keinen Bock mehr auf Schule gehabt und wollte unbedingt abbrechen: Schuhverkäuferin wollte ich werden. Ich weiß zwar heute nicht mehr, warum es gerade Schuhverkäuferin sein mußte, aber das war mit 14 Jahren mein Berufsziel. Und ich dachte mir, wenn ich dieses Ziel nicht auf geradem Weg erreiche, dann erzwinge ich es. Und wie alle Kinder hatte ich damals auch die dickeren Nerven und ließ meine sowieso schon schlechten schulischen Leistungen ganz einschlafen. Natürlich bleibt so etwas nicht ohne Auswirkungen auf die ganze Familie. Meine Eltern waren kurz vor der Verzweiflung, denn wie alle Eltern wollten sie doch nur mein Bestes. Und irgendwann – nach einem grandiosen Rausschmiß aus dem altehrwürdigen Wuppertaler Lyzeum – fiel das Wort Internat. Ab dann klappte es doch noch ganz gut mit mir und der Schule.

Mein Abitur habe ich dann 1966 gemacht – es war zwar schlecht, aber ich hatte es – und mit grenzenloser Erleichterung mein Schülerinnen-Dasein beendet. Dann wollte ich Journalistin werden, hatte schon einen Volontariatsvertrag, doch den mußte ich sausen lassen. Mein Vater meinte – ich war noch keine 21 –, ich müsse etwas Ordentliches lernen! Es scheint mir aber nicht so wichtig gewesen zu sein, sonst hätte ich es später bestimmt noch gemacht. Aber die Ader zum Schreiben ist da, ich habe schon drei Bücher geschrieben.

Nachdem klar war, daß ich nicht studieren, sondern sofort arbeiten wollte, empfahl mein Vater, ich solle Bankkaufmann werden. Daß ich arbeiten wollte, war keineswegs pure Opposition, sondern ich hatte die Schnauze voll vom Lernen. Ich wollte einfach nicht mehr. Ich hatte alle meine Sehnsüchte und Wünsche darauf projiziert, endlich volljährig zu sein und eigenes Geld zu verdienen. Geld war für mich schon damals gleichbedeutend mit Unabhängigkeit.

Meine Eltern wollten mir einen Ausbildungsvertrag besorgen, doch das habe ich strikt abgelehnt, das wollte ich selbst tun. Das war 1966 alles noch machbar. Ich bin also bei einer renommierten Bank reingeschneit und habe gefragt, ob die Lehrlinge suchen würden, und die Antwort lautete einfach »ja«. Die Banken konnten noch nicht auswählen unter Abiturienten. Damals studierten die meisten, es gab ganz wenige, die den Weg umgekehrt gemacht haben.

Ich habe im Herbst 1966 meine Lehre begonnen und bekam auf einmal Spaß am Lernen: Die Berufsschule hat mir unheimlich Spaß gemacht. Das war kein abstraktes Lernen mehr. Es war pragmatisch, ich konnte sofort erkennen, wo ich das anwenden konnte. Es war für mich wie eine Offenbarung. Ich saß beispielsweise begeistert über Buchführung, kaum einer in unserer Klasse hat das gemocht, und für mich waren das orgiastische Vergnügungen. Ich habe mit Lust, Liebe und Leidenschaft Gewinn- und

Verlustrechnungen, Bilanzen oder auch Zins und Zinseszins ausgerechnet. Und das passierte mir, die ich bis zu diesem Zeitpunkt immer geglaubt hatte, ich könne nicht rechnen. Es hieß immer – und das war nicht böse, sondern mit Überzeugung gemeint –: Das Kind hat keinen Kopf fürs Rechnen.

Warum meine Eltern dennoch meinten, eine Banklehre sei für mich nicht verkehrt, weiß ich gar nicht, aber diese Lehre hat mir enorm Spaß gemacht. Das war das erste Mal in meinem Leben, daß ich Erfolg hatte: Ich habe die Kaufmannsgehilfenprüfung vorzeitig abgelegt nach zwei Jahren, das war 1968, und habe mit »sehr gut« bestanden. Wir waren damals zwölf Auszubildende, und ich war das einzige Mädchen.

Und dann fing ich an, meine Erfahrungen zu sammeln. In meiner Ausbildungsbank herrschte das ungeschriebene Gesetz: Wer die Prüfung mit »sehr gut« besteht, darf sich die Abteilung aussuchen, wo er hinwill. Aber bei mir gab es Zirkus: Ich wollte nämlich in den Wertpapierbereich; doch ganz klar wurde mir gesagt, das sei nichts für Frauen. Also habe ich gekündigt und bin direkt nach der Lehre zu einer kleinen Privatbank gegangen. Da herrschte ein tolles Betriebsklima. Dort habe ich festgestellt, wie schön es sein kann, in einem harmonischen Team zu arbeiten. Trotzdem hatte ich damals schon den Eindruck, daß die Chancen zwischen Männlein und Weiblein nicht gleich verteilt waren. Mit mir hatten noch drei junge Männer angefangen, und es war ganz klar, daß die Männer, die dieselbe Vorbildung hatten wie ich, einmal Führungsaufgaben übernehmen würden, und ich nicht. Das wurde zwar nie so klar formuliert, aber es wurde unterstellt, ich würde heiraten, Kinder bekommen und aufhören zu arbeiten. Ich attackierte auch immer wieder meinen Vorgesetzten, warum ich denn nicht Abteilungsleiterin werden könne, doch stichhaltige Argumente konnte er mir nie liefern.

Ich wohnte zu diesem Zeitpunkt zwar nicht mehr bei meinen Eltern, ich bin mit 21 Jahren von zu Hause ausgezogen, aber ich hatte einen guten Draht zu ihnen und habe diese Problematik mit ihnen besprochen. Voller Empörung habe ich immer erzählt, ich käme nicht weiter, und da hat mein Vater für mich etwas sehr Wichtiges gesagt: »Dann wirst du eben ein bißchen mehr können müssen als deine Kollegen!« Daraufhin habe ich mir überlegt, daß dies ohne Studium schwer ist, bin zum Arbeitsamt gegangen und habe mich beraten lassen. Dort erfuhr ich, daß ein Fachhochschulstudium vom Arbeitsamt unterstützt wird. Also entschloß ich mich zu einem Betriebswirtschaftsstudium an einer Fachhochschule. Ohne finanzielle Unterstützung vom Arbeitsamt hätte ich das Studium nicht gemacht: Von zu Hause wollte ich nicht wieder abhängig sein.

Ich habe 1970 mit dem Betriebswirtschaftsstudium an der Fachhochschule Düsseldorf angefangen und habe mich sofort in einen Kommilitonen verliebt. Für mich war klar: Den will ich und keinen anderen. Er hatte kaum eine Chance, wollte auch keine gegen mich haben. Anfang Oktober 1970 haben wir uns kennengelernt, im März 1971 waren wir schon verheiratet. Ein Dozent empfahl uns, als der Studienabschluß in die Nähe rückte, wir sollten uns ein Unternehmen suchen, in dem wir ein Traineeprogramm absolvieren könnten, und gab uns außerdem den Tip, in die aufstrebende Computerbranche zu gehen. Wir bekamen dann ein Angebot von einem EDV-Unternehmen, wo wir beide am 1. Januar 1972 als fertige Betriebswirte mit dem Traineeprogramm angefangen haben.

Die Traineeausbildung war breit gefächert und ausgezeichnet. Ich zehre heute noch davon. Kurz vor dem Abschluß sollten wir uns entscheiden, ob wir in die Systemanalyse, die Programmierung oder in den Vertrieb gehen wollten. Natürlich gingen die zwei anderen Frauen in die Systemanalyse, was damals selbstverständlich war. Ich weiß noch, wie ich mich in einem Meeting mit dem damaligen General Manager zu Wort meldete und fragte, wieso eigentlich keine Frau in diesem Unternehmen in den Vertrieb geht. Er hat mich nur angeguckt und meinte, er würde mit dem entsprechenden Vertriebschef sprechen, und wenn der mich wollte, ging das in Ordnung. Dabei war das gar nicht meine Frage gewesen. Diese Antwort hat mich sogar etwas ängstlich gemacht, weil ich dachte, du hast doch nur gefragt, warum keine geht, aber warum sollst du es jetzt sein! Doch mein damaliger Chef in Hannover hat diese Anregung sofort so verstanden, wie ich es schon befürchtet hatte, nämlich: Die Theiß will in den Vertrieb. Ich wußte damals noch nicht einmal, was das überhaupt ist. Das Thema Vertrieb war meiner Erziehung, meiner Denke, ganz fern gewesen. Doch dann habe ich mich mit meinem Mann beraten, er meinte, ich solle das einmal probieren. Ich entschied mich dann tatsächlich für den Sprung ins kalte Wasser, mit der Gewißheit, daß ich den Vertrieb wieder an den Nagel hängen würde, wenn es mir keinen Spaß macht. Mein Mann ging in die Systemberatung, was ich für mich ursprünglich auch geplant hatte.

Zum 1. Januar 1973 sind wir übernommen worden, mein Mann als Juniorprogrammierer, ich als Junior-Vertriebsbeauftragte. Da bin ich das erste Mal damit konfrontiert worden, daß ich eine Ausnahme bin: Im Vertrieb war ich die einzige Frau, und das sechs Jahre lang.

Daß ich mit der Entscheidung pro Vertrieb als Frau eine unübliche Entscheidung getroffen hatte, ist mir schon aufgefallen in dem Vierteljahr, das zwischen der Entscheidung und dem Start im Vertrieb lag. Ab dem Moment, wo meine Entscheidung feststand, kamen ganz widersprüchliche Botschaften bei mir an: Die eine Hälfte meiner Freunde und Bekannten schlug die Hände über dem Kopf zusammen, »was tust du, wie kannst du nur!«, und die andere Hälfte kam, klopfte mir auf die Schulter und sagte, »mutig!« Ich war total verblüfft, weil ich nicht geglaubt hatte, etwas Besonderes entschieden zu haben: Ich hatte eine persönliche Entscheidung getroffen, und auf einmal stellte ich fest, das war eine bahnbrechende Entscheidung, da hängten andere Leute ihre Hüte dran auf und sagten, »du bist der Vorreiter«. Da habe ich Angst gekriegt. Es war eine Belastung, weil ich auf einmal feststellte, daß ich meinen Kopf verdammt weit aus der Anonymität eines normalen Verkäufers herausgestreckt habe. Zum damaligen Zeitpunkt habe ich das nicht gewollt, habe ich nicht damit gerechnet und konnte damit nicht umgehen. Rückwirkend finde ich das ganz toll, aber damals hat mich kein Mensch darauf vorbereitet. Die Frauenfeinde guckten auf mich und sagten, »wir werden zugucken, wie die stolpert«. Es guckten auch nette Leute auf mich, die mir wünschten, daß ich es schaffe. Ich fand beides belastend und war kreuzunglücklich. Ich kam mir vor wie Atlas, der die Welt trägt, und es hat lange gedauert, bis ich mich nur auf meinen Job konzentrieren konnte.

Mein Mann hat mich von Anfang an wahnsinnig unterstützt. Es gab später Zeiten, in denen ich viel mehr verdient habe als er, und er hat mit einer echten Nonchalance gesagt, »das ist mir doch egal, wo das Geld herkommt; Hauptsache, wir haben es!« Er hat mir einen guten Einstieg ermöglicht. Ich mußte nicht dauernd mit mir hadern: Er hat mir kein schlechtes Gewissen eingeredet, weil ich erfolgreich war. Im Gegenteil, er hat mich unterstützt und sehr motiviert. Er hat keine obskuren Anforderungen an mich gestellt, er hat nicht nur geholfen im Haushalt, sondern wir haben die Arbeit echt geteilt.

Ich habe als Verkaufsgebiet Soltau-Nienburg-Bückeburg bekommen, damals gab es noch keinen Branchenvertrieb, sondern ein geographisches Gebiet, und ich habe alle Computer verkauft, die mein Unternehmen damals hatte, ob klein, ob groß, komplett alles, und ich wurde hervorragend ausgebildet. Die Produkte waren damals noch irrsinnig teuer: Ein Computer, der weniger konnte als heute ein Personalcomputer, kostete rund 160000 DM. Meine Quote betrug im ersten Jahr 800000 DM. Ich mußte also fünf von diesen Geräten verkaufen und hatte ein Einkommen von etwa 80000 DM. Das war enorm hoch in dieser Zeit. Meinen ersten Computer habe ich auf der Hannover-Messe 1973 verkauft, diesen Auftrag schleppe ich heute immer noch mit mir herum. Als mein Chef, ein Supermanager, ein ganz gewiefter Verkäufer, mit allen Tugenden und Untugenden des Verkäufers, merkte, daß ich mich für den Vertrieb eigne, hat er mir ungeheure Unterstützung und immer wieder viel Motivation zukommen lassen. Bei dem hatte ich nie, absolut nie Probleme damit, daß ich eine Frau bin.

Als Frau im Vertrieb erheischt man ungewollt einen hohen Aufmerksamkeitsgrad, im Guten wie im Bösen. Was immer ich tat, es wurde registriert: War ich gut, hat es natürlich jeder gesehen, aber umgekehrt konnte ich mich nie verstecken, wenn ich eine flaue Zeit hatte. Meine Umsatzzahlen kannte jeder Topmanager, weil die sich von der einzigen Frau leicht merken lassen, wohingegen sich eben keiner die Zahlen von ein paar hundert Männern merken kann. Jeder sah mich. Einerseits war es immer ein Vorteil, den ich gekannt, genossen und genutzt habe, und gerade mein Vorgesetzter hat meine Leistung auch immer wieder honoriert mit Anerkennung, aber genausogut hat der mich einmal auch gewaltig ins Messer laufen lassen. In meinem dritten Vertriebsjahr wurde ich nämlich faul, weil ich gedacht habe, das geht immer so weiter. Das war genau derselbe Mechanismus wie in der Schule: Marlen ist der Star, Marlen kann und macht, und dann tat ich nichts mehr und fiel 1975, nach zwei ganz tollen Umsatzjahren, total runter. Mein Vorgesetzter hat das einfach zugelassen, hat auch keinen Warnton gesetzt. Aber nach sechs Monaten hat er mich zu sich gebeten und gefragt, »wie sieht es denn aus, schaffen Sie die Quote? Nein? Warum nicht?« Ich erfand wie die meisten Verkäufer erst einmal tausend Gründe für das Warum-Nicht, doch er sagte knallhart, »Sie werden die Quote deswegen nicht schaffen, weil Sie ein fauler Sack sind! Sie haben nichts getan, gnädige Frau!« Das hat so nachhaltig gesessen, das ist mir nie wieder passiert. Daß er mich hat voll auflaufen lassen, war für mich ein nachhaltiger Lerneffekt. Dieser Warngong kam zu einem Zeitpunkt, wo ich ihn brauchte und gut verkraften konnte. Mein Chef war ein guter Psychologe und hatte gemerkt, daß ich einige Erfolge fast ohne Zutun eingeheimst hatte: Ich war fleißig gewesen bis zu einem bestimmten Punkt, aber dann kamen einige Sachen als Geschenk des Himmels, die ich nicht mehr als solche wahrgenommen hatte. Ich war eher der Meinung, das gebührte mir.

Mit meinen Kunden gab es nie Probleme. Ich habe mir nie Gedanken darüber gemacht, ob die Kunden mich ablehnen oder nicht. Ich hatte keine weiblichen Modelle, keiner konnte mir einen Floh ins Ohr setzen. Das ist mir erst beim nächsten Arbeitgeber bewußt geworden, als es hieß, ich würde Schwierigkeiten bekommen, weil ich eine Frau bin. Da hatte ich aber schon so viel Erfahrung und auch Erfolge, daß ich keine Angst mehr haben mußte. Die geschlechtsbezogenen Fragen sind mir erst viel später gekommen, und dadurch bin ich sehr unbefangen an die Kunden herangegangen. Vielleicht war es auch ein Vorteil, daß die EDV damals noch eine unbeschriebene und elitäre Branche war. Mitte der siebziger Jahre hatten die wenigsten Kunden wirklich Ahnung von dieser Materie, und sie beschäftigten sich nicht damit, ob das nun normal oder nicht normal ist, daß als Vertriebsbeauftragter eine Frau kommt. Wenn ich gefragt wurde – was häufig passiert ist –, wie ich an diesen Beruf gekommen bin, habe ich das immer ganz unbefangen erzählt. Damals gab es noch keinen typischen Werdegang für Computerfachleute, wir waren eine ganz bunte Mischung. Deswegen habe ich Fragen nach dem Werdegang nie auf mich als Frau bezogen; dadurch konnten sich keine Ängste entwickeln. Ängste kamen eher durch die eigenen Kollegen, weil sie merkten, eine Frau kann auch verkaufen. Da kamen massive Attacken von einigen, die anfangs noch nicht bösartig waren, sondern eher ironisch. Gesagt hat es zwar nie einer, aber mir wurde bei Erfolgen häufig das Gefühl vermittelt: Ein blindes Huhn findet auch mal ein Korn. Aber letztlich waren die meisten Kollegen sehr nett, und ich hatte eher das Gefühl, das ist ganz normal, was ich tue. Ich konnte überhaupt nicht verstehen, daß es nicht mehr von meiner Sorte gab.

Weil ich mich 1978 von meinem Mann getrennt habe, habe ich damals auch das Unternehmen gewechselt. Das war für mich klar, daß ich gehe. Da ich meinen Mann verlassen habe, fand ich es nur anständig, daß ich die Mühe auf mich nehme, einen neuen Arbeitsplatz zu suchen. Das funktionierte ganz unproblematisch: Ich erzählte das einem Freund, der bei der Konkurrenz beschäftigt war, und der meinte sofort, ich solle mich nirgends bewerben, sondern in sein Unternehmen kommen, die würden mich gewiß sofort nehmen, weil sie händeringend Verkäufer suchen würden. Er erzählte seinem Verkaufsleiter von mir, und der meinte nur, eine Frau würde er blind einstellen! Es wurde ein Termin mit dem Vertriebschef vereinbart in Hamburg, wir haben uns auf Anhieb gemocht, und er sagte mir, er wolle mich als Verkaufsgruppenleiterin, zuständig für den Bankenbereich, einstellen. Allerdings wies er mich noch auf ein kleines Problem hin: Er informierte mich darüber, daß er jetzt noch den Gesamtvertriebsleiter Deutschland davon überzeugen müsse, daß er eine Frau als Verkaufsgruppenleiterin will, und der hätte etwas gegen Frauen. Ich sagte sofort, dann kann ich ja gleich wieder gehen. Sagte ihm auch, daß ich nicht verstehen würde, wieso der Gesamtvertriebsleiter von mir überzeugt werden müßte, schließich hätte ich sieben Jahre Verkaufserfahrung auf dem Buckel. Ich stellte eindeutig klar, wie unverständlich es für mich ist, daß man jetzt eine Marlen Theiß verkaufen muß, die sehr wohl verkaufen kann! Schließlich sei es doch keine Kunst, einen etablierten Karrengaul einzustellen. Mit diesem Spruch überließ ich ihn seinem Schicksal, wartete ab, was geschah, aber bei dieser Gelegenheit ist mir richtig bewußt geworden, daß eine Frau im Vertrieb etwas Besonderes ist. Jedenfalls erhielt ich die Stelle und hatte damit meine erste kleine Führungsposition, die ich auch angestrebt hatte.

Zum Glück erfuhr ich erst viel später, was sich hinter den Kulissen bis zu meiner Vertragsunterschrift abgespielt hatte. Der Gesamtvertriebsleiter war keineswegs davon angetan, daß der Vertriebsleiter jetzt eine Frau einstellen wollte. Die beiden lagen sowieso im Clinch, weil der Vertriebsleiter zuvor schon einen Mittfünfziger eingestellt hatte, und er wurde abgekanzelt mit dem Spruch, »erst stellen Sie Rentner ein und jetzt auch noch Weiber!« Aber er hat sich durchgesetzt. Wenn ich allerdings gewußt hätte, daß ich in einen rüden Macho-Laden komme, weiß ich nicht, ob ich mich wirklich für dieses Unternehmen entschieden hätte, bei dem ich dann am 1. Oktober 1978 angefangen habe.

Daß es mit dem Vertrag etwas würde, erfuhr ich telefonisch, allerdings mit der Einschränkung, wir müßten uns noch einmal treffen, bevor der Vertrag endgültig geschlossen würde, es würde sich eine Kleinigkeit ändern. Da klingelten bei mir sämtliche Alarmglocken, ich fragte sofort, was mit kleinen Änderungen gemeint sei, doch er druckste nur herum. Es hat sehr lange gedauert, bis ich ihm das aus der Nase gezogen hatte: Plötzlich sollte ich nicht mehr die Banken, sondern die Versicherungen übernehmen. Das gefiel mir wenig, denn der Bankenbereich boomte damals wie verrückt. Als ich das hörte, sagte ich nur, das gefällt mir wenig, das muß ich mir in Ruhe überlegen. Nach diesem Gespräch kontaktierte ich einen Versicherungsprofi, der mir mit dem Argument, das Unternehmen hätte zwar noch kein Bein in den Versicherungen, dafür sei der Verkaufszenit bei Banken bald erreicht, zu den Versicherungen riet. Das war ein guter Rat, und ich rief den Vertriebsleiter an und sagte zu.

Ich fing dann an, war die einzige Frau und war anfangs Verkaufsgruppenleiterin ohne Leute. Kurz nach meinem Einstieg stellte ich fest, auf was ich mich eingelassen hatte: Der Versicherungsbereich in diesem Unternehmen war keineswegs nur Brachland, sondern da hatten sich drei Leute in einem Jahr daran versucht und immer verbrannte Erde hinterlassen. Das hatte mir natürlich keiner gesagt, und das war für mich natürlich kein besonders guter Ausgangspunkt. Ich wirbelte durch die gesamte Versicherungswirtschaft Norddeutschlands, und immer hörte ich, »ist ja alles ganz gut, aber wer sagt uns, daß nicht nach ihnen bald wieder ein anderer kommt?« Für mich bedeutete das, überall vertrauensbildende Maßnahmen zu ergreifen: Ich erzählte allen, ich könne die Skepsis gut verstehen, aber ich würde nicht so schnell wieder weggehen, da müßten sie keine Bedenken haben. Allerdings müsse mir dann auch einmal jemand etwas abkaufen, denn wenn ich gar nichts verkaufen würde, würde ich gewiß meine Stelle verlieren, und sie hätten es wieder mit einem Neuen zu tun. Ich war also ganz ehrlich. Das war alles sehr lehrreich, aber außer kleinen Achtungserfolgen, ganz kleinen Aufträgen, konnte ich im ersten Jahr nichts erreichen. Das machte mich natürlich sauer, weil auch mein Einkommen nicht mehr stimmte.

Doch bevor ich mich melden und zu meinem Unternehmen sagen konnte, ihr habt mich beschummelt, ich will einen Ausgleich, weil ich vom Fixum nicht leben kann, kam mein Chef an und bot mir einen satten Nachschlag. Die hatten ein ganz schlechtes Gewissen, weil sie auch gesehen hatten, mit welchem Elan, Fleiß und Engagement ich mich da reingekniet hatte. Wer sich im Vertrieb auskennt, weiß, daß es dauert, wenn man aus nichts, schlimmer noch, aus einer Minusposition, ein Geschäft aufbauen muß. Aber danach ging es aufwärts: Im zweiten Jahr kamen die ersten kleinen Erfolge, und im dritten Jahr habe ich richtig dick abgesahnt, habe einen wunderschönen großen Auftrag gebracht und durfte dann mit auf Incentive-Reisen auf die Seychellen und nach Kenia. Mittlerweile hatte ich auch Mitarbeiter, ich führte jetzt als Verkaufsgruppenleiter vier Vertriebsbeauftragte.

Irgendwann entwickelte sich alles ganz prächtig, aber dann wurde mein geliebter Verkaufsleiter rausgeschmissen, weil er so unkonventionell war. Danach ging es für mich mit einem Mann als Vorgesetzten weiter, den ich kannte – und haßte! Den hatte ich kennengelernt bei der Vorstellung eines neuen Produkts in unseren Geschäftsräumen. Bei dieser Veranstaltung hatten wir zuviel Zulauf, es kamen zuviele Gäste, und wir waren etwas beengt in dem Ausstellungsraum. Also standen die Unternehmensmitarbeiter an der Wand und ließen die Kunden sitzen, logisch. Plötzlich stand neben mir ein kleiner Mann und motzte mich an, »seit wann dürfen die Sekretärinnen auch dabeisein?« Ich habe den nur angeguckt, hatte es zum damaligen Zeitpunkt schon nicht mehr nötig zu antworten, und dann hörte ich, wie ein Mitarbeiter zu ihm sagte, das ist die Frau Theiß, der zuständige Verkaufsgruppenleiter! Die pikierte Antwort dieses Mannes, »ach, so etwas gäbe es bei mir aber nicht!« Tja, und genau der wurde mein Verkaufsleiter. Zur damaligen Zeit habe ich mich in vielen Dingen auch noch sehr unklug verhalten, weil ich immer mit dem Kopf durch die Wand wollte. Als er kam, habe ich gesagt, »soll ich gleich packen, oder darf ich noch ein bißchen bleiben?« Seine Antwort: »Ein bißchen können Sie noch bleiben.« Ich habe es ein halbes Jahr mit ihm versucht, aber noch 1983 bin ich weggegangen. Ich konnte ihn partout nicht leiden und umgekehrt. Er hatte das typische Napoleonsyndrom von allen kleinen Männern, hatte wirklich Probleme mit Leuten, die größer sind als er, vor allen Dingen, wenn es Frauen waren. Hinzu kam, daß ich meinen alten Verkaufsleiter vermißte, dieses Unternehmen keineswegs das war, was ich mir so davon erträumt hatte, und ich außerdem der Meinung war, ich müßte auch noch mal woanders hin. Dann kam ein Anruf von einem Headhunter, das Angebot gefiel mir, und ich sagte zu.

Am 1. Oktober 1983 habe ich bei einem internationalen Marktforschungsinstitut als Verkaufsleiterin Deutschland angefangen, die starteten ganz neu mit Marktforschung für die Computerindustrie und suchten einen kompetenten Menschen, der das verkaufen konnte, und das war ich. Daß ich da vom Regen unter Umgehung der Traufe direkt in die menschliche Kloake gekommen bin, wußte ich damals freilich noch nicht. Denn mein direkter Chef konnte und wollte auch wieder nicht mit einer Frau zusammenarbeiten. Und nach rund einem Jahr wurde mein Unternehmensbereich, ich hatte inzwischen 24 Mitarbeiter, an eine große süddeutsche Marktforschungsgesellschaft verkauft. Die wollten mich liebend gerne übernehmen, aber mein direkter Chef wurde auch übernommen. Und da dachte ich, mit dem nicht, ich hatte auch ein halbes Jahr Zeit, mir alles in Ruhe zu überlegen, und da machte ich mich zum 1. Januar selbständig.

Der Entschluß, mich selbständig zu machen, kam nicht von jetzt auf gleich. Auslöser war eine latente Unzufriedenheit, ich wollte nicht ewig die zweite Geige spielen. Ich hatte einen unfähigen Mann über mir, und ich dachte oft an das Zitat von Marie von Ebner-Eschenbach: »Eine intelligente Frau hat Millionen geborener Feinde – alle dummen Männer!« Mir war klar, ich mußte etwas ändern. Ich prüfte mich selbst, lotete meine Grenzen aus und kam zu folgendem Ergebnis: Entweder gehe ich ins mittlere Management in einen Großkonzern und verhungere anspruchsmäßig, oder ich mache etwas ganz anderes. Dann kam die Phase, wo ich mich fragte, was kann ich eigentlich wirklich gut, wo sind meine Stärken? Ich bin richtig mit mir in den Clinch gegangen, habe mich gefragt, was will ich überhaupt, was sind meine mittel- und langfristigen Lebensziele. Schnell habe ich festgestellt, daß ich das, was ich hatte, auf keinen Fall wollte, nämlich jeden Morgen in dieses Büro zu gehen und auf diesen komischen Vorgesetzten zu warten. Nur meine tollen Mitarbeiter und mein wirklich gutes Einkommen haben viel von meiner Frustration aufgefangen. Mein Einkommen hatte für mich schon die Form von

Schmerzensgeld erreicht. Aber letztendlich war mir klar, das ist es nicht, das kann es auch nicht sein. Der Gedanke, mich selbständig zu machen, kam wieder auf, aber es überwog noch das Gefühl: Sicherheit ist besser als Selbständigkeit. Mir fehlte noch die Traute, den Sprung ins kalte Wasser zu wagen.

Den richtigen Dreh kriegte ich, als ich einen ehemaligen Kommilitonen von mir traf, der nach zehnjähriger Mitarbeit in seinem Unternehmen plötzlich mit einer Abfindung auf die Straße gesetzt worden war, weil sein Unternehmensbereich geschlossen wurde. Da begann ich ernsthaft darüber nachzudenken, was Sicherheit im Wirtschaftsleben bedeutet. Mir wurde klar, daß es diese angestrebte Sicherheit in Wahrheit gar nicht gibt, und ich kam zu dem Ergebnis, dann könnte ich mich auch selbständig machen, weil etwas gar nicht unsicherer als unsicher sein kann.

Dann habe ich mich mit meinem Steuerberater ausgesprochen, auch einen Fachanwalt für Arbeitsrecht gefragt, ob das denn alles vernünftig ist, was ich plane, denn das Marktforschungsinstitut hatte mir eine Abfindung von einem halben Jahresgehalt geboten, wenn ich das Angebot nicht nutze und mit nach Süddeutschland gehe, und nachdem die beide genickt hatten, habe ich das Geld genommen, habe alle meine Aktien versilbert, die ich im Laufe meiner Zugehörigkeit bei meinen Arbeitgebern angehäufelt hatte, und mit dem Sicherheitspaket im Rücken habe ich mich dann selbständig gemacht.

Im Vertrieb habe ich durchaus festgestellt, daß ich mich oft anders verhalten habe als die meisten Männer in meinem unmittelbaren Umfeld, wobei ich keineswegs ausschließen kann und will, daß auch einige Männer so gehandelt haben wie ich. Meine Bindung an den Kunden war eine viel vertrauensvollere als bei den meisten Verkäufern. Ich habe meine Kunden nie als Mittel zum Zweck gesehen, als zu melkende Kühe, sondern ich habe Beziehungen zu meinen Kunden entwickelt und bin damit gut gefahren. Ich habe meinen Erfolg langfristiger angelegt als die meisten männlichen Kollegen. Meinen Erfolg führe ich darauf zurück, daß ich auf einer sehr persönlichen Ebene verkauft habe. Ich habe nie Hochdruckvertrieb gemacht, sondern habe Beziehungen entstehen lassen und auch mal abgewartet. Ich habe meine Kunden geschätzt, habe die nicht nur unter dem Aspekt betrachtet, was bringen mir die jetzt in Mark und Pfennig. Ich habe auch mal ein Quentchen mehr getan, ich habe mich meinen Kunden auch nützlich in Dingen gemacht, die über das Normalmaß hinausgehen, ohne gleich zu schielen, ob sie mir dadurch verpflichtet sind. Mir scheint, da ist ein großer Unterschied zu den typisch männlichen Verhaltensweisen, wo doch immer wieder Härte signalisiert und auch gesagt wird, den mußte ich aber übern Tisch ziehen. Das ist zum Teil eine sehr gewalttätige Sprachpraxis, die Verkäufer pflegen, und sehr verräterisch. Allein den Ausspruch »an die Front gehen« fand ich schon immer schlimm.

Als ich anfing, Führungsaufgaben zu übernehmen, hatte ich einen miserablen Führungsstil, einfach aus Unsicherheit. Ich führte nach dem Motto: Ich bin hier der Chef, ich habe das Sagen, ich zeige euch, wo es langgeht! Zum Teil war das ganz schlimm, weil ich fürchterliche Angst vor meinen Mitarbeitern hatte. Ich beobachte das heute bei manchen Seminarteilnehmern auch: Die haben große Angst vor ihren Leuten, nur sie ändern nichts dran. Ich habe wenigstens einmal festgestellt, daß meine Mitarbeiter mindestens genausoviel Angst hatten vor mir wie ich vor denen, und da sagte ich mir, ich muß etwas ändern. Dann wurde mein Führungsstil hart in der Sache, ich bin absolut konsequent, in einigen Punkten wohl auch sehr kleinlich: Ich bin ein Pünktlichkeitsfanatiker und penibel. Im menschlichen Bereich war ich eine gute Vorgesetzte, ich bin immer für Offenheit gewesen. Das habe ich auch immer versucht, meinen Mitarbeitern klarzumachen: Wenn der Umsatz gestimmt hat, war es mir egal, wenn die im Sommer nachmittags im Biergarten saßen, nur wollte ich darüber informiert werden. Einige haben das kapiert, einige nicht. Heute weiß ich, das ist eine ganz normale Trefferquote: Mit manchen Menschen ist es einfach nicht möglich, offen zu kommunizieren. Die sind zum Teil so verkorkst, oder sie wollen einfach nicht. Es gibt Menschen, die haben eine andere Einstellung zur Arbeit als ich. Je älter ich werde, desto leichter fällt es mir, das zumindest zu akzeptieren. Früher konnte ich das nicht, da habe ich mich wundgerieben an solchen Leuten, weil ich immer dachte, jeder müsse sein wie ich. Doch in den letzten Jahren habe ich gelernt, daß keineswegs jeder die gleichen Dinge für wichtig nimmt wie ich, daß andere anderes wahrnehmen. Das habe ich aber erst als Trainerin gelernt.

Heute weiß ich, Trainerin zu werden, war für mich die beste Therapie, um mich selbst kennenzulernen. Dieses Sich-Selbst-Kennenlernen bleibt als Trainer nicht aus. Als Trainer macht man entweder die Schotten dicht und lernt weder sich selbst noch seine Teilnehmer kennen, oder man bleibt offen, und dann hat man zwangsläufig auch die Begegnung mit sich selbst. Besonders am Anfang habe ich höchst intensiv mit meinen Seminarteilnehmern mitgelebt. Damals habe ich noch nicht gut für mich gesorgt. Es gibt aber nicht nur die Bedürfnisse der Teilnehmer, es gibt auch meine, und die müssen in der Balance gehalten werden. Bis es soweit war, hat es lange gedauert, und dieser Prozeß ist noch nicht abgeschlossen.

Seminare zu halten ist psychisch anstrengend, und manchmal bin ich hinterher ziemlich kaputt. Das hängt davon ab, wie gut es mir geht. Ich mache meine Seminartermine im Regelfall immer für ein Jahr im voraus, das heißt, ich lege mich heute fest, ohne zu wissen, ob ich dann an dem Tag auch gut drauf bin oder vielleicht eine starke Erkältung habe. Wenn ich sehr gut drauf bin, dann strengt mich das Seminar nicht an, dann habe ich im Gegenteil am Ende ein Gefühl der Leere. Dann denke ich schon einmal, schade, daß alle weg sind. Es entsteht Nähe im Seminar: Ich gebe etwas, ich bekomme etwas dafür, ich lerne von den Teilnehmern, ich bekomme Zuwendung und Streicheln und auch noch ein vernünftiges Honorar. Dann gibt es aber auch Seminare, in denen ich entweder einmal Angst habe, weil ich etwas Neues beginne, ein neues Thema oder ein neuer Kunde, oder ich selbst Hürden aufgebaut habe, bei denen ich glaube, das wird ganz schwierig. Und wenn man sich selbst sagt, es wird schwierig, dann wird es das auch. Das sind dann vielleicht sogar Seminare, in denen ich noch besser bin als bei den Seminaren, in denen ich mich wohl fühle. Aber für mich ist das eher ein Schaulaufen, da gehen die Teilnehmer oft raus und sagen, das war ganz toll, doch ich bin nicht so ganz zufrieden mit mir, weil ich nicht ganz das gegeben habe, was ich geben kann. Aber ich gehe da heute auch nicht mehr so streng mit mir um. Das heißt nicht, daß ich das leicht nehme, aber ich weiß einfach, es geht nicht anders bei einem Bereich, in dem man auf ein Jahr im voraus planen muß. Ich kann eben nicht meinen Kunden einen Tag vorher anrufen und sagen, verschieben wir das Seminar um ein paar Tage, dann geht es mir wieder besser. Meine Teilnehmer haben ein Recht darauf, wenn sie mich schon nicht zu 150 Prozent kriegen, was ich eben nicht immer liefern kann, mich dann wenigstens zu 100 Prozent zu bekommen, oder auch einmal nur zu 90 Prozent, aber diese 90 Prozent sind dann so glitzernd verpackt, daß die Leute das nicht merken. Ich bin mit mir zufrieden, wenn ich kontinuierlich um die 100 Prozent liefern kann. Ich finde es toll, wenn ich aus einem Seminar rausgehe und weiß, das war eine Sternstunde, aber es gibt nicht immer Sternstunden.

Ab und zu überlege ich mir durchaus, ob ich meinen Beruf an den Nagel hängen soll, aber ich weiß nicht, wo der Nagel ist zum dranhängen. Es gab und gibt immer einmal wieder Phasen, wo mir mein Beruf stinkt, aber letztlich weiß ich genau, ohne könnte ich es gar nicht aushalten. Was ich mir aber durchaus vorstellen könnte, ist, einmal ganz andere Dinge zu machen: Je älter ich werde, um so peppiger werde ich, und um so mehr Ideen habe ich; ich war mit 30 viel engstirniger und mit 20 eigentlich beknackt. Vielleicht fange ich mal an, Bilder zu malen, oder ich verlege mich mehr aufs Schreiben. Wenn ich sehr viel Geld hätte, würde ich Berufsreisender werden: Nicht in achtzig Tagen um die Welt, sondern mir andere Völker angucken und über die schreiben, aber das wäre dann auch schon wieder eine Art Arbeit.

Meine Arbeit hat mich noch nie am Privatleben behindert. Ich habe aber oft meine Arbeit als Projektionswand genommen, wenn ich ganz, ganz traurig war. Wenn ich private Mißerfolge zu verzeichnen hatte, war ich heilfroh über meine Arbeit. Da konnte ich mich reinstürzen, habe mich durch Ackern abgelenkt und dann wieder tolle Erfolge zu verzeichnen gehabt. Aber ich habe mich noch nie so sehr von meinem Beruf vereinnahmen lassen, daß ich für private Dinge keine Zeit mehr hatte. Ich habe für alles Zeit, wofür ich Zeit haben will. Ich habe aber keine Zeit für Dinge, die mir nicht wichtig sind: Ich habe keine Zeit für Partys, weil ich ein absoluter Partymuffel bin, aber ich habe immer Zeit für ein tolles Buch oder einen tollen Film. Ich nehme mir die Zeit, sechs Wochen im Jahr Urlaub zu machen, und zusätzlich habe ich sechs Wochen für Weiterbildung einkalkuliert.

Wer sagt, der Beruf stiehlt ihm Zeit, dem glaube ich nicht. Das ist die große Lüge der meisten Manager. Ich meine, die meisten Manager haben überhaupt keine Lust, etwas anderes zu tun, sie sind sehr phantasielos und sehr wenig kreativ: Die stecken in ihrem Hamsterrad drinnen und schaffen es nicht, den Job einmal an zweiter Stelle zu plazieren.

Mein Beruf hat mich stark geprägt: Ich bin härter geworden,

auch frecher, rotziger, ich habe zum Teil auch eine intellektuelle Arroganz. Das ist vielleicht die negative Seite oder der Preis für viele positive Dinge: Ich habe eine Sensibilität im Umgang mit Menschen erworben, ein Gespür für Menschen und die Fähigkeit, auf Menschen einzugehen.

Ich habe gemerkt, nichts gibt es zum Nulltarif: Ich denke, diese Form der Sensibilität geht Hand in Hand mit einem gewissen geistigen Hochmut, der um so schlimmer wird, je älter ich werde, aber dazu stehe ich. Ich will keine Zeit mehr vertrödeln, ich mache in meinem Privatleben keine Konzessionen mehr. Ich kann mir zwar meine Seminarteilnehmer nicht aussuchen, aber meine Freunde. Meine Freunde nehmen einen immer größeren Stellenwert ein, qualitativ gute Beziehungen werden von mir sehr gepflegt. Das sind die Beziehungen, die sich lohnen, weil ich etwas lerne oder erfahre, oder weil Nähe hergestellt wird.

Eva-Gabriele Klingelhöller

Geschäftsführender Vorstand, Hotellerie

Durch die Recherchen für einen Artikel lernte ich Eva-Gabriele Klingelhöller kennen, allerdings erst per Draht: Wir telefonierten mehrmals und intensiv, und mir gefiel ihre offene und ehrliche Art, Dinge darzustellen und über Erlebnisse zu reden, die Männer vorsichtshalber verschweigen würden.

Als ich sie dann traf – Treffpunkt war, wie könnte es anders sein, ein wunderschön gelegenes Silencehotel in Bad Kreuznach – bestätigte sich mein Eindruck: Eva-Gabriele Klingelhöller ist eine Businessfrau, die mit beiden Beinen auf dem Boden der Realität steht, einen wachen Instinkt hat für Chancen, nicht zögert, sich bietende Möglichkeiten zu nutzen und sich in ihre Arbeit stark einbringt. Ihre Welt ist die Hotellerie, hier kann sie ihre Freude an der Kommunikation mit anderen vortrefflich einsetzen, hier bietet sich ihr – im positiven Sinne – genau die Spielwiese, die sie braucht: eine Branche nämlich, die bereit ist, auch eingefahrene Gleise zu verlassen, die offen ist für neue Ideen und kreative Vorschläge. Die Geschäftsführerin der Silencehotels ist ein wandelnder Ideenpool: Sie sprudelt nur so, wenn es darum geht, sich etwas Neues einfallen zu lassen. Doch bei Eva-Gabriele Klingelhöller ist diese Kreativität gepaart mit einer realistischen Phantasie, die nicht in rosaroten Träumen schwelgt, sondern heute das Machbare von morgen vorausdenkt. Genau durch diese Eigenschaft unterscheidet sich die erfolgreiche Hotelfachfrau von den vielen Frauen, die zwar gute Ideen haben, aber mit der Umsetzung zögern.

Eva-Gabriele Klingelhöller weiß, was zu tun ist, um solche Ideen auch realisieren zu können, die Zustimmung der Betroffenen für ein neues Projekt zu gewinnen. Sie ist eine Frau, die »anpacken« kann und das auch von ihren Mitarbeitern verlangt. Eva-Gabriele Klingelhöller steht zu sich selbst und lebt mit ganzem Herzen für ihren Beruf.

Meine Karriere hat sich zwar kontinuierlich aufgebaut, aber einen ganz entscheidenden Schritt habe ich 1978 getan: Ich las in einer Zeitung eine Notiz, daß in Lüneburg eine Versicherung ein Hotel gekauft hat. Ich fand die Telefonnummer heraus: Das interessierte mich nämlich, ich wollte mehr wissen. Ich habe den zuständigen Direktor an die Strippe gekriegt, wir plauderten, und ich wurde zu einem Gespräch eingeladen. Ich ging hin, fand alles sehr sympathisch und bekam ein Arbeitsangebot. Im Juli 1978 habe ich als Hausdame im Seminaris, einem Hotel für Seminare und Tagungen in Lüneburg, angefangen.

Es dauerte keine drei Monate, bis mein Chef sagte, »Frau Klingelhöller, ich brauche eine Vertretung. Sie wären geeignet dafür.« Zuerst wollte ich nicht, aber wie das Leben so spielt, habe ich mir das überlegt und doch akzeptiert: Da war ich also Hausdame und stellvertretende Leiterin des Hauses. Mich hat die Aufgabe gereizt, das Neue: Kann ich das, oder kann ich das nicht? Dann dauerte es noch einmal ein halbes Jahr, bis unser Verkaufs- und Veranstaltungschef ausstieg und diese Position frei wurde. Ein Herr von der Versicherung, der für das Seminaris verantwortlich war, hat wesentlich zu meiner Laufbahn beigetragen; der hat mir nämlich was zugetraut. Er sagte zum Hoteldirektor: »Geben Sie doch der Frau Klingelhöller diesen Job! Ich denke mir, die könnte das machen.« Ich hatte schon immer, als dieser Verkaufsleiter noch da war, gedacht, das müßte man eigentlich ganz anders machen. Ja, und dann war der Tag da, wo nicht »man« das anders machen mußte, sondern ich. Die Position der Hausdame habe ich abgegeben und mir selbst zwei Jahre Zeit eingeräumt, einen im Grunde völlig neuen Beruf, nämlich Leiterin der Verkaufs- und Veranstaltungsabteilung, zu lernen; gleichzeitig bin ich stellvertretende Direktorin geworden.

Ich habe den gesamten Frontbetrieb aufgebaut und betreut. Ich war Ansprechpartner für die Kunden, vom ersten Gespräch über die Preisverhandlungen bis hin zur Rechnungsstellung. Hineingewachsen bin ich in diese Position durch Wissen und durch die jahrelange Erfahrung in der Hotellerie. Voraussetzung ist: Man muß mit Menschen umgehen können. Ich glaube, daß gerade Frauen für Bankettleitung oder Veranstaltungsleitung gut geeignet sind, weil die etwas haben, was ein Mann bis auf wenige Ausnahmen von Natur aus nicht hat: das Erfühlen, wie ein anderer Mensch auf gewisse Dinge reagiert. Das kann man schlecht erklären, aber diese Fähigkeit erspart eine Reklamationsabteilung. Gerade im Bereich der Tagungen ist es sehr wichtig, den Seminarleitern, also den Entscheidern, ein Gefühl der Geborgenheit zu vermitteln. Seminarleiter sind oft hundert Tage im Jahr und mehr im Hotel, und man muß und kann ihnen das Gefühl geben, daß sie ganz wichtig sind. Ich habe in den ersten zwei Jahren jeden Seminarleiter selbst begrüßt, ob der abends um zwölf kam oder morgens um sieben. Während er da war, bin ich wieder hin und habe nachgefragt, ob alles in Ordnung ist. Das fällt einer Frau leichter als einem Mann. Wenn dann einmal etwas nicht perfekt klappt, ärgert er sich auch nicht so sehr, weil er prinzipiell weiß, er wird gut behandelt, seine Wünsche werden ernst genommen. Der wird wieder buchen, erinnert sich eher an das, was schön war, als an das, was ihm nicht gefallen hat. Gerade in diesem Bereich in der Hotellerie haben Frauen ungeheure Chancen.

Den Bereich Verkauf und Veranstaltungen habe ich mit Begeisterung geleitet, mich hat die Organisationsarbeit gereizt. Ich hatte dort erstmals die Möglichkeit, alle Fäden von dem zu verbinden, was ich gelernt hatte. Ich war die Zentrale für alle anderen Abteilungen, mit mir mußten sich alle anderen Bereiche – Zimmer, Küche, Service, Hausdame – abstimmen. Da ich wußte, wie man in jeder Abteilung arbeitet, hatte ich einen kompletten Überblick über unsere Leistungsfähigkeit. Ich habe nicht irgendwas verkauft, sondern das, was in unserem Haus machbar war. Das Spannendste an dieser Arbeit war dieses ganzheitliche Denken, das dazu nötig war. Ich habe damals festgestellt, daß es gar nicht so wahnsinnig viele Leute gibt, die das können und denen das noch Spaß macht. Wenn ich vor einer Aufgabe stehe, habe ich die Gabe, im Kopf einen Film ablaufen zu lassen: Wenn das so und so ist, dann könntest du das so und so machen. Das habe ich in dieser Position bis zum Exzeß getrieben.

Durch personelle Veränderungen im Hause wurde dann die harmonische Zusammenarbeit im Seminaris sehr gestört. Also habe ich gekündigt und bin 1985 als Direktor Marketing und Verkauf ins Rheinpark Plaza nach Neuss gegangen. Dieser Wechsel war freilich der typische Schritt vom Regen in die Traufe. Der Hoteldirektor und ich waren völlig konträrer Meinung, was die Art des Hotelverkaufs betraf: Er kam aus der Luxushotellerie und sah seine Zimmervermietung als Nonplusultra an, das Kongreßzentrum stand für ihn an zweiter Stelle, und bei mir war es genau umgekehrt. Da wir uns beide nicht auf einen gemeinsamen Nenner einschießen konnten, kündigte ich kurzfristig im Mai 1986 und wollte erst mal gar nichts machen, nichts außer Urlaub. Aber es kam alles etwas anders.

Ich verließ das Hotel nach meiner Kündigung und traf unten am Eingang einen Außendienstmann von einer Brauerei. Der schaute mich nur an und sagte, »wie siehst du denn aus, so bleich!« »Ja«, sagte ich, »ich habe gerade mein Arbeitsverhältnis hier gekündigt.« »Laß uns darauf doch erst mal ein Glas Champagner trinken«, meinte er nur. Wir also wieder zurück ins Hotel, an die Bar, ich war schließlich nicht rausgeschmissen worden! Plötzlich sagte er, »ich wüßte einen tollen Job für dich!« Ich antwortete nur, »ich will keinen Job, laß mich in Ruhe!« Er insistierte weiter, erzählte mir, daß es sich um einen Job bei den Silencehotels handelte, die würden jemand suchen. Ich betonte erneut, ich sei nicht interessiert, doch er sagte noch, mich würde jemand anrufen. Ich war kaum zu Hause, da klingelte schon das Telefon: »Ich habe gehört, Sie sind frei, und wir suchen jemanden für den Verkauf«, hieß es. »Nein«, antwortete ich, »erstens kenne ich Silence nicht, zweitens interessiert es mich nicht, ich mache jetzt Urlaub. Im August können Sie mich wieder anrufen.«

Ich machte also Urlaub und dachte viel nach: Endlich war mir das Licht aufgegangen, daß ich mit jung-dynamischen Direktoren nicht klarkomme. Keine Chance, das geht einfach nicht: Die können nicht mit mir und ich mit ihnen offensichtlich auch nicht, möglicherweise ich mit ihnen noch besser als die mit mir. Klar wurde mir aber auch, daß ich in Neuss sehr viel über Marketing gelernt hatte. Das hat mir unglaublich viel geholfen für das, was ich heute mache. Im August kam dann wieder ein Anruf, und ich wurde zu einem Gespräch eingeladen. Da erfuhr ich dann richtig, um was es ging: Der Vorstand der Silencehotels hatte eine eigenständige Verkaufsorganisation gegründet, eine GBR, hatte dafür auch bereits einen Geschäftsführer eingestellt und suchte jetzt jemand für Verkauf und Marketing der Silencehotels Nord. Ich habe mir die Häuser angeguckt, und sie gefielen mir. Außerdem kam mir die Idee, das könnte eine Position sein, wo ich alles, was ich mal gelernt hatte in meinem Leben, anwenden könnte. Außerdem hat mich alles fasziniert: Diese Leute, bei denen ein Handschlag noch was gilt, im Gegensatz zu diesen Gestylten und wahnsinnig Oberflächlichen, die ich in den großen Luxushotels erlebt hatte. Das hier war meine Welt! Ich dachte, hier kann ich noch etwas bewegen, hier ist keiner, der dir etwas vorschreibt; wenn du das richtig machst, sind alle zufrieden. Also habe ich zu dem Angebot »Ja« gesagt. Dann hatte der Vorstand eine geheime Besprechung, ich bin in dieser Zeit im Park rumgelaufen, und freudestrahlend haben die mich dann einstimmig angenommen. Am 15. September 1986 habe ich bei den Silencehotels als Verkaufs- und Marketingleiter Nord angefangen. Ich hatte damals 18 Häuser in meiner Region, habe aber nach einem halben Jahr festgestellt, daß eine solche Institution wenig Sinn macht: Die Nachfrage war immer größer als das Bettenangebot, was ich hätte verkaufen können. Dann kam meine Chance. Ungefähr zum gleichen Zeitpunkt kündigte der Geschäftsführer der Verkaufsorganisation, ich wurde Anfang 1987 als kommissarischer Geschäftsführer der gesamten Silence-Kooperation eingesetzt. Es war eine schwierige Zeit, aber ich habe durchgehalten: Ich wollte das. Ich glaube, das war das erste Mal in meinem Leben, daß ich richtig etwas wollte, daß ich gesagt habe: Das willst du machen! Ich wußte, so eine Gelegenheit kommt nicht so schnell wieder. Der Vorstand wollte mich dann fest als Geschäftsführerin haben. Doch das kam für mich nur unter der Bedingung in Frage, daß ich auch Mitglied im Vorstand würde. Das gab heiße Diskussionen. Ich wußte, daß ein Geschäftsführer eines Vereins Fußabtreter für jedes Mitglied ist, wenn er nicht gleichzeitig Vorstandsmitglied ist. Dazu mußte aber die ganze Satzung geändert werden. Aber der Vorstand war mit meiner Arbeit ganz zufrieden, die Satzung wurde geändert, und ich wurde am 1. März 1988 Geschäftsführerin und Vorstandsmitglied der Silence-Gruppe.

Außer der Selbständigkeit hat mich wahnsinnig gereizt, daß ich mein ganzes Wissen von 20 Jahren einbringen kann und daß ich Partner habe, bei denen das persönliche Wort etwas gilt, Partner, denen ich mit meiner Arbeit zu einem bißchen mehr Luxus verhelfen kann. Ich vergesse dabei nicht, daß diese Silence-Schiene für den einzelnen Hotelier nur ein kleiner Teil seiner gesamten Aktivitäten ist; für mich ist Silence sicherlich sehr viel wichtiger als für den einzelnen. Mir gefällt, daß diese Position ausbaufähig ist, ich nicht in ein, zwei Jahren darüber nachdenken muß, ob es denn das jetzt schon wieder gewesen ist. Mir liegt dieses Zusammenarbeiten mit den Unternehmern. Deren Denkweise ist meiner ähnlich. Auch dieses Spiel mit den Möglichkeiten, Leute zu begeistern, zu faszinieren für irgend etwas, lockte mich. Ich wollte auch wissen, ob ich in der Lage bin, so unterschiedliche Menschen zu motivieren.

Die Silence-Gruppe ist eine GmbH mit Sitz in Hamburg. Die Mitglieder bezahlen jährlich ihren Beitrag, und dafür bekommen sie Leistungen: Sie können den Namen der Gruppe führen, sind Mitglied in einer Marketing-Vereinigung, sind in allen Drucksachen wie Reisekatalogen oder Prospekten vertreten, werden auf Messen vertreten, bei der Lufthansa und erhalten eine Zeitschrift. Sie haben aber auch Vergünstigungen bei Einkaufsgenossenschaften oder bei Kreditkartenorganisationen. Das Kernstück unserer Kooperation ist aber der Erfahrungsaustausch in den Gruppen. Wir sind unterteilt in sieben Regionen, überall gibt es einen Regionalleiter, der gleichzeitig Vorstandsmitglied ist. Zweimal im Jahr sind Versammlungen in jeder Region, bei denen ich immer dabei bin. Hinzu kommen zwei Jahresversammlungen und ein internationales Treffen. Häuser, die bei uns Mitglied werden wollen, müssen eine ruhige Lage und einen gewissen Standard haben. Das heißt nicht, daß wir nur Luxushotels nehmen, die Mehrheit der Menschheit reist nicht nur Luxusklasse. Wir wollen eine gesunde Mischung anbieten, und das tun wir auch.

Wir haben sieben Vorstandsmitglieder, alles Männer. Außer mir machen die anderen das alles ehrenamtlich. Ich bin geschäftsführender Vorstand der Silence-Gruppe Deutschland und Österreich und Mitglied im internationalen Verwaltungsrat. Silencehotels gibt es in Frankreich, England, Deutschland, Österreich, der Schweiz, Holland, Belgien, Spanien, Italien und Kanada.

Eine meiner Hauptaufgaben ist es, die Verbindungen zwischen den Mitgliedern zu halten. Ich bin zentraler Anlaufpartner für Kunden, Vermittler zwischen den Lieferanten, die mit den Genossenschaften zu tun haben, und ich schließe die entsprechenden Verträge ab. Und, ganz wichtig: Ich bin Ansprechpartner für jedes Mitglied im Verband. Zu meinen Aufgaben gehört das Organisieren der Versammlungen, der Auszubildenden-Wettbewerb, die Organisation der verschiedenen Workshops, und ich kümmere mich um die Weiterbildung und vertrete die Gruppe in mehreren Verbänden. Außerdem bin ich für Mitglieder beratend tätig: Das fängt an bei einem Konzept für Marketing, geht über die Werbung bis zu der Frage, wie das Briefpapier aussehen sollte.

Angefangen habe ich damit, daß ich jedes Haus besucht habe, jedes einzelne Mitglied habe ich vor Ort kennengelernt, in seinem Umfeld. Dieser Kontakt zu den Mitgliedern ist einer der wesentlichsten Bestandteile meiner Aufgabe. Ohne den persönlichen Kontakt läuft nichts. Zu den meisten Mitgliedern besteht nicht nur ein sehr netter Kontakt, sondern eine echte Partnerschaft. Nur so kann ich meinen Job machen.

Wichtig war es mir nicht nur, jeden einzelnen kennenzulernen, sondern vor allen Dingen auch den Ehepartner, denn die meisten Hotelunternehmer arbeiten zu zweit. Für mich war es ganz wesentlich, daß die Frauen mich akzeptiert haben. Ich habe zu den Frauen größtenteils einen sehr guten Kontakt und trage dafür Sorge, daß sie ihren Stellenwert innerhalb ihres eigenen Unternehmens besser kennenlernen. Ich richte deshalb spezielle Chefinnen-Seminare aus. Gerade in diesem Beruf ist es ganz wesentlich, daß Mann und Frau sich gut ergänzen, daß nicht einer in der Zukunft auf der Strecke bleibt. Ich meine, daß es wichtig ist, den Frauen dieses Gefühl ihrer eigenen Wertigkeit noch mehr zu vermitteln. Das richtet sich nicht gegen die Männer, im Gegenteil, die Frauen müssen Partner werden, eigene Ideen entwickeln und sich trauen, sich zu äußern.

Meine Tätigkeit ist einfach spannend, die diversen Häuser und Eigentümer sind nämlich sehr unterschiedlich. Es gibt bei den Mitgliedern große Unterschiede im Denken, allein schon in den einzelnen Bundesländern. Und in Österreich heißt es, »Küß die Hand, gnä' Frau«, aber wenn ich mich umdrehe, ist alles schon wieder vergessen. Das akzeptiere ich schmunzelnd, ich will nicht mehr hoppla-hopp die ganze Welt verändern, sondern bin zufrieden, wenn ich kleine Veränderungen peu à peu durchsetze.

In meinem Beruf kann ich Einfluß nehmen auf andere Menschen, kann sie dazu animieren, etwas zu bewegen. Ich kenne keine andere Branche, in der man das noch so machen kann und auch so relativ schnell Erfolge sieht. Es ist natürlich im Hotelfach viel einfacher, sofort Erfolg zu haben, als in der Verwaltung. Das war für mich eine unglaubliche Umstellung vom Operating weg in die relativ anonyme Geschäftsführung hinein. Ich kann auf das Geschehen im Hotel überhaupt keinen Einfluß nehmen. Das ist auch nicht mein Job. Ich kann ein paar Tips geben, aber das ist auch alles. Der Gast direkt ist für mich verloren. Wenn man seine »Streicheleinheiten« braucht, kann man die sich im Hotel jeden

Tag hundertmal holen. Da muß man nur einen Gast fragen, ob es ihm gefallen hat. Mir persönlich ist es am Anfang schon schwergefallen, darauf zu verzichten. Heute bin ich allerdings soweit, daß ich es in dieser Form gar nicht mehr haben will. Ich habe dafür mit meinen Hoteliers zu tun, und diese fünf Jahre Zugehörigkeit haben eine große Vertrauensbasis geschaffen. Heute stehen die Mitglieder fast geschlossen hinter mir. Das ist mein Erfolg.

Ich bin gegen Ende des Krieges am 21. April 1944 in Dresden geboren, habe dank der schnellen Füße meiner Mutter 1945 den Dresdner Angriff überlebt und bin als kleines Kind 1946 nach der Flucht nach Wuppertal gekommen, in die Heimatstadt meines Vaters. Ich habe noch eine Schwester, die ist elf Jahre jünger als ich. Ich bin in Wuppertal 1950 eingeschult worden und 1954 ins Gymnasium gekommen. Ich habe kein Abitur gemacht, sondern bin vorzeitig abgegangen, habe danach eine Wirtschaftsschule und eine Frauenfachschule besucht, weil ich nicht genau wußte, was ich beruflich machen sollte. Durch einen Zufall bin ich in die Hotellerie gekommen. Ich habe der Schule keine Träne nachgeweint. Während meiner Ausbildung habe ich relativ schnell festgestellt, daß meine Neigungen sehr viel stärker im Praktischen liegen, daß es für mich besser ist, erst Praxis und danach Theorie zu machen, nicht umgekehrt.

1963 habe ich in einem Hotel in Köln eine Lehre als Hotel- und Gaststättengehilfin angefangen, das entspricht heute der Hotelfachfrau. Nach drei Monaten fand ich dann, daß das wohl nicht alles sein konnte. Ich war zwar kein sehr verwöhntes Mädchen, aber doch eins, für das die Welt in Ordnung war: Anderer Leute Toiletten putzen, das hielt ich nun doch nicht so für die Ausbildung meines Lebens. Ich war in Wuppertal zu Hause und habe in Köln gelernt, wohnte in der Woche in Köln, in einem Zimmer mit fünf anderen Mädchen. Auch das war ich nicht gewohnt, ich hatte zu Hause mein eigenes Zimmer. Das waren alles Umstellungen. Damals habe ich ein bißchen geflucht, aber aus der Rückschau kann ich nur sagen: Es hat mir nichts geschadet, man kann eine Menge ertragen. Dank des Insistierens meiner Eltern, die zu mir gesagt haben, du mußt mal was zu Ende machen, habe ich das dann getan, wenn auch murrend. Ich habe in meinem Ausbildungsbetrieb zwar nicht gerade das Gefühl gehabt, als Sklave gehalten zu werden, aber ich fühlte mich ausgenutzt und um meine Ideale betrogen. In diesem Hotel wurde nicht erkannt, wie man junge Leute fördern kann, man hat ihnen ihren eigenen Willen genommen, sie nicht als Menschen akzeptiert. Am Ende meiner Lehrzeit habe ich mir gesagt, wenn ich einmal was zu sagen habe, dann mache ich das anders als meine Lehrherren, ich möchte meine Mitmenschen als Menschen sehen und nicht als Sklaven oder Domestiken. Bis zum heutigen Tage praktiziere ich das konsequent.

Bereits während meiner Ausbildungszeit war für mich die Devise: Wenn ich etwas mache, mache ich es richtig oder gar nicht. Als kleines Beispiel: Wenn man drei Zähne gezogen bekommt und ein schiefes Gesicht hat, sollte man vielleicht besser einen Tag zu Hause bleiben, aber mein Sendungsbewußtsein für meinen Beruf war so groß, daß ich trotz Spritzen und Schmerzen den nächsten Zug nahm und zu meinem Dienst fuhr, der um 15 Uhr am Buffet anfing – gegen alle Überredungsversuche von Ärzten, Eltern und Freunden.

Meine Mutter ist gebürtige Dresdnerin, aber im Baltikum aufgewachsen, und eine sehr ungewöhnliche Frau. Je älter sie wird und je älter ich werde, desto mehr stelle ich das fest. Sie lebte und lebt zwei Leben, eines tagsüber mit der Familie, das andere, wenn alle im Bett sind: Sie malt und liest, hört Musik und schreibt Gedichte. Mein Vater ist Diplomingenieur für Elektrotechnik und hatte ein großes Vertriebsbüro, war selbständig. Überhaupt sind in unserer Familie alle selbständig – über Generationen hinweg, auf beiden Seiten der Eltern. Es gibt nirgends Angestellte. Ich mache da eine Ausnahme: Aber ich bin zwar auf dem Papier angestellt, habe auch die Vorteile einer Angestellten, doch mein Beruf erfordert das Denken von Selbständigen. Mein Denken ist absolut freiheitlich, das ist ein Familienerbe. Wir waren sehr offen im Denken, ich habe auch Druck zu Hause nicht gekannt.

Ich bin großgeworden mit einem Bezug zu geschäftlichen Problemen. Es war für mich nie eine Frage, ob ich berufstätig sein wollte oder nicht. Auf die Idee, es nicht sein zu wollen, bin ich nicht gekommen. Mit im Lebenskonzept enthalten war zwar auch, einmal zu heiraten und Kinder zu haben, aber das hat sich nicht ergeben.

Ich war 1965 fertig mit meiner Lehre und bin dann sofort nach England gegangen. Ich hatte mir immer vorgestellt, ins Ausland zu kommen. Das war mit ein Grund für meine Berufswahl; ein bißchen sicherlich auch motiviert durch meine Mutter, die sich das für sich selbst gewünscht hätte. Arbeiten im Ausland war nicht so ganz selbstverständlich zum damaligen Zeitpunkt, und ganz schwer war es mit der Arbeitsgenehmigung. Ich bin dann im Clifton Hotel in Eastbourne/Sussex gelandet. Kein großes Hotel, schon damals hatte ich offensichtlich den Hang zu einer kleineren, individuelleren Hotellerie. Ich hatte mir dieses Hotel selbst ausgesucht, dort war ich Mädchen für alles. Ich war sehr stolz, daß ich alles selbst gemanagt hatte. Die Enttäuschung kam, als ich die ersten paar Monate kein Geld erhielt, aber dank des Trinkgeldes mußte ich nicht verhungern. Ich habe dort sehr gut Englisch gelernt. Mein Hang zur Selbständigkeit, zur Unabhängigkeit in meinen Entscheidungen war schon sehr früh sehr groß. Deshalb habe ich relativ bald darauf geachtet, daß ich Aufgaben bekomme, wo man mich ziemlich in Ruhe läßt und mir nicht zuviele Anweisungen gibt. Als im Hotel ein kleiner Pub neu eröffnet wurde, habe ich die Leitung übernommen. Da war ich Herrscher aller Reusen. Alles in allem war es eine lustige und schöne Zeit und die erste totale Unabhängigkeit, auch finanziell, von zu Hause. Ich bin ein Jahr in England geblieben, bis 1966.

Meine Eltern haben nie geklammert, im Gegenteil, die haben mich eher noch geschubst, nach England zu gehen. Sie haben immer gesagt: Wenn wir dir nicht bis 18 beigebracht haben, wie das Leben so spielt, dann haben wir jetzt auch keine Chance mehr. Die Unabhängigkeit war auch schon im Elternhaus sehr stark. Festgehalten hat mich zu Hause nie jemand, egal, was ich gemacht habe. Das war sehr angenehm und die Basis für meine Laufbahn. Aber ich hatte stets eine Rückversicherung: Ich wußte, was auch immer im Leben ist, Telefonanruf genügt, und die Eltern holen dich ab, du kannst ins Nest fallen. Ich hatte immer dieses Gefühl der Geborgenheit. Dadurch war ich sehr frei, mußte nie Angst haben. Ich habe das nie in Anspruch genommen, aber das Wissen darum, daß ich das kann, ist bis zum heutigen Tag geblieben.

Daß die Hotellerie für mich das Richtige ist, war mir immer klar. Nach einer Tätigkeit in der Schweiz, die auf den England-Aufenthalt folgte, gab es allerdings eine Zeit, wo ich dachte, besser doch nicht! Man war eine gut gelittene Gastarbeiterin, die eben deutsch war, und die Deutschen waren auch in der Schweiz dafür bekannt, daß sie hart arbeiten konnten; aber es war alles sehr unpersönlich. In der Schweiz hatte ich 1966 angefangen, war teilweise in der Hotel-Verwaltung und teilweise an der Rezeption.

Ich habe aufgehört, weil ich mir gesagt habe – und das hat mich mein ganzes Leben lang verfolgt –, es kann nicht sein, daß Menschen nach dieser Gutsherrenart behandelt werden, die leider heute auch noch in vielen Hotels gang und gäbe ist und junge Leute einfach desillusioniert. Ich hatte das Gefühl, ungerecht behandelt zu werden, und ich habe mich dagegen aufgelehnt. Das war für mich schon ein Riesenproblem als junges Mädchen, dieses Revoltieren gegen etwas. Ich war auch als junges Mädchen immer schon gut, wenn man mich gelassen hat. Ich konnte eine enorme Leistung bringen, egal, ob das in der Küche war oder wo auch immer, auch während meiner Ausbildung. Nur unter unrechtmäßigem Druck zu arbeiten, nicht unter Hektik oder Streß, das hat mich immer schon gestört. Das ist eine Veranlagung, und je älter ich werde, desto schlimmer wird das. Ich wehre mich gegen jede Art von Vorschrift, die mir aufgezwungen wird, damit kann ich einfach nicht leben. Ich bin bereit, fast alles zu tun, wenn ich es vertreten kann, aber nicht, wenn andere Leute mir sagen, was ich zu tun habe, das funktioniert nicht. In der Schweiz wurde ich sehr von oben herab behandelt und dachte mir, das kann doch nicht die Hotellerie sein, wie du sie verstehst. Diese Erfahrung hat mich dazu bewogen, meine Hotellerie-Laufbahn zu unterbrechen und erst einmal Sprachen zu lernen.

Ich bin 1967 weg aus der Schweiz, wollte nach Paris, um besser Französisch zu lernen. Ich hatte schon eine Au-pair-Stelle, doch das hat sich zerschlagen. Dafür hat es sich kurzfristig angeboten, nach Rom zu gehen. Statt Französisch habe ich also Italienisch gelernt. Ich bin in eine römische Familie gekommen, die ein Kindermädchen brauchte, aber ich war mehr Tochter des Hauses und habe zusammen mit dem Großvater die Kinder gehütet. Wir waren ein tolles Gespann, diese drei Kinder, zwei Hunde, der Großvater und ich. Wir gingen immer spazieren, er konnte kein Wort Deutsch und ich kein Wort Italienisch. Auf diese Art habe ich sehr schnell sehr gut Italienisch gelernt, weil er immer mit mir geredet und mich verbal herausgefordert hat. Ich hatte ständig mein Lexikon unter dem Arm. Zusätzlich habe ich eine Sprachenschule besucht. Dann war ich ein Jahr dort und stellte fest: Es ist alles wunderschön, aber wenn ich mir nicht etwas anderes überlege, werde ich zum Faktotum der Familie, und danach stand mir nicht so sehr der Sinn.

Dann kamen Freunde von mir nach Rom und wohnten im Hotel Albergo Quirinale, für mich damals eines der schönsten Hotels, und die luden mich zum Essen ins Hotel ein. Ich habe mir das angeguckt, dieses Haus gehörte damals zur Steigenberger-Gruppe, und ich fand das alles so schön und dachte, hier könnte ich eigentlich arbeiten! Also habe ich am nächsten Tag kurzentschlossen einen weißen Leinenmantel angezogen, einen schicken Hut aufgesetzt – ich war ein sehr elegantes Mädchen –, habe noch Spitzenhandschuhe angezogen, bin mit meinen 23 Jahren da hinmarschiert und hab gesagt, Guten Tag, ich möchte den Direktor sprechen. Der Direktor war nicht da, aber seine Sekretärin. Ich habe mein Sprüchlein aufgesagt, daß ich mich erkundigen wollte, ob ich hier arbeiten könnte. Die Sekretärin blockte ab, verwies auf die problematische Beschaffung von Arbeitsgenehmigungen für Ausländer – und dann stellte sich heraus, daß sie auch aus Wuppertal kam und ihr Vater der Lehrer meines Vaters gewesen ist. Da war klar, daß es nur eine Frage der Zeit war, daß ich natürlich eine Anstellung in diesem Hotel bekam.

Ich habe als Hausdamen-Assistentin 1968 im Albergo Quirinale angefangen, das war die einzige Möglichkeit, um dort zu arbeiten. Sechs Wochen später teilte mir der Direktor dann mit, daß er es sehr bedauern würde, aber er müßte mich entlassen, weil sie keine Arbeitsgenehmigungen für Ausländer bekommen würden. Da brach für mich eine Welt zusammen: Ich habe eine Superstelle, und dann so etwas. Ich wollte gerne in diesem Hotel bleiben, wollte nicht woanders hin, traute mich natürlich auch nicht, in die ganz großen Hotels zu gehen und nach Arbeit zu fragen. Dann habe ich einige Anläufe in der zweiten Kategorie gemacht; da stellte sich aber schnell heraus, daß doch einige von mir erwarteten, daß ich mit meinem Dienst im Hotel auch Frühstücksdienst vor dem Frühstück versehen sollte, und da war ich damals schon nicht dafür zu haben. Irgendwann dachte ich, jetzt hilft nur der Sprung nach vorne, und habe mich also mutig ins Hilton begeben. Man hat mich zum Personaldirektor, einem Italiener, geführt, ich erzählte in fließendem Italienisch mein Anliegen, er hat geschmunzelt und gesagt, »was möchten Sie denn gerne machen bei uns? Sie können mit allem anfangen!« Das fand ich sehr schön, doch zur Sicherheit bin ich dann noch in die Villa Hassler und in andere Hotels. Aber ich wollte ja gar nicht weg aus dem Quirinale. Also bin ich wieder zu meinem Direktor – ein bißchen dick aufgetragen habe ich dann natürlich auch noch – und sagte,

»wie sieht's denn aus, ich habe mehrere Angebote. Was würden Sie mir denn für meine weitere Karriereplanung raten?« Ein 23jähriges Mädchen war ich damals und fragte nach Karriereplanung! Er sagte, »Frau Klingelhöller, bitte nehmen Sie Platz. Wollen Sie einen Cognac, eine Zigarette?« Ich wußte gar nicht, was los war. Und er weiter, »wissen Sie, wir finden möglicherweise doch noch eine Arbeitsgelegenheit für Sie«. Ich wandte recht kleinlaut ein, daß ich doch schon andere Arbeitsangebote hätte. Jedenfalls machte er mir den Vorschlag, Vertretung im Verwaltungsbüro zu machen, mit der Begründung, ich könne so gut mit anderen Leuten umgehen, und das stimmte auch. Ich mochte damals alles, nur keinen Bürodienst. Das war für mich ein Alptraum. Aber ich wollte im Quirinale bleiben, also antwortete ich, »auf Ihr eigenes Risiko, dafür bin ich überhaupt nicht geschaffen«. Wenn man in etwas hineingeworfen wird und nicht allzu dumm ist, dann schafft man das. Ich habe also etwas völlig Neues in der Verwaltung gelernt. Bis auf die Vertretung der Personalsachbearbeiterin habe ich später in allen Abteilungen Urlaubsvertretungen gemacht. Das war nie etwas ganz Festes, ich saß nie durchgängig an einem Schreibtisch, sondern ich bin immer gesprungen und war dadurch relativ unabhängig, hatte aber auch Risiko zu tragen. Als Stellvertretung in der Verwaltung in Rom bin ich bis 1972 geblieben.

Zwischendurch war ich mal ein halbes Jahr nicht da, der Liebe wegen. Ich hatte mich unsterblich verliebt, in einen Deutschen, in einen ganz ungewöhnlichen Mann, der 17 Jahre älter war als ich und in Rom lebte. Wir waren vier Jahre zusammen, bis er gestorben ist. Ich habe danach nie wieder eine vergleichbare Beziehung gehabt. Es war einfach so ungewöhnlich. Möglicherweise passiert einem das eben nur einmal, daß zwei Menschen so gut zusammenpassen. Das heißt nicht, daß später nicht das eine oder andere passiert ist, bis zum heutigen Tag, aber das war eine grundlegende Begegnung in meinem Leben, die mich auch sehr geprägt hat. Wir waren gemeinsam sehr viel auf Reisen, ich bin auch zeitweilig beurlaubt worden. Zwischenzeitlich bin ich wieder ins Hotel, wenn er weg mußte, ich mußte schließlich etwas tun. Wir waren verlobt, so richtig offiziell mit Eltern, und es war alles ganz toll. Bis ich eines Tages erfuhr, daß er schwer krank ist. Er wollte von seiner Mentalität her nicht, daß ich bis zum bitteren Ende dabei wäre, und ich mußte das akzeptieren. Das war ein einschneidendes Erlebnis in meinem Leben, möglicherweise wäre ich sonst heute noch in Rom, oder mein Leben wäre überhaupt ganz anders verlaufen. Aber es gibt Marksteine im Leben, und das war einer. Damals war für mich ganz klar, daß ich heiraten und Kinder haben wollte. Doch seine Krankheit war für mich der Anstoß, mich zu fragen: Auf wen kannst du dich eigentlich noch verlassen in deinem Leben? Es kann dir alles genommen werden, der einzige, auf den du dich verlassen kannst, bist du selbst. Und erst da habe ich darüber nachgedacht – da war ich bald 30 –, beruflich etwas auf die Beine zu stellen. Denn vorher dachte ich kaum an Karriere, das Privatleben war mir wichtiger.

Von Italien aus bin ich nach Bremen gegangen, als leitende Hausdame ins Parkhotel, und von Bremen aus bekam ich 1973 ein Angebot für eine Neueröffnung eines Hotels in Lüneburg, das nannte sich Kosmotel Lüneburg. Das ging allerdings in Konkurs, allen Angestellten wurde gekündigt, mir auch.

Ab diesem Zeitpunkt lief meine berufliche Planung schon über den Kopf, aber richtige Karriereplanung in dem Sinne, daß ich mir vornahm, jetzt das und dann jenes zu machen, das hatte ich nie. Ich habe in meinem ganzen Berufsleben relativ viel Intuition gehabt und die Chancen, die ich sah, immer genutzt. Ich habe jahrelang die Laufbahn der Hausdame eingeschlagen und habe erst mit Mitte 30 eine völlig neue Karriere angefangen. Der Grund, warum ich so lange Hausdame war, ist einfach: Wenn man diese Arbeit gut macht, wird man in Frieden gelassen, das interessiert keinen Hoteldirektor, es muß einfach gut sein. Aber ich habe immer nebenbei schon sehr viel anderes gemacht.

Nach dem Konkurs in Lüneburg stand ich da und wußte nicht, wie weiter. Mir wurde wieder eine Hausdamenstelle angeboten, doch das wollte ich nun nicht mehr. Ich habe vielmehr bei Steigenberger angerufen und gefragt, ob die denn was für mich hätten. Sie hatten. Ich bin 1973 zu Steigenberger in den Bayrischen Wald gegangen, nach Grafenau. Da wurde ein neues Hotel gebaut, und dann stellte sich heraus, daß sich die Bauphase etwas verzögerte. In diese Zeit fiel der Breschnew-Besuch auf dem Petersberg, der von Steigenberger bewirtschaftet wurde. Damals hatte Steigenberger 90 Leute aus allen Häusern – vom Küchenchef über den Empfangschef bis hin zum Ober – zusammengezogen, um diesen Besuch bewerkstelligen zu können. Es war ein Staatsbesuch mit Sicherheitsstufe I. Da ich nicht viel machen konnte in

Grafenau, bin ich auch dorthin gegangen. Man hat mich gefragt, und ich habe gerne zugesagt.

Wir wohnten alle auf dem Petersberg, und ich wurde zu komischen Arbeiten verdonnert; da putzten selbst die Buchhalterinnen, das alles spielte keine Rolle: Hauptsache, wir waren dabei. Aber ich wollte schon dicht dransein, sagte mir, wenn du schon bei einem Staatsempfang mitarbeitest, mußt du auch gucken, was passiert. Also habe ich dem Leiter des ganzen Unternehmens vorgeschlagen, er solle mir zwei Zimmermädchen geben, und ich würde mich um die Etage kümmern, auf der Herr Breschnew wohnt. Das habe ich dann gemacht, das war sicherlich mit eine der spannendsten Aufgaben bei der ganzen Sache. Ich wußte immer, was passiert, war ganz hautnah am Geschehen. Das für mich frappierendste Ereignis war ein Moment, als Brandt und Breschnew zusammen auf der Terrasse des Petersberges saßen, mit dem Blick auf Königswinter und auf den Rhein. Die beiden saßen ganz alleine da. Unten tobte das Volk der Journalisten, da tobte überhaupt alles, und da oben war Stille, absolute Stille. Nur ein Dolmetscher war dabei, die Bodyguards und ich. Ich durfte überall herumgehen und stand an dieser Terrasse mit ihren großen Flügeltüren, in denen sich Brandt und Breschnew spiegelten, und konnte jedes Wort verstehen, habe den Hauch der Weltgeschichte in mich aufgesogen, und dachte, du stehst hier, und kein Mensch außer dir weiß, was in diesem Moment da gesprochen wird. Das war sehr beeindruckend für mich, wie überhaupt diese ganze Zeit auf dem Petersberg.

Anschließend war in Grafenau immer noch nichts fertig, also wurde ich gefragt, ob ich noch die Eröffnung von Schloß Gymnich mitmachen wollte; das wurde damals unter der Regie von Steigenberger als Gästehaus der Bundesregierung eröffnet. Diese Eröffnung habe ich mitgemacht. Da haben wir alle so richtig geschuftet. Einige Staatsempfänge habe ich dort erlebt. Diese große Welt hat mich damals schon gereizt. Auf der einen Seite war zwar die immense Arbeit, aber auf der anderen Seite war der Spaß, das alles zu sehen und mitzumachen. Und daß es hinter den Kulissen immer völlig anders aussieht, das hat mich damals schon sehr fasziniert.

Dann bin ich 1974 nach Grafenau und habe die Hoteleröffnung mitgemacht. Da war ich leitende Hausdame. Grafenau hatte 400 Betten. In der ersten Phase, bis alles eingerichtet war, hatte ich Trupps von Arbeitslosen, die mußten morgens gefunden werden beim Arbeitsamt, kamen, arbeiteten einen Tag, haben ihr Geld gekriegt und sind wieder weg. Und wie so Hoteleröffnungen eben sind – es wird nichts fertig: Die Möbel waren alle da, aber es war noch kein Teppichboden verlegt, und die ersten Gäste kamen. Damit das alles nicht so auffiel, hatte ich das ganze Hotel in eine Landschaft mit Pflanzen und Tannen verwandelt. Dann bin ich vom Kittel ins Abendkleid gesprungen, um die Gäste zu begrüßen. Doch nach zwei Jahren lief alles einigermaßen, war es nicht mehr spannend, und ich dachte mir, das kann noch nicht alles gewesen sein.

Zwischendurch wollte ich mal heiraten, aber das war eine Torschlußpanik. Ich hatte schon mein Brautkleid, alles war schon festgelegt, aber eine Woche vor der Hochzeit habe ich gemerkt, daß das nicht das Richtige ist. Also habe ich meiner Mutter gesagt, tausch das Brautkleid wieder um, da können wir mal ein Abendkleid für kaufen, ich gehe nicht in das Geschäft und bring das wieder zurück! Das war richtig so, aber vorher hatte ich das Gefühl gehabt, ich bin kein vollwertiger Mensch in dieser Gesellschaft, wenn ich nicht verheiratet bin. Das war sicherlich auch der völlig falsche Partner, den ich mir ausgeguckt hatte. Den würde ich heute nicht mal mehr auf der Straße erkennen. Aber damals hatte ich das Gefühl, jetzt muß es sein, jetzt oder nie! Daß ich mir das erspart habe, das war reiner Instinkt.

Dann hat man mich gefragt, ob ich nicht Lust hätte, zu Steigenberger Consulting zu gehen, die machten Hoteleröffnungen und arbeiteten damals an einem Projekt der Weltbank in Jugoslawien. Dieses Projekt nannte sich Babin Kuk, umfaßte vier Hotels in Dubrovnik. Steigenberger hatte den Etat für die ganze Hotelorganisation und das Hotelmanagement bei einer Ausschreibung gewonnen. Das war internationales Arbeiten: Leute aus der Schweiz, Amerikaner, von überall eben. Ich habe mich eingearbeitet in Frankfurt, die Vorbereitungen waren sehr intensiv, und habe ein Handbuch geschrieben. Ich habe als Fachberaterin für Housekeeping für diese vier Hotels Schulungen gemacht für Hausdamen und Zimmermädchen, in Englisch und in Italienisch. Wir sind mit einem Team von zehn Leuten runtergegangen. Insgesamt ging es um 8000 Betten, das war hochinteressant.

Meine Zeit als Beraterin dauerte 18 Monate, und danach wollte ich natürlich bei Steigenberger bleiben, wollte die große Karriere machen, aber in der Direktionsebene gab es damals keine Möglichkeiten für mich. Empfangschefin hatte man mir angeboten, aber das wollte ich nicht. Ich wollte nicht Abteilungsleiterin werden, ich wollte etwas bewegen. Damit war meine Steigenberger-Phase zu Ende.

Ich hatte genug Geld verdient in Jugoslawien, Consulting wird gut bezahlt, es war alles nicht eilig, ich wollte auch Urlaub machen. Jedenfalls habe ich gedacht, jetzt willst du Karriere machen, wenn schon nicht in der Direktion bei Steigenberger, dann in einem supertollen Hotel. Ich kam dann in die Traube-Tonbach nach Baiersbronn als leitende Hausdame. Das war eine Aufgabe fürs Leben. In der Abteilung herrschte für mein Verständnis das absolute Chaos. Ich kam aus einer beratenden Funktion im Housekeeping-Bereich, wo alles perfekt war, und da habe ich das erste Mal begriffen, daß man auch ohne Perfektion gute Geschäfte machen kann: eine Erkenntnis, die mir später sehr geholfen hat. Als mir das bewußt geworden war, bin ich etwas langsamer vorgegangen und habe nach dieser ruhigen, nicht sehr arbeitsreichen Zeit als Beraterin richtige Knochenarbeit geleistet. Es gab damals 40 Zimmermädchen, ich hatte allerdings für das gesamte Objekt nur zwei Assistentinnen. Eine Wäscherei ohne Wäschereibeschließerin gehörte ebenfalls zu meinem Bereich, und verantwortlich war ich für drei Gästehäuser und zwei Personalhäuser. Trotzdem habe ich es nicht lassen können, immer noch nebenbei etwas zu machen, und habe noch sonntags nachmittags Terrassenaufsicht gehabt, was sehr arbeitsintensiv war. Das alles war interessant, aber nach anderthalb Jahren konnte ich nicht mehr: Es wurde mir zuviel. Ich habe auch Schwierigkeiten mit der Mentalität im Schwarzwald gehabt. Ich habe sehr gut verdient, aber dort war mir die Einengung, dieses ständige Kontrolliertwerden, zuviel, das lag an der Struktur des Betriebes. Damit konnte ich mich nicht arrangieren. Ich finde das bei anderen völlig in Ordnung, und ich denke mir manchmal, die haben es sehr viel leichter, weil sie mit weniger Schwierigkeiten zu rechnen haben. Nur ich kann das nicht. Ich kann mich sicherlich anpassen, nur unterordnen kann ich mich nicht. Das ist mein Problem. Das muß man aber erkennen, vor allem muß man das erkennen in der Auswahl seiner Chefs. Ich habe mir jahrelang immer treffsicher Chefs ausgesucht, mit denen es nicht gutgehen konnte. Es waren alles Männer, die sehr gut waren, die aber nicht mit einer Frau wie mir zurechtkamen. Am Anfang war das alles toll, weil ich noch nicht eingearbeitet war. Aber wenn ich in einer neuen Aufgabe das Laufen richtig gelernt hatte, ging es nicht mehr, dann gab es Schwierigkeiten, und dann sind nicht die Herren gegangen, sondern ich. So, und dann habe ich gedacht, das kann noch nicht mein ganzes Leben gewesen sein: Ich habe zwar viel gearbeitet, viel erlebt, gut verdient, aber ich war 32, und das alles hat mir nicht gereicht. Und danach bin ich ins Seminaris gegangen.

Ich habe in all den Jahren immer Berater gehabt, die ich fragen konnte, was man jetzt machen sollte. Da ist mir nie ein Zacken aus der Krone gefallen. Das war immer sehr schön, die haben sich gerne mit mir unterhalten. Es war nie auf der Ebene oben/unten, auch nie auf der Ebene Mann/Frau, es war immer partnerschaftlich. Ich habe fast nur mit Männern zu tun gehabt, seit ich in Lüneburg war, und da habe ich festgestellt: So muß das ungefähr sein, wenn ein Mann einen Harem hat! Ich hatte mit so vielen Männern zu tun, daß ich den einzelnen gar nicht mehr sah. Da habe ich mir immer die richtigen ausgesucht. Das hat also viel Spaß gemacht.

Ich bin heute recht tolerant, möchte nicht mehr um jeden Preis andere von etwas überzeugen. Ich meine, daß jeder das Recht hat, so zu leben, wie er lebt. Es kann nur meine Aufgabe sein, beratend zur Seite zu stehen, aber ob andere dann meine Empfehlungen umsetzen, das kann ich nicht beeinflussen. Ich will heute nicht mehr alles erreichen. Wenn ich merke, die Mehrheit ist nicht dafür, dann muß ich das nicht durchsetzen. Wenn ich die nicht überzeugt habe, dann ist entweder das, was ich wollte, nicht richtig, oder aber ich habe nicht richtig überzeugt. Dann muß ich mir darüber klar werden, will ich das wirklich, ist mir das so viel wert, daß ich so viel Energie einsetze, um sie doch zu überzeugen; auf der anderen Seite frage ich mich, was bringt das den Mitgliedern mehr? Außer meiner eigenen Befriedigung wahrscheinlich gar nichts, also lasse ich das. Wichtig ist für mich auch, mich in das Denken der Mitglieder hineinzuversetzen. Ich muß wissen, was geht in den Leuten vor, wenn ich ihnen was sage. Manchmal galoppiere ich vorbei, überfordere sie vielleicht auch. Und das ist nicht gut. Ich bemühe mich schon darum, meine Gedanken Schritt für Schritt zu erläutern.

Was traurig ist, das merkt aber keiner: Ich habe früher viel intensiver mitgelitten mit anderen. Das mache ich heute nicht mehr, aus reinem Selbsterhaltungstrieb. Ich lasse gewisse Dinge nicht mehr an mich herankommen, hänge mich auch nicht mehr in alles rein, bin dadurch vielleicht nicht mehr so wahnsinnig begeisterungsfähig, was aber unterm Strich nicht weniger Erfolg bedeutet. Im Gegenteil: Ich setze heute meine Kräfte anders, besser ein als vor zehn Jahren. Ich mache heute weniger mit Kraft und mehr mit dem Kopf. Das Wesentliche muß sein, daß es mir persönlich gutgeht; wenn ich dafür nicht sorge, funktioniert nichts richtig. Und wenn das klar erkannt ist, dann läßt sich auch vieles andere viel leichter durchsetzen. Diese Euphorie, sich in irgendwas so wahnsinnig hineinzuknien oder mir die Nächte um die Ohren zu schlagen, das ist heute nicht mehr mein Fall. Das ist grundsätzlich so, denke ich: Wer noch Mitte oder Ende Vierzig mit Brachialgewalt Dinge tut, der wird Schaden nehmen.

Auch im privaten Bereich habe ich Toleranz üben gelernt. Ich habe vor allem gelernt, daß ich so leben muß, wie ich das will. Will sich dem einer anschließen, ist es schön, wenn nicht, ist das auch nichts Böses. Ich will, daß ich akzeptiert werde, so wie ich bin, und akzeptiere auch andere mit ihren Eigenheiten. Es kann in meinem Alter nicht Grundlage einer Freundschaft sein, andere zu ändern, und umgekehrt kann das auch nicht der Fall sein. Ich will meine Art nicht ändern, und wenn ich heute jemandem begegne, dem das paßt, ist das in Ordnung, aber wenn das nicht so ist, ist es auch gut. Ich verdeutliche auch immer wieder meinem Bekannten, daß ich nicht die Frau bin, die seinen Haushalt in Ordnung hält und ihm die Hemden wäscht, sondern eine Partnerin. Das ist zwar etwas ketzerisch, aber ein Mann kann doch nur zu meiner ganz persönlichen Freude da sein, nicht um mir Probleme zu schaffen.

Erfolg bedeutet für mich, daß ich selbst zufrieden bin, und – ganz wichtig –, daß ich genug Geld habe, um mir gewisse Dinge leisten zu können, meinen Spaß habe. Ich reise privat sehr gerne, ich bin sehr interessiert an Menschen in anderen Ländern. Erfolg heißt für mich auch, daß andere von diesem Erfolg erfahren, wenn dieses Bestreben auch mit den Jahren wesentlich schwächer geworden ist. Ich kann heute sehr gut verkraften, daß andere auch erfolgreich sind, auch Frauen. Ich unterhalte mich sogar sehr gerne mit sehr erfolgreichen Frauen, weil das einfach spannend und oft humorvoll ist und meine Neugierde weckt.

Ich möchte noch vieles machen, möchte noch vieles lernen, nicht im Sinne von Zur-Schule-Gehen. Privat bin ich überhaupt kein unruhiger Mensch. Ich glaube nicht, daß ich wahnsinnig ehrgeizig bin. Es hat sich immer ergeben. Ich habe nicht agiert, ich habe immer zunächst mal reagiert auf Dinge, die auf mich zugekommen sind. Ich habe mich nie zerfetzt in dem Sinne, daß ich gesagt habe: Das muß ich jetzt tun. Ich habe Situationen gesehen und die für mich persönlich genutzt. Nur wenn ich in einer Sache drinstecke, dann habe ich einen natürlichen Wunsch, die weiterzutreiben. Ich brauche keinen Menschen dazu, der mich treibt, ich brauche niemanden, der hinter mir steht, um etwas zu erreichen. Ich habe geguckt und gesehen, da ergibt sich etwas für mich, was für mich persönlich von Wert ist. Aber nie mit Macht, ich bin überhaupt kein Ellenbogen-Mensch. Ich würde nie andere Leute wissentlich verletzen oder rausboxen, damit ich dafür an deren Stelle komme. Ich kann sehr gut Leute neben mir haben, nur kann ich sie sehr schlecht über mir haben, das ist das Problem.

Dr. Claudia Ossola-Haring

Chefredakteurin, Medien

Sie sprengt alle Konventionen und paßt so gar nicht in das Bild, das jedermann und jedefrau sich Anfang der neunziger Jahre von einer Karrierefrau macht: Sie, das ist Claudia Ossola-Haring, promovierter Diplom-Kaufmann von der Universität Mannheim, Chefredakteurin der Freiburger Haufe Verlagsgruppe, Mutter zweier Mädchen und Ehefrau eines beurlaubten Beamten.
Kennengelernt habe ich diese agile Frau im Jahr 1988 auf einem Managerinnen-Kongreß, nachdem wir bereits ein gutes Jahr in telefonischer Verbindung standen. Der erste Kontakt zwischen uns war via Frauen-Netzwerk zustandegekommen: Sie hatte mich einfach angerufen, weil ihr eine andere Frau von mir erzählt hatte. Schon bei unserem ersten Telefonat verstanden wir uns auf Anhieb, und das ist auch nach dem persönlichen Kennenlernen so geblieben.
Claudia Ossola-Haring managt ihr Leben als Karrierefrau, Ehefrau und Mutter mit Selbstbewußtsein, Natürlichkeit, Ruhe und ohne übertriebenes Problembewußtsein. Sie setzt voraus, daß alles so laufen und klappen muß, wie sie sich das vorstellt, weil sie ihre Lebensplanung und ihre Karriereplanung zum richtigen Zeitpunkt aufeinander abgestimmt hat. Die Ossola, wie sie von ihrem Mann liebevoll genannt

wird, stellt weder Erwartungen an die Gesellschaft noch an ihren Arbeitgeber, sie nimmt nie andere in die Pflicht, nur sich selbst und ihre Familie. Claudia Ossola-Haring ist erfolgreich, weil sie ihren ganz persönlichen Weg gefunden hat. Sie ist eine weibliche Führungskraft, die weder Männer kopiert noch imitiert, sondern das Frausein und das Managerinnen-Leben völlig selbstverständlich miteinander verbindet.

Für mich persönlich ist Karriere wichtig, ich wollte immer Karriere machen. Dagegen ist und war es mir völlig egal, ob mein Partner Karriere machen will oder nicht. Die Entscheidung, einen Mann heiraten zu wollen, der unbedingt auch Karriere machen will, ist mir – Gott sei Dank – erspart geblieben. Was mir wichtig war, ist nicht der Karrieremann, sondern ein Mann, der selbstbewußt genug ist, das zu tun, was er will, der nicht unter der Karrierefrau leidet, der sich selbst auch durchsetzen kann. Ich wollte einen Partner. Ich wollte keinen Mann, der unter der Knute ist. Das war nämlich früher eine Art Sport von mir, festzustellen, wie schnell ich jemanden unter die Knute kriege. Ich wollte eben jemanden, der Partner sein kann. Der auch mal sagt, Mädel, hier ist Schluß. Einen Partner, der mich andrerseits aber auch akzeptiert und nicht versucht, mich umzudrehen. In einem bestimmten Grad der Verliebtheit akzeptiert man ja vieles. Aber wir waren in einem Alter, in dem wir bereits wußten, daß die erste Verliebtheit in Routine übergeht. Und ich finde nichts schlimmer, als wenn zwei Menschen nebeneinander herleben, die sich wirklich nichts mehr zu sagen haben.

Meinen Mann habe ich 1979 – während meiner Promotion – kennengelernt, bei Freunden auf einer Party. Er hat in Heidelberg und Mannheim Sport und Englisch studiert. Bevor wir geheiratet haben, haben wir ein Jahr lang zusammengewohnt. Ab 1980 hat Michael sein Referendariat am Bodensee gemacht, und ich fing 1981 an in Freiburg zu arbeiten. Wir sind dann nach Offenburg gezogen, weil er da eine Stelle als Gymnasiallehrer hatte und weil von vornherein klar war: Wenn wir schon zusammenziehen, muß er den Haushalt machen. Ich war zwar bereit, Haushaltsarbeiten mit zu übernehmen, aber nicht à la klassischer Hausfrau. Er wußte also von Anfang an, daß mir der Beruf sehr wichtig ist. Wir haben uns dann überlegt, ob wir Kinder wollen oder nicht, weil wir uns darüber einig waren, daß wir nur heiraten, wenn wir auch Kinder wollen. Ansonsten wären wir ohne Trauschein zusammengeblieben. Da wir uns für Kinder entschieden, haben wir 1982 geheiratet; Kerstin kam 1984 auf die Welt, Mareen 1985.

Mein Mann hat halbtags gearbeitet und sich beurlauben lassen, als die Kinder da waren. Es war sehr angenehm, daß er in den acht Wochen nach der ersten Geburt zu Hause war, weil wir eben beide nicht sehr erfahren waren in Sachen Kinder. Ich habe den normalen, gesetzlich vorgeschriebenen Mutterschutz – sechs Wochen vor der Geburt und acht Wochen danach – in Anspruch genommen.

Wir haben uns – bevor die Kinder geboren wurden – intensiv damit auseinandergesetzt, wer sich um Kinder und Haushalt kümmert. Da mein Mann mehr Spaß an der Familienarbeit hat als ich und sich als Lehrer zudem beurlauben lassen kann, war die Arbeitsteilung schnell gefunden.

Daß wir ein relativ seltenes Pärchen sind, haben wir eigentlich witzigerweise daran festgestellt, daß wir – bevor wir geheiratet haben – uns darüber einig waren, daß wir Kinder wollten, und eben darüber geredet haben, wer für was zuständig ist. Bei 80 Prozent aller Paare, die ich kenne, habe ich festgestellt, daß die anderen da überhaupt nicht darüber geredet haben. Die sind irgendwann mal fürchterlich verliebt, dann heiraten sie, und dann ist alles wie gehabt.

Es macht mir nicht zu schaffen, daß ich die finanzielle Verantwortung für die ganze Familie habe. Ich glaube, ich bin da langsam reingewachsen. Ganz so bewegungsfrei wie als Junggesellin bin ich natürlich nicht, das ist völlig klar. Das ist eben wie bei einem Mann auch. Wollte ich mich beruflich verändern, würde das besprochen. Würde mir beispielsweise eine ganz tolle Stelle in Kiel angeboten, würden wir selbstverständlich darüber reden: Will die ganze Familie mit? Das müßten wir eben klären. Ich habe keine Existenzängste, ich wache nicht schweißgebadet auf, weil ich mir vorstelle, was passiert, wenn ich morgen arbeitslos würde oder oder oder. Diese Existenzangst ist nicht da. Ganz sicherlich ist es auch eine Beruhigung, daß mein Mann jederzeit Anspruch auf seine Beamtenstelle hat. Wenn alle Stricke reißen, dann sind wir – zwar mit einer halbjährlichen Verzögerung, die sich aber überbrücken ließe – in der Situation, daß zumindest ein Familienmitglied wieder so viel verdienen würde, daß wir nicht am Hungertuch nagen müßten. Und daß wir doch unseren Lebensstandard mehr oder weniger halten könnten. Das ist schon eine Rückendeckung gegen Existenzangst – ganz eindeutig.

Interessant ist die Reaktion anderer Menschen auf mich und meine berufliche Situation: Männer reagieren ab einer gewissen Altersgrenze sehr viel offener als Frauen darauf, ab ungefähr 45 bis 50. Junge Frauen bis Anfang/Mitte 30 reagieren auch relativ offen, also bis zu dem Alter, in dem eine normale westdeutsche Frau sich durchaus noch als gebärfähig betrachtet. Dann fängt es schon an, schwieriger zu werden. Zwar sagen fast alle: »Oh, toll!« Aber dann hören die einen auf, wollen nichts mehr wissen, oder sie haben ein echtes Interesse daran und sind dann tatsächlich neugierig, wie wir das alles machen. Ich muß auch sagen, daß in dieser Hinsicht sowohl die Französinnen als auch die Amerikanerinnen wesentlich offener sind als meine Landsmänninnen. Die sprechen das an und haben einen ganz anderen Unterton und ein anderes Interesse. Sie wollen alle wissen: »Wie läuft das bei euch?« Wenn ich erzähle, daß jeder von uns sich allein eine Woche Urlaub von der Familie gönnt, machen die alle große Augen. Die Deutschen gehen mit dem Thema ganz komisch um. Vielleicht hängt das damit zusammen, daß weder in den englischsprachigen Ländern noch in Frankreich dieses Hausfrauen- und Mutter-Bild so einen ideologischen Superwert einnimmt wie bei uns. Die Mentalität ist dort eine andere.

Mir persönlich hat noch nie jemand ins Gesicht gesagt, daß ich eine eiskalte Karrierefrau wäre. Aber einmal habe ich gespürt, daß mir jemand dieses Gefühl vermitteln wollte. Ein Autor war zu Besuch da und hatte seine Frau mitgebracht. Diese Frau war vom ersten Moment an feindselig. Damals war Kerstin drei Monate alt, ich war also gerade wieder vier Wochen im Geschäft, das wußte sie von ihrem Mann. Das war aber das einzige Mal, daß es mir wirklich bewußt aufgefallen ist, daß jemand so überdeutlich vermitteln wollte: »Nein, so wie die das macht, könnte ich das nie. Das ist unmöglich! Wie kann man ein drei Monate altes Kind allein zu Hause lassen.« Der Vater zählte für diese Dame nichts!

Der Haufe Verlag ist mein erster und bislang einziger Arbeitgeber nach der Promotion. Ich habe hier am 1. April 1981 im Information Verlag als Chefredakteurin für eine Steuerfachzeitschrift angefangen. Was mich an dieser Position gereizt hat, war die Kombination aus steuerlichem und wirtschaftlichem Fachwissen und dem Schreiben, der Redaktionsarbeit. Ich hatte schon während des Studiums und während der Promotion für einige Fachverlage geschrieben. Und über die Lehrtätigkeit, die ich während meiner Promotionszeit sehr ausgedehnt hatte, war für mich klar geworden, daß mir das Vermitteln von Fachwissen unheimlich viel Spaß macht. An die Stelle bin ich dann gekommen, weil es eines Tages am Lehrstuhl hieß: »Hättest du nicht Lust, in einen Verlag zu gehen?« Ich sagte, es wäre mein Traum, in einem Verlag anzufangen. Ich habe mich aber damals gar nicht so damit beschäftigt, weil ich erst einmal meine Promotion abschließen und dann ein Jahr reisen wollte. Danach wollte ich mich eigentlich erst intensiv um eine Stelle kümmern. Ein anderer Ex-Assistent, der auch bei Haufe gelandet war, drängelte dann aber, »Mensch, stell dich doch wenigstens mal vor«. Ich stellte mich vor, wurde von vier Geschäftsführern unter die Lupe genommen und habe die Stelle bekommen. Ich sollte zwar lieber gestern als morgen anfangen, aber geeinigt haben wir uns dann letztlich auf ein halbes Jahr später. So war ich nur sechs Monate in Asien, Australien und Neuseeland unterwegs – allein übrigens, ohne Begleitung.

Mein Arbeitsstart fiel zusammen mit einer relativ hohen Erwartungshaltung des Verlags mir gegenüber. Der Haufe Verlag hatte den Information Verlag und die Zeitschrift gerade gekauft. Früher war diese Zeitschrift das Flaggschiff der Steuerfachzeitschriften überhaupt gewesen. Ich war anfangs Alleinredakteurin und mußte eine völlig neue Konzeption erstellen, die Altautoren mußten wieder motiviert werden, neue Autoren mußten gewonnen werden. Dann mußte ich Kontakte zu den verschiedensten entsprechenden Institutionen aufbauen.

Wie es für ein mittelständisches Unternehmen typisch ist, laufen die hierarchischen Stufen eher kontinuierlich durch Arbeitszuwachs und Personalzuwachs und nicht so sehr durch Titelunterschiede: Ich habe als Chefredakteurin für eine Fachzeitschrift mit einer Sekretärin angefangen. Dann ist der Informationsbrief für GmbH-Geschäftsführer dazugekommen, und ich habe einen Redakteur, einen Akademiker, eingestellt. Das war übrigens damals nicht einfach, Wirtschaftswissenschaftler für eine Redaktion zu finden. Und er sollte auch noch schreiben können. Wir wollten auch jemand, der journalistische Erfahrung hatte, aber eben keinen Journalisten mit ein bißchen wirtschaftswissenschaftlicher Erfahrung, sondern einen Wirtschaftswissenschaftler mit ein wenig journalistischer Erfahrung.

Dann ging es Schlag auf Schlag weiter mit dem Aufgabenzuwachs: Es kamen das Jahrbuch, die GmbH-Broschürenreihe, die wir komplett lektorieren, dann die Steuerberater-Praxis-Reihe, der Informationsbrief für die Steuerberater und der Newsletter für Managerinnen, »Frau & Carriere«, dazu. Entsprechend dem Aufgabenzuwachs wuchs auch der Personalbestand in der Redaktion. Zusätzlich betreuen wir noch Loseblattwerke und andere Publikationen in Zusammenarbeit mit dem Haufe Verlag, weil wir verlagsübergreifend arbeiten.

Es war selbstverständlich für mich, in diese Führungsposition hineinzurutschen. Ich habe mir auch darüber nie Gedanken gemacht, ob ich das kann oder nicht. Wir in der Redaktion und auch die anderen Kolleg(inn)en arbeiten nicht alle an einem Produkt, sondern an verschiedenen Produkten, die unter Umständen auch in Teilbereichen miteinander in Konkurrenz stehen. Einer der wichtigsten Punkte ist also der kontinuierliche Informationsfluß, weil wir mittlerweile ein großer mittelständischer Verlag sind. Deshalb wurden regelmäßige Konferenzen zum Erfahrungs- und Informationsaustausch installiert.

Seit 1989 organisiere und moderiere ich die regelmäßig stattfindenden Redaktions- und Lektoratskonferenzen. In diesen Konferenzen sitzen neben den Chefredakteuren auch die Abteilungsleiter, teilweise nehmen natürlich auch die Geschäftsführer teil. Ich glaube schon, daß man mich im Haus immer als Selbstverständlichkeit akzeptiert hat. Ich habe mich nie als Alibifrau gefühlt. Im Gegenteil, ich habe eigentlich immer nur Vorteile durch mein Frausein gehabt. Wenn zum Beispiel auf einem Steuerfachkongreß mit rund 200 Leuten nur 20 Frauen sind, fallen die Frauen eben viel mehr auf. Jeder kannte mich immer gleich. Mag sein, daß da auch mal Bemerkungen gefallen sind mit der Absicht, mich zu diskriminieren, aber entweder habe ich es nicht bemerkt oder nicht beachtet.

Da wir immer noch ein mittelständisches Haus sind, bin ich in einer anderen Situation als Frauen in der Großindustrie. Ich bin relativ bekannt, ganz einfach, weil ich die einzige Chefredakteurin bin. Ich werde sicherlich stärker beobachtet, das ist klar – vor allem am Anfang gilt das. Aber ich habe festgestellt, wenn man eine Weile dazugehört, läßt das nach. Das ist wahrscheinlich in Großbetrieben mit hoher Fluktuation und mit vielen Abteilungen, mit denen man wenig zu tun hat, anders. Ich bin nicht immer wieder neu und muß mich nicht immer wieder neu beweisen. Ab einem gewissen Grad der Zusammenarbeit wird man einfach Neutrum.

Das Gefühl, als Frau mehr strampeln zu müssen als ein Mann, hatte ich nie und habe ich nicht. Ich hatte auch nie das Gefühl, irgendeine Schallmauer überwinden zu müssen, wenn ich mich zu Wort melde – egal, wo. Aber ich bin natürlich auch ein Typ, der sehr gerne kommuniziert. Ich hatte noch nie das Gefühl, ich müsse mich überwinden, etwas zu sagen, egal ob der Kreis aus 5, 10 oder 200 Leuten besteht. Dabei spielt sicher auch eine Rolle, daß ich eine recht tiefe und laute Stimme habe. Das hat miteinander zu tun, weil die Aufmerksamkeit, die einer tiefen Stimme gewidmet wird, anders ist als bei einer hohen piepsigen Stimme – noch dazu, wenn die tiefe Stimme von einer Frau kommt. Ein Argument, das mit einer tiefen, getragenen Stimme vorgetragen wird, wirkt einfach gewichtiger, als wenn es von einer Piepsstimme kommt – auch wenn das eigentlich bedeutungslos sein sollte. Ich könnte mir durchaus vorstellen, daß solche körperlichen Dinge einer Frau den Start erleichtern, wenn es vom entsprechenden Naturell ergänzt wird.

Von Anfang an war mir klar, daß ich ohne Verantwortung nicht arbeiten will. Ich wußte das, bevor ich überhaupt in den Beruf eingestiegen bin, und zwar nicht zuletzt durch meine eigenverantwortliche Dozententätigkeit während meines Studiums. Mein Ziel war von Anfang an: Ich wollte eine Führungsposition. Ich habe eigentlich immer meine berufliche Entwicklung als Selbstverständlichkeit hingenommen. Für mich war berufliche Entwicklung und Frausein nie ein Widerspruch.

Mit zunehmendem Alter kam lediglich eines dazu: Bis zum Alter von 26/27 war ich der – natürlich völlig vorurteilsfreien – Überzeugung, daß ich mit anderen Frauen nicht könnte. Ich habe eigentlich immer lieber mit Männern zusammengearbeitet. Richtige Freundinnen habe ich von Beginn der Schulzeit an auch nur zwei oder drei gehabt. Das erste Mal eigentlich, daß ich mir darüber bewußt geworden bin, daß sich da ein gewisser Wandel vollzogen hat, war, als ich feststellte: Es gibt sehr viele nette und intelligente Frauen, die keineswegs so doof sind, wie ich früher immer dachte. Und ich habe gemerkt, daß es witzigerweise auch viele Dinge gibt, die Kollegen an mir als positiv gesehen haben, die typisch weiblich sind – beispielsweise mal einem Mann zu sagen, »die Krawatte ist aber schön«, oder auch einmal auf Privateres einzugehen. Vielleicht ist mit mir schon im Hause Haufe ein anderer Ton eingezogen. Ich weiß es nicht. Ich kenne das Haus eben nur mit mir.

So um die 30 herum kam dann bei mir die Erkenntnis, daß es viele Frauen gibt, die mit mir auf einer Linie liegen, und daß ich mit denen plötzlich sehr gut zu Streich komme. Getroffen habe ich diese Frauen überwiegend auf Kongressen, und hier wurde auch die erste Grundlage für den Newsletter »Frau & Carriere« geschaffen. Heute sehe ich auch viel bewußter Werbung. Ich bekam allerdings schon immer fast einen Schreikrampf bei Waschmittel- oder Kaffeewerbung, die auf dieses dämliche Weibchenbild hinzielte. Mich regt jetzt aber auch auf, wenn beispielsweise in einer Bankenwerbung eine wunderschön gestylte Dame im Nadelstreifenanzug rumrennt und die zukünftige Unternehmergeneration darstellt. Das ist genauso verlogen. Aber derartige Werbung scheint erfolgreich zu sein, und damit hat man schlechte Karten, sich gegen die mittelbare Diskriminierung zu wehren. Richtig wehren kann man sich nur gegen unmittelbare Diskriminierung. Es gibt zwar Momente, wo man so perplex ist, daß einem erst Tage später die richtigen Antworten einfallen, aber gegen die traditionellen Dinge kann ich etwas tun. Was mich im beruflichen Umfeld am meisten aufregt, ist die Selbstbeweihräucherung mittelmäßiger Männer. Und das fällt mir häufig auf: auf Kongressen und in Seminaren.

Der Vorteil an meinem Studium und meiner Promotion in Mannheim war, daß diese Ausbildung viele von vornherein mundtot gemacht hat. Und zwar so mundtot, daß sie dann gar nicht erst anfingen, süffisant zu diskriminieren, nach dem Motto: »Wo haben Sie denn Ihre Kenntnisse her?« Das war auch ein ganz zielgerichteter Gedanke, deshalb wollte ich promovieren. Aus der Überlegung heraus, daß mir das einiges erspart. Und das hat sich bewahrheitet.

Ich glaube, Frauen führen einfühlsamer. Aber selbstverständlich kenne ich allein bei uns im Haus einige Männer, die genauso einfühlsam führen, die ihre Mitarbeiter fördern. Ich kann mir allerdings vorstellen, daß in der statistischen Summe Frauen mehr auf soziale Beziehungen Wert legen, auch in betrieblichen Einheiten. Es gibt sicher auch Frauen, die ganz anders sind, und Männer, die einen »weiblichen« Führungsstil haben, eben einen menschlichen Ton mit einbringen. Ein unbestreitbares Positivum im Haufe Verlag ist: Meines Wissens und auch nach meinem Gefühl gab und gibt es keine Scheu, Frauen einzustellen. Gerade in der letzten Zeit haben wir sehr viele Frauen eingestellt und zunehmend Frauen befördert.

Ein typischer Arbeitstag von mir ist davon gekennzeichnet,

zeichnet, daß ich eigentlich ziemlich wenig die Arbeit mache, die man als typische Redaktionsarbeit bezeichnet. Meine Tätigkeit ist überwiegend Koordinations- und Organisationsarbeit, auch viele planerische Aufgaben fallen an. Ich muß mit vielen Leuten in ständigem Kontakt stehen, da kommen dann Probleme auf, da kommen Ideen rüber, was man machen kann. Die Reisetätigkeit konzentriert sich eindeutig auf Herbst und Frühjahr: Da finden die Fachkongresse statt, wo ich regelmäßig hin muß und auch will. Außerdem muß ich viele Autoren besuchen. Es kann auch mal sein, daß zwei, drei Wochen lang gar nichts außer Haus ist, und dann bin ich aber auch wieder dauernd unterwegs. Gut finde ich, daß ich mir vieles – beispielsweise die Autorenbesuche – eigentlich fast alles, selbständig einteilen kann.

Am allermeisten gefällt mir, daß ich mit vielen unterschiedlichen Leuten zu tun habe. Da muß ich sehen, wie ich beispielsweise die Wünsche unserer Abonnenten am besten befriedige. Und ich muß andererseits den Autoren klarmachen, welche Bedürfnisse die Leserschaft hat, und wie das umzusetzen ist.

Um eine solche Tätigkeit ausüben zu können, muß man ziemlich abstrahieren können und sehr gut in die Materie eingearbeitet sein, um das Wichtige vom Unwichtigen zu unterscheiden. Zudem muß man eine pädagogische Ader haben und Argumentationsstärken. Wir sind ein Fachverlag, und unsere Materie ist eben schwierig. Man muß klarmachen, wie diese Materie für eine bestimmte Zielgruppe angepackt werden muß. Das ist teilweise recht schwierig, aber natürlich gibt es auch sehr gute Autoren, und das ist erfreulich. Die kapieren das, und dann ist es ein Genuß, die Manuskripte zu lesen und zu redigieren. Unser Ziel ist es, den Stoff so aufzubereiten, daß ihn auch ein Laie versteht. Ein Autorenstamm ist dabei sehr wichtig. Nicht nur, um Leute zu haben, auf die man sich verlassen kann, sondern damit man auch jemanden anrufen kann bei Fachfragen: Die Autoren sind eben unser Kapital.

Geboren bin ich am 20. September 1952 in Oberkirch in Mittelbaden als ältestes Kind. Ich habe eine zwei Jahre jüngere Schwester und einen Bruder, der acht Jahre jünger ist. Nach der Grundschule wechselte ich 1959 auf ein mathematisch-naturwissenschaftliches Gymnasium, ein gemischtes Gymnasium. 1971 habe ich Abitur gemacht.

Meine Mutter war Hausfrau, der Vater hatte ein Baugeschäft.

Eigentlich war er gelernter Steinmetztechniker, und dann hat er ein Baugeschäft aufgebaut. Die Bezeichnung Hausfrau für meine Mutter ist etwas mißverständlich, weil sie zwar nie so aktiv im Geschäft war, daß man sagen könnte, sie hat die Büroarbeit gemacht oder die Buchhaltung oder etwas anderes. Aber sie war eine klassische Unternehmersgattin, die zwar in der Privatwohnung war – Privatwohnung und Geschäft waren zumindest offiziell getrennt –, aber sie hat die sozialen Kontakte geknüpft oder auch durchaus – um es negativ auszudrücken – Botengänge fürs Geschäft gemacht. Sie hat auch die Kontakte unter den Geschäftspartnern aufrechterhalten. Sie war also mit eingebunden in den Geschäftsaufbau, aber nicht so, daß sie zu gewissen Zeiten offiziell im Geschäft mitgearbeitet hätte. Meine Großeltern haben auch noch mit in diesem Haus gewohnt. Wir waren also ein relativ großer Haushalt und dazu noch ein Unternehmerhaushalt – Termine für Essen oder etwas anderes zu planen, war völlig unmöglich. Es kam garantiert immer etwas dazwischen.

Sicher hat mich meine Stellung als ältestes Kind geprägt. Mein Vater selbst hatte ein Schlüsselerlebnis: Er wollte unheimlich gern studieren, durfte aber nicht. Für meinen Vater hieß es immer: »Du brauchst nichts zu lernen, du übernimmst ja sowieso einmal den Betrieb.« Und er hat sich damals geschworen, daß er alle Kinder – gleichgültig, wie viele er in die Welt setzt – lernen und studieren läßt, was sie wollen. Und wir alle drei haben auch studiert. Von daher gesehen war mein Vater seiner Zeit schon sehr voraus. In der Ausbildung hat er nie einen Unterschied gemacht zwischen Junge oder Mädchen.

Als für mich die Entscheidung fürs Gymnasium anstand, hat er nie – wie bei einigen von meinen Schulkameradinnen, die nur auf die Mittelschule durften – gezögert. Für meinen Vater war das völlig klar: Wenn wir wollen, dann dürfen wir. Dieses Wollen war allerdings schon mit einem bestimmten Anspruch verbunden. Es wurde mehr oder weniger stillschweigend erwartet: »Ich durfte es nie, ihr dürft nun wollen.« Mein Vater hätte nicht verstanden, daß jemand, wenn er kann und eine Chance geboten bekommt, die nicht nutzen will.

Ich bin in dem Bewußtsein großgeworden, daß ich studieren kann, und zwar einfach deshalb, weil ich das wollte. Ich weiß jetzt natürlich nicht, inwieweit mich die Erwartungshaltung geprägt hat oder inwieweit ich sagen konnte, okay, ich wurde in meinen

Wünschen unterstützt. Aber es war auf jeden Fall nie die Frage, ob ich studieren darf oder nicht. Als ich dann Abitur hatte, hat sich herauskristallisiert, daß ich gern Wirtschaftswissenschaften studieren wollte, weil mich das interessiert hat. Auch das war zu Hause kein Problem. Nur in der Schule bin ich mit diesem Wunsch aufgefallen: Ich war die einzige Frau in meiner Klasse, die nicht Lehrerin werden wollte.

In meiner Schule wurden Mädchen und Jungen gleich behandelt. Lediglich ein Lehrer machte da eine Ausnahme: Bei ihm wurden wir als Mädchengruppe benachteiligt. Zwar hatte der Lehrer eine absolute Lieblingsschülerin, die auch gut war – vielleicht war sie aber auch nur gut, weil sie beachtet wurde –; ansonsten hat er die intellektuellen Fähigkeiten der Mädchen sehr angezweifelt: Er dachte, wir seien Nieten. Wir sind dann auch prompt im Klassendurchschnitt um zwei bis drei Noten runtergerutscht. Um die Überflieger hat er sich gekümmert, wir anderen konnten strampeln, soviel wir wollten – ohne Erfolg.

Ich kann mich auch an folgende Episode erinnern: Einmal hatte ich Nachhilfe, und der Nachhilfelehrer war schon ganz verzweifelt, weil er immer zu mir sagte, »Du kannst das doch alles«. Und ich habe immer gesagt: »Ja, ich weiß, daß ich das kann, aber in der Schule ist es wieder weg.« Und so war's dann auch. Ich habe meine schlechte Note damals allerdings nicht als Diskriminierung aufgefaßt. Ich fand sie nur schlicht und ergreifend ungerecht.

Bei uns zu Hause sind wir Töchter auch nicht anders behandelt worden als der Sohn. Mein Bruder ist zwar nach Meinung seiner älteren Schwestern verwöhnt worden, aber das ist eher dem Nesthäkchen-Status zuzuschreiben – nicht seinem Geschlecht. Ich glaube nicht, daß er weniger verwöhnt worden wäre, wenn er ein Mädchen gewesen wäre. Vielleicht ein bißchen, aber ich weiß es nicht.

Mir ist eigentlich erst viel später bewußt geworden, mit welcher Selbstverständlichkeit damals meine Erziehung und mein Studium gelaufen sind: Ich war die einzige von meiner Klasse, die aufs Gymnasium ging. Und das ist mir erst nach dem Abitur klar geworden. Auch nach dem Studium ging es so weiter: Ich wollte promovieren, und zwar im Fach Steuerrecht. Das habe ich auch gemacht, obwohl die gängige Meinung war, Frauen müßten keinen Doktor machen, sie könnten ja einen Doktor heiraten.

Zwischenzeitlich sind aber auch die Hardliner unter den Professoren zu meinem großen Vergnügen dazu übergegangen, Frauen zu promovieren. Frauenfeindlichkeit an der Universität wurde zwar nicht offen ausgesprochen, man hat aber danach gehandelt, nach dem Motto: Für eine wissenschaftliche Karriere würde es doch bei keiner Frau reichen. Über diese Diskriminierung habe ich mich sehr geärgert. Ich fand aber dennoch einen Professor, der mich zur Promotion angenommen hat, Professor Dr. Dr. Kuno Barth. Das war im Wintersemester '76, er war bereits emeritiert.

Mein Glaube an die Professorenschaft ist durch ihn wieder hergestellt worden. Ihm war es völlig egal, ob ich Mann oder Frau, rothaarig oder blauäugig und kariert bin, der wollte jemanden, der gut ist, der sich für die Materie Steuern interessiert. Alles andere war ihm egal. Durch seine Konzentration auf das Fachgebiet war dieser Mann vorurteilslos. Damals gab es in Mannheim aber nur wenige Frauen, und die wenigsten von ihnen hatten eine Assistentenstelle und wollten promovieren.

Betriebswirtschaft habe ich wohl als Studienfach gewählt, weil ich von zu Hause her mit diesem Thema vertraut war. Ich war um die zehn Jahre alt, als mein Vater den Betrieb aufgebaut hat. Ich hatte als Zwölfjährige allerdings einen romantischen Ausrutscher, wollte Stewardeß werden, weil ich sehr leicht Sprachen lerne und gerne reisen wollte. Ich war immer regelmäßig im Schüleraustausch in England und in Frankreich. Nebenbei habe ich Italienisch und Russisch gemacht. Später habe ich auch noch Spanisch gelernt. Sprachen liegen mir und machen mir Spaß. Doch mein Vater hat diese Hoffnung dann hart und schnell zerstört, indem er mir die Arbeitsbedingungen – vielleicht nicht ganz objektiv – schilderte.

Ich kann mich noch an eine Art Schlüsselerlebnis erinnern: Ich habe hin- und herüberlegt, wie die Banken eigentlich ihr Geld verdienen. Das war mir völlig schleierhaft, denn Banken nehmen doch schließlich nur Geld an und zahlen es wieder aus! Die ganzen Hintergründe der Kreditwirtschaft waren mir damals ein absolutes Rätsel. Mich hat aber dieses Thema immer interessiert, und ich habe hier von zu Hause nie den geringsten Widerstand verspürt. Es drehte sich dann nur um die Frage: Volkswirtschaft oder Betriebswirtschaft. Ich unterhielt mich mit Freunden meines Vaters, von denen einige BWL studiert hatten, und hatte dann die Vorstellung, Steuerberaterin zu werden und mich selbständig zu machen. Gut, man kann natürlich sagen, was war zuerst da: das Interesse, das gefördert und genährt wurde, oder umgekehrt. Ich könnte mir aber gut vorstellen, daß ich dieselbe Unterstützung gehabt hätte, wenn ich Jura, Medizin oder Chemie hätte studieren wollen. Die Idee, Steuerberaterin zu werden, hielt auch bis zum Ende des Studiums; nur habe ich dann festgestellt, daß ich mich für das Verlagswesen weit mehr interessiere.

Der Studienanfang war ein absoluter Schock für mich. Ich wohlbehütetes Kind war zwar froh, von zu Hause weg nach Mannheim zu kommen. Die ersten vier Wochen bin ich aber fast vor Heimweh gestorben. Die Stadt und die Universität haben mir die wenigsten Probleme gemacht, aber die leere Wohnung. Ich hatte zwar Glück und hatte in einer 2-Zimmer-Wohnung ein Zimmer, die Küche und das Bad, was ein Luxus par excellence war im Vergleich zu anderen. Allerdings stand ich immer in einem leeren Flur, wenn ich aus meinem Zimmer raus bin. Und das war für mich schrecklich. Von zu Hause war ich es gewohnt, daß immer viele Menschen da waren.

Zum Studienbeginn kamen auf eine Frau 19,5 Männer. Das habe ich damals mehr aus Jux und Dollerei ausgezählt. Viele Frauen haben gleich nach dem ersten Semester aufgehört. Der Spruch war ja schließlich: »Geh nach Mannheim und bring deinen Mann heim«. Das haben wohl einige auch schneller geschafft als ich. Aber da ich in einer ziemlich männlich geprägten Umwelt großgeworden bin – wir haben es beispielsweise immer gehaßt, wenn wir als Halbwüchsige mit den Geschäftsgästen die Honneurs machen mußten –, war die Situation, einzige Frau unter vielen Männern zu sein, für mich nichts Fremdes.

Ich bin während des Studiums nie auf die Idee gekommen, daß ich ein Fach gewählt habe, was eigentlich traditionell männlich besetzt ist. Das einzige, was einmal passiert ist, war, daß ein Professor uns gesagt hat, daß von den paar hundert Leuten, die in der Einführungs-Vorlesung sitzen, 80 Prozent sich davonmachen und etwas anderes studieren sollten, weil sie als Diplom-Buchhalter enden würden. Im Nebensatz erwähnte er, daß dieses Schicksal insbesondere die Frauen treffen würde. Ich glaube noch nicht mal, daß er es diskriminierend gemeint hat. Damals hatte BWL keinen Numerus clausus und galt für einige als Ausweichstudium. Aber die Abschreckung hat bei mir nicht gewirkt. Im Gegenteil – wir Frauen hatten eigentlich eine privilegierte Situation.

Denn egal, wo wir waren, wir sind aufgefallen. Das empfand ich eigentlich als gut. Denn gerade im Hauptstudium war ja nun einer der wichtigsten Tips »Gesichtsmassage bei den Profs« zu betreiben. Der Professor mußte einen für die mündliche Prüfung mindestens einmal gesehen haben. Und wenn man einmal in der Vorlesung seinen Mund aufmachte, ist ihm das bei einer Frau wesentlich mehr aufgefallen als bei einem Mann – der war nur einer unter vielen. Ich habe das als positiv betrachtet. Irgendwann ist mir klar geworden, daß ich ganz bestimmt nicht Steuerberaterin werden wollte, weil ich schon immer Spaß an journalistischer Arbeit hatte. Als ich mein Examen als Diplom-Kaufmann in der Tasche hatte, habe ich mein Geld für die Promotionszeit mit einer Assistentenstelle und mit verschiedenen Lehraufträgen an mehreren Institutionen der Erwachsenenbildung verdient.

Ich denke schon, daß ich mich durch meine Berufstätigkeit verändert habe. Ich bin von der Uni weg und habe keine Wissenschafts-Laufbahn eingeschlagen, weil mir die Sandkastenspielchen immer auf die Nerven gegangen sind, die kleinen politischen Spielchen, die meiner Meinung nach ohne Sinn und Zweck waren. Aber diese Spielchen werden unter anderem Namen eigentlich auch in Unternehmen – gleichgültig welcher Größe – gespielt; Politics eben. Manchmal machen sie natürlich auch Spaß, aber primär nerven sie mich, weil sie unheimlich viel Zeit fressen, ohne daß irgend etwas dabei rauskommt. Ich habe sicherlich am Anfang viele Sachen viel, viel unbeschwerter und ohne mir großartig dabei was zu überlegen angepackt, über die ich mir heute doch schon mehr Gedanken mache. Das ist auch ein Vorteil: Die Fettnäpfchen sind nicht mehr so ganz dicht gesät, in die man treten kann. Ich bin auch erfahrener geworden, man bekommt eben mit der Zeit Routine und Erfahrung.

Ein anderer Punkt, der mich persönlich irritiert – das betrifft keineswegs mein Unternehmen, sondern generell viele Führungskräfte –, ist diese Sehnsucht nach Strickmustern und Kochrezepten. Diese sture Ausrichtung auf Rezepte: Wie werde ich glücklich? Wie führe ich richtig? Wie mache ich das, wie tue ich jenes? Das erschreckt mich und zerstört meinen »Glauben an die Menschheit«: daß erwachsene Menschen immer nach Krücken suchen, nach Hilfsmitteln. Auch im Management – egal auf welcher Hierarchie-Stufe – ist wenig Selbstvertrauen da. Viele schreien nach einem Guru, nach einem, der hilft, nach einem, der die Probleme abnimmt. Und die meisten haben zu wenig Selbstvertrauen in die eigenen Fähigkeiten.

Ich finde, ich habe mir mein eigenes Selbstvertrauen bewahrt. Aber ich habe viel dazugelernt hinsichtlich Auftreten, Menschenbeurteilung, Führung – da bin ich bestimmter, aggressiver, durchsetzungsfähiger geworden: Ich kann mir heute auch mal Feinde machen und kann damit leben. Da kann ich heute eher dazu stehen als früher. Es fällt mir nicht unbedingt leicht festzustellen, daß ein anderer mich unmöglich findet, aber ich kann im großen und ganzen damit leben. Und was ich tatsächlich gelernt habe: Krach durchstehen zu können, die Tür hinter mir zumachen und sagen zu können, das war's; und nicht tagelang darüber nachzugrübeln, wie hättest du das vermeiden können, wie hättest du das besser machen können oder oder? Sondern eben einfach zu sagen, okay, jetzt hat es Krach gegeben, Punkt, Schluß. Ich nehme das selbstverständlicher und kann so etwas vom Mentalen her eher aushalten als früher.

Ich kann jetzt auch damit leben, daß wir uns privat mit manchen Freunden auseinandergelebt haben. Früher war ich diejenige, die sich immer wieder gemeldet hat. Und was Mitarbeiterführung anbelangt: Ich bin der Überzeugung, man kann niemanden gegen seinen Willen motivieren. Es muß eine Bereitschaft da sein, sich motivieren zu lassen. Wenn sich jemand nicht motivieren lassen will, kann ich Handstände machen, und es nutzt nichts. Die wirkliche Kunst einer Führungskraft besteht darin, die Leute um sich zu scharen, die sich motivieren lassen. Und ich stelle bei vielen Männern fest, die wären gern hart und aggressiv, aber sie sind es beim besten Willen nicht.

Natürlich gibt es auch Auswirkungen vom Beruf aufs Privatleben: Mir ist in Erinnerung geblieben, daß ich kurz nach der Geburt meiner ersten Tochter, als ich aber schon wieder berufstätig war, mich am Wochenende immer in den Haushalt reingemischt habe. Motto: Mach doch das so oder so. Das hat meinem Mann nicht gefallen. Er hat dann immer gesagt, kümmere du dich doch am Wochenende nur um das Kind. Beides zusammen, also Haushalt und Kind am Wochenende, ging eben nicht. Mein Mann wollte auch seinen Freiraum am Wochenende behalten. Durch die Tatsache, daß ich am Arbeitsplatz meinen Freiraum habe, habe ich irgendwann auch akzeptiert, daß Haushalt und Kindererziehung zum großen Teil der Freiraum meines Mannes sind, und zwar als vollwertige Tätigkeit. Ein Punkt ist aber wirklich wichtig: Dadurch, daß wir uns gegenseitig ein bißchen Urlaub pro Jahr zubilligen – das machen wir, seit wir Kinder haben –, muß ich ihn ja in seinem Urlaub ersetzen. Deshalb ist auch meine große Wertschätzung für seine Tätigkeit vorhanden, weil ich seine Arbeit kenne und selbst tun kann. Ich bin mir auch sehr bewußt darüber, daß mein Mann mir erst meine Berufstätigkeit ermöglicht. Es wäre wirklich anders mit einem anderen Mann oder in einer anderen Konstellation.

Wenn diese Gesellschaft wirklich eine Leistungsgesellschaft wäre, müßte zunächst einmal eine völlig andere Bewertung der Arbeit her – und zwar nicht nur der beruflichen Arbeit, sondern jeglicher Arbeit, auch der Hausarbeit. Weil bei uns eben nur das als Arbeit zählt, was Geld bringt. Daß die unbezahlten Arbeiten aber häufig erst das Funktionieren der Arbeitsgesellschaft ermöglichen, wird überhaupt nicht gesehen und beiseite geschoben, respektive mit schönen Worten zugedeckt.

Ich glaube nicht, daß ich durch meine Arbeit auf etwas Wichtiges verzichte. Im Gegenteil, ich finde, daß ich nur Vorteile habe. Wenn ich abends nach Hause komme, habe ich den Part, den sonst die Ehemänner haben. Ich bin in 99,9 Prozent der Fälle die »liebe Mama«. Von daher gesehen habe ich den Bonus, den sonst Väter haben: Ich habe die Kinder den ganzen Tag lang nicht erlebt, weder wenn sie quengelig, noch wenn sie ekelhaft sind, oder wenn sie Widerwort geben. Ich erlebe sie, wenn sie müde sind, muß aber nicht reagieren, weil es sich zeitlich im Rahmen hält. Wir essen eben zusammen, und ich bringe sie dann ins Bett. Und ich kann es mir auch leisten, den Kindern gegenüber sehr nachgiebig zu sein, weil ich den ganzen Tag nicht da bin. Ich kann auch mal als der rettende Engel dastehen. Ich verzichte auf nichts, für mich ist das die ideale Kombination.

Dr. Dagmar Brodersen

selbständig, Personalberatung

Der Auftakt unserer ersten Begegnung in ihrem Büro war mit einer Prise Situationskomik gewürzt: Ich war etwas zu früh, wurde von der Sekretärin ins Besucherzimmer geführt, bekam eine Tasse Kaffee serviert und wollte gerade den ersten Schluck Kaffee trinken. Genau in diesem Moment ging die Tür auf, Dagmar Brodersen kam herein, und ich erhob mich aus dem Sessel mit der voll gefüllten Kaffeetasse in – natürlich – der rechten Hand und fühlte mich bei der Begrüßung doch leicht behindert. Dagmar Brodersen grinste nur und sagte ganz trocken, »jetzt trinken Sie doch erst einmal einen Schluck Kaffee«. Das tat ich, stellte die Tasse endlich ab, und wir konnten zur Tagesordnung übergehen.

Einige Gespräche haben wir seit damals geführt, und ich habe Dagmar Brodersen als äußerst selbstbewußt, agil, kontaktstark und reaktionsschnell kennengelernt. Ihre Profession ist ihr tatsächlich wie auf den Leib geschneidert. Gäbe es noch keine Personalberatungen, Dagmar Brodersen würde sie gewiß erfinden: In diesem Beruf kann sie all ihre Talente sinnvoll einbringen und nutzen.

Der Schritt in die Selbständigkeit mit einer eigenen Personalberatung ist eine logische Konsequenz ihres Denkens und ihrer beruflichen Biographie: Einschränkungen kann Dagmar

Brodersen für sich nur sehr schwer akzeptieren. Mit der Gründung der eigenen Personalberatung hat sie sich den nötigen Freiraum geschaffen, um unabhängig und unbehindert arbeiten zu können.

Durch ihren Status als Selbständige kann sie gleichzeitig noch ihre private Situation als Mutter zweier Kinder besser organisieren als früher in einer Festanstellung: Mehrere Fliegen pfiffig mit einer Klappe zu schlagen, das ist eben typisch für Dagmar Brodersen.

Mein Schritt in die Selbständigkeit begann mit der Erkenntnis, daß ich bei einem Hundertzwanzigprozent-Job, wie es der des angestellten Headhunters ist, den Kontakt mit meinen Kindern nur noch wenig aufrecht erhalten kann. Nachdem ich ein halbes Jahr mit vollem Einsatz gearbeitet hatte und die Arbeit eben nicht nur die tägliche Arbeitsleistung umfaßte, sondern mehrere abendliche Veranstaltungen pro Woche hinzukamen, war ich vielleicht einmal pro Woche abends zu Hause. Da bemerkte ich, daß ich zum Leben meiner Kinder einen immer geringeren Zugang hatte. Ich wußte wenig über die Schule, lernte weder die sportlichen Aktivitäten noch die Freunde kennen. Die Kinder führten ein getrenntes Leben von meinem. Einziger Verknüpfungspunkt war morgens die Stunde, in der wir zusammen frühstückten. Dann kam eine Aussage meines Sohnes, die mir zu denken gab. Er sagte zu mir, »jetzt spielen wir seit drei Monaten Tennis, und du hast noch nie zugeschaut!« Anschließend überlegte ich mir, daß ich Mutterschaft – unter der Maßgabe, daß ich berufstätig bin – anders realisiert habe, als ich es richtig finde. Das war eine mühsame Erkenntnis: Vorher hatte ich vollmundig vertreten, daß volle Berufstätigkeit durchaus in Einklang zu bringen ist mit den Anforderungen der Kinder. Nur gibt es offenbar eine Grenze, an der beides zugleich nicht mehr geht. Und diese Grenze, die mit dem Alter der Kinder zusammenhängt, hatte ich erreicht: Je selbständiger die Kinder werden, um so mehr fordern sie gleichzeitig die Mutter.

Die Kleinkinder- oder Kindergarten-Zeit ist nicht die Zeit, in der die Elternteile in dem Maß gefordert werden wie später. Ich habe es von jeher als absolut entbehrlich empfunden, auf dem Spielplatz daneben zu sitzen, wenn die Kinder die Rutsche rauf- und runterrutschen. Dazu stehe ich heute noch. Während dieser Zeit läßt es sich wesentlich besser organisieren, daß man als Mutter nicht da ist, als ab dem Zeitpunkt, zu dem die Schule beginnt. Der Schulstart war der Punkt, der bei mir dieses Nachdenken initiiert hat. Die Schule bringt so viel an fremden Impulsen, neuen Anregungen und neuen Problemen für die Kinder mit sich, daß man in dieser Zeit geistig und physisch präsent sein muß, um das Erlebte mit den Kindern zu besprechen. Ab dem Schulalter bekommen die Kinder fremdes Denkfutter, werden mit Dingen konfrontiert, die sie aktiv verarbeiten müssen und brauchen vermehrt geistige Zuwendung. Man kann aber von einem Kind im

Grundschulalter nicht erwarten, daß es verstehen kann, wenn die Mutter zu ihm sagt, »mein Lieber, ich unterhalte mich gerne mit dir darüber, aber wir verschieben das aufs Wochenende, jetzt bin ich zu kaputt«. Das Kind hat am nächsten Wochenende bestimmt keine Lust dazu.

Es war mir auch zu riskant, diese Phase komplett der Erzieherin zu überlassen. Sie ist hervorragend, aber sie kann nicht mich als Mutter ersetzen. Sie hat eine andere Grundeinstellung und eine andere Ausbildung. Außerdem bin ich zehn Jahre älter als sie. Ich will damit nicht ihre Leistung abqualifizieren, sondern den Unterschied aufzeigen. Meine Aufgabe ist es, meinen persönlichen intellektuellen und emotionalen Part bei den Kindern zu übernehmen – zusätzlich zu dem, was die Erzieherin für die Kinder leistet.

Das Thema Drogen möchte ich beispielsweise auch selbst mit meinen Kindern besprechen. Familienintern wird das Thema bereits diskutiert. Mein Neffe geht in Frankfurt in die Schule. Dort fand schon in der letzten Grundschulklasse aktive Aufklärung zum Thema Drogen statt. Das war nötig geworden, weil in den Schulen eine Art süße Bonbons, gefüllt mit Rauschgift, aufgetaucht waren, die Kinder tatsächlich auf dem Schulhof dazu verführt hatten, das einmal auszuprobieren. Manche Kinder fanden es dann toll, ihren Eltern Geld zu klauen, um das Zeug zu kaufen.

In der Zeit als angestellte Personalberaterin hatte ich den Kopf relativ wenig frei für die Kinder. Ein weiteres Zeitproblem kam dazu: Wenn ich es geschafft hatte, abends einmal keine Verpflichtungen zu haben, bin ich sofort nach Hause gefahren. Ich mußte immer die Entscheidung treffen, Job oder nach Hause zu den Kindern. Zeit für mich, beispielsweise für Sport, hatte ich fast nie. Abende, an denen ich früh zu Hause war, wurden meist mit den Kindern verbracht. Häufig haben sie sich dann gewünscht, daß wir zusammen einschlafen. Die Kinder fanden das absolut verschärft, ich weniger. Dadurch ist mir bewußt geworden, daß dieser zweihundertprozentige Einsatz im Beruf plus Kinder nicht zusammenpaßt.

Die Selbständigkeit versetzt mich schon durch die räumliche Nähe von Büro und Wohnhaus in die Lage, mittags oft zu Hause sein zu können, wenn die Kinder aus der Schule kommen. Diese Zeit ist wichtig für die Kinder, weil sie voller Informationen sind und wir uns miteinander unterhalten können. Wenn sie sich danach den Hausaufgaben zuwenden, zu Freunden fahren oder Sport treiben, kann ich mich guten Gewissens wieder entfernen. Seit ich selbständig bin, kann ich mir es auch einrichten, einmal einen Nachmittag richtig Zeit für die Kinder zu nehmen. Das konnte ich als Angestellte nicht. Steckt man in einer Organisation und hat seine Arbeitsleistung zu einem Betrag X verkauft, kann man nicht einfach nachmittageweise sagen, ich mache heute in Familie. Dann ist man gefordert, physisch auf dem Stuhl zu sitzen, für den man bezahlt wird. Jetzt habe ich die Möglichkeit, mir Zeit zu nehmen, auch wenn ich dies nicht permanent tue. Dieses Maß an Freiheit, mir das einzurichten, genieße ich. Es geht mir um die Möglichkeit, mich selbst einteilen zu können. Ein weiterer Punkt pro Selbständigkeit hängt mit der Berufstätigkeit als solcher zusammen: Ich kann mir jetzt meinen Berufsdruck besser einteilen und selber aussuchen. Ich stehe nicht mehr von außen unter Druck. Für mich persönlich war es schon immer eine entscheidende Frage, mache ich es selbst, aus eigenem Willen und Antrieb, oder habe ich das Gefühl, ich werde von anderen geschubst.

Bevor ich mich selbständig machte, hatte ich mir natürlich sehr genau die Chancen überlegt. Ich hatte mir zuvor eine Systematik ausgedacht, die ich von Anfang an durchgehalten habe. Getreu dem Kirchturm-Prinzip folgend, kümmere ich mich um den Bereich der IHK Darmstadt, also um Südhessen. Da gibt es eine ganze Reihe von mittelgroßen und großen Unternehmen, die sehr interessant sind. In dieser Region ist auch die Konkurrenzsituation in Sachen Personalberater nicht so angespannt wie etwa in Frankfurt.

Ich habe mir vorher sehr genau überlegt, wie ich potentielle Kunden erreichen kann. Es ist für einen Personalberater ganz wichtig, die richtige Zielgruppe zu definieren und anzusprechen. Das ist nichts anderes als eine Strategieplanung. Meine Zielgruppe ist zweigeteilt: Die eine ist die, die sich auf die Region bezieht, und eine zweite kommt aus meiner Spezialisierung auf die Verlagsbranche. Als Selbständige kann ich jetzt ein ganz anderes Leistungsspektrum anbieten als zuvor, weil ich mich jetzt nicht mehr nur wie früher um Positionen in den absolut obersten Bereichen zu kümmern habe.

Als besonders mutig empfinde ich den Sprung in die Selbständigkeit gar nicht. Ich bin eher ein kühl-sachlich orientierter Typ, gebe wenig emotionalen Eingebungen nach. Bei anstehenden beruflichen Entscheidungen lasse ich mich weitgehend von Argumenten leiten, nicht von Wünschen.

Es gab viele Argumente, die für die Selbständigkeit sprachen. Alle Tätigkeiten, die ich vorher hatte, haben mich dahin geführt, wo ich jetzt stehe. Der letzte Schritt war dieser Schritt in die Selbständigkeit: Beruflich völlig eigenverantwortlich eine eigene Firma erfolgreich führen, das stellt für mich das Nonplusultra des Arbeitens dar. Die Eigenverantwortlichkeit ist für mich auch so wichtig, daß ich nicht irgend jemand an meiner Seite brauche; herzlich gerne nachher in einer gemeinsamen weiteren Entwicklung, aber aufbauen wollte ich allein. Ich möchte niemanden haben, der von Anfang an mit dabei ist und mir reinredet. Personalberatung ist für mich genau das Richtige. Das ist eine Dienstleistung, mit der ich mich wohl fühle, die zu mir paßt.

Geboren bin ich am 22. Juli 1954 in Stuttgart, aufgewachsen in Bad Homburg, Abitur habe ich 1973 in Friedberg gemacht. Obwohl ich einen sechs Jahre älteren Bruder habe, bin ich mehr als Einzelkind aufgewachsen, weil mein Bruder bereits mit 16 Jahren von zu Hause weggegangen ist; er hatte ein Stipendium für England erhalten.

Rückblickend hat in meiner Jugend mein Vater – er war Jurist und Volkswirt – relativ geringen Anteil an meinem persönlichen Werdegang genommen, weil er gerade in diesen Aufbaujahren sehr viel unterwegs war und die Erziehung von meinem Bruder und mir zu 95 Prozent meiner Mutter übertragen hatte. Meine Mutter war klassische Hausfrau. Sie hatte angefangen zu studieren, ihr Studium in den Nachkriegswirren aber nicht abgeschlossen. Prägend an der Erziehung meiner Mutter war die Tatsache, daß sie – in einer für mich heute gar nicht mehr nachvollziehbaren Selbstverständlichkeit – nie mein Leben reglementiert hat, indem sie mir Dinge verboten hat. Sie hat immer gesagt, »weißt du, mir wäre es lieber, du würdest es nicht tun aus diesen und jenen Gründen, aber entscheide du, wie du es für richtig hältst«. Mit einem solchen Ansatz war es mir nicht möglich, etwas dann trotzdem zu machen oder zu sagen, ich will aber. Ich hatte ja kein klares Nein zu hören bekommen. Sie hat mich über diesen Weg frühzeitig darin eingebunden, selbst die richtigen Lösungen zu finden. Deshalb bestand nie das Problem für mich, daß ich rebellierend gegen Verbote oder Vorbehalte angehen mußte: Ich erlebte eine sehr tolerante Erziehung.

Diese Großzügigkeit und dieses Vertrauen, das sie in mich gesetzt hat, führte dazu, daß ich in der Zeit der Pubertät mit diesem recht heftigen Sturm und Drang überhaupt keine Notwendigkeit sah zu den in anderen Familien offenbar heftigen Auseinandersetzungen mit den Eltern. Wir verkehrten in einer fairen, freudvollen und positiven Atmosphäre miteinander. Es gab keine Barrieren niederzurennen, weil keine aufgestellt worden waren. Dann kam dazu, daß meine Jugendjahre ab dem achten Lebensjahr geprägt waren durch eine intensive Beschäftigung mit Pferden. Erst habe ich voltigiert und ab zwölf geritten. Mit der mir eigenen Intensität, nahezu den ganzen Tag lang. Das führte zwangsläufig dazu, daß meine Schulleistungen nicht gut waren und regelmäßig blaue Briefe ins Haus schwebten. Mein Vater sagte dann den klassischen Spruch, »wir müssen ihr eben das Reiten verbieten!« Doch meine Mutter meinte, das wäre sicher nicht die richtige Gegenmaßnahme, also durfte ich weiter reiten. Mir gegenüber hat sie immer artikuliert, ein bißchen mehr könnte ich machen, aber sie sei ganz zuversichtlich, daß ich das schon richtig hinkriegen würde. Sie hat mir keine Verbote aufs Auge gedrückt, sondern hat Verständnis gehabt und auf meine Vernunft gesetzt.

Mit 17 wechselte ich die Schule, ging weiter auf eine reine Mädchenschule, weil ich beschlossen hatte: Wenn schon Abitur, dann ein vernünftiges. Mir dämmerte nun allmählich, daß der Numerus clausus am Horizont den weiteren Lebensweg beeinflussen würde. Da ich aber erkannte, daß die Lehrer eine vorgefaßte Meinung von mir nach sechs Jahren nur schwer würden ändern können, bin ich drei Jahre vor dem Abitur das Wagnis eingegangen und habe die Schule gewechselt. Ich erreichte dann ein glattes Zweier-Abitur.

Durch meine Begeisterung für Pferde kam fast zwangsläufig der Wunsch, Veterinärmedizin zu studieren. Das besprach ich mit meinem Vater bei einem langen Spaziergang. Er machte mir klar, daß sich ein Tierarzt entweder mit neurotischen Tierbesitzern auseinanderzusetzen habe oder Geburtshelfer bei Kühen spiele. Beides lockte mich nicht. Wir einigten uns darauf, daß ich erst einmal eine Lehre machen sollte, um den Einstieg ins Berufsleben und gleichzeitig Abstand von der Schule zu bekommen.

Ich entschied mich für eine Ausbildung zum Industriekaufmann bei Hoechst, weil das hinterher vielfältige Möglichkeiten offenläßt. Mir wurde das Ausbildungsangebot gemacht, die Lehrzeit auf 15 Monate zu verkürzen, um danach ein Jahr als Wirtschaftsassistent zu arbeiten und im Anschluß an der Fachhochschule Mainz zu studieren. Diese Ausbildung habe ich angefangen, aber nur bis zum Abschluß der Lehre. Während der Lehre tanzte ich schon mit Fleiß aus der Reihe: Ich war Sprecherin der Auszubildenden und habe mich in die Abteilung Öffentlichkeitsarbeit reingepirscht, die nicht offiziell für Lehrlinge zugelassen war. Das hat mir sehr viel Spaß gemacht. Nach der Lehre sollte ich da bleiben, aber für mich war klar, daß ich studieren wollte. Darüber gab es nie Diskussionen. Ab 1975 studierte ich Wirtschaftswissenschaften in Gießen.

Als ich den Abschluß zum Industriekaufmann in der Tasche hatte, arbeitete ich parallel zum Studium zwei Tage pro Woche bei J. Walter Thompson in Frankfurt und rutschte dort über die Marktforschungstochter Basisresearch ins Art Buying. Das lief alles gleichzeitig bis zum Vordiplom, dann schaffte ich die Pferde und den Job ab, um mich voll auf mein Studium zu konzentrieren. 1978 war ich Diplom-Oeconom, schwerpunktmäßig hatte ich Marketing studiert. Anschließend fing ich direkt mit meiner Promotion und meinem ersten Job an. In meiner Berufserfahrung fehlte mir noch die Verkaufsförderung, so daß ich bewußt in einer Verkaufsförderungsagentur, bei Dölle Merchandising, eingestiegen bin. Doch nach sechs Monaten hörte ich wieder auf, weil sich herausstellte, Agenturjob und Promotion zusammen gingen nicht.

Meinen Mann lernte ich mit 22 kennen, geheiratet haben wir sechs Jahre später. Wir wohnten von Anfang an zusammen: Er kam, sah und blieb. Ich habe für sein Unternehmen, eine Firma für Elektronik-Fertigung und Entwicklung, in Frankfurt eine Vertriebstochter aufgebaut. Irgendwann betrachtete ich mir dann den ersten Sohn meines Bruders einmal näher, der so klein und niedlich war und schwankend am Tisch stand. Plötzlich keimte der Wunsch nach einem Kind in mir. Mein Mann wollte auch Kinder, so daß ich dachte, gut, wenn das schon sein muß, dann lieber gleich. Also haben wir die erste Schwangerschaft auf den Weg gebracht, bevor wir noch verheiratet waren, so daß ich mit dickem Bauch und großem Blumenstrauß davor auf dem Standesamt stand. Mit meiner Promotion war ich 1982 fertig, das Rigorosum absolvierte ich ebenfalls noch mit dickem Bauch – kurz darauf kam Paul auf die Welt.

Ich wolle unbedingt auch eine Tochter haben. Zwei Jahre später wurde ich wieder schwanger: Das war dann die ersehnte Tochter, bei deren Geburt ich 31 Jahre alt war. Mit Freuden und Genuß legte ich bis einschließlich 1986 eine Familienphase ein. Diese Zeit empfand ich durchaus als Privileg, und ich habe mich keineswegs gelangweilt. In dieser Periode fing ich intensiv an, mich mit der Kommunalpolitik in Gießen zu beschäftigen. Zum Schluß war ich Stadtverordnete der CDU und Ortsverbandsvorsitzende von Gießen-Mitte.

Als meine Tochter neun Monate alt war, meinte mein Mann, ob ich mit meiner guten Ausbildung nicht mal wieder berufstätig werden wollte. Ein drittes Kind wollte mein Mann nicht, ich hätte zu dem Zeitpunkt auch ein drittes Kind hingenommen. Ich hatte mich so gemütlich eingemuschelt mit Freundeskreis und Kaffeetrinken und Kindern, daß ich ganz zufrieden war. Vorher war ich berufstätig gewesen und kannte den Druck und den Streß, die ganzen Verpflichtungen. Ich kannte das auch dadurch, weil mein Mann selbständiger Unternehmer ist und bei uns der Existenzkampf zehn Jahre lang ganz vehement getobt hat. Wenn man das mitbekommt, weiß man, in dem Moment, wo man den Kopf aus diesem Nestchen rausstreckt, kriegt man den Wind genauso ab. Deshalb ist mir im nachhinein meine Reaktion von damals – Augen und Ohren zuklappen – schon verständlich. Letztlich war er es also, der mich angeschubst hat. Später war ich richtig erschüttert, als ich feststellte, daß bei mir der Wunsch nach einer erneuten Berufstätigkeit nicht aus eigenem Antrieb gekommen ist. Nun bestand ein nicht geringes Problem: Ich hatte zwei Kinder und die Promotion, mit beidem findet man so leicht keinen Anfangsjob. Was tun also?

Irgendwann stolperte ich über ein Stellenangebot: Ein Unternehmen, ein Spezialist für Meß- und Wägetechnik, suchte einen Verkaufsförderer. Ich wurde zum Bewerbungsgespräch eingeladen und schlug der Firma vor, den Job zu machen, aber nicht Fulltime, sondern Parttime und freiberuflich. Das war erklärungsbedürftig, aber es klappte. Und just zu dieser Zeit wurde ich auch Ortsverbandsvorsitzende der CDU. Noch heute lachen Freunde darüber, daß ich damals, als die Franziska neun Monate und der Paul knapp drei Jahre alt war, ein Interview gegeben habe, in dem ich sagte: »Jetzt, wo die Kinder aus dem Gröbsten raus sind, ist das kein Problem mehr.«

Bei diesem Unternehmen fing ich 1986 an; ich war zuständig für die Messe-Organisation. Dieses Unternehmen besucht bis zu

20 Messen pro Jahr. Nach einem Jahr hatte ich alles so organisiert, daß es gut lief. Nachdem ich gerade drei Monate dort war, wurde dem damaligen Werbeleiter gekündigt und mir die komissarische Leitung der Abteilung Kommunikation übertragen. Da habe ich mich das erste und einzige Mal in meinem Leben nicht getraut, eine höhere Position zu besetzen. Ich hatte den Eindruck, daß die Kinder noch zu klein waren, als daß ich eine Ganztags-Position übernehmen könnte. Deshalb habe ich gar nicht ernsthaft darüber nachgedacht, und ein neuer Werbeleiter wurde eingestellt. Es wurde das totale Fiasko: Seine Art und seine Entscheidungen überschritten bei weitem die Toleranzgrenze dessen, was ich zu ertragen bereit war.

Zu dieser Zeit lernte ich den Verlagsleiter des GIT-Verlages kennen. Dieser war eine sehr viel kreativere Erscheinung als alle anderen Verlagsrepräsentanten, denen ich bis dahin begegnet war. Er bot mir an, eine neue Fachzeitschrift für industrielle Werbeleiter zu machen, den »Wörkshop«. Das gefiel mir. Also habe ich 1987 die kühne Entscheidung getroffen, von Gießen aus diesen Job in Darmstadt als freie Mitarbeiterin anzunehmen und bin dreimal in der Woche von Gießen nach Darmstadt gefahren.

Ab dem Zeitpunkt, an dem ich wieder mit meiner Berufstätigkeit anfing, änderte sich mein Privatleben: Mein Mann mit seiner Firma war nun nicht mehr Mittelpunkt meines Lebens, sondern eher die Tatsache, daß wir zwar eine Ehe und zwei gemeinsame Kinder hatten; aber meine Berufstätigkeit griff immer mehr Raum. In dem Maß, in dem sich meine Berufstätigkeit weiterentwickelte, haben wir uns trefflich auseinandergelebt. Das verschärfte sich dann zu einer Krise, und irgendwann sagte ich, ich ziehe mit den Kindern nach Darmstadt. Sein Kommentar: Ja, in Ordnung. Das war es, mehr nicht.

Also zog ich nach Darmstadt. Ich bin gewiß ein relativ wehrhafter Mensch, ich kann eine ganze Menge wegstecken, aber so eine Trennung mit den Kindern allein auf den Weg zu bringen, das neue Haus organisatorisch zu betreuen, das war trotzdem ein Schock. Das kann nur jemand nachvollziehen, der so etwas selbst mitgemacht hat und weiß, welche emotionalen Höhen und Tiefen ein Mensch in einer solchen Situation durchlebt. Mittlerweile ist es so, daß wir getrennt leben, aber sehr freundschaftlich: Wir führen jetzt eine Ehe auf Distanz.

Ende 1988 fiel also die Entscheidung, nach Darmstadt zu ziehen. Im März 1989 fand der Umzug statt, und ich ließ mich fest anstellen. Ich führte für den »Wörkshop« die gesamte Objektleitung, war also als Chefredakteurin nicht nur für den Inhalt verantwortlich, sondern gleichzeitig für die Wirtschaftlichkeit. Als Marketingleiterin kam 1990 die Verantwortung für die Verkaufsabteilung des Verlages dazu. Im Verlag war ich etwas mehr als drei Jahre und hatte mit dem Level der Marketingleiterin ein Niveau erreicht, aus dem heraus keine weitere Entwicklung mehr möglich war. Also zeichnete sich ab, daß für meine persönliche Weiterentwicklung eine berufliche Alternative anzudenken sei. Zum Schritt in die Selbständigkeit fehlte mir damals der richtige Aufhänger. Die Profession, mit der ich mich für mein Empfinden vernünftig und erfolgreich am Markt plazieren hätte können, gab es noch nicht – abgesehen von der Marketingberatung, zu der ich nicht den nötigen Drang verspürte.

Dann bekam ich Kontakt mit dem Thema Headhunting. Speziell dieser Bereich interessierte mich, weil es um Führungspositionen geht und damit um Menschen, die aus der Position und der Persönlichkeit heraus doch mehr zu erzählen haben als Leute in anderen Positionen. Ich hatte schon immer großes Interesse an Menschen. Interessante Leute veranlassen mich, nachzufragen, um mich in diese Person einzufinden. Das ist ein positives Interesse an Menschen, das sich im Laufe der Zeit professionalisiert hat. Ich besprach diese Idee mit meinem Bruder, der aufgrund seiner anwaltlichen Tätigkeit in Frankfurt beste Kontakte zu einer ganzen Reihe von großen Häusern hat. Er erwähnte den Namen Korn/Ferry International und stellte die Verbindung her. Das Kennenlernen war positiv. Es fügte sich trefflich, daß Korn/Ferry gerade beschlossen hatte, sich eine Beraterin zuzulegen. Mein Frausein war kein Problem – ganz im Gegenteil.

Wir führten im Vorfeld etliche Gespräche miteinander, denn es ist oberstes Prinzip von Korn/Ferry, nur neue Berater aufzunehmen, die menschlich gut in das vorhandene Team passen. Neben der menschlichen Übereinstimmung beziehen sich die Gespräche darauf, inwieweit man in der Lage ist, der Akquisitionsverpflichtung nachzukommen. Das ist ein Thema, das viele Frauen nicht so bereitwillig und freudig annehmen, wie das bei Männern eine Selbstverständlichkeit ist. Personalberatung ist beinharte Akquisition: Wenn man anfängt mit einer solchen

Aufgabe in einem neuen Haus, dann steht ein leerer Schreibtisch mit Telefon da, und es heißt, jetzt machen Sie mal!

Die ersten Kontakte zu Korn/Ferry waren spannend und aufregend. Personalgespräche, die die eigene Person betreffen, sind aber auch anstrengend. Natürlich versucht man, einen positiven Eindruck zu hinterlassen und fühlt sich verunsichert, weil man auf Profis trifft. Als es hieß, ich müsse den Europachef kennenlernen, flog ich nach Brüssel: An einem Tag lernte ich alle sieben Partner in Brüssel kennen. Alle sagten okay, ich wurde zum Europa-Meeting nach Rom eingeladen, und danach erst, am 1. Oktober 1990, habe ich offiziell angefangen, als Vice President.

Noch nie ist mir eine solche Anhäufung von derartig sympathischen Menschen begegnet wie in diesem Unternehmen. Es ist Korn/Ferry-Prinzip, nur Leute zu nehmen, die aus funktionierenden Karrieren heraus kommen. Und das merkte man ihnen an. Ich hatte bei allen den Eindruck, man kann gut und intensiv mit ihnen zusammenarbeiten. Sie wirkten sehr professionell, aber nicht arrogant und hochnäsig. Diesen Eindruck hatte ich bisher bei noch keinem Unternehmen. Vorher akzeptierte ich, daß es in jedem Unternehmen eine Mischung von Leuten gibt; ein paar mag man gerne und andere eben nicht.

Was mich noch gereizt hat an dieser Aufgabe, war die relative Selbständigkeit. Ich war früher immer in eine Hierarchie eingebunden, an die ich mich zwangsläufig halten mußte. Dabei fiel es mir schwer, Entscheidungen mitzutragen, die ich inhaltlich nicht akzeptabel finde. Das war auch der Punkt, warum ich letztlich gewechselt habe.

Mein Start bei Korn/Ferry begann mit einer sehr umfangreichen siebentägigen Schulung in Brüssel, die von einem erfahrenen Partner geleitet wurde. Dieses Seminar hat viel an Hintergrundwissen, Systematik und Prozedere gebracht. Es hat mir gezeigt, was ich richtig mache, und wie ich Fehler vermeiden kann. Ich hatte vorher schon angefangen, mich in die Projekte einzulesen und Gespräche zu führen, aber erst durch diese Schulung wurde das Ganze rund und einheitlich. So habe ich das Handwerkszeug dieses Berufes gelernt.

Von Anfang an bemühte ich mich allein um neue Kundenkontakte. Berührungsängste beim Thema Akquisition darf man in diesem Beruf nicht haben. Mir war klar, wenn ich in dieses Business einsteige, kann ich diesen Job nur machen, wenn ich auch selbst akquiriere. Alle Executive Search-Häuser funktionieren auf der Basis, daß jeder Berater für sein eigenes Geschäft zuständig ist: akquirieren und abwickeln. So einen Job kann nur der machen, der sich darüber klar ist, daß er sich auf ein hartes Geschäft einläßt.

»You have to grab, grab, grab – remember«, sagte ein Kollege einmal zu mir, und das stimmt wirklich: Es ist eine kolossale Fleißarbeit. Wenn es anfängt zu laufen, darf man nicht den Fehler machen, sich zurückzulehnen und auszuruhen. Es ist eine Akquisition ohne Ende, die man als Sport betreiben, an der man Spaß haben muß: Es ist eben toll, neue Leute und neue Unternehmen kennenzulernen und den Aktionsradius auszudehnen, den man zur Verfügung hat. Das Geschäft steht und fällt mit der Akquisition. Es gibt viele Berater, die auch alle ihre positiven Argumente haben. Da kann man sich am besten qualifizieren, wenn man fleißig ist, hervorragende Arbeit leistet und Netzwerke aufbaut: Leute kennenlernt, die auch einmal mit Rat und Tat zur Verfügung stehen. Man muß eigentlich alle Kontakte, die man hat, so aufrechterhalten, daß die Leute hinterher denken, die ist nett, mit der kann man etwas anfangen.

Die Kommunikationsfreude ist ein unabdingbares Muß für diesen Beruf. Man sollte über ein gerüttelt Maß an Selbstbewußtsein verfügen, eine extrovertierte Art haben. Notwendig ist die Fähigkeit, sich im Kontakt mit dem potentiellen Kunden soweit zurückzunehmen, daß man in der Lage ist, an die Informationen zu kommen, die man braucht. Man muß es schaffen, menschlich zu überzeugen und sich die Informationen durch Fragen zu erarbeiten, nicht so sehr durch das Sich-Darbieten. Das ist ein Widerspruch in sich. Man muß dies üben und lernen. Keiner, der anfängt mit Akquisition, schafft es sofort, sich durch Fragen an das Wesentliche heranzuarbeiten. Das kommt durch die Erfahrung, durch Wissen, durch Schulung. Es gibt dafür sehr gute Seminare, und man muß immer wieder darüber nachdenken. Wichtig ist die Reflexion, das Revuepassierenlassen von Gesprächen. Ich mache das in der Form, daß ich mich als dritte Person zu einem Gespräch in der Erinnerung daneben stelle. Man muß aktiv an sich arbeiten und verfeinert dann auch die Art, mit der man an die Themen herangeht.

Ich habe nicht sicher gewußt, ob ich akquirieren kann, aber ich wollte es zumindest. Im Verlag unterstanden mir die Verkaufsaktivitäten. Dort hatte ich mehrere Gespräche mit dem Verlagsleiter, der wissen wollte, warum ich den Verkauf nicht aktiv mitbetreibe. Damals konnte ich das nicht aus meiner Einstellung heraus, Anzeigenverkauf war nicht meine Welt. Bei Korn/Ferry habe ich diesen Schritt bewußt vollzogen: Mir war klar, daß diese Tätigkeit unabdingbar mit einer Akquisition verbunden ist. Ich unterstellte, daß ich das kann, weil ich kommunikatiosfähig bin und keine Probleme habe, mit mir unbekannten Leuten Kontakt aufzunehmen. Vorher hatte ich für die Redaktion häufig Menschen überzeugt, für uns ohne Honorar Beiträge zu schreiben. Jetzt mußte ich dahingehend umdenken, daß ich nicht mit jemand über einen redaktionellen Beitrag rede oder einen Prominenten für einen Vortrag suche. Nun ging es eben darum, Aufträge in Sachen Personalberatung zu akquirieren, was letztlich von der Sache her nichts anderes ist. Da ich das selbst wollte, gab es für mich eigentlich keinen Zweifel, daß es geht. Meine Devise lautet: Wenn etwas sein muß, dann wird es gemacht. Etwas nicht zu können, was im Rahmen des normalen Geschäftsablaufs liegt, gestehe ich mir kaum zu. Akquirieren für eine Personalberatung ist schließlich nichts Negatives, im Gegenteil. Es handelt sich um wichtige Beratungsgespräche, in denen es darum geht, daß man die Dienstleistung auf der einen Seite erläutert und auf der anderen Seite von den Kunden die mögliche Aufgabenstellung erfährt. Auch das Niveau, auf dem die Gespräche geführt werden, ist hoch angesiedelt. Schließlich hängen die Gespräche immer vom Level der Gesprächspartner ab, mit denen man es zu tun hat. Außerdem bin ich davon überzeugt, daß meine Arbeit für die Kunden sinnvoll ist.

Natürlich ist gerade das Akquirieren zu Anfang nicht so angenehm. Eine Freundin sagte mir einmal, wenn sie Akquisition macht, trinkt sie vorher einen Schnaps, und dabei ist sie schon lange Jahre im Geschäft. Ich habe jetzt für mich festgestellt, wer akquiriert, muß seine Tätigkeit positiv begreifen und sich zum Ziel setzen, ein bestimmtes Unternehmen als Kunden zu gewinnen. Setzt man sich das Ziel, erstens einen Gesprächstermin, zweitens einen Auftrag von diesem Unternehmen zu bekommen, ist Akquisition durchaus eine reizvolle Herausforderung.

Als ich das erstemal bei einem Kunden war, hatte ich ein sehr gutes Gefühl, was aber durchaus mit meinem beruflichen Vorleben zusammenhängt: Ich habe schon mein Leben lang eine Vernetzung zwischen beruflichen Dingen und angrenzenden Themen betrieben. Zum Beispiel meine Kontakte in Wirtschaftsorganisationen: Da hatte ich früher schon oft gedacht, irgendwann kann ich die Kontakte einmal nutzen. Das führte dazu, daß meine ersten Gesprächstermine aus diesen Verbindungen entstanden sind. Wie erwartet, ging das völlig unkompliziert.

Ein ganz wichtiger Punkt, den ich für absolut essentiell halte, wenn man sich an neue Aufgaben in einem Unternehmen heranwagt, ist die Zusammenarbeit mit den eigenen Kollegen. Ich habe ganz gezielt mit meinen Kollegen zusammen Termine gemacht und bin mitgegangen, um mir anzuhören, wie deren Argumentation aussieht. Ich wollte wissen, wie machen die das, wie begegnen die bestimmten Argumenten des Kunden, die sich irgendwann wiederholen. Wenn man die Fragen unvorbereitet das erstemal hört, gerät man in heftiges Nachdenken. Dann überlegt man sich, was antwortest du denn jetzt darauf? Kennt man eine solche Argumentationskette, modifiziert man sie natürlich auf das jeweilige Gespräch hin, auch auf die persönlichen Bedürfnisse und Ansichten. Aber es ist leichter, so etwas nachzuvollziehen, wenn man es einmal miterlebt hat. Entweder war ich mit den Kollegen bei Kunden, oder ich habe mich mit ihnen zusammengesetzt und Gesprächssituationen simuliert. Ich wollte vorher wissen, was im Zweifelsfall auf mich zukommen kann, und wie ich derartigen Situationen richtig begegne. Selbst wenn die Schulung noch so intensiv ist, wie das bei Korn/Ferry durchaus der Fall war, fehlte mir zu Anfang einfach das »daily business«, und da helfen die Gespräche mit den Kollegen sehr weiter.

Natürlich sind die Kollegen nicht von sich aus auf mich zugekommen. Ich fragte sie, ob sie bereit seien, mir für Frage und Antwort zur Verfügung zu stehen. Zu Recht erwartet ein Unternehmen, wenn es jemanden einstellt, der jenseits der 35 ist und einen beruflichen Background hat, daß man seinen Start selbst auf den Weg bringt. Es ist blauäugig zu hoffen, daß die Kollegen einem das Geschäft aufbereiten. Man ist verantwortlich dafür, daß man sich selbst darum kümmert. Schließlich müssen die Kollegen ihre eigenen Geschäfte abwickeln, und wenn sie einem Neuen da noch Zeit für Antworten zur Verfügung stellen, muß man schon herzlich dankbar sein.

Ein Argument, das bei Korn/Ferry immer hilfreich war, ist, daß dieses Unternehmen das weltweit größte Executive Search

Unternehmen ist. Aber genau dieses Argument hat für mich auch pro Selbständigkeit gesprochen: Jetzt trete ich eben für mein eigenes Unternehmen auf. Das ist ein enorm gutes Verkaufsargument. Weil es zum einen eine Alleinstellung mit sich bringt: Ich bin Frau, das ist schon ungewöhnlich in diesem Umfeld. Zum anderen ist man die führende Person des Unternehmens, das sich an das Kundenunternehmen wendet. Da sind die Ebenen anders, und man selbst signalisiert ein anderes Erfolgsniveau, als wenn man als angestellter Berater auftritt. Das muß nichts mit dem tatsächlichen Erfolg zu tun haben, aber von der Anmutung her ist es so. Meine Beratung heißt Dr. Dagmar Broderson & Partner, es ist eine GmbH mit einem stillen Partner.

Die Befürchtung, ich könnte auf größere Probleme mit der Selbständigkeit stoßen, weil ich eine Frau bin, hatte ich nie. In meinem ganzen Berufsleben entstanden mir aus meiner Weiblichkeit keine Probleme, eher im Gegenteil. Daß ich als Frau eine etwas ungewöhnlichere Position in diesem Beruf habe, empfinde ich als positiv. Mir hilft auch meine Promotion sehr viel. Wenn man als Frau in der Industrie auftritt, besteht ständig die Vermutung, daß man für den Kaffee zuständig ist. Ich kann durch den Doktor auch ohne eine Tat belegen, daß meine Positionierung eine andere ist. Ich gehe genauso unbelastet in Gespräche wie männliche Kollegen. Eine Frau erfährt eine hohe Einstiegsaufmerksamkeit. Was sie daraus macht, obliegt ihren persönlichen Möglichkeiten. Sie kann das positiv für sich nutzen und dadurch nachdrücklich in Erinnerung bleiben, weil die Kunden eben primär männlich sind. Eine Personalberatung an sich ist nun nicht besonders originell, aber die Kunden werden schneller aufmerksam, wenn der Personalberater eine Frau ist.

Mein erstes Akquisitionsgespräch in eigener Sache war wirklich nicht aufregend. Das Maß an Selbstbewußtsein, das ich mir im Laufe der Jahre angeeignet habe, versetzt mich schon in die Lage, ganz zuversichtlich in solche Gespräche zu gehen: Ich habe keine Angst vor Gesprächen, weil ich einfach weiß, daß ich sie nett aufbauen kann. Schwieriger waren diese ersten Telefonate, also wirklich den Hörer hochzuheben und mit jemanden, dem man nur ein Briefchen geschickt hat, zu telefonieren. Das ist das, wo man sich wirklich sagen muß: Jetzt nimmst du den Hörer in die Hand und tust es. Das ist schwerer.

In einem persönlichen Gespräch ist es relativ unkompliziert, ein positives menschliches Verhältnis aufzubauen, weil man sehr viel mehr Möglichkeiten hat zu reagieren als bei einem Telefonat. Außerdem sind bei den Telefonaten immer noch die vorgeschalteten Sekretärinnen zu überwinden. Das ist das Härteste von allem. Aber es führt kein Weg an ihnen vorbei, gegen ihren Willen schon gar nicht, man muß vielmehr mit ihnen kooperieren.

Ist es gelungen, sich auf einen Auftrag mit einem Kunden zu einigen, dann sieht das weitere Procedere so aus: Vertragsgegenstand ist das Anforderungsprofil des gesuchten Kandidaten. Zusammen mit dem Kunden wird anschließend eine sogenannte Zielfirmenliste erstellt. Das sind meistens Unternehmen aus dem Konkurrenzumfeld der Firma, für die man arbeitet. Es gibt Firmen, die besonders gut geführt sind. Dann sagt der Auftraggeber, sehr gerne aus diesem Unternehmen, nicht so gerne aus jenem Unternehmen. Es wird eingegrenzt, aus welchem Bereich und welchen Unternehmen der neue Mitarbeiter kommen soll. Dann werden einige Namen ausgetauscht, das reicht aber nicht. Es wird auch gemeinsam festgelegt, welche Rahmenkriterien die Karriere des Kandidaten ausmachen müssen. Dann obliegt es der Fleißarbeit, der Sachkenntnis und der Branchenkenntnis des Beraters, diese Zielfirmenliste zu erweitern: Es sollten in der Regel 40 bis 50 Firmen sein, die man in diese Zielfirmenliste einbringt. Man geht dann üblicherweise den Weg, daß man sich über Messekataloge oder andere Branchennachschlagewerke noch vergleichbare Unternehmen dazusucht. Es kommt auch darauf an, ob es um eine Top-Position geht, für die generell bundesweit gesucht wird. Bei niedrigeren Positionen ist in der Regel die Gehaltsaufbesserung nicht so gravierend, so daß man dafür eher regional suchen muß.

Das Research fängt grundsätzlich mit den Wettbewerbsfirmen an, wenn die Kandidaten aus dem Wettbewerbsumfeld kommen sollen. Es gibt aber durchaus Fälle, bei denen der Kunde gerne branchenfremde Kandidaten sucht, beispielsweise im Marketing. Steht diese Zielfirmenliste, muß man sich noch einigen, auf welchem Niveau die Leute angesprochen werden sollen. Denn – das ist ganz wichtig – keiner wechselt in der Regel nur für ein finanzielles Aufgeld, sondern es muß eine berufliche Verbesserung, ein Karriereschritt damit verbunden sein. Diese werden sich meist als Package darstellen: einem Mehr an Kompetenz, Position, Personalverantwortung und natürlich auch einem Mehr an Geld.

Dieses Paket muß genau definiert werden, damit man als Berater die richtigen Leute anspricht. Sonst kann man wochenlang im Markt rumtelefonieren und findet keinen passenden Kandidaten, weil immer der Verkehrte angesprochen wird.

Hat man die Namen der Anzusprechenden identifiziert, ist der nächste Schritt, daß diese Personen ganz gezielt antelefoniert werden. Meist wird dann ein weiteres Telefonat in den Abendstunden verabredet, und in diesem ersten ausführlichen Telefonat spricht man über die Aufgabenstellung. Wenn der Angesprochene Interesse signalisiert, also nicht direkt sagt, kommt für mich überhaupt nicht in Frage, tauscht man die Kriterien aus, die bezüglich der Person relevant sind: Alter, Ausbildung, Zusatzqualifikation. Wenn dieses Austauschen zum beiderseitigen Interesse ausgefallen ist, folgt im nächsten Schritt der Tausch der Unterlagen: Ich schicke dem Kandidaten ein neutralisiertes Anforderungsprofil, und der Kandidat schickt mir seinen Lebenslauf.

Wenn man sich dann sicher ist, daß der Kandidat in Frage kommt, trifft man sich zu einem ausführlichen Interview. Die Informationen, die in diesem Interview ausgetauscht werden, münden in einem vertraulichen Bericht für den Kunden. Die letzte Passage dieses vertraulichen Berichtes ist die persönliche Beurteilung des Beraters. Das ist der Teil, auf den es wirklich ankommt: Hier steht, wie dieser Mensch ist und wirkt, wo seine Stärken und auch seine Schwächen liegen. Man sucht ja nicht nur die Sachkompetenz für eine bestimmte Aufgabe, sondern den richtigen Menschen, der in das Unternehmen reinpaßt. Das ist auch der Grund, warum so viele Besetzungen, die eben nicht professionell gemacht werden, schiefgehen, weil nur nach Sachkompetenz, nicht nach Persönlichkeit gesucht oder ausgewählt wird.

Der Kunde erhält die vertraulichen Berichte, die ihn über die Interviews, die näheren Kontakte mit potentiellen Kandidaten informieren. Aus dieser Runde – für jeden Kunden finden zirka zehn bis fünfzehn Interviews statt – werden die drei bis fünf Besten dann in einer persönlichen Präsentation vorgestellt. Dann hat der Kunde die absolut einmalige Situation, daß er mit Leuten zusammenkommt, an denen alles stimmt, deren Rahmenkriterien stimmen, deren fachliche Ausbildung und Eignung stimmen, die willens und bereit sind, zu wechseln und auch noch vorselektiert sind dahingehend, daß sie menschlich ins Unternehmen passen. So kann der Kunde richtig aus dem Bauch heraus sagen: Kandidat B will ich haben und sonst keinen.

Aber jetzt ist der Auftrag noch keineswegs erledigt. Das ist die Dramatik: Danach beginnen die kritischen Vertragsverhandlungen. Ab diesem Zeitpunkt gibt es alle möglichen unschönen Erscheinungen. Der Kandidat verhandelt beispielsweise den Vertrag, geht damit zu dem alten Chef und verlangt mehr Geld. Das ist mies, das ist nichts anderes als Erpressung, und wer läßt sich gerne freiwillig erpressen? So ein Verhalten zerstört auch das Vertrauensverhältnis zu dem bisherigen Vorgesetzten.

Meiner Meinung nach ist es legitim, daß sich Arbeitnehmer mit Personalberatern über andere Angebote unterhalten. Das steht jedem Arbeitnehmer zu. Aber man muß es fair und offen machen und seinem eigenen Vorgesetzten sagen: Ich möchte Sie darüber informieren, ich bin angesprochen worden. Ich führe das Gespräch, weil es mich interessiert, aber es ist nicht so weit, daß ich gehen werde. Wenn man sich so verhält, ist nichts gegen einzuwenden. Im Gegenteil, es kann sogar positive Reaktionen beim derzeitigen Vorgesetzten haben. Nur man muß sich vernünftig verhalten und nicht warten, bis alles unterschrieben ist. Alle haben sich mit einem Kandidaten große Mühe gegeben, und der sagt dann, ich habe in meinem Unternehmen 20 000 DM mehr bekommen, ich wechsele jetzt doch nicht.

Solches Verhalten von Kandidaten kommt relativ häufig vor. Ich merke das schon im Vorfeld, wenn sich die Verhandlungen lange hinziehen. Der Kunde hat dem Kandidaten den Vertrag geschickt, und wenn der nicht sofort unterschrieben zurückkommt, dann gehen bei mir schon alle roten Alarmleuchten an. Wenn es also mit dem Ausgesuchten nicht geklappt hat, wird aber keineswegs der zweitbeste Kandidat gewählt, wie man vielleicht annehmen könnte. Denn dieser Kandidat ist eben nur der oder die Zweitbeste. Bei den üblichen Anfangsschwierigkeiten würde der Kunde immer sagen, ist kein Wunder, mit dem anderen wäre das nicht passiert. Dann sind die Vorzeichen schon negativ belastend. Die Suche beginnt tatsächlich von vorne. Das kann insofern ein Problem darstellen, als gerade bei begrenzten Märkten nicht beliebig viele Kandidaten zur Verfügung stehen, die die ganzen Anforderungen erfüllen. In der zweiten Runde muß also der Kreis weiter geschlagen oder das Anforderungsprofil modifiziert werden.

Die zweite Runde ist deshalb eine komplette Neuauflage, die sehr viel Mühe macht und unter Umständen noch schwieriger als die erste ist. Von Seiten des Kunden ist der Wunsch nach einer neuen Runde aber sehr verständlich.

Für das Research gibt es generell zwei Möglichkeiten: Entweder man hat eine eigene Research-Abteilung, das heißt also im Haus integrierte Mitarbeiter, die den ganzen Tag nur Research machen. Das beinhaltet die sorgfältige Marktanalyse der Unternehmen, die Phase der Identifikation und auch die Stufe der direkten Ansprache. Oder man kauft diese Dienstleistung von Profis ein, die ausschließlich Research machen. Diese Agenturen gehen sehr professionell an das Thema heran.

Ich habe freie Mitarbeiter, die für Research zur Verfügung stehen. Bei etwas diffizileren Angelegenheiten oder bei größer strukturierten Aufgabenstellungen greife ich auf die professionellen Researcher zurück. Für die Zukunft plane ich, eine eigene Research-Abteilung aufzubauen.

Ingrid de Stosch-Sarrasani

Direktorin, Zirkus

Unsere Begegnung stand nicht gerade unter einem günstigen Stern: Ich kam fast eine Stunde zu spät ins Winterquartier nach Mörlenbach, weil ich die Fahrzeit auf Landstraßen total unterschätzt hatte. Das war mir mehr als peinlich, entpuppte sich dann aber als gar nicht so schlimm, weil die Zirkuschefin unseren Termin völlig vergessen hatte.
Ingrid de Stosch-Sarrasani hatte an diesem trüben Wintertag Probleme damit, Pferde eines Artisten auf ihrer eigenen Koppel unterzubringen, weil die Gemeinde das verhindern wollte. Der Tag endete glücklicher, als er begonnen hatte: Die Pferde kamen auf die ihnen zugedachte Weide, und wir führten unser geplantes Gespräch.
Die Winterpause ist alles, nur keine Urlaubszeit für eine Zirkusdirektorin. Das erlebte ich ganz direkt. Immer wieder kamen Telefonate von Artisten, die in der nächsten Saison beim Circus Sarrasani mitarbeiten wollten. Irgendwann kam auch Sohn André nach Hause, naß, abgespannt und müde, aber zufrieden, weil das Pferde-Problem doch glücklich gelöst worden war.
Ingrid de Stosch-Sarrasani demonstrierte ganz unabsichtlich und ungewollt in der Zeit unseres mehrstündigen Zusammenseins, daß Zirkusleitung eine ganz normale Führungsaufgabe

ist: Management für die Manege bedeutet eben organisieren und koordinieren, beinhaltet Probleme lösen oder Mitarbeitergespräche führen – wie in jeder anderen Branche auch. Die Zirkuswelt wird nicht automatisch mit Business gleichgesetzt. Dennoch ist ein Zirkus nichts anderes als ein Wirtschaftsunternehmen, allerdings ein Unternehmen, das sich nicht selten direkt mit dem Existenzkampf konfrontiert sieht. Zirkus ist ein rollendes, aber ein ganz hartes Geschäft. Nur eine Managerin wie Ingrid de Stosch-Sarrasani, die mit Leib und Seele für ihren Zirkus lebt und arbeitet, kann sich da an der Spitze halten und den Widrigkeiten des Alltags Paroli bieten.

Es hat große Verwunderung in der Branche erregt, als ich 1981 nach Fritz Mey-Sarrasani die Zirkusleitung übernommen habe. Vor allen Dingen wurde ich sehr angefeindet von der Konkurrenz. Ich war nicht nur eine Frau, sondern noch dazu keine geborene Sarrasani: Fremde läßt man eben nicht so gerne hochkommen. Ich wurde natürlich nicht offen attackiert, aber man versuchte tüchtig, mir Steine in den Weg zu legen. Mittlerweile hat sich das aber gelegt. Daß ich als Frau einen Zirkus genauso leiten kann wie ein Mann, war für mich selbstverständlich. Aber es war manchmal sehr hart. Gerade im Zirkus muß man mit vielen Männern arbeiten, das ganze technische Personal setzt sich aus Männern zusammen. Aber ich habe es geschafft, daß mich alle akzeptieren.

Führungspositionen außer meiner gibt es nicht. Ich hatte einmal einen sehr zuverlässigen Stellvertreter, einen marokkanischen Artisten, aber jetzt hat das mein Sohn übernommen. Im Zirkus muß alles Teamwork sein, keiner darf groß herausgestellt werden, sonst gibt es Eifersüchteleien. Es muß jeder für jeden verantwortlich sein, alle müssen eng zuammenarbeiten.

Ich bin mit 16 Jahren zum Zirkus gegangen, mein erstes Engagement hatte ich im Zirkus Bügler. Ich hatte 1948 eine Annonce von einem Artisten in der Zeitung gelesen. Er suchte eine Partnerin, die Pferde liebte, und ich habe mich gemeldet. Erst einmal habe ich nichts weiter gehört. Dann kam ein Zirkus nach Hannover, und ich mußte mich zusammen mit acht anderen Mädels vorstellen. Ich hatte das Glück, ausgesucht zu werden.

Dann habe ich wieder lange nichts gehört. Ich bin in Hannover weiter zur Schule gegangen, und im Oktober 1949 kam ein Telegramm von Fred Cordon, der die Anzeige aufgegeben hatte, ich solle sofort nach Essen kommen. Meine Mutter hat noch gesagt, ich müsse mir gut überlegen, ob ich das wirklich wolle, wie Mütter so sind eben, aber ich bin natürlich nach Essen gefahren. Ich habe dort vierzehn Tage lang mit Lasso, Peitsche und Pferden geprobt, und bin dann mit Fred Cordon zusammen zum erstenmal am 1. Dezember 1949 im alten Friedrichstadtpalast in Berlin aufgetreten, auf dieser wahnsinnig großen Bühne. So fing das an mit unserer Cowboy-Nummer. Mit Fred Cordon und unserer Cowboy-Nummer bin ich dann durch die Welt gereist. Wir haben zwanzig Jahre zuammen als Artisten gearbeitet, später kamen seine Kinder noch dazu. Fred war viel älter als ich, er hätte mein

Vater sein können. Von ihm habe ich alles gelernt. Von diesem Zeitpunkt an veränderte sich mein Leben völlig. Ich lebte aus dem Koffer im Wohnwagen. Es gab noch nicht diesen Komfort wie heutzutage. Man mußte noch nach jedem Eimer Wasser laufen, und die Badewanne bestand aus der Waschschüssel.

Wir waren bei jedem Zirkus – bei Busch, bei Althoff, im Mills in London, und 1956 sind wir nach Amerika zu Ringling. Da haben wir im Madison Square Garden gearbeitet. Ringling hatte im Madison Square Garden drei Manegen, und wir sind alleine in der Mittelmanege aufgetreten. Das war schon allerhand. Irgendwie war das komisch, daß wir mit einer Cowboy-Nummer nach Amerika gegangen sind, wo doch der Cowboy zu Hause ist. Aber Fred Cordon war eben ein sehr guter Peitschenschläger und Lassodreher. Eines Tages kam sogar der Boss vom Madison Square Garden und fragte Mister Ringling North, in welcher Ecke von Texas er diese Nummer gefunden hätte. Er antwortete, »du wirst lachen, die Nummer kommt aus Old Germany«. Das wollte ihm keiner glauben.

Bei Sarrasani bin ich seit 1970. Als ich 1970 dort angefangen habe, war ich noch Artistin. Als dann 1972 der André geboren wurde, war aber Schluß. Man wird älter, und gerade im Zirkus, in der Manege, wollen die Leute hübsche junge Menschen sehen. Außerdem gab es auch viele andere Aufgaben, man kann nicht alles machen. Der Vater meines Sohnes ist Fritz Mey-Sarrasani, wir haben zusammengelebt. Das ist der Mann, der den Zirkus Sarrasani 1956, nach dem Krieg, wieder aufgebaut hat. Fritz Mey-Sarrasani wurde 1904 geboren, er ist kein Familienmitglied. Er hat aber vom alten Herrn Sarrasani die Erlaubnis bekommen, den Namen als Künstlernamen zu führen.

Nach der Geburt meines Sohnes bin ich von der Trude Sarrasani adoptiert worden. Sie wollte das, weil wir uns sehr gut verstanden und sie einen Nachfolger haben wollte; sie hat keine Kinder. Sie wünschte sich, daß der Name erhalten bleibt. Sie lebt heute in Argentinien. Sie ist wie meine Mama. Wir haben ein sehr, sehr gutes Verhältnis. Die Entscheidung, mich adoptieren zu lassen, fiel mir nicht schwer: Ich bin mit 16 Jahren bereits von zu Hause weg; geboren bin ich am 28. Juni 1933 in Hannover. Als ich adoptiert wurde, haben meine Eltern nicht mehr gelebt, meine Geschwister waren alle verheiratet, und keiner hat sich groß darum gekümmert. Ich war schon immer in meiner Familie der exotische Vogel, und das bin ich bis heute geblieben. Mit der Adoption ist natürlich eine sehr große Verpflichtung verbunden. Jeder kennt Sarrasani, Sarrasani ist wie ein anderes Wort für Zirkus. Ich bin stolz, daß ich das Glück habe, diesen Namen tragen zu dürfen.

Daß die Artisten-Karriere 1972 zu Ende ging, war nicht schwer zu ertragen für mich. Ich bin direkt von der Manege in die Zirkusleitung gekommen, habe mit Herrn Mey-Sarrasani zusammen den Zirkus geführt. Es gab so viele schöne und schwierige Aufgaben; ich war dabei, stand eben nicht mehr nur in der Manege. Ich habe alles mögliche gemacht, war im Büro oder an der Kasse, habe die Korrespondenz genauso erledigt wie das Programm zusammengestellt oder Artisten eingekauft. Ich habe eigentlich alles gemacht; im Zirkus muß man alles können. Heute leite ich den Zirkus allein. Zirkus Sarrasani ist eine GmbH, ich bin allerdings Gesellschafterin.

Einen typischen Tagesablauf gibt es bei uns gar nicht. Man hat seine Linie. Ich weiß, was ich alles machen und erledigen muß, aber es gibt dann hunderterlei Nebensachen, die einfach zusätzlich passieren. Beispielsweise kommt der Vorreiser zurück und sagt, daß der Zirkus nicht wie geplant in der Stadt X spielen kann, weil dort zu der Zeit eine Messe oder etwas anderes stattfindet. Dann muß umdisponiert werden. Oder kurz vor einer Vorstellung wird einer krank und kann nicht auftreten. Dann muß das kurzfristig organisiert werden. Unser Geschäft ist höchst vielseitig.

Wenn ich eine neue Tournee zusammenstelle, muß ich erst einmal ein Konzept für die Vorstellung entwickeln. Ich muß mir überlegen, was dem Publikum gefallen würde. Dazu mische ich mich unter das Publikum und höre, was hat gefallen, was nicht. Ich spreche auch mit Artisten darüber, schaue mir interessante Nummern an, und wenn mir eine gefällt und reinpaßt, wird sie engagiert. In der laufenden Saison beginne ich damit, das Programm für die nächste Saison zusammenzustellen. Die Nummern, die zum Saisonende noch fehlen, werden dann in den Wintermonaten eingekauft. Wir haben immer zwischen 12 und 16 Nummern in einem Programm. Wie viele es letztlich sind, hängt von der Dauer der einzelnen Nummern ab. Spezielle Vorlieben habe ich da keine; ich engagiere Nummern, die schön und ästhetisch sind, es müssen schöne Menschen sein, es muß gefallen.

Hergestellt werden die Kontakte zu den Artisten auf unterschiedliche Art und Weise: Teilweise bewerben sich die Artisten direkt bei mir, oder Agenturen bieten die Nummern an oder Artisten erzählen mir wiederum von Nummern, die für mich interessant sein könnten. Entweder schaue ich mir die dann direkt an, oder ich lasse mir ein Videoband schicken. Ich finde das zwar gar nicht schön, ich schaue mir die Auftritte lieber in natura an, aber bei einem Video bekomme ich wenigstens einen ersten Eindruck.

Bestimmte Kriterien, wie ich ein Programm zusammenstelle, gibt es keine, das mache ich immer nach Gusto. Es muß auf jeden Fall etwas anderes sein als im Vorjahr, und es muß zirkusgerecht sein. Aber wie nun und was, das ergibt sich eher zufällig. Bislang habe ich das Programm für die nächste Tournee immer allein zusammengestellt, jetzt rede ich auch mit meinem Sohn darüber.

Die Verhandlungsdauer mit den Artisten ist sehr unterschiedlich. Gerade bei einem Artisten kommt es darauf an, wie er sich verkauft. Es ist nicht nur wichtig, was er macht, sondern auch wie er sich und seine Nummer präsentiert. Denn es geht natürlich immer um die Gage. Je nachdem, was es für eine Nummer ist, liegen die Gagen pro Spieltag zwischen 200 und 1200 DM. Von Sarrasani verlangen die meisten sehr viel Geld, gerade bei uns wird gefeilscht. Ich habe festgestellt, daß viele bei Sarrasani mehr Geld wollen und weniger dafür tun. Bei uns können sie plötzlich das nicht machen und jenes nicht machen, aber in anderen Zirkussen bauen sie mit auf, stellen Stühle und helfen überall mit. Warum das so ist, weiß ich nicht. Ich habe schon zigmal gefragt, aber ich bin diesem Rätsel noch nicht auf die Spur gekommen. Früher kamen junge Artisten, wollten unbedingt bei uns auftreten, doch das gibt es nicht mehr.

Welches die am besten bezahlten Nummern sind, ist schwer zu sagen. Tiernummern sind meist sehr teuer, aber es gibt auch billigere. Das hängt eben davon ab, wie sich der Dompteur verkauft und was er macht. Außerdem ist der Unterhalt der Tiere natürlich kostspielig. Früher haben wir auch für das Fressen der Tiere gesorgt. Das haben wir aber abgeschafft. Es wurde immer gemeckert: Das Fleisch war häufig entweder nicht gut genug oder zu fett, außerdem wurde mit dem Futter geaast, auch mit Heu oder Stroh. Deshalb sagten wir dann, die Artisten sollen eine Gage vereinbaren, in der diese Ausgaben enthalten sind. Jetzt kümmert sich jeder selbst um seine Tiere. Das ist unproblematischer, weil sich keiner mehr beschweren kann.

Eigene Tiere haben wir nicht. Wir haben nur ein paar Minipferdchen, die habe ich aus Argentinien mitgebracht, und ein paar Ziegen. Ich habe aus zwei Gründen keine Tiere: Ich bin freier im Winter, habe keine Belastungen, brauche keine Tierpfleger, und ich kann dem Publikum immer etwas Neues zeigen. Ich kann für jede Saison andere Tiernummern engagieren. Wenn ich eigene Tiere hätte, müßte ich die jedes Jahr ins Programm reinnehmen. Das Problem ist aber, daß die Tiere nicht umdressiert werden können, zumindest nicht in den paar Wintermonaten. Die Dompteure wandern deshalb mit ihrer Nummer von Zirkus zu Zirkus, genau wie die Artisten, und bringen ihre Tiere mit.

Wenn wir unterwegs sind, sind wir meistens zwischen 80 und 120 Leuten. In jeder Saison sind ungefähr 40 Artisten in der Manege, rund 30 Leute sind beim technischen Personal, 8 bis 10 Musiker sind immer dabei und sechs Leute in der Reklamekolonne. Die Reklamekolonne fährt voraus und hängt die Ankündigungen, daß der Zirkus kommt. Außerdem kommt Büropersonal, Kassenpersonal und Restaurationspersonal dazu.

Wenn der Zirkus im Winterquartier steht, arbeitet außer meinem Sohn und mir niemand hier. Das Personal kommt, wenn die Saison beginnt, Anfang März, und sie endet Mitte bis Ende November, manchmal auch schon Ende Oktober, das hängt von der Witterung ab. Wenn die Saison zu Ende ist, wird der Zirkus eingestellt, und alle gehen nach Hause. Zirkusleute arbeiten im Regelfall neun Monate im Jahr, haben dann drei Monate spielfrei. Deswegen werden immer Saisonverträge abgeschlossen. Den Artisten werden in den Verträgen 24 Spieltage garantiert. Es wird ein Tageshonorar vereinbart, das aber nicht täglich ausbezahlt wird, sondern alle zehn Tage.

Manche Artisten arbeiten im Winter im Ausland oder im Cabaret oder haben genug Geld verdient, um nicht arbeiten zu müssen. Ich habe es bisher auch immer gut geschafft, die Winterzeit durchzuhalten. Ich habe noch nie Alpträume gehabt, daß ich einmal nicht gut über diese Zeit kommen würde. Würde das einmal eintreten, müßte eben etwas gefunden werden, daß es weitergeht. Aber es ist eine schreckliche Vorstellung für mich, eine Bank in Anspruch nehmen zu müssen.

Im Zirkus wird während der Saison jeden Tag in der Woche gearbeitet, außer es muß einmal eine Vorstellung ausfallen. Zirkus ist kein Zuckerschlecken. Besonders hart ist die Arbeit des technischen Personals. Deutsche kriege ich überhaupt nicht mehr, die wollen alle freitags Schluß haben und montags mittags wieder anfangen. Doch das gibt es bei uns nicht. Für diese Arbeit habe ich jetzt überwiegend Marokkaner und Polen. Das sind fast alles junge Kerle, die meisten sind alleinstehend. Die härtesten Tage sind immer der Auf- und Abbau. Ob es Wind hat oder nicht, ob es regnet, schneit oder stürmt, der Zirkus muß immer spielen. Das Publikum fragt nicht danach, ob das Personal beim Aufbau naß wird. Das interessiert keinen, der Zirkus muß zur Vorführung stehen.

Meine wichtigste Aufgabe ist es, dafür zu sorgen, daß zu Spielbeginn immer ein spielfertiges Zelt dasteht. Unser Zelt ist eines der größten in Europa: Es hat einen Durchmesser von 52 Meter und faßt maximal 4800 Zuschauer, aber so groß bauen wir nicht mehr auf. Wir lassen hinten immer ein Stückchen von der Sitzeinrichtung weg. Es ist heute nicht mehr zu schaffen, jeden Tag viereinhalbtausend Menschen oder gar 8000 Menschen auf die Beine zu bringen. Früher schaffte Sarrasani 10000 Besucher, beispielsweise bei seinen Südamerikareisen. Aber da war alles ganz anders, da gab es noch kein Fernsehen, keine Popsänger und keine Open-air-Konzerte. Das Fernsehen ist für uns eine echte Konkurrenz. Natürlich kann man sich Zirkus im Fernsehen angucken, aber da fehlt doch alles: das ganze Drumherum, die Atmosphäre. Das ist doch kein Zirkus! Zirkus im Fernsehen ist fotografierter Zirkus: Wenn ein Trick danebengeht, wird das rausgeschnitten. Das Bangen mit dem Artisten, gelingt es nun oder gelingt es nicht, also dieses Mitfühlen, das kann das Fernsehen nicht vermitteln.

Im Moment ist wieder eine Zeit, in der es »in« ist, in den Zirkus zu gehen. Die Jugend, das stellen wir seit Ende der achtziger Jahre fest, kommt wieder mehr zum Zirkus. Die wollen wieder das Miterleben. Die merken, dabei zu sein, ist doch etwas anderes als die Konserve aus dem Fernsehen. Das ist alles ein Kreislauf: Alles kommt einmal wieder in Mode. Es geht immer rauf und runter mit dem Zirkus. Aber grundsätzlich kommt zu uns jede Altersgruppe, vom Dreijährigen bis zum Greis, das Publikum ist total gemischt.

Mein Sohn André war immer dabei, auch schon als Baby, er ist im Zirkus großgeworden. Die erste Fahrt nach seiner Geburt ging nach Holland, wir kamen an die holländische Grenze, doch ich hatte keinen Kinderausweis für ihn. Da habe ich ihn einfach hinten in den Wohnwagen reingepackt und ihn über die Grenze geschmuggelt. Ich habe immer gedacht, hoffentlich schreit er nicht! Er war damals sechs Monate alt. Aber es ist alles gutgegangen. Als er schulpflichtig wurde, reiste in der Saison immer ein Lehrer mit dem Zirkus mit. Im Winter ist André dann in unserem Winterquartier in Mörlenbach zur Schule gegangen, da hat er auch seine Prüfungen abgelegt. Mit elf kam er in die Odenwald-Schule. Das war anfangs eine sehr harte Zeit für ihn, aber es war wichtig: Er lernte andere Leute kennen, lernte das soziale Verhalten außerhalb der Zirkuswelt kennen. Aber an jedem freien Wochenende war er im Zirkus, wir haben ihn immer abgeholt. Er war sechs Jahre in der Odenwald-Schule, hat dort seinen Realschulabschluß und seine Gesellenprüfung gemacht. Seit 1990 ist André fest im Zirkus mit dabei und ist eine große Unterstützung für mich.

Er ist bisher für die ganze technische Seite verantwortlich, aber er soll jetzt zunehmend ins Management hineinwachsen. Er soll auch kaufmännische Schulungen bekommen. Er hat außerdem eine Ausbildung als Feuerwehrmann. Die Feuerwehr ist im Zirkus ein teures Kapitel. Überall, wo wir hinkommen, brauchen wir die Feuerwehr. Da kommen ungeheure Summen zusammen. Beispielsweise haben wir einmal für vier Wochen in Berlin mehr als 19000 DM allein für die Feuerwehr bezahlt. Es ist eine gesetzliche Auflage, daß wir zum Schutz des Publikums die Feuerwehr auf dem Platz haben. Wir brauchen mindestens zwei Feuerwehrmänner und ein Löschfahrzeug. Das Löschfahrzeug kostet pro Stunde 52 DM, ein Feuerwehrmann etwa 40 DM. Da kommen schnell ein paar hundert Mark pro Tag zusammen. Gott sei Dank haben wir die Feuerwehr noch nie während der Vorstellung gebraucht.

Das schlimmste Erlebnis als Zirkusdirektorin hatte ich 1981: Der Zirkus wurde völlig zerstört. Es war im Oktober in Wien, wir hatten die letzte Vorstellung, es war ein Sonntag. Wir hatten eine Windwarnung erhalten. Die Nachmittagsvorstellung fing gerade an, aber es war noch nicht so schlimm mit dem Wind. Doch plötzlich fing es sehr stark an zu wehen, drinnen im Zelt hat man das nicht gemerkt, aber draußen. Die Windgeschwindigkeit nahm rasch zu, also forderten wir das Publikum auf, das Zelt schnellstens zu verlassen. Die Leute wollten nicht gehen, die Vorstellung war etwa eine Dreiviertelstunde gelaufen. Wir haben es geschafft, alle rauszukriegen, und dann wollten alle ihr Geld zurück. Wir haben gesagt, okay, einigen wir uns, es gibt die Hälfte zurück, denn ihr habt ja schon einen Teil gesehen. In dieser Lage haben wir zurückgezahlt, und es war ganz schrecklich. Die Leute haben uns beschimpft, haben die Kassiererin angespuckt, und sagten, es geschieht euch recht, daß das Zelt kaputtgeht! Der Sturm hat mit dem Zelt gespielt wie mit einem Blatt Papier. Die Masten waren gebogen wie Angelruten. Es war total kaputt, ein Schaden von 398 000 DM. Die Versicherung hat nichts bezahlt, weil der Wind eine Geschwindigkeit von 145 Kilometer pro Stunde hatte und wir keine spezielle Sturmversicherung haben, weil wir die Prämien dafür nicht bezahlen können. Die Prämien dafür sind so hoch, daß man dann im Fall der Fälle tatsächlich ein neues Zelt kaufen kann. Außerdem sind solche Stürme in Europa auch höchst selten.

Wir haben danach versucht in Hallen zu spielen, aber die sind wahnsinnig teuer, und man kriegt eben auch keine Atmosphäre in eine Halle. Die Konkurrenz hat sich schon gefreut, Zirkus Sarrasani ist kaputt. Doch wir haben es geschafft, zum Glück, nicht zuletzt mit der Hilfe des Hessischen Rundfunks. Wir hatten früher einmal für den Hessischen Rundfunk eine Gala gemacht für die Drogenhilfe, und als wir ganz unten waren, kamen die und halfen uns. Wir haben mit Sportlern eine Gala gegeben, die der Hessische Rundfunk präsentierte, und dafür haben sie uns einen Vorschuß gegeben, von dem wir uns wieder ein Zelt gekauft haben. Das Jahr 1982 war dann das erste Jahr, in dem wir ohne Tiere gereist sind. Aber es war eine ganz tolle Tournee. Wir hatten eine große Truppe, beispielsweise waren Senegalesen dabei, Frauen, die zum erstenmal oben ohne getanzt haben – allerdings nur in der Abendvorstellung. Das Publikum war ganz verrückt auf alles, es war toll. Ein Jahr später, 1983, sind wir dann wieder mit Tiernummern aufgetreten.

Weil Sarrasani aus Dresden stammt – dort hatte der Zirkus sein festes Gebäude, das 1945 bei den Bombenangriffen total zerstört wurde –, gastierten wir vor der Wiedervereinigung im Juni 1990 in Dresden. Das war mein schönstes Erlebnis: Die Menschen sind gekommen, haben die Wagen angefaßt und gesagt »unser Sarrasani ist wieder da!« Da ist mir erst richtig bewußt geworden, was der alte Herr für eine Persönlichkeit gewesen ist und was der auf die Beine gestellt hatte. Ich habe ihn leider nicht mehr kennengelernt, den Gründer Hans von Stosch-Sarrasani, auch seinen Sohn nicht, der 1942 gestorben ist. Wieder ein festes Haus zu haben wäre der Traum von mir und der Mami, aber ob das finanziell zu schaffen ist, ist fraglich: Allein aufbauen können wir das nicht. Das sind Millionen, die da gebraucht werden. So ein Haus müßte so gebaut werden, daß nicht nur der Zirkus auftreten kann, sondern alle möglichen Veranstaltungen – Shows, Kongresse, Eislaufen – dort stattfinden könnten. Nur so würde sich das rentieren.

Die Artisten erhalten eine Festgage, das Risiko trage allein ich. Das kann ich nur mit sehr viel Mut verkraften. Es ist schon sehr schwer manchmal: Wir haben einen Unkostenetat von 15 000 bis 18 000 DM am Tag und manchmal nur Einnahmen von 2500 bis 3000 DM. An solchen Tagen sitze ich abends da, bete und denke, was wird morgen kommen? Da steht man vor einer riesenschwarzen Mauer, aber am nächsten Tag scheint meistens wieder die Sonne.

Aber was bisher auch passiert ist, die Artisten haben immer ihr Geld bekommen. Zirkus ist unwahrscheinlich: Man kann viel Geld verdienen, wenn er läuft, aber man kann auch wahnsinnig viel verlieren. Diesen Seiltanz muß man als Direktor gut können, man muß immer ausgleichen. Mal geht es schlecht, dann geht es wieder gut. Wann es wie ist, das weiß man nicht, das ist eher eine Gefühlssache, aber das nötige Geld muß natürlich immer dasein. Wie ich das immer schaffe, weiß ich auch nicht, ich weiß nur, daß ich es schaffe. Irgendwo habe ich natürlich schon immer einen Topf, wo ich Geld habe, aber so viel Geld verdienen wir leider nicht, daß wir Geld für Notzeiten anlegen könnten. Von Banken bekommen wir jedenfalls kein Geld. Zirkus ist ein rollendes Unternehmen und ist nur etwas wert, wenn er spielt.

Um den Zirkus nach dem Sturmschaden wieder aufbauen zu können, haben wir allerdings einen Kredit erhalten, dafür hat aber das Land Hessen gebürgt. Den bezahlen wir jetzt natürlich ab. Irgendwie geht es immer weiter. Ich finde immer Mittel und Wege, spreche mit anderen Leuten, wenn Not am Mann ist. Ich muß überlegen, wen ich ansprechen könnte, und dann muß ich loslaufen und reden. Ich erkundige mich, wer der richtige Ansprechpartner ist: Ich gehe nie zum Schmidtchen, sondern gleich zum Schmidt. Allerdings hilft das auch nicht immer. Wir hatten beispielsweise kurz vor der Währungsunion noch einmal in der

DDR gespielt. Danach ging es darum, wie uns das Geld umgetauscht wird. Es hieß, es sollte 1:2 umgetauscht werden, doch das bedeutete für uns einen Zwei-Drittel-Verlust der Einnahmen. Ich war bei Herrn Pöhl, dem Präsidenten der Deutschen Bundesbank in Frankfurt, ich war bei der Staatsbank in Berlin, aber das hat alles nichts genutzt. Einer hat mich zum anderen geschoben, und ich habe das Geld leider doch nur zum Kurs 1:2 getauscht bekommen. Das war wieder ein böser Schlag, das waren rund 100000 DM, die ich verloren habe. Aber die Krankenkasse hat nicht zu mir gesagt, ihr habt nun drüben gastiert, ihr braucht bloß ein Drittel zu zahlen, die haben voll hingelangt, auch bei den Sozialbeiträgen mußten wir voll bezahlen. Das hat mich wieder ein bißchen zurückgehauen. Dann wird man einen Moment ein bißchen böse, aber danach heißt es, auf ein Neues.

Beim Zirkus braucht man eine Stehaufmännchen-Mentalität. In schlechten Situationen denke ich immer an das geflügelte Wort vom alten Herrn Sarrasani, »Willenskraft Wege schafft«. Irgendwie muß es weitergehen, und es geht auch weiter. Aufhören kann man nicht, weil man das gar nicht bezahlen könnte. Man wird immer getrieben: weitermachen.

Natürlich könnte ich auch Konkurs anmelden, aber das wäre nicht meine Art, dann könnte ich auch nicht mehr ruhig schlafen. Ich hätte immer das Gefühl, die Leute betrogen zu haben, die mich finanziell unterstützt haben. Schließlich haben mir die anderen vertrauensvoll Geld gegeben, und sie erwarten von mir, daß ich es zurückzahle, was ich auch immer tue.

Außerdem fühle ich mich auch sehr verantwortlich meinen Artisten gegenüber, schließlich sitzen wir alle in einem Boot. Wir sind wie eine große Familie. Im Zirkus muß man gut zusammenleben. Bei uns gibt es viele Nationalitäten und viele verschiedene Charaktere, und wir müssen rund neun Monate auf engem Raum zusammenleben. Natürlich gibt es Reibereien, aber da versuche ich auszugleichen, wieder Ruhe und Eintracht reinzubekommen. Wenn ein Artist in der Manege ist, muß er sich konzentrieren, sonst könnte es sein Leben kosten, und das muß unter allen Umständen verhindert werden. Deshalb muß ich immer für Harmonie sorgen.

Im Zirkus muß jeder immer voll da sein. Wenn es jemand in einem anderen Beruf einmal schlecht geht, arbeitet er langsamer oder gar nicht. Aber die Artisten arbeiten sogar, wenn sie krank sind. Es muß einer schon den Kopf unterm Arm tragen, um nicht aufzutreten. Im Zirkus herrscht sehr viel Disziplin, ohne die geht es nicht. Deshalb braucht es im Zirkus auch einen, und nur einen, der befiehlt. Natürlich kann eine Entscheidung, die ich jetzt treffe, im nächsten Moment falsch sein, aber in dem Moment, wo sie getroffen wird, muß sie stimmen. Ich befehle und ordne an, aber deswegen übe ich keine Macht aus, will ich auch gar nicht. Ich will auch nicht, daß meine Mitarbeiter unterwürfig sind, alle sollen gleich neben mir stehen, aber ich verlange auch viel von ihnen.

Trotzdem bin ich schon manchmal enttäuscht von einigen Mitarbeitern. Ein gutes Beispiel dafür war der Sturm in Wien. Als wir sozusagen weggeflogen sind, das Zelt und alles kaputt war, sind die Artisten im ersten Moment gekommen und sagten, sie würden zu mir halten, wir müßten den Zirkus wieder aufbauen, sie würden in Hallen weiterarbeiten. Ich habe das geglaubt. Aber in dem Moment, wo es schlecht gelaufen ist in den Hallen – und die Mieten, die wir bezahlen mußten, waren immens –, hätte ich erwartet, daß sie doch gesagt hätten, wir kommen mit ein bißchen weniger Geld aus. Das hat aber keiner getan, das war eine Enttäuschung. Denn so, wie ich die Artisten brauche, brauchen sie umgekehrt mich. Überhaupt ist es beim Zirkus so, daß jeder auf den anderen angewiesen ist. Das versuche ich immer allen klarzumachen. Ich verlange von allen, daß sie sich respektieren, zusammenhalten und sich gegenseitig helfen. Es ist durchaus schon einmal vorgekommen, daß ich einem Artisten mitten in der Saison gesagt habe, daß es besser ist, wenn wir uns trennen. Manche sehen das ein, weil sie genau wissen, warum, und andere gehen vor Gericht. Beispielsweise hatte ich eine Nummer mit vielen Tieren, und da wir 1990 früher Schluß gemacht haben, hat der Dompteur mich beim Arbeitsgericht verklagt. Er wollte seine Gage bis Ende November, weil das immer so wäre. Ich fragte ihn, wo das steht, er meinte nur, das wäre doch immer so, alle hätten das geglaubt. Aber er ist der einzige, der mich verklagt hat. Dann habe ich erfahren, daß er in einem anderen Zirkus weitergearbeitet hat, nachdem wir Schluß gemacht hatten. Trotzdem hat er geklagt. Solche Menschen gibt es auch. Und dieser Mann war fünf Saisons hintereinander bei uns. Er hat eine ausgefallene Nummer, findet deshalb immer wieder Engagements, aber bei mir wird er nicht mehr arbeiten. Was ich auf den Tod nicht leiden kann, ist

Erpressung, da gehe ich die Wände hoch. Gerade Artisten mit einer ausgefallenen Nummer versuchen schon ab und zu einmal zu erpressen. Und manchmal muß ich mich dann über meine Reaktion wundern. Dann frage ich mich, bist du das wirklich? Aber die Menschen machen einen hart, hart und brutal. Vorher sagen die mir, so und so machen wir es, dann drehen sie sich um und machen es anders. Das ist nicht schön, das finde ich nicht fair, und ich kann es nicht verkraften. Dann trenne ich mich lieber von jemandem. Solche Situationen sind wahnsinnige Enttäuschungen. Zum Glück passiert so etwas selten mitten in der Saison. Aber wenn der Fall eintritt, daß eine Nummer ausfällt, dann springt ein anderer dafür ein, oder das Programm wird ein bißchen gezogen, einer macht einen Trick mehr. Man muß dann eben flexibel sein mit dem Programm.

In einer Saison gastieren wir in rund 25 bis 30 Städten, grob gerechnet, sind wir in einem Monat in drei Städten. Die Routen werden nach zwei Kriterien zusammengestellt: Wann wir zum letztenmal in einer Stadt waren und ob wir in der geplanten Stadt eine Spielgenehmigung bekommen. Es gibt sehr viele Zirkusse, die bereisen 60, 80 oder gar 90 Städte in dieser Zeit. Wenn ich das machen müßte, hätte ich keinen Spaß mehr daran, dann würde ich aufhören. Unser Zirkus ist erstens zu groß, um in die kleineren Städte zu gehen, und zweitens ist es eine Schinderei für Mensch, Tier und Material, wenn man alle zwei Tage auf- und abbauen muß.

Eine Lieblingsstadt, in der ich am liebsten auftrete, habe ich nicht. Warum das Publikum wann zu uns kommt oder nicht, ist auch nicht zu erklären. Das ist fast ein Phänomen: Mal kommen wir in eine Stadt, und die Leute rennen uns die Vorstellungen ein, dann kommen wir nach zwei Jahren wieder, und es kommt keine Maus, obwohl das Programm besser ist. Das passiert, und wir können uns den Grund dafür nicht erklären. Aber durchgespielt wird immer, wenn mehr als 100 Zuschauer da sind. Wenn es allerdings weniger sind, lassen wir die Vorstellung ausfallen.

Große Zirkusse gibt es nicht viele in Deutschland, das sind Krone, Busch-Roland, Barum, diverse Althoffs und eben wir. Unser aller Problem sind die kleinen Familienzirkusse, die Weihnachten in der Fußgängerzone stehen und betteln. Davon gibt es rund 130. Diese kleinen Zirkusse drücken alles immer wieder runter, was wir anderen aufbauen. Die stehen da und betteln, obwohl sie das nicht nötig hätten: Es gibt keine hungernden Tiere, es gibt immer etwas zu fressen. Vor kurzem gab es einen Prozeß, da wurde ein sogenannter Zirkusdirektor geschnappt, der in einem Jahr 377 000 DM von den Sozialämtern kassiert hatte. Der war von Stadt zu Stadt gezogen und hatte überall kassiert. Ein anderes Negativ-Beispiel: In einem hessischen Dorf fuhr ein kleiner Zirkus auf. Der Dorfpolizist hielt die Zugmaschine an, die keinen TÜV und viele Mängel hatte, und dann ist der sogenannte Zirkusdirektor zum Bürgermeister gegangen und hat einfach gesagt, »lassen Sie hier die Maschine reparieren, sonst bleiben wir stehen.« Dann hat das Dorf die Maschine reparieren lassen für 12 000 DM aus der Gemeindekasse – wohl oder übel. Die Bürgermeister zittern, wenn im September, Oktober so ein kleiner Zirkus in ihre Stadt kommt, weil sie Angst haben, daß er dort überwintert und die Stadt alles bezahlen muß. Deswegen ist Zirkus nicht gesellschaftlich anerkannt, deswegen wird ein Zirkus von den Stadtverwaltungen keineswegs herzlich willkommen geheißen. Eher heißt es, na ja, da kommt ein Zirkus in die Stadt. Die Freude, den Spaß, die ein Zirkus in die Stadt bringt für Groß und Klein – wieviel Kinder gehen ins Theater in einer Saison, aber wie viele gehen in den Zirkus? –, das wird vergessen. Zirkus ist schön, ist Leben und Erleben. Zirkus sind Tiere, ist Anschauungsunterricht, ist Freude, ist Spaß, Zirkus ist einfach alles!

Manchmal habe ich schon das Gefühl, daß man denkt, »Achtung, die Zigeuner kommen, sperrt alles ein«, wenn wir kommen. Und ich vermute eben, das hängt mit diesen kleinen Zirkussen und ihrem Verhalten zusammen.

Überhaupt werden wir Zirkusleute, auch wir Zirkusdirektoren, als schillernde Personen betrachtet. Nicht von allen Menschen, aber von vielen. Das merke ich daran, daß selten ein Bürgermeister oder überhaupt ein Politiker in den Zirkus geht, selbst wenn er eingeladen wird und eine Freikarte hat. Da frage ich mich schon, warum die nicht kommen. Ich weiß es einfach nicht. Man merkt das auch daran, wie wir behandelt werden: Die Zirkusplätze liegen immer weiter weg von der Stadt. Aber welche Mutter schickt ihre Kinder an den Stadtrand in den Zirkus? Auch gibt es doch noch viele Leute, die kein Auto haben – wie sollen die zu uns kommen? Theater oder Sportzentren werden auch nicht außerhalb der Stadt gebaut, aber der Zirkus muß raus. Ich frage mich immer wieder, warum in den Städten nicht ein entsprechender Platz geschaffen werden kann, der sonst beispielsweise als Parkplatz benützt werden könnte.

Mein aktiver Part bei einer Vorstellung ist immer die Verabschiedung, das ist mir wichtig. Ich brauche diesen Kontakt zum Publikum. Ich habe einen Freund, der mir dafür regelmäßig den Text schreibt. Das ist schön, nach diesem turbulenten Spiel, wenn die Vorstellung zu Ende ist, die Leute noch auf den Plätzen zu halten. Ein Schlußwort von mir lautete beispielsweise: »Vergeßt nicht, daß das Leben Zirkus ist, und diese bunte Welt die große Farce, daß sich im Augenblick die Szenen wandeln und wir dabei als Spieler handeln. Vergeßt auch nicht, daß Gott das ganze Spiel und seinen kosmisch weiten Gegenstand in Akte ordnete und selbst erfand, die Texte und die Rollen auszuteilen. Wie lang, wie hoch sich unsre Handlung spannt, liegt in des Schicksals Dramaturgenhand. So hat uns heute die Zirkuspoesie entführt in das Reich der Phantasie, Sarrasani lud zum Zirkus ein, um wieder mal mit ihm zu fühlen Mensch zu sein.«

Wenn Artisten zu mir kommen mit Problemen, versuche ich zu helfen, wenn ich kann. Es ist sehr wichtig, daß ich mich für das interessiere, was um mich herum passiert. Die ganze Harmonie, das ganze gute Zusammenspiel könnte zerbrechen, wenn ich mich verschließen würde. Das gute Betriebsklima ist das A und O, wenn der Laden so laufen soll, wie er laufen muß. Natürlich gibt es Artisten, die abends direkt zu ihrem Wagen gehen und sich vor den Fernseher setzen, aber ich versuche, alle zusammenzukriegen, damit sie miteinander reden. Wenn die Mitarbeiter nicht miteinander sprechen, aneinander vorbeilaufen, kann die Arbeit nicht gut sein, deswegen ist die Harmonie bei uns so wichtig. Bei uns muß einer für den anderen dasein.

Zirkus ist mein Leben: Zirkusleben bedeutet, den Menschen Freude zu bringen, jeden Tag voll dasein zu müssen, viel zu reisen, jeden Tag, fast jede Stunde, vor einer anderen Situation zu stehen, die bewältigt werden muß. Das alles empfinde ich als Herausforderung. Die Befriedigung kommt, wenn wir spielen, das Publikum sich nach der Vorstellung bedankt für die tolle Vorstellung: Das gibt Auftrieb.

Ich möchte es schaffen, daß der Zirkus richtig gesellschaftsfähig wird: Daß man in den Zirkus gehen kann, ohne daß man schmutzige Schuhe kriegt, mit Stöckelabsätzen und elegant gekleidet. Ich wünsche mir, daß man bequem im Zelt sitzen kann – das ist mein Ziel, aber das ist eben alles eine Geldfrage.

Häufig klagt das Publikum darüber, daß wir zu teuer seien. Aber billiger können wir die Karten nicht verkaufen, die Preise lagen bei uns in der Saison 1991 zwischen 15 und 35 DM. Eine große finanzielle Hilfe wäre es für uns, wenn diese hohen Gebühren und kostenintensiven Auflagen entfallen würden. Das Schlechte beim Zirkus ist, daß er kulturell nicht anerkannt ist. Der Staat macht den Zirkus kaputt durch die vielen Auflagen: In jeder Stadt muß eine Kaution hinterlegt werden, die zwischen 500 DM und 10000 DM liegt, die Werbegenehmigung kostet zwischen 100 DM und 3000 DM. Außerdem braucht man eine Bauabnahme, die in einer großen Stadt ungefähr 300 bis 400 DM kostet. Dann kommt das Platzgeld zwischen 150 DM und 1200 DM pro Tag dazu, wir brauchen einen Elektroanschluß, um drei Drähtchen festzumachen, wir brauchen einen Wasseranschluß, Windwarnung und so weiter. Das sind alles Ausgaben, die wir haben, bevor wir auch nur einen Pfennig eingenommen haben. Und wenn wir von einer Stadt in die nächste fahren mit der Bahn, kostet der Sonderzug für rund 60 bis 80 Kilometer zwischen 8000 und 12000 DM. Würden wir aber mit Fahrzeugen auf der Straße fahren, haben wir das Risiko, daß wir dann eventuell nicht pünktlich auftreten können. Deshalb fahren wir nachts mit der Bahn, damit wir unsere angekündigten Zeiten immer einhalten können. Ich verlange keine Subventionen. Jeder Zirkus soll sich selbst erhalten. Wer sich nicht selbst erhalten kann, soll aufhören. Aber ich verstehe beispielsweise nicht, warum wir für die Feuerwehr bezahlen müssen, die wir bereits über die Steuer finanzieren und die letztlich zur Sicherheit des Publikums da ist. Trotzdem gebe ich nicht auf. Mich motiviert mein Wille, allen zu zeigen, daß ich es doch schaffe, daß ich dabei sein will und muß. Meine Triebfeder ist, der Welt zu zeigen, daß ich nicht untergehe – vor allem als Frau. Das ist meine Herausforderung.

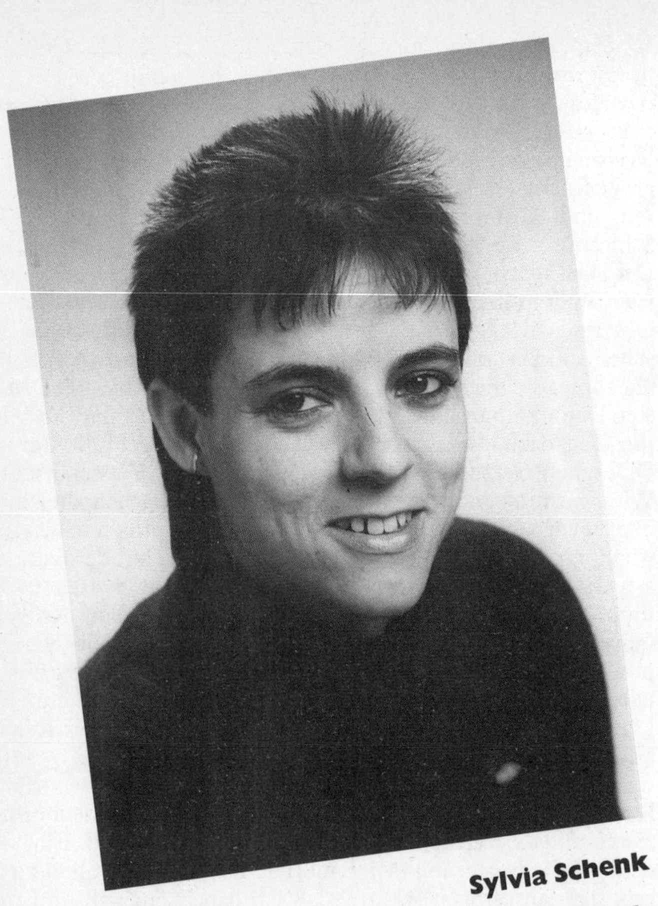

Sylvia Schenk

Sportdezernentin, Kommunalbehörde

Unplanmäßig fand das verabredete Treffen zwischen Sylvia Schenk und mir nicht nur zwischen uns beiden statt, sondern eine Dritte war in den Amtsräumen der Sportdezernentin der Stadt Frankfurt am Main mit von der Partie: Tochter Maike, weil an dem verabredeten Tag die Tagesmutter kurzfristig ausgefallen war – quasi der lebende Beweis dafür, warum Frauen es generell so schwer haben, überhaupt in verantwortliche Positionen zu gelangen und sich dann dort bewähren und beweisen zu können. Sylvia Schenk und ihre Maike wiederum stellen alle traditionellen Vorurteile auf den Kopf: Sie zeigen, daß Kind und Karriere vereinbar sind. Maike bewies in diesen rund vier Stunden, daß Kinder berufstätiger Mütter alles sind, nur keineswegs problematischer als Kinder von Müttern, die sich 24 Stunden rund um die Uhr nur mit ihrem Nachwuchs beschäftigen. Maike tat, was jedes Kind in diesem Alter tut: Sie schlief, spielte mit Bauklötzchen oder krähte fröhlich und war bei allen Aktivitäten immer höchst liebenswert. Natürlich müssen Mütter mit Beruf sich exzellent zu organisieren wissen, natürlich müssen sie für Notfälle wie den Ausfall der Tagesmutter gerüstet sein, müssen sich vorher überlegen, was mit dem Kind im Fall der Fälle zu tun ist. Aber Frauen, die beides wollen, schaffen das auch.

Sylvia Schenk ist eine der Frauen, die weder auf die Mutterschaft noch auf die Berufstätigkeit verzichten wollen, und ihr gelingt es, beide Bereiche so miteinander zu verbinden, daß weder der Beruf noch das Kind zu kurz kommen. Natürlich hat sie manchmal Hektik, aber sie läßt sich nicht von schlechtem Gewissen plagen, weil sie weiß, daß Maike während ihrer Abwesenheit in guten Händen ist. Und genau darauf kommt es an: Auf die Einsicht, daß das Kind nicht nur von der eigenen Mutter versorgt werden muß. Patentrezepte, wie Familie und Beruf zu vereinbaren sind, gibt es keine: Jede Frau muß ihren individuellen Weg dafür finden, aber wenn sie ihn sucht, findet sie ihn auch. Sylvia Schenk und ihre Maike sind ein realer Beweis dafür.

Ich bin Stadträtin und Dezernentin für Sport, aber als Berufspolitikerin verstehe ich mich nicht. Richtig überraschend kam das Angebot, Sportdezernentin der Stadt Frankfurt zu werden, für mich nicht, weil ich die Sportexpertin der Frankfurter SPD bin. Mir war schon klar, wenn es zu einer rotgrünen Koalition kommt, könnte diese Frage auf mich zukommen. Ich hatte zudem den Vorteil, Frau, aber den Nachteil, relativ jung zu sein. Es gibt natürlich immer eine Vielzahl von Ungewißheiten, wenn Posten verteilt werden. Als das Angebot konkret wurde, habe ich intensiv überlegt, mir Auswirkungen auf die Kindheit meiner Tochter vorgestellt und mir Gedanken über die Arbeit in einer Verwaltung gemacht. Schließlich war ich zehn Jahre lang als Arbeitsrichterin völlig unabhängig. Ich war schon traurig, daß ich mich zwischen der Politik und meinem Beruf entscheiden mußte. Aber da ich beurlaubt bin, kann ich jederzeit wieder zurück in die Rechtsprechung. Da ich nicht auf ein Mandat angewiesen war, konnte ich in aller Ruhe meine Entscheidung treffen. Ich habe mich für die Politik entschieden, weil der Sport genau der Themenbereich ist, in dem ich schon lange arbeite, den ich kenne, beherrsche und an dem ich persönlich interessiert bin. Ich sah die Chance, meine Ideen zu verwirklichen: Man kann nicht immer nur als Oppositionspolitikerin Anträge schreiben oder als Verbandspolitikerin Forderungen stellen, aber nicht bereit sein, selber Verantwortung zu übernehmen. Auch hat es mich gereizt, deutlich zu machen: Mutter sein und Politik machen, das funktioniert! Ich möchte anderen Frauen und anderen Arbeitgebern zeigen: Frauen mit Kindern sind im Beruf kein Problem.

Ich bin vom Stadtparlament auf sechs Jahre gewählt worden. Die Kommunalwahlperiode beträgt vier Jahre, die Wahlperiode für die Spitzenbeamten läuft sechs Jahre. Würde bei der nächsten Frankfurter Kommunalwahl 1993 wieder die CDU gewinnen, könnte die uns abwählen, wie wir unsere Vorgänger abgewählt haben. Insgesamt hat die Stadt Frankfurt zwölf Dezernentenpositionen, davon sind fünf mit Frauen besetzt. Ich hatte einen großen Sympathievorschuß am Anfang, weil ich schon seit Jahren in Frankfurt bin, und keiner konnte mich aus fachlichen Gründen ablehnen. Ich stieß eigentlich überall auf Zustimmung und offene Ohren. Trotzdem kam von einigen Personen gegen mich das vorgeschobene Argument, »das arme Kind!«

Doch meine Tochter ist der lebende Gegenbeweis für diese Argumente.

Zu meinem Amt gehören ungefähr 450 Leute; es ist eine relativ kleine Verwaltungsspitze mit rund 20 Personen, alles andere sind Angestellte oder gewerbliche Arbeitnehmer aus dem Betrieb, wie Platzwarte, Bademeister und Bademeisterinnen, Kassiererinnen oder Gartenpfleger, auch das technische Personal für die Schwimmbäder gehört beispielsweise dazu.

So richtig bewußt geworden, wie es in der Politik zugeht, ist es mir durch eine Rede bei den Weltjugendfestspielen auf Kuba 1978, die ich als Mitglied der Delegation der Deutschen Sportjugend dort gehalten habe. Diese Rede wurde unter Verfälschung bestimmter Zitate nachher dazu benutzt, mir Dinge zu unterstellen, die ich weder gesagt noch gemeint hatte, um damit meinem Verband zu schaden. Dadurch kam es zwischen mir und einigen Sportfunktionären, die früher immer die »väterlichen« waren, zu einem Bruch. Daran hatte ich lange Zeit sehr zu knabbern, aber ich habe trotzdem weitergemacht, was meine Position im deutschen Sportumfeld gefestigt hat. Die anderen haben gemerkt, ich bin nicht kleinzukriegen, und ich bin gestärkt aus der Sache hervorgegangen. Das hat sich später positiv ausgewirkt, obwohl es damals sehr hart für mich war. Es hat ein gutes Jahr gedauert, bis ich mit der Sache fertig war und mir klar wurde, was da eigentlich abgelaufen ist. Damals habe ich vieles nicht erkannt, habe aber gelernt, wie man mit Konflikten umgeht und wie man das erträgt. Wenn man im politischen Geschäft ist, ist es sehr wichtig, Sachen aushalten zu können, die einem zu Unrecht vorgeworfen werden. Wenn etwas Ähnliches heute passiert, bin ich zwar betroffen, das muß auch sein, sonst wäre ich zu abgestumpft, aber ich kann damit umgehen.

Das Umgehen mit solchen Dingen lernt man nur durch Erfahrung. Wenn man zu betroffen reagiert, kann man nicht mehr vernünftig mit einem Problem umgehen. Es ist wichtig, mal mit anderen darüber zu reden und andere in solchen Situationen zu beobachten. Ich versuche robust zu werden, aber dennoch sensibel zu bleiben. Man muß in der Lage sein, Kritik aufzunehmen und die zu überdenken.

Geboren bin ich am 1. Juni 1952. Mein Vater ist Arzt, meine Mutter hatte ebenfalls mit dem Medizinstudium begonnen, aber weil nur einer der beiden fertig studieren konnte, hat sie eine

Ausbildung als Krankenschwester gemacht und war bis zu meiner Geburt berufstätig. Mein Vater war bei der Bundeswehr, deswegen sind wir ständig umgezogen.

Ich bin in Niedersachsen, Rotenburg/Wümme, geboren, habe dort gelebt, bis ich sieben war. 1959 sind wir umgezogen nach Bergen, Kreis Celle. Im Jahr 1963 ging es nach Nordhessen, nach Homberg-Efze, und 1967 nach Treysa bei Marburg.

Eingeschult worden bin ich mit fünf Jahren 1958 in eine gemischte Grundschule in Rotenburg und kam 1962 in Celle in ein reines Mädchengymnasium. Ich war anderthalb Jahre auf dem Mädchengymnasium und fand es im nachhinein immer schrecklich. Als ich wieder in eine gemischte Schule kam, habe ich erst mal nur mit den Jungen gespielt.

Die Umzüge waren immer ein Einschnitt für mich: Ich mußte mich auf völlig neue Leute einstellen, mich wieder in einer neuen Umgebung zurechtfinden. Dadurch habe ich aber gelernt zu beobachten – was ist los in meinem Umfeld, wie ist die Hackordnung – und mich entsprechend einzubringen. Nach dem letzten Umzug, 1967, war ich nach einem knappen Jahr schon Klassensprecherin in der neuen Klasse. Da hatte ich es raus, wie man sich integriert. Ich kannte mittlerweile die Mechanismen, wie man sich in eine neue Gruppe hineinfindet: Ich war anfangs ruhig, habe beobachtet, wie was läuft, und wenn ich das wußte, habe ich mitgemischt, und das ging ohne Probleme. Diese Mechanismen sind mir erst viel später bewußt geworden, als ich einmal darüber nachdachte, warum reagiere ich in welchen Situationen wie.

Meine Eltern haben immer Sport gemacht, viel Tennis gespielt und mit uns geturnt, so daß meine Schwester – sie ist drei Jahre jünger – und ich sehr sportlich aufgewachsen sind. Im Turnverein war ich schon mit fünf Jahren. Ich habe im Alter von zwölf Jahren mit Tennis angefangen, hatte Trainerstunden. 1966 habe ich das erste Mal an Jugendmeisterschaften teilgenommen und wurde Dritte bei den nordhessischen B-Jugendmeisterschaften, im Doppel ebenfalls Dritte. Dann kam der Umzug nach Treysa. Dort waren im Tennisverein keine Jugendlichen, so daß ich darauf angewiesen war, mit meinen Eltern oder anderen Erwachsenen zu spielen. Ich stand zwar bei den Frauen an zweiter oder dritter Stelle, aber es gab keine Gleichaltrigen. Dafür war in Treysa ein sehr aktiver Leichtathletikverein, also dachte ich mir, jetzt könnte ich Leichtathletik machen. Weil ich aus der Schule vom

Sportabzeichen wußte, daß ich gut lange Strecken laufen konnte, meldete ich mich bei den Kreismeisterschaften für den 800-Meter-Lauf an, ohne Vereinsmitglied zu sein. Ich ging einfach an den Start, hatte keine Spikes, lief 800 Meter auf der Bahn und war weit vor der ersten Jugendlichen und ganz dicht hinter der ersten Frau; Jugend- und Frauenklasse waren zusammen gestartet. Der Verein kam sofort und sagte, »bleib hier«. Also habe ich 1968 im Verein angefangen, zweimal in der Woche habe ich trainiert, auch Hochsprung, Weitsprung oder Speerwerfen, aber Schwerpunkt waren die 800 Meter. Damals gab es für meine Altersgruppe noch keine Meisterschaften, sondern B-Jugend-Bestenkämpfe. Da mußten wir zweimal an einem Tag laufen: Es gab einen Vorlauf morgens um 11 und einen Endlauf nachmittags um 15 Uhr. Ich war darauf überhaupt nicht vorbereitet. Ich lief im Vorlauf Bestzeit, womit ich nachher zeitlich an zweiter Stelle in Hessen stand, doch im Endlauf bin ich fast umgefallen, weil ich so erschöpft war. Anschließend sagte ich mir, »nie wieder 800 Meter!«, der Trainer war ganz entsetzt. Ich bin dann 1969 auf die 400 Meter gegangen, habe mich strikt geweigert, 800 Meter zu laufen. Ich wurde 1969 hessische Jugendmeisterin über 400 Meter und zweite bei den hessischen Meisterschaften in der Frauenklasse. Da war ich 17 Jahre alt. Bei den deutschen Jugendmeisterschaften bin ich im Zwischenlauf ausgeschieden.

Neu kam damals auf, daß die weiblichen Jugendlichen die 1500 Meter laufen durften. Unser Vereins-Trainer empfahl mir diese Strecke mit dem Argument, »da gibt es noch nicht so viele, die das laufen, da kommst du relativ einfach bundesweit nach vorne«. In dieser Phase überwarf sich unsere Jugendgruppe mit diesem Trainer, er wechselte den Verein. Ich hatte zwar noch einen lockeren Kontakt mit ihm, war aber mit meinem Training ganz auf mich gestellt. Ich wollte mich auf einen 1500-Meter-Lauf vorbereiten, der im Oktober 1969 in Kassel stattfand. Der Trainer hatte mir gesagt, ich sollte versuchen, 5 Minuten zu laufen, damit wäre ich ganz weit vorne. Also rechnete ich mir aus, daß das pro 100 Meter ein Schnitt von 20 Sekunden ist und stellte mir selber ein Trainingsprogramm zusammen. Ich machte meine Läufe: 20 Sekunden pro 100 m, bei 800 Metern also 8 mal 20 Sekunden, und versuchte, mich voll auf die Zeit einzustellen. Zu dem Wettkampf ist er mit mir noch hingefahren, und ich bin dann 1500 Meter voll in diesem 20-Sekunden-Schnitt gelaufen, weil ich das richtig draufhatte; die letzten 300 Meter habe ich gespurtet und war dann mit 4:52 an zweiter Stelle in der Jugendbestenliste der Bundesrepublik. Außerdem hatte ich eine ganz gute 400-Meter-Zeit stehen. Dadurch wurde der Deutsche Leichtathletikverband auf mich aufmerksam. Ich bekam dann im Herbst zwei Einladungen, eine zum Jugendlehrgang auf Bundesebene für 400 Meter, die andere für einen 1500-Meter-Lehrgang im Frauenkader. Ich entschied mich für den Frauenkader, da waren Spitzenstars dabei wie Ellen Tittel oder Christa Merten, das reizte mich. Bei so einem Lehrgang wird gemeinsam trainiert, für die Kadermitglieder wird auch Wettkampfplanung oder Trainingsplanung gemacht.

Nachdem ich mich für das 1500-Meter-Training entschlossen hatte, mußte ich mich auf den Lehrgang vorbereiten, denn seit dem Wettkampfrennen für Kassel hatte ich nicht mehr trainiert. Dieser erste Lehrgang war Anfang Dezember, und zur Vorbereitung bin ich jede Woche zweimal rund 6 Kilometer gelaufen und dachte mir, das sei bereits eine Spitzenleistung, da könne ich gut mithalten. Ich kam hin, war die Jüngste der Gruppe, und wir mußten bereits am ersten Tag 15 Kilometer laufen. Diese Strecke sind die anderen in einem Tempo gelaufen wie ich meine 6 Kilometer nicht. Hinterher war ich kaputt. Der Bundestrainer war ganz verzweifelt, hat bestimmt gedacht, »wen habe ich mir denn da eingeladen!« Am nächsten Tag ging es gleich weiter mit dem Training, das habe ich nach der Hälfte abgebrochen, und ich merkte, der Trainer überlegte, ob er mich überhaupt noch mal einladen soll. Am dritten Tag, einem Sonntag, bin ich dann locker ein bißchen mitgelaufen, und dann ging es wieder nach Hause. Am Montag konnte ich mich nicht rühren, meine Mutter war völlig entsetzt und sagte nur, »Kind, da fährst du nicht wieder hin!« Für mich gab es dann die Alternative, entweder ganz aufzuhören oder richtig loszulegen. Ich entschied mich für das Loslegen, und ab Dienstag habe ich täglich trainiert – allein, der Trainer im Verein war nicht mehr da. Ich suchte mir eine Straßenrunde von knapp 10 Kilometern, die lief ich jeden zweiten Tag, zwischendurch lief ich kürzere Strecken und war in der Halle.

Als ich zum nächsten Lehrgang Mitte Januar kam, sagte der Trainer gleich, ich sollte nur die Hälfte machen. Ich antwortete nur, »ich will es mal probieren.« Da konnte ich schon viel besser mithalten, war im Verhältnis zu den anderen immer noch schwächer, aber hatte von da an eine Fernbetreuung vom Bundestrainer. Er hat mir Trainingspläne bei den Lehrgängen mitgegeben, meinen Trainingszustand beobachtet, und einmal pro Woche haben wir telefoniert. Ich habe weiter allein trainiert, manchmal zusammen mit den Männern von meinem Verein, aber es gab niemanden in meiner Leistungsstärke.

Dann waren im Februar deutsche Jugendhallenmeisterschaften in Berlin, da mußte ich auf die 800 Meter, 1500 Meter gab es nicht, und wurde auf Anhieb Zweite, aber mit einer hervorragenden Zeit, die von meinen Trainingsleistungen nicht ableitbar war. Vorher meinte der Trainer noch, wenn alles gut läuft, brauchst du 2:20 Minuten, und er staunte, als ich die Strecke in 2:16 lief.

Anfang April 1970 wurde ich deutsche Jugendmeisterin im Waldlauf. Das war mein erster Titel, und plötzlich war ich in der Schule und unserer Kleinstadt fast ein Star. Bei meinem ersten Start auf der Bahn über 1500 Meter lief ich deutschen Jugendrekord, wurde im gleichen Jahr auch deutsche Jugendmeisterin auf der Bahn über 1500 Meter, und dann waren im August die deutschen Meisterschaften in Berlin. Der Bundestrainer hatte mir vorher empfohlen, jetzt sollte ich mal die 800 Meter laufen, das tat ich. Im Vorlauf verbesserte ich den deutschen Jugendrekord um 3 Sekunden, der stand damals auf 2:09, und ich lief 2:06,8. Das war wieder etwas, was keiner erwartet hatte oder aus den Trainingszeiten vorhersagen konnte. Ich bin eben ein Wettkampftyp. Ich wurde im Endlauf Vierte, hatte mich noch mal um eine Sekunde verbessert und damit die deutschen Jugendrekorde über 1500 Meter und 800 Meter.

Anfang September waren dann europäische Juniorenmeisterschaften in Paris. Ich entschied mich, in Paris die 800 Meter zu laufen; meine Abneigung gegen diese Strecke war inzwischen weg, jetzt hatte ich auch die Trainingsgrundlage. Ich startete also in Paris und wurde mit einer Hundertstelsekunde Rückstand Zweite, hatte aber noch mal den deutschen Jugendrekord um eine halbe Sekunde verbessert: Ich lief 2:05,2 Minuten. Ich bin kurz danach noch mal über 400 Meter die zweitbeste Zeit gelaufen, auch fast den Jugendrekord, bin also 1970 praktisch aus dem Nichts in die bundesdeutsche Jugendspitze reingekommen. Im gleichen Jahr habe ich Abitur gemacht.

Noch 1969 hatte ich mich beworben für ein Austauschjahr in den USA, was ich nach dem Abitur machen wollte, unter dem Gesichtspunkt, daß ich noch so jung war. Im Januar 1970 kam dann die Zusage, ich könne fahren. Doch dann überlegte ich, was mir wichtiger war, der Sport oder Amerika. Ich entschied mich für die sportliche Laufbahn, habe Amerika abgelehnt. Das war ein Entscheidungsprozeß, der nicht leicht war, aber bei dem mir klar wurde: Sport will ich zu hundert Prozent machen.

Ehrgeiz war bei mir schon immer mit dabei. Ich fing natürlich nicht bei den Kreismeisterschaften 1968 an mit der Vorgabe, ich will deutsche Jugendmeisterin werden, aber ich wollte das, was ich tue, schon immer gut machen. Das Engagement für den Sport kommt einerseits aus der Freude am Bewegungsablauf, andererseits aus der Freude daran, etwas möglichst gut zu machen. Ich mußte bei Läufen, die hundert Prozent gut gelaufen sind für mich, nicht Erste werden, aber ich mußte merken, daß ich gegeben hatte, was möglich war.

Ich bin in einem Haus aufgewachsen, das man zum Bildungsbürgertum rechnen kann. Die Eltern hatten beide Abitur, und immer war klar, daß ich studiere. Es war auch klar, daß ich Sport betreibe. Daß es dann die Leichtathletik wurde, war etwas, was ich mir selber ausgesucht habe, das fand ich ganz wichtig. Mein Elternhaus war leistungsbetont, aber es wurde nie Druck ausgeübt. Es herrschte eine positive Atmosphäre, nach dem Motto: Tue etwas mit deinen Anlagen. Die Sportart Leichtathletik und das Laufen haben mir unheimlich Spaß gebracht. Ich finde auch die Leichtathletik nach wie vor toll. Das Laufen ist für mich ein Stück Leben. Ich kann mir nicht vorstellen, jemals auf das Laufen ganz zu verzichten.

Als ich Abitur hatte, wußte ich noch nicht, was ich beruflich machen wollte. Mir war nur klar, Lehrerin will ich nicht werden, ich will nicht in die Schule zurück. Mir war auch klar, daß ich nicht Sport studiere: Zum einen, weil nur Lehrerin oder Trainerin übriggeblieben wäre, was für mich keine richtige Perspektive war, und zum anderen, weil für mich der Sport mein Hobby war. Dann habe ich mich für die Rechtswissenschaften entschieden: Mir hat gefallen, daß man da so viele berufliche Möglichkeiten hat, ich wollte mich damals noch nicht endgültig festlegen. Im Wintersemester 1970/1971 habe ich in Marburg angefangen, als Fahrstudentin von Treysa aus. Für den Sport war das positiv: Dort war eine gute Studententruppe – allerdings alles Männer –, die regelmäßig trainierte, und da machte ich mit.

Durch das Hin- und Herfahren entstand aber eine Zerrissenheit: Ich war nicht in Marburg zu Hause, auch nicht mehr richtig in Treysa. Das hat mir nicht gefallen. Auf Dauer habe ich auch nicht eingesehen, daß ich meine Wettkampfmeldungen teilweise sogar selber für den Verein machen mußte; ich wollte auch nicht, daß immer nur meine Eltern als Betreuer zu Wettkämpfen mitfahren oder ich alleine fahre, das ist auf Dauer langweilig. Dann hat mich die Abteilung Leichtathletik von der Frankfurter Eintracht angesprochen. Sie sagten, komm nach Frankfurt, wir besorgen dir ein Zimmer, unterstützen dich, und dann startest du ab 1972 für die Eintracht. Das habe ich gemacht und bin im Oktober 1971 zum Studium nach Frankfurt. Sportlich betrachtet, war 1971 für mich ein Zwischenjahr. Da habe ich natürlich nicht mehr so einen großen Sprung gemacht wie 1970, aber ich wurde Dritte bei den deutschen Meisterschaften, war bei den Europameisterschaften dabei, bin da im Zwischenlauf ausgeschieden und bin in der 4-x-800-Meter-Nationalstaffel Weltrekord mitgelaufen.

Meine Eltern waren natürlich sehr stolz, haben immer mitgezittert und mitgefiebert, mußten sich aber auch damit auseinandersetzen. Ich merkte das 1970, wo ich schon überregional bekannt war, als mein Vater bei einer Veranstaltung war und gefragt wurde, »sind Sie der Vater von der Sylvia Schenk?« Er erzählte, daß ihm das ganz komisch vorkam, und mir dann auch, weil man als Tochter oder als Frau immer gewohnt ist, die »Tochter von« oder die »Frau von« zu sein, und jetzt auf einmal wurde mein Vater mir zugeordnet. Das fand ich schon toll. Aber mir ist auch bewußt geworden, daß sich meine Eltern mit meinem Sport auseinandersetzen mußten. Es passierten natürlich auch witzige Dinge: Wenn meine Mutter einkaufen ging, sagte der Schlachter schon einmal, »hier haben Sie ein Steak, damit Ihre Tochter das nächste Mal wieder gut läuft!« Insgesamt fanden meine Eltern mein sportliches Engagement gut. Sie haben mich immer voll unterstützt, ohne sich einzumischen. Das war ganz wichtig. Wenn Entscheidungen zu treffen waren, dann haben wir das beraten, aber sie haben mich nie in eine Richtung gedrängt.

Meine Familie ist auch immer, soweit es möglich war, zu Wettkämpfen mitgefahren. Beispielsweise 1972 bei den Olympischen Spielen in München war die ganze Familie mit: Meine Schwester hatte sich beim inoffiziellen Jugendlager gemeldet, meine Mutter war als Betreuerin in diesem Lager, und mein Vater hat sich über die Bundeswehr gemeldet, wurde als Arzt eingesetzt. Wir waren alle die ganze Zeit in München. Die drei standen schon fest als Teilnehmer in München, nur ich noch nicht, weil ich mich erst auf den letzten Drücker qualifiziert habe. Meine Eltern sagten schon, nachher sind wir alle in München, nur du nicht!

Das Olympiajahr 1972 fing damit an, daß ich im Januar beim Hallensportfest in England Europarekord über die Meile gelaufen bin. Dabei habe ich mir eine Verletzung der Achillessehne zugezogen und hatte zwei Monate, in denen ich wenig trainieren konnte. Das ging mir auf die Psyche: Ich dachte immer, ich will doch bei Olympia dabeisein, und jetzt habe ich in der wichtigsten Trainingsphase Ausfall! Das bekam ich im April in den Griff und sagte mir, ich kann und will das wieder aufholen. Ich konnte wieder sehr gut trainieren, bin auch deutsche Juniorenmeisterin im Crosslauf geworden, und dann kamen die deutschen Meisterschaften als Probelauf für die Olympischen Spiele. Ich hatte zwei Wochen davor zwar die Olympianorm über 1500 Meter, aber nicht über 800 Meter. Dann hatte ich eine Phase von mehreren Tagen, wo ich überhaupt nicht wußte, was ich machen sollte: Vom Gefühl her wollte ich lieber die 800 Meter laufen, aber ich wollte natürlich bei den Olympischen Spielen dabeisein. Da sprach die ganze Vernunft für die 1500 Meter. Es hätte mir nichts mehr passieren können. Ich weiß noch, daß ich zwei, drei Tage im Training nichts mehr zustande gebracht habe, weil ständig in meinem Kopf rumging: Was mache ich nur? Dann nahm ich an einem Testlauf teil, hörte aber nach 200 Metern auf. Ich war so durcheinander, wollte keine Testläufe machen, weil ich nicht wußte, welche Strecke ich laufe. Letztlich entschied ich mich, im Bewußtsein aller Risiken, für die 800 Meter, lief im Testlauf eine Superzeit und fuhr hochmotiviert zu den deutschen Meisterschaften. Das war meine letzte Chance. Im Vor- und Zwischenlauf bin ich ganz gut zurechtgekommen, die Probleme an der Achillessehne waren weitestgehend weg. Dann der Endlauf: Hildegard Falck, die damalige Weltrekordlerin, ist mit einem Höllentempo losgelaufen, die anderen hinterher, so gut sie konnten, ich auch, aber schon mit gehörigem Abstand. Ich weiß noch, daß ich unterwegs immer dachte, mein Gott, es ist vorbei! Trotzdem lief ich mein Rennen, was sollte ich anderes machen? Hildegard Falck ist das Rennen allerdings zu schnell angegangen, nach 500 Metern kam sie uns praktisch rückwärts entgegen; von den anderen guten Läuferinnen stieg eine nach der anderen aus. Ich bin zwar das Rennen für meine Verhältnisse auch zu schnell angegangen, aber doch mit einem Tempo, das ich durchstehen konnte, und bin dann immer näher an die anderen rangekommen, nicht weil ich schneller wurde, ich habe mein Tempo gehalten, aber die anderen wurden langsamer. Ich habe mich ganz kurz hinter der Hildegard, so war mein Eindruck, ins Ziel geworfen. Ich guckte auf die elektronische Anzeige und sah als Siegerzeit 2:03,5, die Olympianorm war 2:05, also war klar, das reicht. Ich wußte auch: Hildegard vorne, aber die anderen alle hinter mir, es war geschafft. Mir ging es gut, ich unterhielt mich mit Leuten, zog die Spikes aus, und plötzlich sagte jemand, »guck mal auf die Anzeigetafel!« Das tat ich, und was stand da: Ich war Meisterin! Ich habe um ein Hundertstel die Hildegard Falck noch abgefangen, das war ein Zielfotoentscheid. Da war ich völlig fertig, jetzt kam plötzlich der ganze Streß raus: Ich war deutsche Meisterin. Das war mein schönster und wichtigster Erfolg, weil er auch mit der Olympia-Qualifikation verbunden war.

Bis zu den Olympischen Spielen war dann alles toll, mehr konnte ich nicht erwarten, die Qualifikation war für mich das Wichtigste: Ich wußte, daß ich keine Bäume ausreiße, und was mir bei den deutschen Meisterschaften den Titel gebracht hat, hat im Zwischenlauf gefehlt: Ich bin um eine Hundertstelsekunde ausgeschieden. Aber das war für mich kein Problem: Ich wollte dabeisein, eine gute Zeit laufen, das war alles, und das hatte ich erreicht. Es war eine ganz tolle Zeit, die Vorbereitung auf München, völlig unbeschwert, und dann die Olympischen Spiele selber, bis zu dem Anschlag am 3. September. Ab dem Tag der Geiselnahme in der israelischen Mannschaft standen alle zehn Meter Polizeibeamte oder Beamte vom Bundesgrenzschutz, alles wurde bewacht, man fühlte sich auf einmal bedroht, hatte Angst. Die Leichtathletikkämpfe waren mittendrin: Sonntags hat die Ulrike Meyfarth ihren Hochsprung gewonnen, und am Montag ging das los. Die Geiselnahme war tagsüber. Wir wohnten gegenüber im Hochhaus: Wir konnten auf der einen Seite das Gebäude sehen, andererseits haben wir Fernsehen geguckt. Man konnte hin- und herlaufen, wir saßen alle zusammen. Dann hieß es, die Geiseln würden abtransportiert, wir sahen einen Hubschrauber ankommen und wieder abfliegen. Um Mitternacht hieß es, die wären abgeflogen, es sei alles okay. Dann sind wir schlafen gegangen. Morgens wachte ich auf, die Nachrichten waren gerade vorbei, doch die Sprecherin sagte, »wegen der Ereignisse der vergangenen Nacht spielen wir jetzt Trauermusik«. Ich erschrak, bin raus auf den Flur, traf jemanden, und dann hieß es: »Sie sind alle tot.« Das war ein unheimlicher Schock, wir waren alle völlig fertig. Es war alles sehr zwiespältig, der totale Einschnitt. Das, was vorher so toll war, war zwar nicht weg, aber der Tod der Sportler hat alles überdeckt. Im Olympischen Dorf ging das Leben weiter, darüber habe ich mich teilweise unheimlich aufgeregt. Ich habe allerdings auch von Anfang an die Meinung vertreten, daß die Spiele weitergehen müssen. Ich wollte nicht, daß die Terroristen es schaffen, die Spiele ganz kaputtzumachen. Aber danach waren es nicht mehr dieselben Olympischen Spiele. Es war eine völlig andere Atmosphäre. Ich war froh, als Schluß war, wir wieder nach Hause und Abstand gewinnen konnten.

Ab Herbst 1971, als ich nach Frankfurt gegangen bin, habe ich mich selber finanziert, lebte von der Sporthilfe, habe teilweise in den Semesterferien gejobbt. Dieser Schritt in die Selbständigkeit mit 19 Jahren war mir sehr wichtig, endlich konnte ich auf eigenen Füßen stehen. Ich wollte schon sehr früh immer meine eigenen Entscheidungen treffen, wollte meinen eigenen Kopf durchsetzen. Daß ich mich vom Tennis abwandte und Leichtathletik machte, war auch ein Stück Lösung vom Elternhaus. Der Schritt nach Frankfurt war der nächste dazu, auch weil ich von meinen Eltern finanziell nicht mehr abhängig war.

Daß »Frauensport« und »Männersport« nicht dasselbe sind, ist mir schon frühzeitig aufgefallen: Für die Trimm-dich-Kampagne gab es 1970 ein Plakat, auf dem stand: »Sport ist nicht nur Männersache«. Das hatte ich in meinem Zimmer hängen. Ich hörte immer wieder Sprüche wie, »mein Gott, du kriegst zu viele Muskeln, findest du das denn überhaupt schön?« oder »die 800-Meter-Strecke, ist denn das eine Strecke für ein Mädchen?« Ich antwortete nur, »seid ihr denn bescheuert, die kann ich doch genauso laufen wie ein Mann!« Ich merkte sehr wohl, daß Unterschiede gemacht wurden, die aus meinem Gefühl heraus völlig unberechtigt waren. Die intellektuelle Auseinandersetzung mit diesen Benachteiligungen verlief parallel dazu. Das Plakat hatte ich aus Trotz aufgehängt: Ich wollte beweisen, ich als Frau laufe die 800 Meter, es ist mir egal, ob ich mehr Muskeln bekomme. Ich fand das immer idiotisch, wenn in den Zeitungen über Sportlerinnen stand: Wie sieht die aus! Das hat mich damals schon gestört. Ich habe nicht eingesehen, daß das Aussehen ein wichtiger Maßstab für sportliche Leistungen sein sollte.

Schon als Jugendliche ärgerte mich, daß in der Sportberichterstattung nur die Männer- und Jungen-Ergebnisse im Mittelpunkt standen. Bei den deutschen Jugendmeisterschaften, bei denen ich Meisterin über 1500 Meter wurde, war mein Rennen noch vor dem Lauf der Jungen. Soweit ich weiß, hat das Fernsehen von den Jungen sogar ein Foto gezeigt, auch alle Meister genannt, aber von den Mädchen gar nichts gebracht. Meine Oma, die zu Hause vor dem Fernseher saß und auf die Ergebnisse wartete, fragte hinterher, ob ich denn überhaupt gelaufen sei, von einem 1500-Meter-Lauf von Mädchen sei doch gar nichts berichtet worden! Da war ich sehr empört. Zumindest müssen doch die Ergebnisse von den Frauen und Mädchen erwähnt werden! An diesen Dingen habe ich Ungleichbehandlung registriert.

Durch meine Erziehung hatte ich kaum diese typische Schere im Kopf, ein Mädchen kann dies nicht, ein Mädchen wird das nicht. Wir wurden vom Denken her wenig eingeschränkt in unseren Möglichkeiten, und das habe ich weidlich ausgenutzt. Auch der Sport hat seinen positiven Teil dazu beigetragen, daß ich mich in einem als männlich geltenden Bereich bewährt habe. Das gab mir schon Selbstbewußtsein, nach dem Motto, bitteschön, es funktioniert doch, was wollt ihr eigentlich?

1973 hatte ich einen sportlichen Rückschlag, das hatte wieder mit der Achillessehne zu tun, und 1974 lief es gemischt. Da habe ich mich mit Schwierigkeiten noch für die Europameisterschaften in Rom qualifiziert, bin dort aber nicht gut gelaufen. Das war mein letztes Wettkampfjahr, wo ich in größerem Maße international dabei war.

Ab 1973, ab der Universiade in Moskau, war ich Aktiven-Sprecherin für die Leichtathletik im Hochschulsportverband der Bundesrepublik, das war der Einstieg in den Funktionärsbereich. Da vertrat ich die Aktiveninteressen im Hochschulsportbereich für die Leichtathletik. Es gab für jede Sportart einen Sprecher und eine Sprecherin, wir waren gemeinsam für alles rund um die Leichtathletik zuständig. Zu diesem Zeitpunkt fing ich erstmals an, mich theoretisch mit Sport zu beschäftigen. Das war eine völlig neue Herangehensweise für mich an den Sport, und es hat mich sehr interessiert.

1975 bin ich ins Examen eingestiegen, habe die Hausarbeit im Januar/Februar geschrieben, im Sommer die Klausuren. Die fünf Examensklausuren waren Mittwoch, Donnerstag, Freitag, Montag und Dienstag. An dem Wochenende dazwischen waren deutsche Meisterschaften. Da bin ich erst mit der richtigen Wettkampfeinstellung in die Klausuren rein. Kaum waren die Klausuren am Freitag fertig, stand vom Verein schon ein Auto vor der Tür, und wir fuhren nach Gelsenkirchen zu den deutschen Meisterschaften, wo ich zweite geworden bin, obwohl ich gar nicht mehr so hundertprozentig trainiert hatte. Mündliches Examen habe ich im November gemacht, und dann habe ich am 1. Dezember gleich im Referendardienst angefangen, der zwei Jahre dauerte. Ich war 1975 noch mal bei den Studentenweltmeisterschaften in Rom dabei, da war ich zwei Jahre schon Aktivensprecherin, und dann sprachen mich die Leute aus dem Vorstand vom Hochschulsportverband an, ob ich nicht Interesse hätte, bei ihnen Vorstandsmitglied zu werden. Ich überlegte eine Weile, ob ich das kann und will, und sagte dann zu.

Ich fuhr zu der Vollversammlung, merkte, da passe ich gar nicht richtig rein. Es war noch nie ein Aktivensprecher dort in den Vorstand gewählt worden. Es gab auch heftige Diskussionen, ob jemand aus dem Spitzensport überhaupt im Hochschulsportbereich richtig sei, ob ich nicht zu einseitig die Interessen des Spitzensports vertreten würde. Ich hatte auch mein Interesse artikuliert, daß mich von den drei Ressorts – jeweils ein Hauptamtlicher und eine studentische Kraft betreuten ein Ressort im Vorstand – am meisten der Bereich Sportpolitik reizen würde. Gegen mich bestanden erhebliche Bedenken: Frau, und noch dazu aus dem Leistungssport. Nach einer hitzigen Personaldebatte wurde ich gewählt.

Erst im nachhinein ist mir aufgefallen, daß ich immer eine Quereinsteigerin war: Ich wachse nicht organisch in eine Aufgabe hinein, sondern komme über eine andere Schiene rein. So war das letzten Endes auch später in der Partei: Da war ich schon ganz stark in der Sportverbandsarbeit und bin dann erst eingestiegen, was bei einigen zu Mißstimmungen führte, weil ich mich in der Partei angeblich nicht richtig hochgearbeitet hatte; das stört immer einige.

Angefangen im Vorstand des Hochschulsportverbandes habe ich im Herbst 1975. Ich habe das ehrenamtlich gemacht, stand im

Examen gerade vor der mündlichen Prüfung, aber auch in der Referendarzeit habe ich das weiter gemacht bis 1979. Ich erhielt den Auftrag, mich mit den Jugendsportverbänden zu beschäftigen. Mein erster offizieller Einsatz war eine Jugendvollversammlung der Deutschen Sportjugend in Kassel, auf der Vertreter aller Verbände anwesend waren. Als ich ankam, war ich schockiert: Dort waren rund 80 Leute, davon höchstens vier Frauen, der Altersdurchschnitt lag bei 50 Jahren. Ich war mit meinen 23 Jahren die Allerjüngste und eine Frau dazu. Alle beäugten mich mit Skepsis. Aber ich hatte den Vorteil, Leistungssportlerin zu sein, somit hatte ich den notwendigen Stallgeruch. Von Vorteil war auch meine Jugend, ich war für alle das liebe Mädchen. Die Männer nahmen mich sozusagen väterlich an die Hand. Das lief solange gut, wie ich noch in der Lernphase war und alles so akzeptiert habe, wie man es mir sagte: Ich durfte schon mal kritisch sein, da freuten sie sich, aber Kritik durfte nur in Maßen geübt werden. Mit zunehmender Erfahrung habe ich mich freigeschwommen, und das hat 1978 zum Bruch und zu größeren Problemen geführt, als ich nicht mehr so funktionierte, wie sie sich das vorstellten.

Im Sommer 1976 war die jährliche Vollversammlung des Bundesausschusses Frauensport des Deutschen Sportbundes. Der Deutsche Sportbund, das Präsidium, ist auch in Ressorts gegliedert, und jedem Ressort ist ein Ausschuß zugeordnet. Bei der Vollversammlung war ich auch wieder die Jüngste, aber wenigstens gab es da noch ein paar jüngere Frauen. Die schlugen mich als Vorstandsmitglied vor. Ich dachte nur, probier es einfach mal, es kann schließlich nichts passieren. Zur Überraschung fast aller wurde ich tatsächlich gewählt. Da habe ich dann zehn Jahre lang mitgearbeitet, bis 1986. Mit dieser Wahl kam ich in ein Gremium des Deutschen Sportbundes, was ein ganz wichtiger Einstieg für mich war. Ab diesem Zeitpunkt war ich motiviert, mich um den Sport von Frauen zu kümmern. Das war auch eine Phase, wo mir zunehmend bewußt wurde, daß Engagement dafür wichtig ist.

Ich war von 1979 bis 1986 auch Vereinsjugendwartin im Verein Eintracht Frankfurt. Ich war die erste Frau, die in diesem Bundesligaverein in bestimmte Gremien reinkam, das war eine sehr spezifische Erfahrung für die Männer und für mich, wobei ich wieder eine Menge gelernt habe, beispielsweise den Umgang mit Funktionären. Ich kannte die Sportverbandsarbeit, ich bin Juristin, kenne mich mit Satzungsfragen gut aus, und hatte da mit

Funktionären zu tun, denen ich in bestimmten Bereichen dadurch überlegen war. Aber ich war jung und war Frau. Dann lief wieder das Übliche ab: Wenn ich einen Vorschlag machte, galt der per se nichts. Teilweise habe ich anderen dann etwas zugeflüstert, wenn ich bestimmte Sachen durchsetzen wollte. Das war für mich sehr spannend, weil ich auch ab und zu mitgekungelt habe. Da lernte ich, wie man im Hintergrund arbeiten muß, wenn man etwas durchsetzen will und das nicht anders durchbringen kann, auch wenn ich das nicht unbedingt gut fand.

Seit Oktober 1988 bin ich im Präsidium des Hessischen Landessportbundes zuständig für Recht, Steuern und Versicherung. Damals wurde ich auch sehr überraschend gewählt. Ich war hingefahren als normale Delegierte. Dieser Ausschuß war gerade neu eingerichtet worden, und es war ausgekungelt worden, daß ein Vertreter des Fußballverbandes diese Position übernimmt. Doch gegen den gab es einige Widerstände; dann kam die Vorsitzende der Hessischen Sportjugend in der Versammlung auf mich zu und fragte, ob ich nicht dagegen kandidieren würde. Innerhalb von einer halben Stunde sprach ich mit einigen Leuten, die ich kannte, fragte, was die davon halten würden, ließ mich aufstellen und wurde gewählt. Außerdem bin ich seit 1986 im wissenschaftlichen Beirat des Deutschen Sportbundes, das ist ein Beratungsgremium, in dem es nicht nur um Sportwissenschaft geht, sondern primär um aktuelle sportpolitische Themen, und ich bin im Präsidium der Deutschen Olympischen Gesellschaft.

Im Zuge meiner ganzen Tätigkeiten bekam ich ab 1975 zunehmend das Gefühl, daß es nicht reicht, Lobbypolitik im Sport zu machen, weil das zu kurz greift. Deshalb habe ich mich zunehmend politisch engagiert. Ich hatte vom Hochschulsportverband aus etliche politische Kontakte, und ein FDP-Landtagsabgeordneter hat mich auf die Idee gebracht, daß ich die Wahlpflichtstation als Referendarin beim Hessischen Landtag machen könnte. Ich war kein Parteimitglied damals, aber die Idee hat mir gefallen, und das habe ich dann von Sommer 1977 bis Dezember 1977 gemacht. Ich bin im November 1977 in die SPD eingetreten, während der letzten Wochen meiner Wahlpflichtstation. Die SPD war damals in Hessen Regierungspartei, in Frankfurt hatte sie gerade ein halbes Jahr vorher verloren. Ein Kommilitone sagte noch zu mir, »wie kannst du jetzt in die SPD eintreten als Juristin. Wenn du Karriere machen willst, ist diese Partei doch eher negativ zur

Zeit!« Aber das war die einzige Partei für mich. Daß ich in die Partei eingetreten bin, mußte ich meinen Eltern sehr schonend beibringen. Meine Mutter sagte, »muß es denn ausgerechnet die SPD sein? Hätte es nicht wenigstens die FDP sein können?«, mein Vater sagte, er hätte das erwartet. Sie haben ein zwiespältiges Verhältnis zu meinem politischen Engagement behalten, finden das wohl einerseits toll, daß ich Stadtverordnete und dann Dezernentin geworden bin, aber die politische Richtung gefällt ihnen nicht.

Mit der politischen Arbeit fing ich im Ortsverein Bornheimer Hang an, das ist ein alteingesessener Ortsverein. Es war nicht ganz einfach: Weil mein Name vom Sport her bekannt war, war es einerseits etwas leichter, andererseits hatten sie Probleme damit. Auch war ich als Akademikerin in diesem Ortsverein eher ein Problem, aber ein Jahr später, 1978, kam ich in den Vorstand. Beruflich hatte ich gerade das zweite Staatsexamen gemacht. Als ich fertig war, wollte ich eigentlich erst einmal eine Ruhepause haben. Ich hatte ein sehr gutes Examen, hatte eine Zwei wie im ersten Staatsexamen auch, was bei den Juristen nicht so häufig ist. Ich wußte, ich kann mir eine Stelle aussuchen. Ich überlegte mir, mich als Rechtsanwältin zuzulassen und mich mal hier und da zu bewerben. Ich wollte nicht gleich in den Richterdienst, weil da die Laufbahn so direkt vorgegeben ist.

Ich war gerade 26 geworden, hatte das Gefühl, ich hätte bislang alles schnell genug geschafft, müßte nun sortieren und mir Zeit lassen. Ich war auch durch die Sportverbandsarbeit und die Arbeit im Ortsverein ausgelastet. Was mir zu diesem Zeitpunkt auch klar war: Ich wollte mich vor Ort engagieren und meinen Bereich in Frankfurt ausbauen. Relativ kurz nach dem Examen war ich als Anwältin zugelassen, habe Urlaubsvertretungen gemacht und mich auf eine Chiffre-Anzeige beworben, in der ein Rechtsanwalt für eine Sozietät in Frankfurt gesucht wurde. Ich dachte mir, jede Anwaltssozietät könne sich die Finger nach mir lecken: Ich hatte hervorragende Examina, Kontakte noch und noch und einen Namen. Doch innerhalb von zwei Tagen bekam ich die Bewerbungsunterlagen zurück mit einem anderthalbseitigen Schreiben, unterzeichnet von einem Notar, dem Chef dieser Sozietät, in dem stand, »vielen Dank für Ihre Bewerbung, wir haben uns sehr gefreut, aber wir müssen Ihnen mitteilen, daß wir die Position mit einem Mann besetzen wollen, weil Sie als Frau naturgemäß früher oder später Mutterpflichten übernehmen und damit für die

Aufgabe als Anwältin nicht in Frage kommen«. In diesem Tenor ging es weiter. Ich saß da, nachdem ich den Brief geöffnet hatte, habe erst gelacht und gedacht, »der spinnt ja wohl, so etwas passiert mir!« Doch dann habe ich den großen Katzenjammer gekriegt. Weniger bezogen auf mich, weil ich wußte, ich konnte jederzeit Richterin werden, aber weil mir damals richtig zu Bewußtsein gekommen ist, wie mag es wohl anderen Juristinnen gehen, einer, die vielleicht als Note eine 3,5 hat? Ein Mann kommt damit immer unter, aber eine Frau, was macht die? Heiraten, Kinder kriegen und zu Hause bleiben oder sich einen Strick nehmen! Ich war fürchterlich sauer und überlegte mir dann, was will ich jetzt eigentlich machen, was ist mir wichtig, auch unter dem Gesichtspunkt der politischen Arbeit. Ich kam zu der Erkenntnis, ich will verhindern, daß es in Zukunft noch solche Briefe gibt, ich will diese Situation ändern. Da entschloß ich mich, doch Richterin zu werden, weil ich da beruflich unabhängig bin, und bewarb mich direkt als Arbeitsrichterin. Weil das ein sehr spontaner Entschluß war, war im Herbst 1978 keine Stelle frei, also bewarb ich mich für eine Übergangszeit bei der normalen Gerichtsbarkeit. Im Juni 1979 bekam ich eine Stelle als Verkehrsstrafrichterin am Offenbacher Amtsgericht. Schneller als gedacht, klappte es dann doch mit einer Stelle in der Arbeitsgerichtsbarkeit.

Ich wurde nach fünf Monaten als Verkehrsstrafrichterin im November 1979 Arbeitsrichterin in Offenbach. Und das war genau so, wie ich es mir vorgestellt hatte: Relativ schnell steckte ich soweit drin in der Materie, daß ich die zeitliche Flexibilität, die dieser Beruf bietet, voll und ganz nutzen konnte. Ich konnte mal einen Dreivierteltag lang bei Vereins- oder Parteisitzungen sein, und habe dann eben abends meine Akten bearbeitet. Natürlich mußte der Beruf gut laufen. Es war mir immer wichtig, daß alles auf dem aktuellen Stand war, daß bei mir kein Urteil lag, das nicht diktiert war, damit ich mir auch mit gutem Gefühl die Zeit für andere Sachen nehmen konnte. Das hat immer hervorragend geklappt. Arbeitsrichterin war ich bis Juni 1989, als ich Sportdezernentin der Stadt Frankfurt wurde.

Ab 1978 war ich im Vorstand des Ortsvereins, ab 1979 war ich im Vorstand der Arbeitsgemeinschaft sozialdemokratischer Frauen für ganz Frankfurt. Dort war ich ab 1980 stellvertretende Vorsitzende bis 1982 und habe dann mit der ASF aus internen Gründen aufgehört. Ab 1982 war ich Ortsvereinsvorsitzende. Es war recht umkämpft, ob ich das werden sollte, weil ich immer noch das Etikett »links, jung, Frau und Akademikerin« trug, doch ich bin angetreten und wurde gewählt. Ich habe mich stark engagiert, hatte nach einem Jahr die Vorurteile innerhalb des Ortsvereins beseitigt; es war dann ein schönes Arbeitsklima und politisches Klima. Ich war auch Wahlkreissprecherin im Landtagswahlkampf 1982 und 1983, wir hatten zweimal hintereinander Landtagswahlen. Ich habe beide Male den Wahlkampf für einen Landtagswahlkreis organisiert, war nebenbei Ortsvereinsvorsitzende, habe da auch den Wahlkampf für den Ortsverein organisiert. Ab 1984 war ich dann Stadtverordnete, ich kam im Herbst 1984 als Nachrückerin rein, bei der Kommunalwahl 1985 hatte ich einen Platz, bei dem ich abgesichert war, und dann kam also die Frage, ob mich nicht das Sportdezernat der Stadt Frankfurt interessieren würde.

Mein typischer Arbeitsalltag besteht aus drei großen Bereichen: Repräsentation, Schreibtischarbeit sowie Gesprächen, internen und externen. Die Schreibtischarbeit kommt meist etwas zu kurz, mir wäre es lieb, ich hätte dafür mehr Zeit. Am meisten gefällt mir an meiner Arbeit das Reden mit Menschen, das Entwickeln von Ideen und das Bemühen darum, diese auch umzusetzen. Was mir Spaß bringt, sind Repräsentationsaufgaben, bei denen ich auf die Leute eingehen kann. Ich habe beispielsweise 1990 stellvertretend für den Oberbürgermeister das Mainfest eröffnet, und dazu habe ich Maike mitgenommen. Wir beide hatten Spaß, und die Leute merkten wohl, daß die Eröffnung für mich keine Pflichtaufgabe war.

Am wenigsten gefällt mir, wenn die Leute unter »Bürgernähe« verstehen, es müßte alles so laufen, wie sie es sich vorstellen. Natürlich ist unser rotgrüner Magistrat mit dem Anspruch der Bürgernähe angetreten. Aber Bürgernähe heißt nicht, daß ich jedem nach dem Mund rede, sondern daß ich auch mal sage, aus den und den Gründen kann ich etwas politisch nicht verantworten. Aber sehr schnell ist bei vielen eine Aggressivität da und eine Ungeduld, wenn es nicht so geht, wie sie sich das vorstellen. Es fehlt die Bereitschaft, über etwas zu diskutieren, andere Meinungen anzuhören und zu überdenken. Für mich heißt Politik, unterschiedliche Meinungen auszudiskutieren, einen Meinungsbildungsprozeß zu organisieren, an dessen Ende vielleicht ein Ergebnis steht, das mir nicht schmeckt, aber ich habe meine Meinung eingebracht und kann mit dem Ergebnis leben. Die politische Kultur bei uns ist teilweise nicht so, wie ich sie gerne hätte.

Die Privilegien meines Berufes sind mir schon bewußt, beispielsweise daß es auch zu meiner Arbeit gehört, ins Waldstadion zum Fußball zu gehen, und daß ich meine Tochter dahin mitnehmen kann. Wenn ich in einer Fabrik Arbeiterin wäre, ginge so etwas nicht. Die Akzeptanz von vielen Frauen in ehemals typischen Männerpositionen ist heute schon viel größer, wobei uns Dezernentinnen aufgefallen ist, daß es in Veröffentlichungen über uns häufig nicht ohne Anspielungen auf das Aussehen geht, bei den Männern interessiert dieser Punkt dagegen gar nicht.

Ich kann nur schwer feststellen, ob wir Frauen als Dezernentinnen eine andere Arbeitsweise oder eine unterschiedliche Herangehensweise an unsere Bereiche haben als die Männer, das läßt sich schwer vergleichen. Ich versuche, sehr persönlich auf Leute zuzugehen, mich auf Situationen einzulassen, Subjektives reinzubringen und offen zu sein, auch einmal zu sagen, das weiß ich jetzt nicht. Das ist wohl schon frauenspezifisch. Ich beobachte, daß Männer und Frauen eine unterschiedliche Art und Weise haben, an ein neues Amt heranzugehen, da gibt es verschiedene Mechanismen. Allerdings kann eine Frau schnell unter den Druck kommen, sich erst recht beweisen zu müssen, und dann unter Umständen noch viel distanzierter reagieren als Männer; aber man weiß dann, warum das so ist.

Ich mache schon einiges anders als mein Vorgänger. Ich habe einen völlig anderen Stil, bin ein völlig anderer Typ. Ich lasse mir beispielsweise keine Reden schreiben, rede immer nach eigenen Stichworten, meist aus dem Stand. Meine Art ist es auch nicht, zu allem und über alles, was ich tue, eine Presseerklärung zu formulieren, sondern mir ist erst einmal die Hintergrundarbeit wichtig. Wenn es dann etwas Gutes zu berichten gibt, verkaufe ich das.

Wichtig ist es mir, neue Zielgruppen für den Sport anzusprechen, es soll mehr im Bereich Sport für Ältere gemacht werden, nicht zuletzt wegen der Änderung der Bevölkerungsstruktur. Ich will weg von dieser ausschließlichen Orientierung auf die Jugend. In diesen Bereichen versuche ich voranzukommen, mit Phantasie an neue Dinge ranzugehen, auch mal zu überlegen, wie man mit einfachen Mitteln eine Sportstätte schaffen oder eine Aktion auf die Beine stellen kann.

Mein Schwerpunkt im ersten Amtsjahr – das etwas unterbrochen war durch die drei Monate Mutterschaftsurlaub, in denen ich zwar immer Kontakt gehalten und auch einiges gearbeitet habe, aber doch noch nicht richtig im Dienst war – war erst einmal das Kennenlernen der vorhandenen Strukturen. Es läuft sehr vieles nebeneinander her, beispielsweise die Frankfurter Bewerbung für die Olympischen Spiele, die Stadion-GmbH, die für den Waldstadionbereich zuständig ist, und das Sport- und Badeamt. Untereinander fanden da fast nie Gespräche statt; jetzt habe ich ein monatliches Koordinierungsgespräch installiert. Ich versuche, die Zusammenarbeit aller Zuständigen in Sachen Sport zu verbessern. Ich habe versucht, Arbeitsstrukturen zu schaffen, die meiner Vorstellung nach sinnvoll sind. Ich versuche nach und nach alle Bereiche abzuarbeiten.

Den Frauen wirkliche Gleichberechtigung im Sport zu ermöglichen fängt schon damit an, daß eine Frau Sportdezernent wird. Das ändert mit Sicherheit einiges. Es kommt eben darauf an, ob und wie man bei bestimmten Ereignissen über Frauensport redet: Beim letzten Kreisfußballtag berichtete der Vorsitzende beispielsweise über den Frankfurter Fußball in aller Ausführlichkeit, hat aber kein Wort dazu gesagt, daß die Frauen vom FSV Frankfurt 1989 im Pokalfinale waren, Zweite wurden und 1990 auch schon wieder qualifiziert waren. Anschließend kam ich mit meiner Begrüßungsansprache, und ich habe darauf hingewiesen, daß etwas vergessen worden sei, nämlich der sehr gute Frankfurter Damenfußball. Es geht darum, Aufmerksamkeit zu erregen. Einige Delegierte kamen hinterher zu mir und äußerten ihre Zufriedenheit über meine Anmerkung. Auch der Kreisfußballwart meinte, ich hätte recht gehabt, er hätte das eigentlich sagen müssen. Das sind Kleinigkeiten, womit man aber nach und nach etwas ins Bewußtsein bringt. Viele kleine Schritte bewirken zusammen viel. Das fängt bei der Sprache an, daß da in den Grußworten nicht nur die Sportler stehen, sondern auch die Sportlerinnen, und geht bis in den beruflichen Bereich, daß ich beim Sport- und Badeamt auch mehr Frauen in verschiedenen Positionen vertreten haben möchte. Jetzt gibt es die erste weibliche Badverwalterin, bisher waren es nur Männer. Ich habe bewußt als persönliche Referentin für mich eine Frau gesucht und gefunden; man muß die Frauen eben finden wollen.

Ob ich durch meine berufliche Tätigkeit auf viel Privatleben verzichte, kann ich genau gar nicht beurteilen. Manchmal fließen bei mir die Bereiche Arbeit und Freizeit auch ineinander. Wenn ich jetzt zur Eintracht-Bundesliga gehe, ist das Arbeit, aber andere zahlen Geld dafür, daß sie dort hindürfen. Oder wenn ich zu einem Tennisturnier fahre, um da ein Gespräch zu führen, aber mir auch das Turnier angucke, ist es Arbeit, aber eben auch Freizeit. Wichtig ist, daß man es organisiert, Zeit für sich selber zu haben. Manchmal klappt das auch nicht so gut, da bin ich mal zwei Wochen ganz atemlos, aber das spielt sich immer wieder ein.

Geändert durch meinen Beruf habe ich mich wohl nicht, aber gewandelt. Man lernt als Richterin, daß man sich selber sehr zurückhalten, die Parteien verhandeln lassen muß. Ich bin sehr viel geduldiger und ruhiger geworden. Was ich an Vorstellungen hatte, habe ich teilweise neu überdacht oder in andere Formen gegossen. Ich wollte mich schon immer engagieren, ich wollte Sachen machen, die mir Spaß bringen, und die auch durchpowern; insofern ist die Politik für mich eine konsequente Weiterentwicklung.

Eine meiner Schwächen ist die Ungeduld; eine Stärke von mir ist es, Ideen zu haben und dann wirklich zu versuchen, die durchzuziehen. Manchmal habe ich allerdings auch zu viele Ideen, aber trotzdem setze ich bestimmt die Hälfte davon auch um. Ab und zu werde ich leider auch etwas hektisch, das ist eine Schwäche, an der ich arbeite und die ich in den Griff kriegen will. Manchmal nehme ich mir zu viel vor, was aber dazu führt, daß ich oft etwas erreiche, was ich nicht erreicht hätte, wenn ich es gar nicht probiert hätte. Dann wird aus der Schwäche eine Stärke, das ist oft eine Gratwanderung. Stärke und Schwäche zugleich ist auch meine Offenheit: Ich bin bereit, auf Leute zuzugehen, und unter Umständen versuchen andere, diese Offenheit auszunutzen. Doch da will ich mich nicht unbedingt ändern, ich will nicht zu vorsichtig werden.

Natürlich hatte ich gerade am Anfang den Ehrgeiz, zu zeigen, daß es auch mit Kind geht: Obwohl ich bis Ende Januar 1990 – Maike ist im September 1989 geboren – gestillt habe, wollte ich natürlich meinen Job möglichst gut machen. Da bin ich schon an die Grenzen meiner Leistungsfähigkeit gegangen, was ich so nicht gemacht hätte ohne das Kind. Ohne Kind hätte ich vielleicht viel leichter einmal einen Termin abgesagt. So tue ich das nicht, damit niemand sagen kann, das hängt mit dem Kind zusammen. Mittlerweile habe ich das alles souverän im Griff. Die Maike führt aber dazu, daß ich vieles ein bißchen lässiger nehme, daß ich – was ich auch für wichtig halte – locker und unkonventionell mit Sachen umgehe und das noch viel besser kann als früher. Sie ist insofern ein Schutz: Wenn ich sie auf dem Arm habe bei einer Veranstaltung, erwartet niemand, daß ich wie ein Mann mit Fliege auftrete und eine durchgestylte Rede halte. Auch bei einer Pressekonferenz war sie schon mal dabei, so etwas hilft auch, um den Leuten deutlich zu machen: Da sind jetzt nicht einfach nur Männer durch Frauen ersetzt worden, sondern da steckt eine andere Lebensauffassung dahinter, ein anderer Lebensstil. Ich denke, man kommt mit der ganzen Frauenproblematik auch nicht weiter, wenn sich nicht Lebensauffassungen und Lebensstile ändern. Ich bin selber noch dabei, für mich meinen Weg zu finden, es gibt eben keine vorgezeichneten Bahnen für berufstätige und engagierte Mütter.

Seit 1987 wohne ich mit meinem Mann zusammen, verheiratet sind wir seit 1989. Ich habe zwei Halbtöchter, die Kinder meines Mannes aus erster Ehe, die bei ihrer Mutter leben. Durch meine eigene private Situation wird mir immer wieder bewußt, daß in unserer Gesellschaft mit einem Familienbegriff operiert wird, der schon längst keine allgemeine Gültigkeit mehr besitzt.

Ich denke schon darüber nach, ob ich irgendwie Vorreiterin bin. Ich war mir schon sehr bewußt darüber, daß ich als schwangere Frau in eine solche Position gewählt wurde. Es war mir natürlich ganz wichtig zu beweisen, daß das klappt. Ich will vielen Frauen Mut machen, ihnen zeigen, daß Beruf und Baby – natürlich mit Hilfe einer Tagesmutter – zusammen möglich sind und den Männern den Wind mit dem gleichen Argument aus den Segeln nehmen. Das war für mich eine positive Herausforderung, nicht zuletzt auch für meine Tochter, daß sie vielleicht schon eine völlig andere Umwelt vorfindet, wenn sie einmal mit ihrer Berufstätigkeit beginnt.

Dr.-Ing. Annette Kunow

Professorin, Fachhochschule

Schon während meines ersten Telefonates mit Frau Dr. Kunow hatte ich das Gefühl, mit einer Frau zu sprechen, mit der ich in Denken und Handeln viele Berührungspunkte hatte. Als sich bei unserem Kennenlernen später herausstellte, daß wir im gleichen Jahr geboren sind, wunderte ich mich nicht mehr über den Gleichklang. Jeden Geburtsjahrgang prägen spezifische Erfahrungen: Bei Annette Kunow und mir ist es beispielsweise die Tatsache, daß wir uns in ganz jungen Jahren keine Gedanken darüber gemacht haben, ob wir als Frauen nun die gleichen Chancen – in jeglicher Hinsicht – haben wie Männer.

Die Fachhochschulprofessorin ist eine typische Vertreterin ihrer Generation: Sie läßt sich durch Widerstände nicht außer Gefecht setzen, geht vielmehr nach gründlichem Abwägen in die Offensive und nutzt ihre Ratio taktisch klug, um dahin zu kommen, wo sie hinkommen will. Sie schafft es, die sachliche Ebene von der zwischenmenschlichen Ebene zu trennen, ohne daß dabei die Gefühle zu kurz kommen. Allerdings kann sie ihre Emotionen unter Verschluß halten, wenn es sich als nötig erweist.

Schon als ich das Dienstzimmer der Ingenieurin in Bochum betrat, fielen mir die vielen Bilder an den Wänden auf; gefragt

habe ich sie jedoch danach nicht, es schien mir nicht passend.
Inzwischen weiß ich, daß ihre Leidenschaft der Malerei gilt.
Mit dem ihr eigenen Perfektionismus ist sie nicht nur in der Mechanik zu Hause, sondern auch in der Welt der Kunst. Die Malerei nimmt in ihrem Leben zunehmend Raum ein, könnte gar ein drittes berufliches Standbein werden. Ein zweites Standbein hat sie sich bereits geschaffen: Annette Kunow ist nicht nur im Lehrberuf engagiert tätig, sondern auch in der Industrie, mit einer eigenen Ingenieurgesellschaft.
Annette Kunow ist eine Frau, die realistisch ist, sich aber Raum läßt für Träume, die sie dann schwungvoll, ideenreich und mit viel Know-how in die Praxis umsetzt.

Mit 23 Jahren war ich Diplom-Ingenieur, aber im Grunde genommen war ich noch ein Mädchen. Für die männlichen Kollegen war ich damals weder wichtig noch gefährlich. Ich hätte nach einem Jahr abdriften können in den Hafen der Ehe mit Kindern und wer weiß was. Dann wäre das nur ein Intermezzo gewesen, da hätten sich die Kollegen weiter keine Gedanken machen müssen. Allerdings habe ich mich noch nie diskriminieren lassen, weder früher noch heute: Ich finde, da gehören zwei dazu.

In unserem Semester waren wir 120 Bauingenieure, davon waren fünf Frauen, nur zwei sind in einem überschaubaren Zeitraum fertig geworden. Ich habe Glück gehabt. Als ich anfing zu studieren, war ich nämlich ein richtiges Mäuschen. Bis ich gefunden hatte, wo man sich immatrikulieren muß, das war für mich schon eine Weltreise. Weil ich als Kind viel krank war, haben meine Eltern und mein Bruder viel für mich erledigt, wodurch ich natürlich sehr unselbständig wurde. Richtig auf mich selbst gestellt mußte ich nie etwas machen. Dann fing ich an der Universität an und hatte schnell jemanden, der immer neben mir saß, war also auch da immer behütet. Daß mein Studium in den siebziger Jahren für eine Frau recht außergewöhnlich war, fiel mir noch nicht einmal auf, als im sechsten Semester ein Kommilitone zu mir sagte, eine Frau müßte kochen können, nicht Baustatik beherrschen. Der gehörte zu einer Vierergruppe, die immer vor mir saß, sehr männlich, sehr viel älter als ich. Ich sagte nur, »wer sagt denn, daß ich nicht kochen kann?« – damit war das Thema für mich total erledigt. Das kam auch nie wieder. Was mich interessierte, war die Meßlatte Prüfungen. Mit dieser Meßlatte hatte ich keine Probleme, ich war einfach gut. Ich hatte auch mit den Professoren keine Probleme, ich war anerkannt. Studiert habe ich von 1971 bis 1975, von 1973 an arbeitete ich als Hilfsassistentin bis zum Ende des Studiums.

Ich wollte promovieren, das war mein Wunsch, aber in Stuttgart waren keine Doktorandenstellen mehr frei, und selbst finanzieren konnte ich das nicht. Dann erfuhr ich von einem Mitarbeiter im Institut, daß bei einem großen Bauunternehmen in Frankfurt eine Stelle frei sei. Die suchten jemanden wie mich, der auf Mechanik spezialisiert ist. Gleichzeitig aber sagte er zu mir, und das war das erstemal, daß mir so etwas passiert ist: »Sie müssen sich aber nicht wundern, wenn ein Mann bei gleicher Leistung genommen wird, eben weil er ein Mann ist.« Ich guckte ihn an, verstand nichts und dachte, ich bin doch ganz gut, mir kann doch nichts passieren. Ich war so selbstbewußt, daß ich ihn gar nicht ernst nahm. Ich bewarb mich, wurde auch eingeladen und lehnte parallel eine Stelle an der TH Darmstadt mit der Möglichkeit zur Promotion ab, weil mir dieser Lehrstuhl zu mathematisch war. Zu dem Vorstellungsgespräch ging ich euphorisch hin und kam euphorisch zurück. Ich war begeistert, mein Gegenüber war begeistert, nichts von dem, was der Mitarbeiter angedeutet hatte, war eingetreten. So viele Leute gab es gar nicht, die mir zur Konkurrenz werden konnten. An der Uni erzählte ich, daß ich direkt am 15. Juli – Ende Juni waren die mündlichen Examina – anfangen würde. Da sagte der Mitarbeiter zu mir: »So ein Blödsinn, den Sie da tun.« Ich antwortete ihm, ich hätte gar keine andere Wahl, ich sei von zu Hause ausgezogen, hätte kein Geld, meine Eltern unterstützten mich nicht, und außerdem wolle ich auch arbeiten, ich sei alt genug. Da sagte er: »Warten Sie erst mal, bis Sie heiraten, dann haben Sie nachher fünf Kinder und kriegen kein Bein mehr auf den Boden.« Jung, frech und vorlaut, wie ich war, antwortete ich: »Den Mann, der mir mal fünf Kinder anschafft, den bringe ich heute schon um.« Der Mitarbeiter war sauer, hat mich richtig runtergemacht, so daß ich es hinterher mit der Prüfung bei ihm ziemlich schwer hatte.

Mit fliegenden Fahnen zog ich nach Frankfurt und fing am 15. Juli 1975 an, dort zu arbeiten. Mir konnte niemand was – dachte ich. Doch es wurde ganz schlimm. Ich bekam keinen Fuß auf den Boden. Ich war zwar in der Abteilung Forschung und Entwicklung, Kernkraftwerksbau – das war genau mein Bereich, Mechanik und Anwendung von dieser Mechanik –, ich hatte auch einen Kollegen, der mich einarbeiten sollte, doch der lehnte das schlichtweg ab. Ich saß da, war wirklich bemüht, irgendeine Aufgabe zu bekommen, wurde aber total alleingelassen. Ich wurde allein in ein Zimmer gesetzt, mit der Begründung, ich würde rauchen; es wurden die Türen zugeschlagen, mit der Begründung, der Rauch würde so stinken. Es war ganz, ganz schlimm. Ich war bald ein Nervenbündel, weil ich damit weder rechnen konnte noch gerechnet hatte. Ich bekam höchst merkwürdige Aufgabenstellungen, wurde überhaupt nicht eingebunden in die Gruppe. Der Gruppenleiter war ein typischer Chauvi. Nach einem halben Jahr ging ich zu meinem Chef und erzählte ihm von den Schwierigkeiten. Seine Reaktion darauf: Er hätte bereits gemerkt, daß er mit meiner Einstellung einen Fehler gemacht hätte; es würden Kollegen kommen, die sich bei ihm beklagten, daß er eine Frau eingestellt hätte, das sei eine Zumutung. Bauingenieure seien eben sehr konservativ. Doch gleichzeitig sagte er, er würde mich unterstützen, wenn ich Probleme hätte. Also habe ich weitergearbeitet. Rund drei Monate danach sprach er mich auf meinen Promotionswunsch an und sagte mir, er hätte von der TH Darmstadt gehört, da sei eine Assistentenstelle zu besetzen, ob ich da nicht hinwollte? Innerhalb von vierzehn Tagen hatte ich gekündigt, meinen Schreibtisch ausgeräumt und war in Darmstadt. Das ging also ruckzuck, 1976 im Mai fing ich in Darmstadt an. Daß er mit meinem Weggehen sein Problem in der Abteilung gelöst hatte, war mir klar, aber völlig egal. Ich hatte bekommen, was ich wollte.

Ich trat in Darmstadt meinen Dienst bei einem fast verwaisten Lehrstuhl an, einem der Lehrstühle für Mechanik. Der Lehrstuhlinhaber war gerade emeritiert. Er war ein toller Mann, aber er interessierte sich nur noch wenig für sein Fach, schrieb lieber Bücher über Mozart. Der für mich zuständige Professor interessierte sich zwar für die Lehre, spielte aber ausgiebig Querflöte. Fachlich ließ er mich total allein. Ich saß in einem wunderschönen Zimmer mit Blick in den Park, doch keiner kümmerte sich um mich. Also hielt ich mich an den benachbarten Lehrstuhl, bei dem ich ein gutes Jahr vorher eine Stelle abgelehnt hatte. Das funktionierte einigermaßen. Aber wenn ich etwas fragte, vermittelte man mir immer das Gefühl, man müsse mir alles und jedes erklären, was ich nun überhaupt nicht leiden kann. Das war alles andere als einfach. Dann kam 1978 ein Nachfolger des Lehrstuhlinhabers, der mit Frauen nicht so gut umgehen konnte und der meine Arbeit nicht betreuen wollte. Da war ich aber bereits mittendrin und war mittlerweile auch sehr erfindungsreich, was das Vorwärtskommen anging. Ich war schließlich schon zwei Jahre dabei. Dieser Professor sagte jedenfalls zu mir, »den Mist, den Sie da machen, der interessiert doch niemanden«. Das war eine ganz, ganz harte Zeit für mich. Ich hatte einige schlaflose Nächte, in denen ich überlegte, was ich tun sollte, und ich entschloß mich – was in schwierigen Situationen typisch für mich ist – für die Flucht nach vorne: Ich meldete mich zu einer Tagung nach England an, wurde als Referentin angenommen und reiste hin, ohne daß das jemand im Fachbereich richtig mitbekam. Die nahmen mich ja alle gar nicht ernst, nach dem Motto: Was kann denn eine Frau in der Mechanik schon wollen! Inzwischen hatte ich geheiratet, alle warteten außerdem darauf, daß ich schwanger werden und aufhören würde. Auch als ich zurückkam aus England, erzählte ich nichts. Doch dann kamen Kollegen aus Toronto und sprachen mich positiv auf meinen Vortrag an, sie hätten davon gehört. Das war für die anderen natürlich eine Überraschung. Alle staunten, mein Chef fragte mich ganz aufgeregt nach der Teilnehmerliste, aber nicht nach meinem Vortragsthema, und stellte fest, da seien ja ganz gute Leute da gewesen.

Als ich bereits zweieinhalb Jahre an meiner Promotion saß und sich immer noch keiner für das Thema interessierte, ging ich mit meinen ganzen, fein säuberlich zusammengepackten Unterlagen zu dem damaligen Dekan, dem Professor, von dem ich auch mein Thema hatte. Er war fassungslos, daß sich die Sachen noch keiner angeguckt hatte. Da er darüber so schockiert war, sagte er mir auch gleich, an wen ich mich wenden könne, wenn ich Fragen hätte. Dann wurde ich eingeladen zu der berühmten Teestunde bei Professor Becker, einem weltweit anerkannten Strömungsdynamiker, der auch in Darmstadt lehrte. Dort habe ich, wie zuvor schon in Southampton, Teile meiner Promotion vorgetragen. Anschließend fragte ich ihn, ob er nicht Koreferent für meine Arbeit sein wolle, und er sagte tatsächlich zu. Als ich mit meiner Arbeit fertig war, gab ich sie ab, ohne daß der Fachbereich etwas davon wußte. Zu diesem Zeitpunkt wußte ich aber nur, wer Koreferent war, nicht wer der Referent war. Das ist total unüblich. Letztlich bekam ich dann drei Referenten.

In der Prüfung haben sich die Professoren noch mal ausgetobt, aber dann war es geschafft und erledigt. Hinterher kamen einzelne Leute zu mir und sagten, sie hätten nicht geglaubt, daß ich es schaffen würde. Wenn ich diese Leute heute bei einer Veranstaltung treffe, heißt es, »wir haben es schon immer gewußt, daß aus Ihnen noch mal was wird!« Das sind genau die Menschen, die mir früher das Leben zur Hölle gemacht haben – das erstaunt mich immer wieder. Aber zum Glück gab es auch einige wenige, die mich unterstützten, weil sie merkten, daß ich mit Biß an die Dinge ranging, und sie daran Spaß hatten.

Der Hauptgrund dieser Schwierigkeiten war natürlich dieser verwaiste Fachbereich, in dem statt Mechanikformeln Notenblätter in den Schränken lagen. Aus diesem Lehrstuhl war seit

Jahren nichts fachlich Relevantes mehr gekommen, und ich wurde eben in dieses Raster reingepackt: Wo nichts ist, kann auch nichts rauskommen. Der andere Grund war das Novum Frau: Gegen eine Frau hatte man nichts, aber dann sollte sie doch bitte häßlich sein.

Ich war eben ein Außenseiter, und als solcher muß man sich erst einmal in dieser Welt durchsetzen. Das ist eben so. Ob das gerechtfertigt ist, das sei dahingestellt. Aber ich gehöre nicht zu den Frauen, die sich von solchem Psychoterror fertigmachen lassen. Ich beende, was ich begonnen habe. Doch ich habe viele Prüfungen über mich ergehen lassen müssen, da wird man schon rasierklingenscharf.

1981 habe ich promoviert, anschließend habe ich ein Jahr gelehrt – wir haben über tausend Studenten betreut, Maschinenbauer, Bauingenieure, Elektrotechniker und Wirtschaftsingenieure – und meine Arbeit ins Englische übersetzt. In der Industrie, genauer in der Stahlindustrie, fing ich 1982 an. Kurz nach meinem Arbeitsstart wurde ein 40 Seiten langer Beitrag über meine Promotion im »Journal of Sound and Vibration« veröffentlicht, der wichtigsten Zeitschrift in meinem Fachgebiet. Darauf war ich sehr stolz, das war mein Triumph: Jahrelang war ich nicht ernst genommen worden, und jetzt das. Damals wollte ich nicht habilitieren. Ich sah keine Chance, an eine Hochschule zu kommen, und für die Industrie zu habilitieren, fand ich unsinnig. Ich hatte auch genug von der Hochschule, wollte wieder ins »richtige« Leben.

Im Mai 1982 fing ich dann in einem Unternehmen für Anlagenbau in der Berechnungsabteilung in Düsseldorf an. Ich hatte 1978 geheiratet, mein Mann war ein Studienkollege von mir; wir hatten uns in der letzten Woche des Studiums kennengelernt. Er stellte mit 26 fest, daß Bauingenieur nicht sein Lebensberuf war, also sattelte er um in einen fachfremden Bereich. Seine Option war, eine Niederlassung in Düsseldorf zu übernehmen, deshalb ging ich nach Düsseldorf. Er kam erst 1984, zwei Jahre nach mir, fühlte sich aber in Düsseldorf überhaupt nicht wohl. Ich war also wieder allein in einer sehr schwierigen Situation, als ich in der Industrie anfing, was keineswegs einfach war. Ich kann mich nicht erinnern, daß ich irgendwann einmal Unterstützung gehabt hätte, wenn es mir schlecht ging. Als er dann kam, war ich eine ganz andere Person für ihn. Das muß für ihn schon ein Schock gewesen sein. Ich besaß jetzt zwei Jahre Industrieerfahrung, hatte mich ganz schön durchboxen müssen und war sehr selbständig.

Die Stelle in Düsseldorf hatte ich ausgesucht, weil ich glaubte, nur in der Forschung arbeiten zu können. Doch es stellte sich nach einem halben Jahr heraus, daß ich da wahnsinnig wurde. Ich bin nicht der Mensch, der DIN-A4-Blätter ausfüllen kann, ich bin überhaupt nicht dafür geeignet. Auch das Arbeitsniveau entsprach keineswegs meinen Vorstellungen. Nach einem halben Jahr stand ich vor meinem Abteilungsleiter und sagte, »Sie müssen etwas anderes für mich finden, sonst kündige ich«. Das verstand er nun gar nicht, »wieso, Sie können doch froh sein, hier können Sie 30 Jahre sitzen«. Der nahm mich nicht ernst, gab das nicht weiter, und ich wurde fast verrückt, weil ich keine richtige Aufgabe hatte. Dann meldete ich mich beim Hauptabteilungsleiter an, der die Gnade hatte, mich zu empfangen. Also erzählte ich ihm, wie es mir da eigentlich ging. Nach zwei Stunden sagte er, »ich kann nur sehen, Sie sind unterfordert. Ich sehe zu, daß ich etwas Passendes für Sie finde. Sie müssen sich aber gedulden.« Die Zeit verging. Jedesmal, wenn er mich sah, hieß es, »haben Sie noch Geduld«, aber ich hatte nichts Richtiges zu tun. Die Aufgaben haben mich überhaupt nicht gefordert.

Dann wurde ein Joint-venture mit einer amerikanischen Firma gemacht. Wir sollten Engineering-Aufträge in Deutschland holen. Zusammen mit einem Kollegen ging ich nach Wiesbaden, um mit den Amerikanern zusammenzuarbeiten und in die deutschen Lande auszuschwirren und Engineering-Aufträge reinzuholen. Das war die ideale Arbeit für mich. Ich war glücklich, es war toll, trotz der Hierarchie-Querelen. Ich wohnte während der Woche in Wiesbaden, agierte von dort aus, es war traumhaft! Doch einige Monate später wurde dieses amerikanische Unternehmen aufgekauft, wir mußten innerhalb eines Tages unsere Sachen zusammenpacken, zurück ging es nach Düsseldorf. Ich machte dann ein Vierteljahr weiter Vertrieb, doch meinem verknöcherten Abteilungsleiter, der sowieso mit mir nicht zurechtkam, war das nicht so richtig geheuer: Er konnte mich nicht richtig kontrollieren. Er wollte mich immer mehr unter seine Fuchtel kriegen, doch das wollte ich nun partout nicht. Wir waren uns zwar beide einig, daß es zwischen uns keine große Liebe wird, darüber hatten wir geredet, er akzeptierte mich auch, doch dort wollte ich nicht bleiben. Auch die Kollegen wurden etwas unruhig, weil er sie sehr an der

Kandare hielt, ich aber machen konnte, was ich wollte. Als ich dann noch Ärger mit einem Kollegen bekam, weil er sich meine Verdienste zunutze machen wollte, war bei mir endgültig die Luft raus, und ich ging zum Vorstand.

Dort sagte ich nur: »Er oder ich.« Dann war die Hölle los, doch ich blieb konsequent, sagte auch, er könne mir kündigen, ich würde das jedenfalls nicht mehr mitmachen. Nachdem er mir den Satz »ich konnte Leute noch nie leiden, die sich beim Laufen die Schuhe besohlen lassen können«, an den Kopf geknallt hatte, sagte er, »verlieren wollen wir Sie auf keinen Fall. Was machen wir denn jetzt mit Ihnen. Wir quartieren sie erst mal aus.« Er schlug dann vor, ich solle doch in den Bereich General Contracting wechseln. Da war ich happy! Da wollte ich doch hin! Also wurde ich dort vorgestellt, und der Abteilungsleiter sagte doch tatsächlich, »die sieht ja ganz gut aus, mit der können wir es versuchen«. Es waren noch zwei andere Kollegen da, die auch promoviert hatten. Ich war Assistant Project Manager für ein Groß-Projekt. Ich bin relativ am Anfang in dieses Projekt, einen Pipeline-Bau, eingestiegen. Die Vertragsgeschichte war zu diesem Zeitpunkt noch nicht klar, die Bezahlung des Vertrages auch nicht, und angefangen wurde dann überhaupt erst, als ich schon wieder weg war. Ich stieg ein in der Letter-of-Intent-Phase: Wir hatten den Auftrag, aber mehr war noch nicht. Da liefen sehr viele Vertragsverhandlungen, sehr viele Koordinierungsarbeiten zu Beginn. Es war schwierig, daß ich überhaupt im Team akzeptiert wurde. Wir haben außerdem mit Engländern zusammengearbeitet, die noch konservativer sind.

Eigentlich hätte ich immer den Projektmanager vertreten müssen, aber der ließ sich lieber von jemand anderem vertreten als von mir. Das ganz große Problem waren die Kollegen: Alle anderen flogen einmal im Monat zur Baustelle nach Afrika, nur ich wurde nicht mitgenommen, weil sie nicht glaubten, daß ich das durchhalten könnte. Das kam raus, als mein direkter Vorgesetzter einmal fragte, warum ich nicht mitfliegen würde, er meinte, ich müsse mit. Da erschraken die vier anderen und bekamen Panik, daß es mit mir Probleme geben würde. Ich weiß nicht, was die sich vorstellten, ob ich nicht allein schlafen könnte oder am Zoll durchdrehen würde – keine Ahnung. Als es dann losging, hatten wir doch viel Spaß, keiner hatte mehr Probleme mit mir, auch die Afrikaner nicht.

Mir war sowieso klar, daß ich nicht für längere Zeit auf eine Großbaustelle im Ausland gehen konnte. Das ist für eine Frau zu gefährlich. Baustellencamps sind etwas ganz Eigenes, ein anderes Leben, auch jenseits der normalen Gesetze. Das wollte ich auch nicht.

Die Projekte in diesem Unternehmen waren eigentlich alle interessant. Man mußte auch sehr flexibel sein, was mir besonders liegt. Es gab sehr viele interessante Aufgaben, an denen man sich bewähren konnte. Allerdings erfuhr ich auch erst später, daß sie mir ohnehin vor meinem 40. Lebensjahr keine leitende Position gegeben hätten, weil sie dachten, daß ich noch zu jung sei – ich hätte Kinder kriegen können.

Innerhalb eines Jahres kam wieder ein Projekt auf mich zu. Das fing ganz merkwürdig an: Alle paar Minuten kamen Leute in das Zimmer, in dem ich mit einem Kollegen saß, und gingen wieder raus. Keiner von uns wurde direkt angesprochen. Abends kommen drei Leute ganz aufgeregt, sprechen meinen Kollegen an: »Sie müssen jetzt in der DDR ein Projekt übernehmen, Sie sprechen doch auch Französisch, da haben wir Probleme.« Die gehen raus, und ich sagte, das wäre doch ein Job für mich. Da sagte mein Kollege, »ich hatte auch das Gefühl, die sprechen Sie schon den ganzen Tag an«. Ich also zu den Dreien hin und fragte, »wäre das denn nicht was für mich?« Strahlten die mich an: »Wir wußten nicht, wie wir es machen sollten, aber eigentlich haben wir gehofft, daß Sie kommen!« Da war die Sache schon im Gange. Dann sagte mein Abteilungsleiter, »schön, daß Sie es machen wollen, aber sprechen Sie doch erst mal mit Ihrem Mann«. Das war für mich ganz erstaunlich. Aber natürlich sprach ich mit meinem Mann darüber, was für ihn sehr hart war. Ich wollte jetzt dasselbe tun, was er auch machte: Ich wollte für ein paar Monate von zu Hause weggehen. Am nächsten Tag sagte ich Bescheid, ich hätte mit meinem Mann gesprochen und sei natürlich darauf hingewiesen worden, wo ich als Frau hingehöre, nämlich in die Küche. Aber man könne einmal eine Ausnahme machen.

Dann ging alles relativ schnell: Anfang Juni 1985 waren wir in Schwedt, das liegt nördlich von Frankfurt/Oder. Bei der Besichtigung war zu sehen, daß ich dort nicht hinkonnte, weil die Unterbringung unmöglich war. Das waren Camps mit nicht abschließbaren Toiletten, mit vielen frauenlos lebenden Ausländern, das wäre ein Alptraum für mich geworden. Ich muß wohl ziemlich bleich geworden sein, und ich habe gesagt, »gut, unter den Umständen geht das wohl nicht!« Doch dann wurden für meinen Kollegen und mich zwei Wohnungen in einem Ausländercamp gefunden.

Das war eine interessante Geschichte, ich bekam Baustellenerfahrung, was das Wichtigste war. Ich möchte das nicht täglich machen, aber ich wußte, daß ich ein halbes Jahr durchhalten mußte. Für das Unternehmen war das ein klitzekleines Projekt, dort ging es um die Herstellung von Spraydosen. Die Fabrik wurde errichtet zusammen mit Italienern, Franzosen und Österreichern, und wir leiteten das Ganze als General Contracter. Insgesamt war ich ein halbes Jahr dort und bin alle drei Wochen nach Hause gefahren.

Es war eine Zeit, die ich nicht missen möchte, die aber mein Leben total umgekrempelt hat: Jeweils ein Wochenende blieb ich dort, das nächste fuhr ich quer durch die DDR zu meinen Großeltern nach Stralsund, und darauf wieder nach Hause, wobei das so aussah: Ganz spät am Abend ankommen, Samstag einkaufen und Sonntag mittag wieder fliegen. Es war schon eine schlimme Zeit, und mein Mann saß da und sagte, »ich habe nur Baguette gegessen, ich hab niemand, der mir kocht«. Es war in vielerlei Hinsicht auch eine wahnsinnig interessante Zeit. Mich hat dort alles erstaunt, nicht nur die politischen Verhältnisse. Irgendwie konnte ich gar nicht begreifen, daß etwas so sein konnte, wie es dort war. Ich habe viele interessante Gespräche geführt und viele Erfahrungen gemacht. Ich fuhr zwar alle drei Wochen nach Hause, aber in der Zwischenzeit konnte ich viel nachdenken, und in dieser Zeit habe ich mein ganzes Leben revidiert – mit Wünschen, was ich ursprünglich einmal wollte, und mit dem, was ich erreicht hatte, und habe auch mein Privatleben in Frage gestellt. Ich fragte mich, ist das eigentlich das Leben, das du leben möchtest? Mein Mann war jemand, der nicht gewillt war, auf mich einzugehen, der seine Karriere machte, und ich kam viel zu kurz. Man kann viel arbeiten, aber es gehört noch einiges mehr zum Leben dazu. Das kam alles in mir hoch, und als ich da wegging, wußte ich, du gehst nur noch für eine begrenzte Zeit nach Hause. Ich wußte, ich konnte nicht in diesem Leben steckenbleiben, so wie das war, sonst würde ich draufgehen. Ich war noch jung genug, ich war 32, alles war noch machbar für mich.

Dann kam ich also zurück, hatte erst einmal Urlaub und mußte mich wieder im Unternehmen anpassen, was mir nicht leicht fiel, aber wofür jeder Verständnis hatte. Ich ging auch nicht mehr in meinen alten Bereich, sondern in eine Stabsstelle, machte Studien für die Geschäftsführung. Zu Hause gab es erst einmal eine große Auseinandersetzung: Ich hatte meinem Mann gesagt, daß ich so nicht mehr weiterleben konnte, einen anderen Weg einschlagen wollte. Ich sagte ihm auch, es müsse sich Gravierendes ändern, damit die Beziehung funktionierte. Das ging eine Weile gut. Ich hatte das Gefühl, daß sich etwas änderte. Er bemühte sich, sah schon ein, daß die Dinge, die ich für wichtig erachtete, wichtig waren. Es lief alles ganz gut, da wurde er wieder versetzt. Das war 1986. Ich hatte eine sichere Stellung, aber ich habe mich natürlich in München umgesehen, weil ich dachte, ich gehe einfach mit. Doch das war der Anfang vom Ende, auch privat. Erst mal war ich aber wieder allein in Düsseldorf und hatte jetzt einen Mann, der nur noch arbeitete.

Im September 1986 wechselte ich nach München zu einem Unternehmen für Wehrtechnik. Die wollten mich im Projektmanagement haben, weil ich in diesem Bereich Erfahrungen hatte. Doch dort spielten sich so unglaubliche Dinge ab, daß ich nach ein paar Monaten intern nochmals wechselte. Allerdings kam ich vom Regen in die Traufe: Auch da saß wieder jemand, der wie wild um sich schlug, ich konnte wieder nicht richtig arbeiten. In diesem Unternehmen hatte ich wirklich kein glückliches Händchen, und ich wußte, daß ich da nicht bleiben konnte. Auch meine private Situation funktionierte überhaupt nicht mehr: Mir wurde immer klarer, daß ich weder in dieser Ehe noch in dieser Firma bleiben konnte. Zunehmend merkte ich, daß mein Mann alles, was ich bislang gemacht hatte, immer nur als Übergangsphase gesehen hatte. Irgendwie wartete er auf die Kinder, damit ich meinen Beruf an den Nagel hängte. Doch unter diesen Bedingungen wollte ich keine Kinder. Als ich einmal von Schwierigkeiten in der Firma erzählte, sagte er zu mir: »Hättest du Kunst studiert, hättest du heute alle diese Probleme nicht.«

Ich merkte in dieser Zeit, daß ich den Boden unter den Füßen verlor. Es war eine angstbesetzte Zeit für mich. Dann kam der Zeitpunkt, als mir ganz klar wurde, daß ich diese Ehe beenden wollte. Das war keine Panikreaktion, sondern eine logische Schlußfolgerung aus dem Gewesenen. Mitte Oktober 1987 zog ich aus der gemeinsamen Wohnung aus, hatte in einer Wohnung zwei Zimmer gefunden und mir vorgenommen, mir eine neue

Arbeitsstelle zu suchen. Doch einen Tag, bevor ich umziehen wollte, erreichte mich der Ruf an die Fachhochschule nach Bochum für den Fachbereich Maschinenwesen. Damit hatte ich nun gar nicht mehr gerechnet: Diese Professorenstelle war eine offizielle Ausschreibung gewesen, Anfang 1986, als ich gerade aus der DDR zurückkam. Ein Kollege hatte mich darauf hingewiesen, und ich hatte meine Unterlagen hingeschickt. Nur mittlerweile hatte ich das fast vergessen, weil ich das so richtig gar nicht wollte. Doch als der Ruf dann kam, dachte ich, das ist vielleicht das Beste, was dir im Moment passieren kann. Vielleicht ist das ein Wink, daß du alle Dinge unter einen Hut bringen kannst.

Nachdem ich in Bochum zugesagt hatte, merkte ich, daß es dort wegen mir einen Rieseneklat gegeben hatte. Das sollte nämlich eine Hausberufung werden. Es nahm für mich also kein Ende: Ich kam, und es hieß, »Sie wollten wir gar nicht«. Ich dachte, das kann alles nicht wahr sein. Dann bin ich zur Verwaltung, fragte, dann sagten die, »na gut, die wollen Sie nicht, aber jetzt sind Sie mal da«. Das Ministerium freute sich riesig über die Berufung einer Frau. Zuerst haben sich mir ein paar Leute in den Weg gestellt, doch als ich denen sagte, wenn das Theater nicht bald aufhört, dann kündige ich, ich habe das gar nicht nötig, ich kriege überall einen Job, da waren die so perplex, daß das kein Thema mehr war. Es kam noch dazu, daß viele es nicht fassen konnten, daß ich nicht nur jung und weiblich war, sondern auch noch eine C-3-Stelle bekommen hatte; dabei war das mit der Bezahlung einfach Glück.

Ich bin in Bochum seit Februar 1988. Im ersten Jahr mußte ich viel arbeiten, aber schon im zweiten Jahr lief alles sehr gut. Da hat sich mein großer Einsatz vom ersten Jahr bereits gelohnt, in dem ich die Basis gelegt hatte. Und im dritten Jahr, also 1990, war ich so sattelfest, daß ich zusammen mit einem Partner eine Ingenieurgesellschaft für Strukturanalyse und Projektmanagement gegründet habe. Diese praktische Anwendung meiner Lehrtätigkeit ermöglicht es mir, auf dem laufenden zu bleiben. Besonders interessieren mich Untersuchungen in Sondergebieten, wie zum Beispiel der Schwingungstechnik, oder thermische Probleme. Es ist eine Ergänzung zu den Diplomarbeiten, die bei uns sowieso zu 90 Prozent in Zusammenarbeit mit der Industrie abgewickelt werden.

Bochum war für mich ein totaler Neuanfang. Jetzt war alles anders: der Partner, der Beruf und der Ort. Das hat sich in 60000 gefahrenen Kilometern im Jahr 1988 manifestiert. Ich bin dann immer von München nach Bochum und überhaupt viel durch die Gegend gefahren. Dann hatte ich zeitweise in Köln noch eine Wohnung, weil ich meinte, ich könne in Bochum nicht wohnen. Das erste Jahr in Bochum war sehr strapaziös für mich, aber ich habe alles gut überstanden. Der Aufbau der Gesellschaft war eigentlich die härteste Phase. Jetzt laufen Lehre und Selbständigkeit nicht nur parallel, sondern befruchten sich sogar. Ich kann viele Diplomarbeiten übernehmen, was vorher nicht möglich war. Die Studenten sind froh über die interessanten Themen. Ich verstehe mein industrielles Engagement auch als eine Entlastung für den Fachbereich: Von irgendwoher müssen die Ideen schließlich kommen; wenn man austrocknet, kommt nichts mehr.

Interessant ist die Reaktion von Kollegen aus der Industrie auf mein berufliches Engagement: Die einen sagen, »na endlich, das war lange überfällig«, die anderen, die selbst ihr Leben lang nichts anderes gemacht haben, sagen »ach, die Risiken, und hast du dir das gut überlegt«, und dann gibt es die 45jährigen, die auch selbständig einmal etwas machen wollten, den Drive aber nicht gekriegt haben und jetzt frustriert sind. Mir macht die Tätigkeit in eigener Verantwortung viel Spaß, auch mit der Akquisition habe ich keine Probleme, das habe ich schließlich schon früher gemacht. Es läuft alles, und für mich ist das eine echte Herausforderung. Bei den Kunden ist es auch kein Thema mehr, als Frau akzeptiert zu werden.

Ich habe schon sehr früh für mich festgestellt, daß ich selbständig bleiben möchte. Ich hatte nie die Vorstellung, mich auf die typische Frauenrolle zurückziehen zu wollen. Ich wollte nie diese Rolle, wie sie meine Mutter hatte. Ich hatte zwar schon den Traum von Familie und Kindern, aber eben nie ohne den Beruf. Ich fand es immer toll, wenn sich Frauen im Beruf durchsetzen. Ich habe immer das Gefühl gehabt, ich kann alles, kriege alles unter einen Hut. Ich weiß nicht, ich bin immer noch der Meinung, ich würde auch noch ein Kind unter diesen Hut kriegen, und das würde mich in meinen ganzen Aktivitäten wahrscheinlich noch nicht einmal einschränken, sie würden sich verlagern. Verschiedene Dinge würden einige Jahre andere Prioritäten kriegen. Allerdings hatte ich einmal eine Phase, da wollte ich mich nur noch mit Kunst beschäftigen. Das war in diesem Umbruch. Da sagte ich mir, jetzt reicht es, jetzt male ich nur noch. Ich habe in der Düsseldorfer Zeit auch mit dem Gedanken gespielt, eine Kunsthochschule zu besuchen, aber im Endeffekt habe ich es gelassen. Hervorgerufen worden war diese Idee von dem Gefühl, einmal ruhig leben zu können, ohne daß man sich alles von seiner Umwelt erkämpfen muß. Allerdings würde ich mich wahrscheinlich gar nicht wohl fühlen, wenn ich es einfacher hätte. Das war auch der Grund, warum ich vom Hauptberuf Kunst abgesehen habe, obwohl es da auch hart zugeht. Ich habe mir dann klargemacht, daß mir zwar momentan alles zuviel ist, aber eben nur momentan.

Letztlich kann ich mich auch gar nicht so richtig bremsen. Kaum habe ich ein bißchen Ruhe, fängt das Ganze wieder von vorne an. Manche sagen, »sag mal, was machst du alles, wie schaffst du das überhaupt?« Aber so bin ich eben. Wenn ich mir mal wieder zuviel aufgehalst habe, dann merke ich es auch und schränke es wieder ein. Beispielsweise geht mir das oft so, wenn ich Veröffentlichungen mache: Ich sage etwas zu, dann kommt der Termin, an dem ich abgeben muß, und dann schimpfe ich auf mich selbst, weil ich mir solche Sonderaufgaben auflade. Aber wenn es fertig ist, denke ich: Na, ist eigentlich ganz gut! Denn letztlich schreibe ich gerne, ich bereite auch gerne Vorträge vor – beides macht mir nämlich viel Spaß.

Mein Traum beim Malen ist es, einmal eine Serie zu malen. Diesen Traum konnte ich mir 1991 das erstemal erfüllen. Weil ich aber so wenig Zeit zum Malen habe – und das unterscheidet mich eben von einem Profi –, male ich meist nur ein, zwei Bilder, und dann ist es erst einmal wieder vorbei. Wenn ich einmal Zeit zum Malen hätte, kommt gewiß irgend jemand und fragt, ob ich nicht da oder dort einen Vortrag halten oder etwas veröffentlichen will, und das mache ich dann eben vorrangig. Ich wurde 1990 schon gefragt, ob ich denn meine Bilder nicht ausstellen wollte. Doch zu der Ausstellung habe ich dann nein gesagt, mehr aus dem Gefühl heraus, nicht zu wissen, ob es gegenwärtig schon das Richtige wäre. Inzwischen sehe ich das positiver und beschäftige mich mit der Vorbereitung.

Ich male seit meinem fünften Lebensjahr. In der Schule wurden meine Bilder immer ausgestellt. Auch während meines Studiums habe ich künstlerisch gearbeitet, da habe ich primär Radierungen gemacht. Aber so ganz intensiv beschäftige ich mich damit seit Ende meines Studiums. Erst seit 1987/88 bin ich überhaupt in der

Lage, anderen die Bilder zu zeigen. Früher habe ich das nur für mich gemacht, so ganz im stillen Kämmerlein. Das Malen ist ein Refugium für mich, damit kann ich viele Probleme für mich verarbeiten, dadurch kann ich richtig wieder zu mir selbst kommen. Es war lange Zeit etwas sehr Privates für mich. Ich dachte immer, ich verliere meine Unschuld, wenn ich eine Ausstellung mache. Doch die Künstlerin Elvira Bach, bei der ich im Sommer 1991 einen Workshop besucht habe, hat mich stark dazu motiviert, meine Bilder jetzt doch ausstellen zu wollen. Meine Bedenken, mir etwas Negatives anzutun, wenn ich auf eine Ausstellung hinarbeite, hat sie weggewischt. Da ich einmal mit einem Künstler befreundet war, kenne ich den Kunstbetrieb und weiß, auf was ich mich einlasse.

In der Industrie war ich angepaßter, viel männlicher orientiert als hier im Wissenschaftsbereich. Das hat sich auch im Aussehen manifestiert: Ich hatte ganz kurze Haare. Hätte es Krawatten für Frauen gegeben, hätte ich die bestimmt getragen – überspitzt formuliert. Zum Schluß war ich auch innerlich derart hart, daß das für mich nicht mehr gut war. Da mußte ich Abstand bekommen, das wäre sonst gegen mich selbst gegangen. Ich habe in der Industrie gelernt, cool zu reagieren, selbst wenn es in mir gebrodelt hat. Bei diesen starken Auseinandersetzungen in München konnte mich jemand ansprechen, und ich habe ihn angeguckt, mich umgedreht und nichts gesagt. Das ist sonst nicht meine Art. Ich war richtig hart. Ich möchte aber nicht zwei Leben leben, wie Männer das oft tun. Männer sind da viel krasser: hier liebevoller Ehemann, dort absoluter Despot oder umgekehrt. Doch ich will diese totale Zweiteilung nicht. Das hat mich erschreckt und geschockt, als mir das klar geworden ist. Ich fragte mich auch, wie ich da hineingeraten konnte, und sagte mir dann auch, so geht das nicht weiter. Es war mein Glück, daß ich noch so viel Abstand hatte, um das alles registrieren zu können. Bei einer anderen Arbeitsatmosphäre hätte sich das vielleicht auch wieder gegeben, aber der Bereich Wehrtechnik war einfach eine falsche Entscheidung. Ich muß aber leider immer meine eigenen Erfahrungen machen. Mir nützt es nichts, wenn mir jemand einen Hinweis gibt; wenn es nicht so richtig weh tut, dann lerne ich es nicht.

Hier an der Fachhochschule merke ich, daß ich ein offener und umgänglicher Mensch bin. Das merke ich sowohl im Umgang mit meinen Kollegen als auch mit meinen Studenten: Alle vertrauen mir, ohne daß ich fraternisiere. Natürlich gab es am Anfang Probleme, es gab auch Bemerkungen und seltsame Situationen, aber das alles hat sich rasch gelegt, weil ich auf Spitzen sehr viel gelassener und lockerer reagiere als früher. Gelassenheit zu gewinnen habe ich hier gelernt.

Ich bin am 28. Februar 1953 geboren, in Ost-Berlin. Kurz vor dem Mauerbau 1961 sind wir nach Stuttgart gezogen. Ich bin in Stuttgart zur Schule gegangen und habe dort studiert. 1971 habe ich Abitur gemacht, mit 18 Jahren, weil ich durch diesen Übergang von der DDR ein Schuljahr übersprungen habe. Während meiner Schulzeit hatte ich dann einen Autounfall, und jeder dachte, diese verlorene Zeit in der Schule könne ich nicht aufholen. Doch ich habe gekämpft, weil ich dieses Jahr behalten wollte. Da arbeitete ich wie wahnsinnig. Im Studium war ich auch sehr schnell: Mit 23 war ich fertig, ich habe das Examen in der Mindeststudienzeit abgelegt.

Ich wollte Medizin, Biologie oder Zoologie studieren. Das hat mich alles sehr interessiert. Ich war auch gut in Mathematik, Physik und Chemie, aber ich hatte keine Lust, eine Ausbildung in Richtung Lehrerin zu machen, mit Schülern wollte ich mich nicht herumplagen. Doch wegen des Numerus clausus – ich hatte mich in Tübingen für einen Studienplatz in Medizin beworben – hätte ich ein Semester warten müssen, bis ich mit dem Studium hätte beginnen können. Das wollte ich nicht, und dann brachte mich mein Physiklehrer auf die Idee, Ingenieurwissenschaften zu studieren. Daran hatte ich vorher überhaupt nicht gedacht, doch das fand ich ganz toll. Als ich mit dieser Idee nach Hause kam, gab es heftige Diskussionen. Mein Vater ist selber Bauingenieur, doch er konnte sich damit gar nicht anfreunden. Das will er nur heute gar nicht mehr wahrhaben. Er hätte gerne gehabt, daß mein älterer Bruder in seine Fußstapfen tritt, aber das wurde nichts. Recht interessant entwickelte sich das Verhältnis meines Vaters zu meinem Studienfach während meiner Studienzeit, in der ich noch zu Hause wohnte: Einerseits hat er nicht selten gesagt, »aus dir wird nie ein richtiger Ingenieur«, andererseits versuchte er immer, meine Freunde zu vergraulen, damit ich möglichst keine Zeit verplemperte und schnell das Studium absolvierte. Diese Haltung meines Vaters hat mich sehr geprägt. Mich hat die Tatsache, daß ich mich von meinem Vater nicht anerkannt fühlte, sehr herausgefordert: Mein Ehrgeiz wurde dadurch geweckt. Mein Studium hat mir auch immer viel Spaß gemacht. Zeitweilig war es eine Haßliebe, aber es war das Beste, was ich tun konnte.

Ich war auf mehreren Gymnasien, weil wir mehrmals im Raum Stuttgart umgezogen sind, aber immer auf sprachlichen Gymnasien. Ich bin sehr froh darüber, daß ich nie auf einen naturwissenschaftlichen Zweig gewechselt habe, obwohl ich das vorhatte. Der Unfall hat diesem Plan einen Strich durch die Rechnung gemacht, was mir später zugute kam. So habe ich eine sehr breite Ausbildung bekommen. Ich beschäftige mich auch heute intensiv mit Literatur und mit Kunst.

Meine Erziehung wurde keineswegs auf Technik ausgerichtet. Ich habe zwar mit fünf Jahren Rechenschieberrechnen, aber gleichzeitig auch Häkeln gelernt. Das war beides gleich wichtig. Selbst während meines Studiums habe ich mich nicht nur mit Technik beschäftigt, sondern auch mit musischen Dingen. Ich habe Technik studiert, weil mir das Spaß gemacht hat; einen anderen Grund gab es nicht.

Mich haben verschiedene Dinge geprägt: Durch dieses Wechseln aus Berlin, was schon eine Entwurzelung war, konnte ich nie richtige Freundschaften schließen; ich habe sechs Schulen besucht. Ich war an manchen Schulen nur ein halbes Jahr oder als Gastschülerin, wurde nur unter Vorbehalt aufgenommen. Ich gehörte nie richtig in einen Klassenverband. Ich war immer die Jüngste und kam immer später in den bereits bestehenden Klassenverband. Es war schon sehr extrem. Ich bin auch sehr spät erst richtig gewachsen, ich war immer ein Winzling, da hatten alle anderen zusätzlich Vorbehalte gegen mich. Ich sprach kein Schwäbisch, was für den Klassenverband furchtbar war. Das war hart, ich mußte schon sehr früh Selbstbewußtsein aufbauen und mich ständig beweisen. Als ich mich dann endlich einmal in eine Klasse integriert hatte, hatte ich diesen Autounfall: Ich hatte mit 16 zwei Knieoperationen, lag ein halbes Jahr fest im Bett und war hinterher von allem ausgeschlossen. Ich durfte nicht tanzen, konnte keine Miniröcke tragen und war total isoliert von den Bekannten, die ich gerade gewonnen hatte. Das mußte ich aushalten. Ich war schon sehr unglücklich. Dann hieß es in der Schule, machen Sie sich nichts draus, Sie können das Jahr wiederholen. Doch das wollte ich auf keinen Fall. Ich habe alles nachgeholt, habe keine Fünf im Zeugnis gehabt, obwohl alle sagten, das gibt es ja gar nicht. Meine Eltern haben mich auch sehr unterstützt in dieser

Zeit, die Lehrer ebenfalls, weil die sahen, ich strenge mich an. Ich war nicht die Beste in der Schule, aber Lernen fiel mir leicht und machte mir Spaß. Mich hat alles interessiert. Was auch immer ich tat, ich habe nie meine letzte Kraft gebraucht.

Was mich allerdings fast meine letzte Kraft gekostet hat, das war die Phase in der Industrie, wo auch meine Ehe schiefging. Das hatte freilich nichts damit zu tun, daß ich eine Frau bin; einem Mann wäre es in einer solchen Situation genauso gegangen. Ich war sehr fordernd, ich wollte hoch hinaus, ich wollte weiter, und ich habe das auch immer ganz klar gesagt. Da wurde ich natürlich angegriffen, denn je höher man kommt, desto dünner wird die Luft, so daß ich zum Schluß mit dem Rücken an der Wand stand. Da wäre mir fast die Luft ausgegangen, aber nur fast.

Während meiner Krankheit fand ich es toll, daß meine Mutter nicht berufstätig war, da habe ich sie sehr gebraucht. Aber später habe ich es bedauert, daß sie ihren Beruf aufgegeben hat, als mein Bruder zur Welt kam. Ich war schon als Kind kritisch und leistungsbewußt. Ich war um die zwölf Jahre alt, als ich meinen Vater fragte, warum er eigentlich nicht promoviert hat. Er hat es mir dann erklärt, wieso und weshalb, dann war es in Ordnung. Ich war schon immer so: Wenn ich etwas mache, dann mache ich das zweihundertprozentig, ganz genau. Wenn ich mich mit Kunst beschäftige, lese ich über Kunst, gehe zu Ausstellungen und mache unheimlich viel in diese Richtung. Auch ein Hobby mache ich eben zu hundert Prozent. Die Gefahr, die darin liegt, ist, sich schnell auffressen zu lassen, aber ich arbeite ständig daran, daß es nicht ganz schlimm wird.

Viel zu kämpfen hatte ich damit, immer die Jüngste zu sein und mich trotzdem überall bewähren und behaupten zu müssen. In unserer Abitursklasse war ich 18, die Älteste war 21 Jahre alt. Die anderen haben mich überhaupt nicht ernst genommen. Die haben immer gesagt, das verstehst du doch noch gar nicht. Aber ich akzeptierte, daß ich da nicht eingebunden und eine Außenstehende war. Als ich mir das klargemacht hatte, konnte ich gut damit umgehen. Mein Ehrgeiz wurde wohl eher geweckt durch meinen eineinhalb Jahre älteren Bruder, der von meinen Eltern immer als der Intelligentere von uns beiden hingestellt wurde. Ich wollte meinen Eltern immer beweisen, daß das nicht stimmte, und brachte die Leistung, die sie sich von ihm gewünscht hätten.

Am meisten geprägt in meiner Kindheit haben mich meine

Großmütter. Die Großmutter mütterlicherseits war eine sehr starke Frau mit viel Format. Ihr Vater war Handwerker, doch sie durfte studieren, sie war Lehrerin. Als Weibchen bin ich zwar nicht gerade erzogen worden, aber ich erinnere mich an Diskussionen zu Hause, in denen meine Argumente beiseite gewischt wurden mit der Aussage, ich sei emotional. Ich wurde von meinem Vater nicht ernst genommen. Das versucht er auch heute manchmal noch; allerdings mache ich ihn in den letzten Jahren darauf aufmerksam. Früher ignorierte ich das, wollte mich damit nicht auseinandersetzen, doch jetzt halte ich das für notwendig. Das ist hart für meinen Vater, der ein sehr traditioneller Mann ist. Mein Vater war selbständig, während ich studierte, und da hörte ich immer von ihm, er würde nie Frauen einstellen, die heirateten doch und bekämen Kinder. Ich war schon jahrelang im Beruf, machte bereits Karriere, aber er sagte mir noch dasselbe. So war das eigentlich immer wieder: Die Frauen werden als technische Doofies hingestellt, sogar von ihren eigenen Vätern, und die meisten glauben es leider. Schwierig war es für meinen Vater, als ich mein Diplom hatte. Ich meinte locker zu ihm: Was sagst du denn dazu, daß deine Tochter zu dir »Kollege« sagen kann? Damit konnte er gar nicht umgehen. Als ich promoviert war, war er natürlich wahnsinnig stolz – ohne Einschränkungen, aber beim Examen war das noch anders.

Wir waren eine sehr traditionelle Familie: Es richtete sich alles nach dem Vater. Mutter sagte immer, »dein Vater hat gesagt . . .« Noch heute merke ich, daß mein Vater sich überhaupt nicht vorstellen kann, daß ich an einer Fachhochschule lehre. Aber das geht nicht nur meinem Vater so, sondern auch anderen Männern. Diese typischen Patriarchen sind immer entsetzt, daß eine Frau Professorin eine kleine und junge Person ist. Für viele Leute muß ein Professor ein alter weißhaariger Mann sein. Eine vergleichbare Situation kenne ich auch mit einem Vermieter, der selbständiger Architekt ist. Da registrierte ich ganz bewußt, wie schwer es für Dritte ist, zu akzeptieren, daß jemand zu Hause, im eigenen Büro arbeiten kann. Viele haben damit wohl Probleme, nach dem Motto: Die ist selten weg, aber bekommt Geld dafür. Eines Tages fragte er mich sehr unmotiviert, »sagen Sie mal, wie sieht das aus, wenn Sie arbeiten?«

Seine Frage habe ich erst im nachhinein verstanden, als ich erfuhr, daß er sich erfolglos an einer Fachhochschule beworben hatte. Da merkte ich, daß ich häufig mit etwas umgehen muß, was für andere ein Problem ist, aber erst in dem Moment an die Oberfläche kommt, wenn ich auftauche. Ich habe überhaupt nichts mit der Angelegenheit zu tun, aber in mir kristallisiert sich dann das, was andere als ihr Problem ansehen.

Als ich in der Industrie war, hatte ich häufig mit Geschäftsführern zu tun, also mit erfolgreichen Menschen. Doch fast von jedem Akademiker ohne Promotion kam beim dritten Satz mir gegenüber die Begründung, warum sie selbst nicht promoviert haben. Das haute mich immer ein bißchen um. In diesem Moment manifestierte ich das Problem anderer Leute. Diese Situationen können immer wieder auftreten, da habe ich sehr früh gelernt, ruhig zu bleiben, ich möchte nicht zur Macho-Frau werden. Ich finde, das haben wir Frauen erst recht nicht nötig. Beim Mann ist Machoverhalten noch eher zu ertragen, aber bei Frauen finde ich es unerträglich. Ich bin manchmal richtig platt, wenn mir bewußt wird, daß Frauen ihre eigenen Fähigkeiten gar nicht richtig einsetzen: Statt sie ins rechte Licht zu rücken, rennen sie den Männern hinterher – ich schließe mich da keineswegs aus. Ich wollte manchmal männlicher als ein Mann sein. Dabei ist das absolut idiotisch: Wenn man in die Fußstapfen von einem Mann tritt, kann man ihn nicht überholen.

Ich habe mittlerweile gelernt, daß Männer Frauen nur sehr schwer als Gleichrangige akzeptieren können. Im Regelfall kann ich inzwischen damit umgehen, kann darüber lächeln, stehe einfach lässig darüber, aber manchmal ärgere ich mich dennoch, obwohl ich es nicht will.

Überhaupt habe ich schon viele Situationen erlebt, die einfach nur grotesk sind. Als ich in München einen Arbeitsplatz suchte, hatte ich auch Kontakt aufgenommen zu einer Unternehmensberatung, die in München gerade eine Niederlassung eröffnet hatte. Wir führten ein sehr interessantes Gespräch, und es endete damit, daß mein Gesprächspartner sagte, »ich würde Sie sofort nehmen, aber es tut mir leid, wir haben Kunden, da könnte der eine oder andere nicht mit einer Frau auskommen, und ich kann es mir im Moment einfach nicht leisten, Sie einzustellen, wenn Sie dann vielleicht nicht rund um die Uhr beschäftigt sind«. Ich antwortete, »das ist bitter, was Sie da sagen, aber wenn es die Realität ist, kann ich es nicht ändern«. Daraufhin machte er mir den Vorschlag, ich könne doch seine Assistentin werden. Das war 1986!

Im Endeffekt bedauerte er dann, daß er nicht den Mut hatte, mich einzustellen.

Meine Arbeit hat mir nichts von meiner Persönlichkeit genommen. Im Gegenteil, die Arbeit ist Teil von mir, das ist nicht zu trennen. Das einzige, was nicht funktioniert hat, ist der Kinderwunsch, aber der Wunsch nach Kindern kam bei mir sowieso erst relativ spät. Alles in allem führe ich ein sehr erfülltes Leben. Natürlich habe ich mich durch meine Berufstätigkeit entwickelt und nicht nur positiv, das merke ich im Zusammenhang mit meinen Partnerschaften. Dieses ständige Auf-sich-allein-gestellt-Sein hat einen Preis, der Überselbständigkeit heißt. Die Trennung von meinem Mann hat die Selbständigkeit noch beschleunigt: So selbständig wollte ich eigentlich gar nicht werden, aber es ist jetzt nun mal so. Dabei denke ich schon so konservativ, daß ich meine, in der Partnerschaft sollte die Frau der nachgiebigere Teil sein. Ich finde das gar nicht negativ. Es gibt diese Rollenverteilungen, auch wenn die erziehungsbedingt sind, daß der Mann gegen die ganze Welt kämpft und die Frau für das Zuhause zuständig ist. Das Problem ist nur: Wir Frauen werden so erzogen, unser Weltbild ist auch so, aber plötzlich wird man da rauskatapultiert durch den Beruf und tut sich sehr schwer, dahin zurückzugehen, obwohl man es eigentlich unfreiwillig getan hat. Das ist eine irrsinnige Belastung für eine Partnerschaft.

Im Privaten wäre ich manchmal lieber weicher, das würde mir auch besser tun. Denn Stärke bringt im Privatleben nichts, das habe ich gelernt, macht beiden nur das Leben schwerer. Als mir meine Härte, teilweise auch meine Unerbittlichkeit, bewußt geworden ist, habe ich an mir gearbeitet, und es ist auch schon wieder viel besser geworden. Mittlerweile stehe ich dazu, daß ich mich auch einmal anlehnen will, auch einmal sagen will, »mir ist alles zuviel«. Und wenn diese Phase vorbei ist, mache ich meine Sachen eben weiter.

Ich bin sowieso überzeugt davon, daß jeder, der Karriere macht – egal ob Mann oder Frau –, den richtigen Partner braucht. Jeder braucht als Ausgleich zum Beruf einen Partner, auf den man sich verlassen, dem man vertrauen kann, wo man weiß, der andere will mir nichts Böses. Diese Unterstützung braucht man einfach. Männern fällt es aber noch sehr schwer, mit selbständigen Frauen zu leben.

Ich habe das bei meinem Ex-Mann gemerkt. In seinem tiefsten

Inneren hatte er Probleme mit meiner Selbständigkeit, über die wir aber nie gesprochen haben, weil er sich da einfach verweigert hat.

Wie traurig es ist, wenn die Welten der Partner so gar nicht zusammenpassen, merke ich auch manchmal an Bemerkungen, die Männer mir gegenüber machen. Ein älterer Kollege sagte einmal zu mir, mit mir könne er so wunderbar diskutieren, das könne er zu Hause einfach nicht. Bestimmt mag er seine Frau, wäre mit einer Frau wie mir aufgeschmissen, aber es fällt ihm auf. Wenn so eine Beziehung dann in die Phase kommt, wo nicht mehr alles so taufrisch ist, wo auch berufliche Probleme auftauchen, da nützt ein schönes Gesicht oder ein knackiger Hintern wenig, da braucht man jemanden, mit dem man richtig diskutieren kann und der zum Schluß sagt, »weißt du, ich würde das so machen«. Das begreifen viele Männer nicht, aber daran sind die Frauen manchmal auch selbst schuld. Nicht wenige Männer sind nämlich auch froh, wenn sie ein bißchen an die Hand genommen werden. Ich kenne nur ganz wenige Männer, die in ihrer Sache verharren, ihre Meinung haben und ihr Rollenverständnis und sich davon überhaupt nicht abbringen lassen. Viele sind im Grunde genommen genauso hilflos wie manche Frau, ein bißchen unsicher, und wenn beide, Frauen und Männer, bereit sind, offen miteinander zu sprechen, gibt es die Kommunikation, die wir alle brauchen. Aber wenn die Frauen auftreten nach dem Motto, »so, wir zeigen es euch jetzt«, ist es kein Wunder, daß die Männer fast Kastrationsängste bekommen.

Eine meiner Stärken ist, daß ich Probleme, die ich ja leicht kriege, sehr gut analysieren kann. Ich lerne auch sehr leicht, egal was, das macht mir nichts aus. Ich kann mich sehr stark auf eine Sache konzentrieren. Wenn ich mich hinsetze und will arbeiten, dann schaffe ich in der Stunde unheimlich viel, und ich stehe auch auf, wenn ich merke, jetzt geht es nicht mehr. Ich kann auch abblocken, wenn es nötig ist. Ich habe die Fähigkeit, nicht viel Zeit zu vertändeln. Zu meinen Stärken gehört es auch, aus Erfahrungen wirklich zu lernen. Heute habe ich keine Durchsetzungsprobleme mehr wie früher, weil ich über Probleme reflektiere. Ich fühle mich heute mehr und mehr gefestigt, obwohl es sicher schwierig ist, für sich selbst ein Lebensziel zu definieren. Aber gerade durch meine Malerei habe ich heute mehr denn je das Gefühl, meinem Ziel näher zu kommen.

Schwäche und Stärke zugleich ist, daß ich ein wahnsinniges Harmoniebedürfnis habe und dadurch oftmals unklar und nicht definiert wirke. Das ist privat schlimmer als beruflich. Ich habe gelernt, mit meinen Schwächen umzugehen. Früher habe ich mich immer sehr geärgert, weil ich schon manchmal sehr vorlaut bin, ein bißchen mehr Diplomatie wäre besser. Ich habe schon viel Prügel eingesteckt, weil ich nicht diplomatisch bin. Es ist eine Schwäche insofern, als mein Verhalten mich sehr viel mehr Kraft kostet. Dieses Sich-immer-ins-Feuer-Setzen ist letzten Endes eine Schwäche. Das ist nicht nur Ehrlichkeit, sondern auch Dummheit, weil es einfach zu viel Kraft kostet.

Wir Frauen brauchen viel Zeit und Geduld. Die Einstellungen können nicht durch Gesetze oder Quoten geändert werden, dieser Überzeugungsprozeß ist leider mühsam und muß immer wieder von neuem betrieben werden. Wir brauchen kraftvolle, hartnäckige, mutige Frauen, die das ganz einfach aushalten. Die Anerkennung kommt dann ganz von selbst. Gerade die Probleme der Anerkennung sind so kleinteilig, daß sie sehr schwer zu beschreiben sind. Beispielsweise: Ich will jemandem was erzählen, und er guckt mich nicht an, sondern immer wieder auf seine Uhr. Den kann ich nie dingfest machen und sagen, »Sie sind nicht interessiert, denn Sie gucken auf die Uhr«. Das läuft so untergründig ab, es verunsichert aber, weil man darauf reagiert. Es ist ja auch sehr schwer, diese Dinge auf den Punkt zu bringen, es geht fast gar nicht. Wer das will, der macht sich lächerlich. Es ist eine ganz verrückte Situation. Zu beschleunigen gibt es nichts. Das kann erst eine Eigendynamik kriegen, wenn genügend Frauen dieser Art da sind.

Die Mädchen müssen selbstbewußter erzogen werden, von selbstbewußten Müttern, selbstbewußten Lehrerinnen, selbstbewußten Dozentinnen. Auch für die Jungen haben selbstbewußte Frauen eine ganz wichtige Funktion. Ich stelle immer wieder fest, daß sich Männer sogar gerne überzeugen lassen – bis auf ganz verbohrte – und umdenken können. Wir Frauen klagen im Grunde genommen nur über eine Sache: daß wir nicht gefördert werden. Ich glaube, wenn dieser Prozeß der Anerkennung einmal beginnt, dann werden wir auch gefördert. Wenn die Töchter erst einmal in den Beruf kommen, dann werden die Väter engagiert, und das ist unsere Lösung. Die Väter sind heute in hohen Positionen und gehen dann auf die Barrikaden. Um ein Beispiel zu nennen: Die

Tochter eines Professors war schwanger, konnte deshalb ihre letzte Examensprüfung nicht machen. Sie hat keine zweite Möglichkeit bekommen, sondern mußte ein Jahr lang warten. Darüber hat sich der Vater zurecht aufgeregt. Und wenn sich viele Väter aufregen, weil ihre intelligenten Töchter schlechtere Chancen als die intelligenten Söhne haben, dann wird sich auch etwas ändern.

Christel Steffler

Botschafter der

Bundesrepublik Deutschland

Aufgeregt war ich, als ich Christel Steffler endlich kennenlernte. Im Juni 1990 schrieb ich ihr den ersten Brief, und Mitte November war es dann soweit: Sie stand in der Tür ihrer Botschafterresidenz in Daressalam, die Sonne schien gerade nach einem tüchtigen Regenguß wieder, und schon als ich sie sah, wußte ich, daß mir der Mensch Christel Steffler mindestens genauso sympathisch sein würde, wie ihre Briefe es mir waren. Dieses instinktive Wissen hat sich mehr als bewahrheitet.
Nach diesem ersten Kennenlernen vereinbarten wir einen Interviewtermin. Die deutsche Botschaft in Daressalam ist nicht weit entfernt von dem Hotel, in dem ich wohnte. Doch um ganz sicher pünktlich zu sein, setzte ich mich ins Taxi. Das hätte ich besser nicht getan. Der Taxifahrer brachte mich zwar zu einer Botschaft, aber nicht zur deutschen! Nachdem ich wegen defekter Fahrstühle drei Hochhäuser zu Fuß Stockwerk für Stockwerk erkundet hatte, landete ich schließlich mit fast einstündiger Verspätung verschwitzt und dank eines Tropenregens mit verschmutzten Sandalen und Füßen bei Frau Botschafter Steffler.
Christel Steffler ist eine der ganz wenigen Frauen im diplomatischen Dienst, und sie war auch eine der ganz wenigen Frauen, über die ich bei meiner ersten Kontaktaufnahme praktisch

nichts wußte außer ihrem Namen und ihrer Position. Als ich ihr den ersten Brief schrieb und ihr von diesem Buch und meiner Bitte, mit ihr ein Interview zu führen, berichtete, hatte ich freilich den Satz im Ohr, den mir ein Mitarbeiter des Bundespresseamtes als höchst knappe Charakterisierung über sie ins Telefon mehr geflüstert als gerufen hatte: »Das ist eine tolle Frau.« Wenn jemals eine Kurzbeschreibung zutreffend war, dann diese.

In ihrem ersten Brief an mich schrieb sie unter anderem: »Als ich meinen Beruf ergriff, schien es mir höchst selbstverständlich, daß er für Männer und Frauen gleichermaßen geöffnet ist.« Dieser Satz ist typisch für sie: Christel Steffler ist eine Frau, die sich keine überflüssigen Gedanken um das Frausein macht. Sie meint nicht, bestimmte Dinge nicht tun zu können oder anders tun zu müssen als Männer, sondern sie handelt gemäß ihren Fähigkeiten. Trotz ihrer außergewöhnlichen Position sieht sie auch diese als Normalität an. Christel Steffler ist natürlich »Frau Botschafter«, aber nicht nur und ausschließlich – und das ist das Schöne an ihr: Aus jeder Geste und jedem Satz sprechen Menschlichkeit, und die Liebe zu ihrem Wirken.

Im März '91 hat Christel Steffler Daressalam/Tansania verlassen und wurde als Botschafter nach Sofia/Bulgarien abgesandt.

Das Unwiderstehliche am Beruf eines Botschafters ist die Wirklichkeitsnähe; daß man nah am politischen Leben und an den Entscheidungsträgern dran ist und auf diese einwirken kann. Es hängt von einem selber ab, ob man in der Lage ist, gleichzeitig politische Strömungen und Informationsquellen von außen einzuschätzen und sich nicht trügen zu lassen von dem Kontakt mit den Entscheidungsträgern. Als Botschafter ist man besser in der Lage als ein Politiker, diese wahrzunehmen. Der Politiker weiß schon vorher, was das Ergebnis sein soll, er strebt etwas an. Der Diplomat sieht, ob das realistisch ist oder nicht – im guten Fall. Man kann sich natürlich täuschen, deshalb ist es wichtig, daß man das Gefühl für das Gastland und für seine Menschen bekommt. Das dauert eine gewisse Zeit. Wie lange, das ist von Land zu Land ganz unterschiedlich. Im Auswärtigen Dienst setzt man als Faustregel dafür sechs Monate an. Als ich jung war und das hörte, dachte ich, das ist viel zu lang, drei Monate reichen. Ich würde auch heute noch sagen, drei Monate geben einem schon eine gute Sicherheit, aber es hängt ein bißchen von dem Gastland ab und davon, ob man angenommen wird. Man kann auch spontan abgestoßen werden. In Entwicklungsländern oder in Israel ist der Abstoßungs-Effekt sehr schnell spürbar; in Afrika auf alle Fälle. Hier ist es wirklich eine Sache von entweder-oder. Wenn das passiert, ist überhaupt nichts mehr zu machen. Da kann man nicht sagen, das wird sich schon noch ändern, da kann man nur noch seine Sachen packen. Das tut natürlich kein Mensch. Denn wer gibt so etwas schon gerne zu. Auch das Auswärtige Amt wird einen frühestens nach zweieinhalb Jahren zurückholen, weil der Rechnungshof sonst meutert, wegen der Kosten für den Umzug. Aber als Botschafter ist man dann nicht mehr viel wert.

Wenn man eine Laufbahn im diplomatischen Dienst einschlägt, braucht man eine besondere Liebe für andere Länder, andere Leute und andere Mentalitäten. Man muß die Bereitschaft haben, Unterschiede hinzunehmen, zu dulden und ihnen nachzugehen. Man muß sehr stark den Dingen auf den Grund gehen und darf das Ziel, daß man seine Kenntnisse dann in den Dienst diplomatischer Arbeit zu stellen hat, nie aus den Augen verlieren. Man muß sich immer wieder neu vor Augen halten, was man anstrebt. Der diplomatische Dienst will in erster Linie die Verständigung zwischen den Regierungen und den Ländern stärken, den friedlichen Interessenausgleich fördern, gewaltsamen Auseinandersetzungen zuvorkommen. Das heißt, man muß versuchen, alles zu umschiffen, was Konfliktzonen vergrößert, und man muß rechtzeitig für den Abbau von Konfliktpotential sorgen. Der erste Hilfsmechanismus dabei ist, daß man die gegenseitige Verständnisfähigkeit vergrößert. Das geht nur über Austausch, indem man sich wirklich kennenlernt. Man muß auch klar erkennen, daß alles, was man als Diplomat tut, nach beiden Seiten zu tun ist. Es ist wichtig, wie man im Gastland arbeitet. Das Gastland muß wissen, welche Grundpositionen der Entsendestaat vertritt und warum dessen Politik ist, wie sie ist. Gleichzeitig muß der Diplomat gegenüber seiner Heimatregierung erklären können, weshalb das Gastland so handelt, wie es handelt. Man muß Botschafter in beide Richtungen sein. Es ist absolut falsch zu glauben, daß man nur dem einen Land gegenüber Botschafter ist. Jeder Botschafter ist eine Brücke von Land zu Land. Das hoffe ich wenigstens. Nur darf man auch seine Wirkung nicht überschätzen: Man ist beispielsweise bei uns nur einer von 130 Botschaftern ... Und dann gibt es noch all die Politiker!

Beworben habe ich mich im Auswärtigen Amt für die Aufnahmeprüfung, weil ich mir ganz sicher war, daß mich das aktuelle politische Geschehen sehr interessiert und weil ich aktiven Anteil an ihm nehmen wollte. Außerdem war ich – auch durch das eigene Erleben aus der Vergangenheit – entschlossen, meinen Teil dazu beizutragen, daß so etwas wie das Dritte Reich bei uns nicht mehr geschehen konnte. Ich wollte größtmögliche Klarheit darüber haben, wohin die deutsche Politik geht, wollte dabei Verantwortung tragen. Im Zweifelsfall wollte ich vor mir selbst wenigstens sicher sein, du hast etwas dagegen getan, du hast es nicht einfach geschehen lassen. Ich wollte aktiv daran mitarbeiten, daß Kriege nach Möglichkeit nicht mehr nötig werden. Nun war die Frage: Gehe ich in die Politik oder in den diplomatischen Dienst? In die Politik mochte ich eigentlich nicht, nach der Erfahrung dieser nationalsozialistischen Zeit. Parteien hatten immer noch ein gewisses Stigma. Ich wußte auch, ich war selber geistig schlecht zu zügeln, ich würde Parteidisziplin nicht gerne durchhalten wollen. Ich brauchte etwas, was parteiüberschreitend und mit möglichst wenigen »Du mußt« von außen verbunden ist. Im diplomatischen Dienst schien mir das gegeben. Ich sah nichts anderes, wo ich leichter die Möglichkeit haben würde, direkt an der Gegenwart verantwortungsvoll mitzuwirken und das Nötige zu tun, um mit zu verhindern, daß etwas schiefläuft. Zu tun, was man kann, um dafür zu sorgen, daß die guten Seiten von Deutschland zum Tragen kommen, und dieses gegenüber der Welt zu vertreten, so etwa stellte ich mir den angestrebten Beruf vor. Meine Familie war verblüfft, keiner war je in diesen Diensten gewesen.

Ich bewarb mich also, und dann kam der Auswahlwettbewerb, eine interessante und sehr faire Angelegenheit. Ich bestand, erhielt die Nachricht, daß ich genommen sei, und trat am 1. April 1957 in Bonn in den Ausbildungslehrgang ein. Ich war in der 12. Crew, also im 12. Lehrgang für den Höheren Auswärtigen Dienst. Die Ausbildung hat drei Jahre gedauert, davon war ein Jahr Praxis an Auslandsvertretungen. Ich war in Dublin und in Wien. Wir hatten ein Dreivierteljahr Ausbildung in der Ausbildungsstätte, ein Dreivierteljahr praktische Ausbildung im Auswärtigen Amt, ein Jahr diese Auslandsausbildung, und dann ging es nach der Rückkehr noch ein halbes Jahr in die Ausbildungsstätte, wo wir uns auf das Abschlußexamen vorbereiteten. Wir waren eine große Crew von 45 Beamten auf Probe, davon zwei Frauen. Die Ausbildung hat viel Spaß gemacht, sie war aber eigentlich zu lang. Es war ein konzentrierter Studiumsablauf mit ausgewählten Professoren und Dozenten von verschiedenen Universitäten. Die Fächer waren vor allen Dingen Völkerrecht und Staatsrecht, Volkswirtschaft und neuere Geschichte, beginnend mit der Französischen Revolution von 1789. Die Sprachen Englisch und Französisch liefen nebenbei, auf Fachdiktion getrimmt. Hier kam es besonders auf politischen Sprachgebrauch und protokollarische Noten sowie auf gepflegten Redestil an. Auch diplomatischer Benimm wurde uns beigebracht. Wir wurden bezahlt und mußten von diesem Geld unseren Unterhalt an der Ausbildungsstätte finanzieren. Es war ein bescheidener Satz, aber man kam damit zurecht.

Am 1. April 1960 war ich fertig mit der Ausbildung, dann wurde ich abgeordnet ins Bundespresseamt und kam dort ins außenpolitische Grundsatzreferat. Das konnte man sich nicht aussuchen. Ich wollte gar nicht in eine andere Bundesbehörde, aber ich habe erst später gemerkt, daß ich dagegen hätte protestieren können. Es war dann ganz schön. Es hat mir Kenntnisse von Arbeitszusammenhängen und Ressortstrukturen gegeben, die mir später hilfreich waren. Als ich im Presseamt angefangen habe, war ich Legationssekretär, das ist Beamter auf Widerruf. Ich sage bewußt Legationssekretär, weil ich die weibliche Form albern finde. Ich finde, Titel sind Titel, das ist etwas Neutrales, sollte nichts damit zu tun haben, ob sie, wenn überhaupt, einer Frau oder einem Mann angeheftet werden. Wir kommen sonst auch nur in diese gräßlichen Verspannungen wie beispielsweise »Amtsmännin«. So bezeichne ich mich auch als Botschafter und nicht als Botschafterin, und liege damit quer zu einem Teil des Auswärtigen Amtes, denn ich höre, daß das Protokoll zwar auch dieser Ansicht ist, die Personalabteilung aber auf der weiblichen Form besteht. Die machten auch schon damals diese Sachen, die schrieben Attaché mit Doppel-E, was kein Franzose tut, auch wenn der Attaché noch so weiblich ist.

Dann sagte ich aber nach einer gewissen Zeit, so, jetzt will ich zurück ins Auswärtige Amt. Das Presseamt wollte zwar verlängern, aber ich blieb bei meinem Nein. Dann bin ich Anfang 1961 ins Auswärtige Amt gekommen, ins Afrika-Referat. Wir hatten damals noch keine umfassenden Beziehungen zu afrikanischen Ländern, denn die wurden überwiegend erst ab 1957 unabhängig und eigene Staaten. Man konnte auf die Wünsche unserer jungen Botschaften noch angemessen reagieren, auch eigene Ideen umsetzen. Man konnte mit dazu beitragen, in den afrikanischen Ländern ein realistisches Bild der Bundesrepublik herzustellen, und man konnte die Grundlagen für künftige Freundschaft schaffen helfen. Man mußte auch Verträge schließen und ähnliches, und man gab damals unseren Botschaftern, die ihren Dienst antraten, noch eingehende Instruktionen mit, eine Art Handbuch. Die wurden in unserem Referat verfaßt, und weil damals ohnehin der Aufbau von all unseren Botschaften in diesen afrikanischen Ländern erst stattfand, hatten wir reichlich zu tun. In jene Zeit fiel beispielsweise dieser entsetzliche Aufstand in Belgisch-Kongo, dem heutigen Zaire, ein trauriges Kapitel. Im Amt wurden Empfehlungen ausgesprochen, wie sich Deutschland verhalten sollte, die offizielle deutsche Linie zu irgendwelchen Ereignissen oder Vorgängen wurde festgelegt. Da mußte man beispielsweise entscheiden, ob man mit einem neuen Staat sofort diplomatische Beziehungen aufnehmen sollte, oder nicht. Das war damals auch noch die Zeit, wo wir aufpassen mußten, daß die DDR uns nicht den Rang in Afrika ablief.

Nach Afrika bin ich erstmals als Legationssekretär mit der deutschen Delegation zur Unabhängigkeit vom Senegal gekommen, die wurde von dem inzwischen verstorbenen Minister Lemmer geleitet. Mein erstes Afrika-Erlebnis hatte ich um Mitternacht: Ich stieg aus dem Flugzeug, und es empfing mich eine weiche, warme Samtnacht, tiefschwarzer Himmel, und ganz nah lauter Sterne, als hätten die Afrikaner die extra für uns draufgemalt. Die Afrikaner dachten damals alle, mit der Unabhängigkeit bricht das paradiesische Leben an, jetzt braucht man für nichts mehr zu bezahlen, Schlaraffenland. Die Vorstellung hatten sie, und die große Enttäuschung darüber, daß dem nicht so ist, hält bis heute an. Da waren rote Teppiche gelegt, da standen Kamele mit kostbarem Satteltuch und Reiter in prächtigen Uniformen mit ihren Säbeln, es war herrlich. Und dann der Unabhängigkeitstag: Wir zogen erst in feierlicher Delegation an Leopold S. Senghor, dem Staatspräsidenten, vorbei, erhielten dabei alle Bronzemedaillen, in die der Löwe vom Senegal mit Stern eingeprägt war, und abends gab es einen riesengroßen Empfang mit all den bunt und festlich gekleideten Afrikanern und Afrikanerinnen, die ihre Kinder mit sich auf dem Rücken trugen. Es war für mich ein tolles Erlebnis und der erste fremde Kontinent, den ich besuchte. Ich hatte gar nicht vor, je wieder irgend etwas mit Afrika zu tun zu haben, ich wollte nach Indien. Schon als ich noch Attaché war, haben mich die Kollegen damit aufgezogen. Indien war mehr als eine Leidenschaft. Ich wollte das nun einfach kennenlernen. Ich hatte mich so lange damit beschäftigt, daß ich endlich sehen wollte, wie es tatsächlich war. Als ich im Afrika-Referat war, hieß es eines Tages, nun könnte ich nach Indien, nach Delhi. Ich war begeistert. Doch in meinem Referat sagte man, »das geht nicht, wir können Sie jetzt nicht entbehren, das muß um ein halbes Jahr verschoben werden«. Also ich wieder zurück in die Personalabteilung, erzählte das und sagte dazu, »ich will da aber gerne hin«. Doch die Antwort war: »Wenn Sie jetzt nicht gehen, können wir nichts mehr garantieren. Diese Stelle in Delhi muß jetzt besetzt werden.« Aber meine Vorgesetzten blieben beim »Nein«, also blieb ich in Bonn. Doch das nächste Angebot für Indien kam. Das war dann allerdings nicht mehr Delhi, sondern Kalkutta, ein härterer Posten. Da bin ich im November 1961 hingekommen und bis 1965 geblieben.

Ich ging als Vizekonsul nach Indien. Wir waren ein kleines Team, vertrugen uns blendend und hatten sehr viel zu tun. Zu dem Zeitpunkt gab es da ganz viele Deutsche, rund 1400, die waren als Experten und Geschäftsleute dort; vor allem aber wurde dort gerade das große Stahlwerk Rourkela aufgebaut, und das gehörte in den Amtsbezirk vom Generalkonsulat in Kalkutta. Dessen Anfangsschwierigkeiten haben wir voll miterlebt und zu mildern gesucht, wo wir konnten. Heute ist das von den Indern seit langem selbständig betriebene Industriekombinat aus der indischen Wirtschaft nicht mehr fortzudenken.

Ob es in Ländern Botschaften und zusätzlich Konsulate gibt, das hängt ab von der Erfordernis, von der Größe des Landes, vom wirtschaftlichen und kulturellen Engagement und der Zahl der Deutschen, um die man sich kümmern muß. Konsulate sind stark wirtschaftlich ausgerichtet. Außerdem ist es eine Hauptaufgabe der Konsular- und Rechtsabteilungen an den Botschaften und Konsulaten, sich um deutsche Staatsbürger im Lande zu kümmern. Das fängt bei der Verlängerung von Pässen an, geht über konsularische Betreuung und über standesamtliche Tätigkeiten bis hin zu Seerechtsfragen. In unserem Dienst kann man beidseitig eingesetzt werden, sowohl in der Botschaft als auch im Konsulat oder Generalkonsulat. In der Regel kann man es sich nicht aussuchen, wo man hinkommt. Interessanter, so empfinde ich, sind die Botschaften. Das kann sich aber ändern, wenn die Entfernungen zwischen Botschaft und Konsulat sehr groß sind und wenn zwischen beiden auf Leitungsebene ein gutes Vertrauensverhältnis besteht. Dann haben auch die Konsulate große Selbständigkeit und Verantwortung. Das war in Kalkutta damals der Fall. Wir hatten das Recht, direkt an Bonn zu berichten, auch politisch, und brauchten der Botschaft immer nur ein Doppel zu schicken. Wir hatten auch einen Riesenamtsbezirk.

Ich fing dort erst mit Kultur an, wie das so üblich war, aber das war das einzige Mal, daß ich das mußte, und ich war nicht gerade begeistert darüber. Es hat mir trotzdem Spaß gemacht, aber ich wollte es nicht, weil ich schon diese Kategorisierung nicht schätze, daß man die Kultur immer den Frauen gibt. Mein Ziel und mein Interessengebiet war immer die Politik, und ich wollte mich gar nicht erst auf etwas anderes festlegen lassen. Anständigerweise hat das Auswärtige Amt mir das auch zugestanden. Nur damals und in der kurzen Zeit von November 1961 bis August 1962 war ich Kulturreferent. Doch das einzige, was bis zum heutigen Tag vom Personalcomputer des Auswärtigen Amts zu meiner fachlichen Erfahrung ausgespuckt wird, ist genau das: Kultur. Das ist lustig und ärgerlich zugleich. Die Verwaltung hat für den so merkwürdig gefütterten Computer natürlich ihre Begründung – doch was kann denn von meiner vor dreißig Jahren in neun Monaten gesammelten Erfahrung in Kultur heute noch so relevant sein, daß es wert ist, besonders gespeichert zu werden?

Nach einem knappen Jahr wurde ich Stellvertreter des Generalkonsuls, was eine nette Geste war, denn ich wurde damit als junger Beamter Vorgesetzter von einer ganzen Reihe auch älterer Männer. Unser Konsularbezirk war rund dreimal so groß wie die ganze Bundesrepublik, aber dort lebten natürlich noch sehr viel mehr Menschen. Es war eine hochinteressante Zeit. In unserer Gegend hatte der Kommunismus damals eine Hochburg, Kennedy starb, Indien und China führten Krieg. Das fing mit den Auseinandersetzungen über Tibet an, das sich die Chinesen wieder zurückholen wollten, da gab es Fluchtbewegungen aus Tibet, es kamen die ganzen Tibetaner über den Norden nach Indien und Nepal, Indien gab dem Dalai Lama Asyl, und das waren die Gründe, die dann zum Krieg führten. Ich war da, als Nehru starb und Shastri die Regierung übernahm. Ich habe auch noch erlebt, wie Shastri starb, weil er in den Verhandlungen in der Sowjetunion von Gromyko so scharf bedrängt wurde, daß sein Herz versagte. Viele Stunden und manchen freien Tag habe ich bei Mutter Theresa und ihren Schwestern verbracht, auf den Leprastationen im Kalighat, wo sie den verelendeten Frauen der Straße Ruhe und Würde für ihre letzten Tage gaben.

Probleme als Frau in solch einer Position hatte ich nicht. Indien war fortschrittlich, hatte seit seiner Unabhängigkeit 1947 Frauen als Minister und Generalgouverneure eingesetzt und war stolz darauf. Der ganze Staat stand unter der Devise »Frauen sind gleichberechtigt«. Auf den Dörfern ging die Entwicklung aber langsamer.

Eine meiner menschlich sehr fordernden Aufgaben war, den Kontakt zu den deutschen Frauen zu halten, die mit Indern verheiratet waren. Davon gab es sehr viele in unserem Konsulatsbezirk. Sie hatten es in den indischen Familien oft nicht leicht. Meistens waren diese Ehen gegen den Widerstand beider Familien zustandegekommen. Der Alltag gab den Warnungen der Familien dann häufig recht. Doch zu dem Kummer darüber kam bei den Frauen dann meist der Stolz, dies nicht zugeben zu wollen. Sie waren dann unendlich allein. Diese Frauen brauchten Jahre um

Jahre, um zu merken, daß es wirklich schiefging, um sich das selber einzugestehen, und dann war es immer noch nicht soweit, daß sie nach Hause gehen konnten. Es ging meistens um die Kinder, die sie nicht hätten mitnehmen dürfen. Indien war da sehr strikt, die sollten dableiben, bei den Ehemännern und deren Familien. Ich richtete dann monatliche Treffen ein, bei denen sich diese Frauen unterhalten konnten. Als ich wegging, waren die Frauen verzweifelt. Das war eine starke Belastung für mich, ich hatte das selber gar nicht als so wichtig empfunden. Erst als ich ging, merkte ich, was das für die Frauen bedeutete. Nach mir kam keine Frau mehr, und ein Mann konnte das nicht fortsetzen. Die indischen Ehemänner und ihre Familien sahen diese Treffen zum Teil nicht so sehr gerne, weil sie natürlich eine Art Widerstand argwöhnten, aber es war immer noch leichter für sie, wenn sie wußten, daß ihre Frauen zu einer Frau gingen.

Ich bin mit ganzem Herzen in diesem Land gewesen, obwohl es sehr schwierig war. Ich weiß auch noch, wie ärgerlich ich oft über männliche Kollegen war, die nur zu einem Kurzbesuch kamen, sofort streikten und erklärten, »es ist unerträglich hier«. Ich sagte denen immer, in drei Tagen könnt ihr weder die Stadt noch das Land verstehen, ihr braucht eine solide Einführung, und ich war auch bereit, das zu übernehmen, aber viele gaben auf. Ich mußte als Stellvertreter dieses Generalkonsulat eine ganze Zeitlang allein führen, was mir viel Spaß gemacht hat. Damals in Kalkutta hatten wir noch einen langen Heimaturlaub von fünf Monaten, der mußte jeweils von den Mitarbeitern überbrückt werden. Wenn der Behördenleiter so lange weg ist, ist sein Stellvertreter verantwortlich. Manche finden das sehr schwer, mir machte es Freude. Wir hatten in Kalkutta unendlich viel Arbeit und haben uns noch viel Arbeit selber gemacht, weil wir unsere Tätigkeit ausgedehnt haben. Es gab eine Zeit, da schrieb der Generalkonsul einen Bericht nach Hause, »Fräulein Steffler und ich sind am Ende unserer Kräfte, wir brauchen Personalverstärkung«. Das gab er mir vorher zu lesen, und ich schrieb noch rein, »fast am Ende«. Das sah er und strich das »fast« wieder durch. Es war wirklich eine Zeit, wo wir hart zu tun hatten.

Die Bereitschaft, ins Ausland zu gehen, sich jederzeit und überall hin versetzen zu lassen, ohne Einschränkung, ist eine Vorbedingung für den Dienst im Auswärtigen Amt. Das müssen alle unterschreiben. Bedenken dagegen kommen bei nicht wenigen im Laufe der Zeit, aus dem einen oder anderen Grund. Dieser Dienst ist sehr fordernd, körperlich und psychisch. Er erfordert ständige Umstellungen. Und es gibt einfach Leute, die plötzlich sagen, »ich will nicht noch mal wieder von vorne anfangen – es geht nicht mehr«. Als ich in den Dienst kam, wurde auf die individuellen Wünsche gar keine Rücksicht genommen. Heute ist es schon sehr viel besser geworden.

Von Kalkutta wurde ich zurück nach Bonn versetzt, in die politische Abteilung Ost und West, und ich kam in das Sowjetunion-Referat, worüber ich sehr froh war. Die Sowjetunion hatte mit Indien enge Beziehungen, und Politik, gerade auch Deutschlandpolitik – und um die ging es damals in unseren Beziehungen zur Sowjetunion – war ja mein Interesse. Da habe ich als Legationsrat angefangen; Konsul und Legationsrat sind von der Position her identisch. Meine Kollegen waren gar nicht begeistert, als ich kam. Ich konnte das gar nicht verstehen. Aber es lag ganz deutlich in der Luft »wir haben doch überhaupt nicht um jemanden gebeten«. Im Referat gab es damals tatsächlich nicht sehr viel zu tun. Die deutsch-sowjetischen Beziehungen lagen ja brach. Doch das sollte sich sehr bald ändern. Als erstes gaben sie mir die Namensliste vom vorherigen Zentralkomitee und vom neuen, das hatte gerade gewechselt, und dann sollte ich zu Papier bringen, worin nun die Unterschiede lagen. Das war eine ziemlich unfaire Geschichte, aber gleichzeitig eine gute Einführung für mich. Die Abwehrhaltung der Herren hat sich dann auch bald gelegt.

Dieser Wechsel war die größte Umstellung überhaupt in meinem gesamten Berufsleben, weil ich plötzlich aus der Freiheit und der Weite in dieses damals recht vermuffte Bonn kam: Das fing mit dem kleinen Dienstzimmer an, wo ich das Gefühl hatte, die Wände erdrücken mich. Überall schien man anzustoßen. Auch die Grenzen der Eigeninitiative sind im Amt viel enger gezogen als draußen. Was man vorher großzügig selber entschied, damit kann man im Amt einen ganzen Minister stürzen, wenn man davon Gebrauch macht! Das war eine Erfahrung, an der ich lange geknabbert habe. Nun kenne ich das, und das hat mir später sehr geholfen, wenn ich wieder zurück nach Bonn gekommen bin. Ich bin bisher immer von draußen nach drinnen gekommen und wieder nach draußen; anders meine Kollegen, die hatten meistens zwei oder drei Posten hintereinander im Ausland. Es hat was Gutes, wenn man immer wieder ins Amt kommt: Man weiß, wo und wie die Fäden laufen, man versteht die Zusammenhänge und die Sensibilitäten besser, man kann seine Arbeit darauf einstellen, und das kommt ihr zugute.

Die Jahre ab 1965 waren eine Zeit, in der wir die Ostpolitik zu entwickeln begannen: 1966 schickten wir die erste Friedensnote in die Welt, 1968 die erste Gewaltverzichtsnote an die Sowjetunion, doch diese Bemühungen erhielten mit dem sowjetischen Einmarsch in die Tschechoslowakei dann einen beachtlichen Dämpfer. Bald begannen wir aber mit der Vorbereitung der Ostverträge, und auf einmal war da ganz große Aktivität. Ich habe außerdem tapfer angefangen, Russisch zu lernen, das habe ich leider nicht zu Ende geführt. Wir bekamen immer mehr und mehr Arbeit, und dieser Russischunterricht war immer nachmittags um halb fünf, wo ich noch eifrig am Schreibtisch saß. Die ersten Stunden gingen ganz gut, aber nachher mußte man eisern zu Hause arbeiten, und das kriegte ich nicht mehr hin. Mein Referatsleiter war höchst enttäuscht, als er hörte, daß ich aufgehört hatte, aber es war wirklich nicht mehr zu schaffen. Ich bin in der Zeit immer erst ganz spät aus dem Dienst nach Hause gekommen und hatte meistens überhaupt keine Möglichkeit mehr, etwas zu essen. Denn ich konnte nicht einkaufen vorher, und nach dem Dienst auch nicht. Manchmal versuchte ich dann mein Glück an solchen Warenautomaten, aber die waren um diese Zeit meistens schon leer. Es war gar nicht so einfach. Irgendwie hatte ich immer das Gefühl, meine männlichen Kollegen hatten es da leichter, die wurden ja meist von einer liebenden Ehefrau umsorgt.

Unsere Aufgaben beinhalteten alles, was mit der Sowjetunion zu tun hatte. Es war die Zeit, in der wir aus der deutschen Reserve und Abwehrhaltung gegenüber der Sowjetunion langsam heraustraten und nach einer Öffnung zum Osten suchten. Wir hatten erkannt: Die DDR können wir praktisch nicht mehr in unser Handeln einbeziehen, wir können nicht mehr auf sie warten, die ist jetzt selbständig. Wenn wir aber die Einigung Deutschlands, überhaupt eine Entwicklung über die Spaltung hinweg zwischen diesen beiden Teilen Europas erreichen wollen, dann müssen wir Schritte tun, mit denen wir wenigstens die Beziehungen aufrechterhalten und den Kontakt fördern, so weit es möglich ist. Es war übrigens auch die Zeit, in der China und die Sowjetunion dem Krieg nahe waren, wegen des Ussuri-Konfliktes. Da oblag es dann uns in dem Referat, Stellung dazu zu nehmen, wie wir uns verhalten sollen. Dieser chinesisch-sowjetische Konflikt war höchst absonderlich, weil beide Länder, die damals ja eigentlich mit dem Westen nichts zu tun haben wollten, plötzlich mit Noten an den Westen herantraten und um Hilfe riefen. Das war ganz spannend. Ich war in diesem Referat von Oktober 1965 bis Ende 1969.

An sich war ich nach Paris versetzt im Oktober 1969 und hatte da auch gerade angefangen, als mich ein Erlaß ereilte, der mich sofort wieder zurück nach Bonn abordnete. Sie hatten dort zu viel zu tun! Da bin ich noch mal für drei Monate in mein Referat zurückgekehrt und habe dann meinen Dienst in Paris am 2. Januar 1970 angefangen. In der Pariser Botschaft war ich als Botschaftsrat für Ost- und Deutschland-Politik zuständig, so daß ich praktisch zehn Jahre lang Ostpolitik gemacht habe. Das war insofern besondes interessant, weil die Franzosen gegenüber unserer Ostpolitik skeptisch waren. Aber diese ganze Kritik oder auch dieses Unverständnis konnten sie natürlich öffentlich nicht äußern, denn da waren sie ja selbst schon viel weiter gegangen; de Gaulle hatte in Warschau erklärt, daß die Oder-Neiße-Grenze endgültig sein müsse und die Deutschen sie hinzunehmen hätten. Das war aber etwas anderes als unsere eigenen Verhandlungen um die Ostverträge, bei denen der Quai d'Orsay immer Rapallo vor Augen hatte. So ging es in diesem Zusammenhang in meiner Arbeit damals vor allem um Vertrauensbildung, wobei manches sehr diskrete Handhabung erforderte. Paris war sehr schön, aber es war von allen Aufgaben, die ich gehabt habe, wohl doch die leichteste und insofern vielleicht auch die langweiligste. Es war keine Herausforderung.

Rein zufällig ergab es sich, daß der Botschafter in Paris identisch war mit dem Generalkonsul von Kalkutta. Wir beide haben über zehn Jahre lang zusammengearbeitet. Und das war gut, weil wir uns gut verstanden haben. In lebendiger Erinnerung aus dieser Zeit habe ich so manches Treffen, wo die Beziehungen Frankreich-Deutschland schwierig waren, wo man gravierende Dinge mit Fingerspitzengefühl behandeln und zu einvernehmlichem Abschluß führen mußte. Ich sehe noch die Botschafterresidenz, diesen wunderschönen Palais Beauharnais mit seinen historischen Räumen. In dem Arbeitszimmer, in dem schon Bismarck an seinem Schreibtisch gesessen hat, saß eines Abends Helmut Schmidt. Er saß bis in den Morgen, er saß und diskutierte, hellwach und angeregt; wir waren alle todmüde, und er nahm keine

Notiz davon. Er hatte sich festgeredet und dachte überhaupt nicht daran zu gehen. Schließlich kam uns Loki Schmidt zu Hilfe. Sie war die einzige, die es schaffte, ihn so langsam rauszubewegen. Es ahnt ja in der Regel – und soll und will nicht ahnen – kein hoher deutscher Gast, wieviel Arbeit in der Vorbereitung seines Besuchs steckt.

Ich habe auch Mitterrand erlebt, noch als Oppositionsführer, bei einem historischen Mittagessen, im ganz kleinen Kreis im Palais Beauharnais. Mitterrand hatte den kommunistischen Bürgermeister von Marseille und einen engen Mitarbeiter aus seiner sozialistischen Partei mitgebracht, und auf unserer Seite waren es auch nur der Botschafter, der innenpolitische Referent und ich. Damals hatte Mitterrand gerade den Vertrag der französischen Sozialisten mit den Kommunisten unterschrieben, und es war eine allgemeine riesige Empörung darüber, doch er erklärte uns nun, warum und weshalb und wie es weitergehen sollte.

Ich selber bin oft ungerecht, ungeduldig, wenn Leute sich von Schwierigkeiten in ihrem Privatleben zu sehr niederdrücken oder überwältigen lassen. Man vergißt, welche Bedeutung das hat. Ich habe unseren Beruf immer auch so gesehen, daß er die Außenwelt abschirmt, damit die Menschen möglichst ungestört ihr privates Leben führen können. Wir sorgen dafür, daß Frieden und Entwicklung in der Welt stattfinden, und der einzelne kann sich inzwischen auf sein eigenes Leben konzentrieren. Denn würde er von außen beeinträchtigt, zum Beispiel durch Krieg oder internationale Spannungen, kann er sein Leben nicht mehr so einrichten, wie er will, weil diese äußeren Faktoren dies nicht mehr zulassen. Also ist mein Ziel auch, ihm seinen Freiraum für sein persönliches Leben zu schaffen oder zu erhalten. Aber es stört mich, macht mich ungeduldig und ärgerlich, wenn ich finde, daß er diese Gegebenheiten dann nicht nutzt, um heiter, zufrieden und aktiv seiner Sache nachzugehen, sondern sich statt dessen dauernd nur beklagt und immer nur die negativen Dinge sieht. Natürlich gibt es viel Grund für Unzufriedenheit und Kummer und Sorgen, aber wer den Zweiten Weltkrieg erlebt hat, weiß der dann nicht ständig, wieviel besser es ihm heute geht? Und muß jeder nicht auch dankbar empfinden, daß ihm unsere Politik und Diplomatie den Rücken für sein persönliches Leben freihalten? Warum sind wir Deutschen aber dennoch oft so übellaunig und mit uns selbst zerfallen? Wir verpassen dabei unser Glück!

In meinem Beruf laufen Privatleben und Beruf wesentlich mehr zusammen als bei anderen. Ich habe zwar immer versucht, eine Art von goldenem Mittelweg zu finden. Ich wollte nicht, daß man nur für den Beruf lebt, weil ich das für falsch halte. Aber es ist in der Praxis sehr schwer aufrechtzuerhalten und im ganzen eigentlich sehr verwachsen. Außerdem ist der Beruf auch eine enorme Hilfe. Denn diese Einsamkeiten, die man in einem normalen Leben empfindet, wenn man alleine ist und keine eigene Familie hat, die entfallen dann. Man bleibt zwar einsam, und es gibt viele Dinge, über die man sich nicht austauschen kann, aber das Leben ist trotzdem bunt und abwechslungsreich. Meiner Ansicht nach führt dieser Beruf in eine gewisse Art von Isolierung, zu der man sich aber besser bekennen und die man annehmen sollte, statt dagegen anzurennen. Man muß damit fertigwerden. Aber dann ist der Beruf, dieser Beruf speziell, eine Hilfe, gerade auch für eine Frau, weil er viele Kontakte einschließt. Allerdings sind Kontakte, die auch in private Richtung gehen, für einen Botschafter schon sehr schwierig. Denn jedes Wort, vor allem jedes Urteil, kann in irgendeiner Weise wieder nach draußen gelangen. Mit Botschafterkollegen sind die Beziehungen kein Problem, das funktioniert, aber auf anderen Ebenen empfiehlt sich schon eine gewisse Vorsicht und Zurückhaltung. Irgendwie muß ich immer im Kopf sortieren, was kann ich sagen und was nicht. Dabei bin ich ein eher spontaner Mensch. Ich werde ganz sicher keine Staatsgeheimnisse verraten, aber ich spreche lieber offen und frei, als daß ich den Mund zuklappe und denke, um Gottes willen, das kann ich ja nicht von mir geben.

Wie sehr man auf das achten muß, was man sagt, ist einem zu Anfang noch gar nicht bewußt, diese Belastung kommt später in der diplomatischen Laufbahn. Als junger Anfänger ist man von der Aufgabe gefordert, ganz richtig und solide zu arbeiten und zu helfen. Als Konsul kannte ich in Kalkutta und Umgebung eine Menge von indischen Familien und war fast jeden Abend unterwegs, um die aufzusuchen. Da ging es darum, in das Leben hineinzuschauen, man stellt sich selber zurück, vergißt seine eigenen Probleme, nimmt die der anderen auf und lernt. Es kommt erst später, daß man merkt, man gibt sein Privatleben ganz auf. Da ist es dann aber auch schon geschehen. In meinem Fall kann ich immerhin sagen, daß ich eine entsprechende Entscheidung nie bewußt getroffen habe.

Von Paris aus wurde ich 1973 zurückgerufen, um Stellvertreter im Referat für Europäische politische Zusammenarbeit zu werden, das ist der politische Zweig in der EG, der Europäischen Gemeinschaft. Das war auch eine sehr interessante Zeit für mich, gleichzeitig eine beruflich zunächst frustrierende. Ich hatte erwartet, daß ich ein eigenes Referat kriegen würde, vorher wollte ich nicht wieder ins Amt. Statt dessen wurde ich Stellvertreter im Referat und wurde auch noch einem Kollegen unterstellt, der etwas jünger war als ich und nach mir in den Dienst eingetreten war. Ich empfand das damals als unverdiente Härte. Da habe ich sehr mit meinem Ehrgeiz gekämpft, und es hat eine ganze Weile gedauert, bis ich darüber hinweggekommen bin. Es war aber nötig und gut und hat meine Fähigkeit zur »größeren Freiheit« gestärkt. Ich war danach weniger abhängig von der Beurteilung durch andere, und ich schätze auch die Arbeit meiner Kollegen nicht mehr nach der Stellung ein, die sie gerade innehaben. Es war ein Entwicklungssprung, den ich sicher brauchte, an dem ich aber schwer geknackt habe. Es hat wohl ein Jahr gedauert, vielleicht sogar anderthalb Jahre. Aber ich bin nun für andere, die ähnliches erleben – das ist in unserem Beruf halt so, wir haben einen ganz spitzen Stellenkegel – eine gute Trostmutter. Und natürlich gibt es ganz viele Kollegen, die vieles überhaupt nicht erreichen. Da kann ich gut helfen, wenn »es die überfällt«.

Wenn man aus einem Land weggeht, hinterläßt man natürlich immer wieder Menschen, bricht man irgendwas ab. Das ist mir bei meinem allerersten Auslandsaufenthalt in Kalkutta besonders nahegegangen. Es ist etwas anderes, ob man zwischen den Menschen lebt, oder ob man hinterher die Sache künstlich durch die Post aufrechterhält. Wenn man zu enge Bindungen an einer Stelle eingeht, und geht dann wieder, dann hat man es selbst, haben es vor allem aber die Zurückbleibenden nachher schwer. Es ist ja meist leichter für den, der geht, als für den, der bleibt. Weil man das weiß, wird man behutsamer. Man will nicht gerne Sorgen oder Schmerz hinterlassen. Also wird man von vornherein eine Art von Reservehaltung einnehmen. Das ist schon eine Belastung. Wir wissen eben, daß wir sozusagen Zigeuner sind.

Das Leben, das ich hier in Tansania führe, ist für uns typisch: Ich bin fast ein integraler Teil der politischen und wirtschaftlichen Entwicklung dieses Landes geworden, weil ich zufällig in einer für Tansania sehr wichtigen historischen Zeit – der Wechsel von Nyerere zu Mwinyi – hier war, und weil unser Land in dem wirtschaftlichen Reformprozeß, zu dem Tansania sich durchringen mußte, eine wichtige Rolle spielte. Dort, wohin ich jetzt versetzt werde, da gibt es nicht mal einen Botschafter von Tansania, da kann mich auch Post von den Tansaniern kaum erreichen. Da werde ich ganz schnell überhaupt nicht mehr wissen, wie es in diesem Land nun weitergeht, weil ja die Presse über Tansania fast nichts berichtet. Da habe ich also für einen beträchtlichen Zeitabschnitt eine sehr aktive Rolle in dem Leben hier gespielt, und von heute auf morgen bin ich nicht nur wieder draußen, sondern erfahre auch nichts mehr. Dieses Mal habe ich es noch gut, weil ich schon einige Monate vorher weiß, daß ich versetzt werde. Bei meinem letzten Posten gab man mir keine Atempause. Aber hier kann ich langsam Abschied nehmen, meine Wurzeln rausziehen.

In Bonn war ich von 1973 bis 1977, und von 1977 bis 1980 in Tel Aviv. Ich war völlig verblüfft, hatte nie mit Israel gerechnet, hatte bislang beruflich auch nichts damit zu tun gehabt, aber ich wurde stellvertretender Leiter der Botschaft, und Botschafter wurde bald danach der langjährige Bürgermeister von Berlin, Klaus Schütz. Ich freute mich dann auf diese ganz neue Aufgabe. Israel ist für uns kein leichter Posten, dafür ein sehr lohnender und ein besonders wichtiger. Erst wenn man dort gewesen ist, kann man ermessen, was uns Deutschen an politischem Weltverständnis fehlt, wenn wir keine Israelerfahrung haben. Es ergab sich, daß ich während der Verhandlungen und des Abschlusses des Camp-David-Abkommens da war, das konnte man nicht voraussehen, aber es nahm einen voll in Anspruch. Es war eine aufregende Zeit. Es gibt viele Israelis deutschen Ursprungs dort, und sie verkörpern oft noch das alte Deutschland der zwanziger Jahre. Das hat etwas ganz Überraschendes, man wird plötzlich zurückversetzt in die Lektüre der Kinderzeit, findet das auf einmal alles wieder, sieht es mit eigenen Augen. Es ist ein hochinteressantes Land, ein sehr intensives Land. Schon als ich hinging, sagte mir ein Kollege: Wenn Sie da weggehen, dann werden Sie viele Korrespondenzen wieder mitnehmen. Ich glaubte das nicht, weil ich eigentlich aufgehört habe, Briefe zu schreiben, doch er sagte, »Sie werden eine Ausnahme machen«, und bis jetzt führe ich tatsächlich noch viel Korrespondenz mit Israel.

Es war mein Glück, daß Klaus Schütz gerade nicht da war, als Sadat seine historische Reise nach Israel antrat. So konnte ich ihn im November 1977 auf dem Flughafen zwischen Tel Aviv und Jerusalem vertreten; da stand das ganze israelische Kabinett aufgebaut, mit Dajan und Weizmann und Peres und Rabin, und auch die greise Golda Meir war gekommen. Sadat hatte für jeden einen besonderen Satz zur Begrüßung, mit dem er gleich dreifache Brükken legte, über die man gehen konnte. Alle waren beeindruckt, und von den Israelis kam ihm Sympathie entgegen. Menachem Begin war damals Premierminister, ein schwieriger Politiker und ein großer Demagoge. Sein großes Verdienst war aber der Friedensschluß von Camp David mit Ägypten. Er wollte keinem Deutschen die Hand geben, doch dann empfing er den deutschen Botschafter Schütz doch zum offiziellen Besuch, und ich durfte mitkommen. Da waren wir in dieser Sitzung, und Begins Mitarbeiter waren sehr nervös, weil nicht sicher war, wie das Gespräch ausgehen würde. Der Premierminister redete ein bißchen wie ein Schullehrer, er hatte auch eine Landkarte mitgebracht, und einmal wandte er sich an mich und fragte, »warum schreiben Sie nicht mit?« Ich sagte, ich bräuchte nicht mitzuschreiben, ich würde mir alles merken, und das habe ich auch getan. Unsere Begegnung ist ohne Zwischenfall und freundlich zu Ende gegangen, und das hat dann den Bann etwas gebrochen. Israel war menschlich bewegend und ist mir in vielen Eindrücken unvergeßlich. Ich hatte das Glück, es nur im Frieden zu erleben, und sogar in einer Epoche besonderer Hoffnungen. Die ist inzwischen nun leider schon wieder vorbei. Dabei wäre es so notwendig, daß das Land endlich in Ruhe leben kann und seine Menschen ihre Existenzangst verlieren.

Ich mußte mich dann holterdipolter von Israel verabschieden, weil Bonn mich plötzlich wollte. Es kam ein Fernschreiben, ich müßte meinen Dienst sozusagen übermorgen antreten. Eine Abschiedsgesellschaft fand noch statt, am nächsten Morgen stieg ich ins Flugzeug, und andere Leute mußten meinen ganzen Umzug machen – nicht sehr schön.

Der Grund, warum ich zurück mußte: Ich sollte das Mittelmeer-Referat übernehmen. Da hatte es gerade – das war im Dezember 1980 – dieses fürchterliche Erdbeben in Udine, Italien, gegeben. Das Amt wurde überflutet mit Hilfsangeboten von deutscher Seite, und diese Hilfsangebote mußten kanalisiert werden.

Das fiel zunächst meinem Referat zu. Mein Hauptaugenmerk in der folgenden Zeit mußte ich aber auf die Türkei richten, deren Militärregierung eine arge Belastung unserer traditionell guten Beziehungen bedeutete. Zeitweilig in Atem gehalten hat uns allerdings auch das kleine Malta mit seinem cholerischen Präsidenten Dom Mintoff, der dauernd mit seinen Nagelstiefeln auf dem Tisch stand und schrie, »ich bin wichtig«.

Im Februar 1984 wurde ich zum Kursus des Nato Defense College in Rom abgeordnet. Der hat mein strategisches Verständnis geschult. Die Teilnehmer waren überwiegend Militärs, natürlich kaum Frauen, und er wurde von einem griechischen Admiral geleitet. Der Kursus gab mir die Möglichkeit, in die USA zu reisen, dort war ich bis dahin noch nie gewesen. Wir reisten auch nach Kanada und in die skandinavischen Länder, so daß sich meine Weltkenntnis weiter rundete. Und dann ereilte mich 1984 die Versetzung nach Tansania, ganz überraschend. Eine rote Linie sieht man bei meinem beruflichen Weg nicht unbedingt.

Ich habe ohne zu zögern zugestimmt. Das war der erste Botschafterposten. Die Tansanier haben die Tatsache, daß ich als Frau hierherkam, so empfunden, als ob die Bundesrepublik damit anerkannte, daß Tansania sich bemühte, Frauen gleichberechtigt zu behandeln. Und sie haben mich sogar privilegiert behandelt. Ich kam her zu einer Zeit, als unsere Beziehungen ein bißchen auf dem Tiefstand waren, die Wirtschaft lag sehr brach, und im Entwicklungsministerium war man der Ansicht, man sollte Tansania nur noch wenig geben, denn das sei alles ein Faß ohne Boden. Man hatte mit der Reduzierung der Hilfe schon begonnen.

Im Auswärtigen Amt sagte man mir damals, »Sie müssen sehen, daß Sie das wieder auf die Beine kriegen«, und im Bundesministerium für wirtschaftliche Zusammenarbeit hatte man mir gesagt – was schon ein Trost war –, »es kann nur besser weden«. Dann kam ich nach Tansania. Schon kurz nach meinem Antrittsbesuch beim damaligen Staatspräsidenten Julius Nyerere konnte man sehen, daß die Dinge anfingen, sich zu lockern. Nyerere hat sich große Mühe gegeben. Er hat kurz nach meinem Eintreffen angefangen, lauter deutsche Entwicklungsprojekte einzuweihen; die waren manchmal schon jahrelang aktiv, aber die hat er nun mit großem Aplomb öffentlich übergeben. Das gab mir jedesmal die Gelegenheit, ihm zu begegnen und mich mit ihm zu unterhalten. Er signalisierte nach außen: Wir wollen zu Deutschland gute Beziehungen haben. Dafür war ich sehr dankbar, es war auch eine recht hilfreiche Einführung. Seitdem habe ich eigentlich immer das Gefühl gehabt, ich hatte es hier besonders leicht, mir ging es besser als meinen männlichen Kollegen. Ich war und bin bislang in der Geschichte Tansanias die einzige Frau, die hier am Ort stationiert und akkreditiert ist. Die Tansanier hatten zwar schon weibliche Botschafter, die residierten dann aber mit einer Doppelakkreditierung für Kenia und Tansania in Nairobi. Ich bin der siebte deutsche Botschafter in Daressalam und derjenige, der hier am längsten war. Es war sinnvoll, daß ich so unüblich lange in Tansania war. Es war eine Phase, in der Tansania durch eine sehr konzentrierte und schwierige Entwicklung ging. Insofern wurde ich beinahe wie eine Art Stütze oder Pfeiler empfunden, wo man sich anlehnen konnte, weil man wußte, dieser Pfeiler kennt schon die Sache, da braucht man alles nicht erneut zu erläutern, der trägt und stützt vielleicht gar. Unsere Entwicklungshilfe für das Land hat sich dann auch sehr schnell wieder auf gutem Niveau stabilisiert. Die deutsche Botschaft in Daressalam hat sechzehn Entsandte aus Deutschland, das betrifft den höheren, den gehobenen, mittleren und einfachen Dienst und unser Sekretariat, dazu kommen die zwanzig festangestellten Tansanier.

Mein Arbeitstag beginnt mit der lokalen Zeitungslektüre vor dem Dienst auf dem Weg in die Botschaft. Um 7 Uhr sitze ich am Schreibtisch, sichte die Eingänge, Fernschreiben aus Bonn, Briefe und Akten, und in der Regel übergebe ich meiner Sekretärin gleich das, was ich nach Dienstschluß am Vortag auf Band diktiert habe. Dann habe ich meine Morgenbesprechung mit einem kleinen Mitarbeiterkreis. Da wird durchgesprochen, was sich Wichtiges ereignet hat, die Beurteilung dazu und unser Arbeitspensum. Danach habe ich die Möglichkeit, Besucher zu empfangen. Das können Tansanier sein, die ein besonderes Petitum vorzutragen haben, zum Beispiel solche, die Kontakte zu unserem Land suchen oder Vorschläge zur deutschen Entwicklungshilfe haben. Andere kommen, weil sie die deutsche Botschaft als demokratisch und menschenrechtsliebend kennen und weil sie denken, daß man einen Einfluß ausüben kann. Sie deponieren ihre Sorgen hier und fragen, wie sie sich wohl am besten verhalten sollen, kommen um Rat, suchen Hilfe. Tansanier aus der Wirtschaft, Parlamentarier oder Gouverneure aus der Provinz suchen mich auf, die das Gefühl haben, sie sollten hier vorsprechen. Es kommen viele Journalisten, meist weil sie ein Urteil oder eine Information wünschen. Zu den Besuchern gehören oft auch meine Botschafter-Kollegen. Damit verbringe ich einige Zeit. Dann gibt es sehr viele Deutsche im Lande, das reicht vom Missionar bis zum Experten, wir haben zwischen 1200 und 1500 Deutsche hier; nicht alle kommen bei mir vorbei, die meisten gehen zu meinen Mitarbeitern, aber wenn etwas Besonderes ist, können sie zu mir kommen. Im Prinzip gilt: Wer immer mich sehen will, der soll die Möglichkeit haben, wenn ich da bin. Viele Besucher aus Deutschland kommen, Vertreter der Entwicklungshilfeorganisationen, GTZ, KfW, DSE und DED, und dann haben wir Mitarbeiter der Friedrich-Ebert-Stiftung, der Konrad-Adenauer-Stiftung, der Hans-Seidel-Stiftung, und jetzt will auch die Friedrich-Naumann-Stiftung hier aktiv werden. Die Vertreter der politischen Stiftungen haben oft gute und interessante Eindrücke aus der Praxis, und für mich ist es immer wieder wichtig, zuzuhören und auch auszutauschen. Dann sind da Deutsche, die aus der Wirtschaft kommen, die höre ich auch meistens an. Die sind interessiert an einem Gesamtbild von Tansania und seiner Situation. Das sind immer verschiedene Arten von Betrachtungsweisen, die da gefordert sind, je nach Einzelfall und Branche. Oft geht es um mögliche künftige Investitionen, gelegentlich aber auch um das Eintreiben von Schulden oder das Bemühen um Aufträge.

Es gibt außerdem viele Besucher und Delegationen, die zu Verhandlungen aus Deutschland angereist kommen; die werden von der Botschaft unterstützt, oder wir führen die Verhandlungen selber, oder helfen, Türen zu öffnen, wenn sie das nicht selbst können. Bei solchen Gelegenheiten gebe ich dann Essen und stelle Kontakte her. Außerdem bewege ich mich selbst natürlich sehr viel herum: Ich gehe beispielsweise ins Außenministerium oder zum Staatssekretär ins Präsidialamt, ich gehe zu allen Ministern, aber es gibt ein paar, mit denen unsere Kontakte enger sind, beispielsweise mit dem Finanzminister, weil wir mit dem in der Vergangenheit Tansanias Wirtschaftsreformkurs aktiv betrieben haben. Dann schreibe ich meine Berichte, auch die Berichte von meinen Mitarbeitern sehe ich meist durch, erledige Korrespondenz und was sonst anliegt. Regelmäßig treffe ich mit den übrigen Botschaftern aus den EG-Ländern zusammen. Hinzu kommt: Ich bin viel im Land unterwegs. Ich habe das Land sehr ausführlich bereist, tue es immer wieder. Ich habe angefangen mit einer größeren Reise in den Süden, habe Stellen erreicht, wo noch nie ein Botschafter gewesen ist, wo sich aber deutsche Experten oder Missionare befanden. Jedes Jahr mache ich eine Rundreise von zehn bis vierzehn Tagen. Es kommen Stichreisen dazu, wegen Konferenzen, Einweihungen von unseren Projekten, Vorträgen, die ich halten muß, oder weil jemand sagt, jetzt müssen Sie aber wirklich mal kommen! Davon gibt es im Jahr etwa sechs. Nach Sansibar reise ich auch oft, weil Sansibar ein Eigenleben führt und immer das Gefühl hat, es kommt zu kurz. Es ist aber jedesmal ein Aufwand. Es passiert dauernd, wenn man hier auf Reisen geht, daß die Flugzeuge nicht fliegen, wie sie sollen, und dann ist man viel länger unterwegs als geplant. Reisen hier bringt großen Gewinn, weil Tansania ein besonders schönes Land ist und weil man nur so richtig erfahren kann, wie es mit Tansanias wirtschaftlichen und sozialen Fortschritten wirklich steht. Aber man muß auch wieder zurückkommen. Man muß das Erlebte umgießen in irgend etwas, man ist nicht als Tourist da, sondern man tut das, damit etwas dabei herauskommt. Die Reisen sind strapaziös, nicht nur physisch – man holpert mit dem Geländewagen stunden- und tagelang über miserable Pisten, schluckt viel Staub und kann von Glück reden, wenn es bei der Ankunft und unterwegs Wasser gibt! –, sondern weil man überall als Botschafter gefordert ist: Auch wenn ich noch so staubverklebt und reisemüde aus meinem Wagen klettere, wird zunächst der offizielle Auftritt erwartet. Einer der Zwecke der Reisen ist, zu den Deutschen, die hier überall verstreut im Land arbeiten, Kontakt zu halten. Die versucht man dann zu versammeln. Wo immer ich hinkomme, gibt es Gesprächsrunden. Ich lade ein, spreche über die deutsch-tansanischen Beziehungen, unterrichte über die Politik. Die Deutschen hier leben meistens sehr fernab der Welt, Zeitungen und Post erreichen sie mit wochenlanger Verzögerung. Dann werden die Probleme diskutiert, die sie im Einzelfall haben.

Nicht ein einziges Mal hat jemand zu mir gesagt, ich würde etwas anders machen als meine männlichen Vorgänger. Als ich kam, habe ich meinen Fahrer, der Moslem ist, gefragt, ob das für ihn schwierig sei, jetzt plötzlich eine Frau zum Chef zu haben. Er war sehr höflich, sagte nein. Dennoch wußte ich, daß es für ihn nicht leicht ist. Aber mittlerweile hat er einen ganz guten Stand. Die privilegierte Behandlung für mich von den Tansaniern hat sich rumgesprochen, er ist sogar unter seinen Mitfahrern der

Sprecher geworden. Er hat gar keine Probleme mehr damit. Schwierig hätte es werden können mit meinen Mitarbeitern hier, besonders vielleicht für den zweiten Mann. Doch ich hatte das eigentlich nicht erwartet, und es trat auch nicht ein. Ich glaube wohl, daß es Dinge gibt, die Frauen anders machen als Männer. Ich glaube auch, daß sich Männer sehr auf Frauen am Arbeitsplatz einstellen müssen. Ich weiß, daß es nicht immer leicht ist, wenn man Männern eine Frau als Vorgesetzte gibt, und zwar gar nicht immer des Mannes wegen, sondern gelegentlich auch der Ehefrau wegen, die das viel schlechter akzeptiert. Je jünger die Männer sind, desto leichter und natürlicher nehmen sie die Frau als Vorgesetzte hin. Aber bei meiner Generation und ein bißchen darunter, da fällt es den Männern doch noch recht schwer.

Was früher gang und gäbe war – daß die Ehefrau des Botschafters die anderen Ehefrauen bat, zu helfen, wenn eine Festivität vorzubereiten war –, das versage ich mir. Wenn da nicht jemand ist, der sich wirklich spontan anbietet, suche ich einen anderen Ausweg. Vor allem greife ich auf mich selbst zurück. Oft findet sich aber auch eine hilfsbereite Mitarbeiterin aus der Botschaft. Ich hatte so einen Fall am 3. Oktober 1990, dem Tag der deutschen Einigung. Ich gab an diesem Tag einen großen Empfang, saß ab morgens 7 Uhr mit zwei Mitarbeiterinnen und meinem Personal in der Küche und präparierte »Häppchen«, mußte am gleichen Tag aber auch dem tansanischen Staatspräsidenten eine Botschaft des Bundeskanzlers übergeben und erläutern. Was geschah? Um 10.30 Uhr erhielt ich den Anruf, daß der Präsident um 12 Uhr bereit sei, mich zu empfangen. Da habe ich also meine Schürze abgelegt und mich in ein angemessenes Kostüm geworfen, habe den seriösen Botschafter personifiziert, und sowie ich zurückkam, habe ich die Schürze wieder umgebunden! Da habe ich gedacht, irgendwie schaffen meine männlichen Kollegen das sicher anders. Ich kann mir nicht vorstellen, daß die das ähnlich gemacht hätten.

Ich bin am 30. Juli 1930 in Neustettin geboren. Mein Vater war Generalstabsoffizier. Wir sind viel herumgezogen, tatsächlich habe ich in der Kindheit nirgendwo länger als drei Jahre verbracht. Ich bin mit fünf Jahren in Breslau eingeschult worden. Es war im ganzen eine kurze Kinderzeit, sie dauerte nur bis 1939, bis der Kriegsausbruch ein glückliches Familienleben zerstörte. Danach wurde es ernst für meinen Vater, meine Mutter, meine drei

Jahre ältere Schwester und mich. Vater geriet in Stalingrad kurz in Gefangenschaft und starb dort als einer der ersten Offiziere an Fleckfieber und Lungenentzündung. Er galt über lange Jahre als vermißt. Ich bin im Anschluß an die Vermißtenmeldung in die Kinderlandverschickung an die Ostsee gegangen, weil ich selber merkte, daß da jetzt ein Bruch im Leben war. Ich wollte auf eigenen Füßen stehen. Doch wir wurden verfrüht zurückgeholt, weil Bombenangriffe kamen. Zur gleichen Zeit wurde Berlin evakuiert, die Kinder mußten raus aus der Stadt. Also bot sich ein Onkel, der in Sprottau in Schlesien wohnte, an, meine Schwester und mich aufzunehmen. Meine Mutter blieb in Berlin. Kurz vor dem Weihnachtsfest 1943, meine Schwester und ich waren gerade auf dem Weg nach Hause, um Weihnachten bei unserer Mutter zu verbringen, sind wir in Berlin ausgebombt worden. Die Vermißtenmeldung und die Ausbombung waren also in einem Jahr. Das war sehr schwer für meine Mutter, sie war eine junge Frau von 37 Jahren. Nach der Ausbombung sind meine Schwester und ich nach Sprottau zurückgereist, meine Mutter ging zu einer Freundin nach Buxtehude. Sie dachte, daß wir zwei Kinder in Schlesien gut aufgehoben seien, aber das war nicht der Fall. Um Hamburg herum waren zwar viele Bombenangriffe, aber als es dann zur Flucht kam, war man im Norden besser aufgehoben als in Schlesien.

Ich habe mit vierzehn Jahren in Sprottau Kriegseinsatz gemacht, beim »Unternehmen Barthold«. Das war ziemlich hart. Da arbeitete man draußen in den Wäldern, lebte mit den Bauern in den kleinen Dörfern zusammen, aß – das habe ich da zum erstenmal erlebt – mit der ganzen Familie aus einem Topf, nur am Sonntag gab es Fleisch. Wir mußten Faschinen flechten, Reisigmatten zur Befestigung von Gräben und Wällen herstellen. Nach der Rückkehr nach Sprottau mußte ich Dienst in der Nähstube und auf dem Bahnhof tun. Ich kam im Winter 1944/45 mit dem ganzen Ernst des letzten Kriegsgeschehens zusammen: Aus den Zügen wurden mir tote Babys in den Arm gelegt, die unterwegs gestorben waren, und ich sah diese erschütternden Szenen von Menschen auf der Flucht. Das alles hat mich sehr ernst gemacht. Vorher war ich ein fröhliches Kind, praktisch über Nacht wurde ich erwachsen. Dann kam die Flucht. Meine Schwester war inzwischen im Arbeitsdienst, ich mußte allein fliehen. Ich wollte nicht, aber meine Verwandten hatten einen Brief von meiner

Mutter erhalten, in dem sie schrieb, sie gehe davon aus, daß ich rechtzeitig auf den Weg gebracht würde, wenn es ernst werden sollte. Das machte meine Verwandten hellhörig und nervös, und sie schickten mich vorweg. Sie selbst sind in letzter Minute mit einem Treck raus, auch meine Schwester kam, allein, mit eigenen schweren Erlebnissen, sehr viel später als ich. Ich wurde Anfang 1945 auf die Flucht geschickt, es war Winter, sehr kalt, es gab nichts zu essen. Ich kam in fürchterliche Bombenangriffe. Ich habe drei Tage und vier Nächte in Erinnerung, die ich unterwegs war. Aber ich fand immer nette Menschen, die mir halfen. Einmal blieb der Zug auf der Strecke stehen, man mußte etwa zehn Kilometer laufen, und ich hatte einen schweren Koffer. Ein Soldat auf Heimaturlaub hat ihn mir getragen. Das war rührend, solche Dinge erlebte man auch, die man natürlich nicht vergißt. Und ich hatte nichts, womit ich mich revanchieren konnte, obwohl dieser Soldat weder etwas zu essen noch etwas zu trinken hatte. Ich hätte ihm so gerne etwas gegeben, aber auch der schwere Koffer enthielt nichts, was in dieser Situation für ihn von Wert gewesen wäre.

Ich ging nach Buxtehude zu meiner Mutter, habe dort auch gleich die Schule besucht und 1949 Abitur gemacht. Nach dem Abitur ging ich für ein Jahr nach England, ich wollte meiner Mutter nicht länger auf der Tasche liegen. Meine Mutter hatte praktisch mit dem Kriegsende nichts mehr. Alles, was wir an Sparguthaben hatten, war in Berlin und eingefroren, da kam man nicht dran. Wir hatten zunächst überhaupt nichts Eigenes mehr. Wir waren in Buxtehude als Flüchtlinge und haben das typische Flüchtlingsdasein mitgemacht, wo man bei verschiedenen Leuten untergebracht war und von den Besatzungssoldaten immer wieder rausgetrieben wurde. Meine Mutter erzählt heute noch eine kleine Geschichte: Sie kam nach Hause von der Arbeit und sah uns vor der Tür sitzen auf kläglichem Sack und Pack, aber das Abendessen hatten wir noch gekocht, hielten es in einer kleinen Blechschale fest, und dann wußten wir nicht mehr, wohin.

Meine Mutter war Rot-Kreuz-Schwester. Bei Kriegsausbruch war sie im Bahnhofsdienst und wurde dann in Buxtehude die städtische Flüchtlingsschwester. Sie hat zusammen mit einem Arzt die Flüchtlinge medizinisch betreut. Dann konnte die Stadt sich diese Stelle nicht mehr leisten. Da waren wir ziemlich schlecht dran. Denn für Familien von Vermißten gab es keinerlei finanzielle Unterstützung, und meinen Vater für tot erklären, das wollte keiner von uns. Also ist meine Mutter als Kinderschwester zu den Engländern gegangen. Es blieb gar nichts anderes übrig. Zum Teil hat sie auch als Küchenhilfe gearbeitet. Es war eine sehr harte Zeit, für uns alle. Meine Schwester und ich machten den Haushalt und alles andere, es ging gar nicht anders. Es war einfach eine Zeit, die uns früh ins Leben entlassen hat. Ich fand es sehr schwer, irgend jemanden um irgend etwas bitten zu müssen. Doch alle Flüchtlinge waren ja unverschuldet in die Situation von Bittstellern geraten. Und das war ein weiterer Impuls, daß man versuchte, so viel wie möglich selber zu machen, um diese Position so weit wie möglich zu reduzieren. Ich wollte möglichst wenig auf andere angewiesen sein. Es gab im Prinzip immer noch eine heitere Grundstimmung, aber doch oft überdeckt von dem Ernst, der da auf uns zukam. Wir merkten auch, daß unsere Mutter physisch und psychisch überfordert war. Also versuchten wir Kinder, sie mehr freizuschaufeln von allem. Wir haben damals alle die Dinge gemacht, die andere auch machten: Wir sind morgens früh, nach sehr wenig Schlaf, in den Wald gezogen und haben Bäume gefällt, damit wir Feuer machen konnten. Da meine Schwester einen sehr weiten Weg zur Schule hatte und den ganzen Tag unterwegs war, versorgte ich den Haushalt: Kochen und vor allen Dingen Wäsche waschen, was damals scheußlich war, es gab ja kaum Seife und auch kaum heißes Wasser, weil man das Brennholz sorgfältig einteilen mußte. Um es mir zu erleichtern, wusch ich nachts die Wäsche. Das heißt, ich stand gegen 2 Uhr auf und wusch drei Stunden lang die Wäsche, dann hatte ich immer noch zwei Stunden, wo ich wieder ins Bett ging. Das war eine Art von Selbstbetrug. Meine Schwester erzählte mir, wie ich eines Nachts aus dem Schlaf auffuhr und fragte, »habe ich die Wäsche gewaschen oder nicht?« Ich hatte nicht.

Das Jahr in England war für mich ein großes Erlebnis. Es war meine erste Auslandsreise, und ich habe es sehr gut getroffen. Dann kam ich schweren Herzens zurück und wußte nicht, was ich eigentlich beruflich tun wollte. Ganz sicher wußte ich nur, daß ich nicht Lehrer werden wollte. Meine Schwester schlug mir dann vor, nach Germersheim zu gehen und Dolmetscher zu werden. Ich fand das eine gute Idee und habe dann auch 1954 meinen Diplomdolmetscher gemacht. Das Schönste war dort das Studium Generale, das hat mir Freude gemacht. In Germersheim habe ich

Englisch und Französisch belegt und Hindi dazugenommen. Indien interessierte mich sehr als Land, Hindi wurde als Sonderkurs angeboten, und ich ging mal hin, weil ich diese Schrift sehr hübsch fand. Inzwischen ist meine Kenntnis davon auf wenige Sätze zusammengeschrumpft, und selbst als ich später in Kalkutta war, konnte ich nicht allzuviel damit anfangen, da sprachen die Bengali. Aber es hat mir Spaß gemacht, man lernt es nicht so leicht. Als ich in Germersheim fertig war, ich weiß es noch genau, dachte ich, jetzt gehe ich in den Beruf. Als erstes bewarb ich mich bei der indischen Botschaft, fuhr also von Germersheim nach Bonn und wieder zurück. Auf der Rückfahrt dachte ich, na, die werden mich doch nicht nehmen, und gleichzeitig hatte ich das Gefühl, es wäre entsetzlich, wenn sie mich nehmen, ich will das gar nicht. Also ich wußte: Das war es bei weitem nicht. Ich wurde auch nicht genommen.

Eine Freundin in Genf, die auch in Germersheim studiert hatte und deren Verlobung auseinandergegangen war, schrieb mir, ich werde mit der Sache nicht fertig, komm her und hilf mir. Ich fuhr also hin und merkte gleich, das ist ein Fall, den kann man kaum in vier Wochen erledigen. Also sagte ich, schön, da ich sowieso nichts vorhabe, bleibe ich hier mal ein Jahr. Ich habe dann eine Stelle angenommen im indischen Showroom in Genf und habe dort indische Kunstgegenstände verkauft oder für sie geworben. Das war natürlich eine totale Fehlbesetzung, aber ich stellte fest, daß man leicht ein Talent als Verkäufer entwickeln kann. Vorher hatte ich mich schon beim indischen Generalkonsulat gemeldet und gefragt, ob die mich annehmen würden, und die sagten, »im Augenblick nicht, aber wir behalten Sie auf unserer Liste«. Dann erhielt ich ein Angebot, als die erste Atomkonferenz, »International Conference for the Peaceful Uses of Atomic Energy«, in Genf stattfand. Ich kam in das Präsidentenbüro von Dr. Homi Bhabha, Indiens führendem Kernspezialisten. Ich konnte eigentlich auch da nichts, weder Schreibmaschine schreiben noch sonst irgend etwas, brauchte auch meine Hindi-Kenntnisse gar nicht sehr, aber ich organisierte und leitete. Es waren sechs hochinteressante Wochen. Zu der Zeit war ich auch schon an Genfs Postgraduate Institute für politische Wissenschaften eingeschrieben. Mir wurden von meinem vorherigen Studium drei Semester angerechnet, so daß ich nach drei weiteren Semestern Examen machen konnte, obwohl ich mich da eigentlich zunächst nur zum

Spaß angemeldet hatte. Ich habe 1956 die Licence ès sciences politiques erworben, vergleichbar mit unserem Diplom in Politologie, und wollte anschließend meinen Doktor machen. Ich hatte mir das sehr schön gedacht, die Welt schien die indische Außenpolitik nicht voll anzuerkennen, behauptete, daß es einen Widerspruch zwischen Theorie und Praxis bei Nehru gäbe, und ich wollte sie nun aufklären, daß Indien sich ganz konsequent verhielt, daß es vielmehr die Welt war, die falsche Erwartungen hatte. Aber mit dieser Arbeit bin ich nicht fertig geworden, weil ich mich inzwischen beim Auswärtigen Amt beworben hatte. Das Rigorosom habe ich im März 1957 zwar noch abgelegt, doch ab 1. April begann die Ausbildung in Bonn, und meine Interessen wurden dann weiter. Ärgerlich ist es sicher in gewisser Hinsicht, aber man sagt sich doch hinterher, wozu, was will man damit, ist es etwa nur, um den Titel zu haben?

Wenn ich mein Berufsleben bis in die Gegenwart Revue passieren lasse, kann ich nicht sagen, daß mir mein Frausein Schwierigkeiten in der Arbeit bereitet hätte. Es gibt Einzelfälle, sicher, wo Männer es unerträglich fanden, daß sie einen weiblichen Diplomaten ernst nehmen mußten. Doch zum Glück verschließt sich da in mir eine Ader, ich nehme das einfach nicht wahr, und das hat sich als hilfreicher Panzer erwiesen. Selbst ein zutiefst fundamentalistischer iranischer Kollege ist schließlich über seinen Schatten gesprungen und hat mich als Gesprächspartner akzeptiert.

Für meine Begriffe sind die Geschlechter in ihren geistigen Fähigkeiten gleich, wir werden das mit der Zeit auch alle noch selbstverständlicher finden als heute. Gleichzeitig gibt es zweifellos mancherlei Unterschiede, so zum Beispiel in der Intuition, der Reaktion, dem Stil und der physischen Kraft natürlich, die sollen gar nicht verwischt werden, die können von uns vielmehr in der Arbeit positiv genutzt werden. Genau dieses Ziel schwebt mir vor: daß man versucht, eine vernünftige Ergänzung herbeizuführen, so daß die Fähigkeiten beider dem Bedarf entsprechend richtig eingesetzt werden können. So weit sind wir aber noch nicht. Auch im Auswärtigen Amt ist es immer noch die Regel, daß Frauen einen verantwortungsreichen Posten schließlich vor allem deshalb bekommen, weil es endlich einmal wieder an der Zeit ist, seine »Frauenfreundlichkeit« öffentlich-wirksam zu beweisen. Das hat ja aber eigentlich etwas sehr Verletzendes für uns Frauen.

In Bonn tut man zumindest so, als sei ich als Frau im diplomatischen Dienst eine Selbstverständlichkeit. Ich bin selber immer davon ausgegangen, daß es so ist, aber ich konnte sehen, daß es weniger selbstverständlich wurde, als es um die knapper werdenden Beförderungsstellen ging. Da war für meine Begriffe sehr deutlich eine Abstufung, es gibt Unterschiede. Nun werden viele meiner männlichen Kollegen, die nicht weitergekommen sind, sagen, das ist überhaupt nicht so, aber ich würde sagen, das war doch sehr deutlich. Ich möchte annehmen, daß sich das vielleicht in der nächsten Generation, aber auch nicht eher, ändern wird. Letztlich haben die Männer wohl das ungute Gefühl, daß sie der Sache nicht gewachsen sein könnten, auch, daß wir eine etwas unfaire Konkurrenz darstellen. Deshalb, beinah schon als Schutz, trauen sie uns Gleichwertigkeit nicht zu oder ziehen sich davor zurück. Das hat aber seine Auswirkungen auf Frauen.

Ich denke, Frauen sollten gewonnene Stellungen nicht wieder aufgeben, im Gegenteil. Das soll und darf nicht militant sein, wir müssen uns da durch Substanz und Qualität beweisen. Und dieses Sich-anstrengen-müssen ist für die Frauen sehr gut. Sie sehen und erleben dann auch selbst, was sie und daß sie es können. Es hebt im Grunde die Partnerschaft zwischen Mann und Frau eine wesentliche Stufe höher, und das ist wichtig und wäre unserem Zivilisationsniveau angemessen. Ich meine, Gleichberechtigung würde allen helfen. Es ist ja längst erkannt, daß Emanzipation eine Sache von Mann und Frau gemeinsam ist. Beide müssen da sehr an sich arbeiten. Nach meiner Erfahrung bringt eine Frau größere intuitive Verständnisfähigkeit und umfassendere Zuwendung in das Leben ein als der Mann. Dessen Vorurteile, die ja nur Schutzvorrichtungen sind, sind in der Praxis gegenüber dem gesamten Leben viel größer als bei der Frau. Das richtet aber viel Schaden an, und Frauen – immer natürlich im guten Fall – haben da eine wichtige Aufgabe. Sie könnten mit dazu beitragen, daß das Leben in seiner ganzen Vielfalt von uns akzeptiert und auch geschützt wird. Männer neigen eher dazu, nur ihre eigene Welt gegen Gefahren von außen abzuschotten. Die Welt wächst heute aber enger zusammen, und wir müssen ihr in allen ihren Verschiedenheiten gerecht werden. Einbeziehen, nicht Trennen ist die Aufgabe der Zukunft. Dazu wird besonders die Frau gebraucht. Sie soll ihre Qualitäten einbringen, soll männliche Vorurteile überwinden helfen. Nicht aggressiv, sondern geschickt und durch den Erfolg überzeugend. Die Fähigkeit dazu hat sie.

Von der Zielsetzung und von seinen Möglichkeiten her ist der diplomatische Dienst da übrigens ein geradezu ideales Kampffeld für Frauen. Da kämpfen sie nämlich nicht für sich, sondern zugleich für eine vorurteilsfreiere, verständigungsfähigere, weite Welt. Dieser Beruf sei ihnen daher hiermit ganz besonders empfohlen.

Dr. Monika Frie
Referatsleiterin, Chemie

Nicht leicht war es zwischen uns beiden, einen Termin zum persönlichen Kennenlernen zu vereinbaren: Monika Frie wurde zu diesem Zeitpunkt gerade von allen Seiten gefordert – beruflich, was für sie selbstverständlicher Alltag ist, aber auch privat, weil das Eigenheim gerade in der letzten Bauphase angelangt war. Dennoch waren ihr keine Streß-Symptome anzumerken: Ruhig, gelassen und ohne Hektik nahm sich die passionierte Tee-Trinkerin Zeit und Muße für unser langes Gespräch.

Nicht von ungefähr hat die Chemikerin Monika Frie ein naturwissenschaftliches Fach für sich gewählt: Prägnante Analysen und logisches Denken, in ihrem Beruf unabdingbare Voraussetzungen, sind ihre Welt. Klar, offen und geradlinig, wie sie denkt und lebt, ist auch ihr Zuhause eingerichtet: ohne überflüssige Schnörkel, ohne Tand und Talmi, Zierde allein der üppige Pflanzenschmuck.

Monika Frie ist eine erfolgreiche Berufsfrau, gerade weil sie nicht unablässig an der eigenen Karriere bastelt. Das hat sie etlichen Frauen und nicht wenigen Männern voraus. Unruhe und Nervosität ist ihre Sache nicht: Sie kann abwarten, weil sie weiß, daß berufliche Chancen kommen, und sie weiß sie auch im richtigen Moment ohne Zögern zu ergreifen.

Was sie so sympathisch macht: Beim besten Willen kann sie nicht in das häufige Wehklagen ihrer Altersgenossinnen einstimmen, daß die Chancen der Frauen nun so viel schlechter seien als die der Männer – und das, obwohl sie in einer sehr traditionellen Männerbranche agiert. Monika Frie ist davon überzeugt, daß wer Leistung bringt, in seinem beruflichen Umfeld auch anerkannt wird – unabhängig von seinem Geschlecht. Und daß sie als Frau in ihrer naturwissenschaftlichen Umgebung prima facie immer schneller auffällt als die männlichen Kollegen, sieht sie als Vorteil, den sie durchaus als Pluspunkt in ihre Waagschale zu werfen weiß.

Im Zentralbereich Zentrale Forschung und Entwicklung der Bayer AG bin ich Leiterin des Referats »Stab Sonderaufgaben«, zu dem vier Sachbearbeiterinnen und ein Chemiker gehören. Diese Position habe ich nach vierjähriger Firmenzugehörigkeit angeboten bekommen.

Diese Abteilung untersteht direkt dem Leiter des Zentralbereiches, zu dem rund 2400 Mitarbeiter gehören. Zu meinen Tätigkeiten zählen klassische Stabsaufgaben, wie das Erstellen diverser Vortragsmanuskripte oder das Vor- und Nachbereiten spezieller Sitzungsunterlagen mit zugehöriger Korrespondenz.

Daneben führt meine Abteilung auch ganz eigenständige Aufgaben durch. Wir organisieren und betreuen jährlich 50 bis 60 Exkursionen von Hochschullehrern aus den chemischen Fachbereichen mit ihren Arbeitskreisen oder Studenten. Zweimal jährlich finden außerdem bei uns staatlich anerkannte Lehrerfortbildungskurse für Chemie- und Biologielehrer statt. Den Experimentalunterricht an Schulen unterstützen wir zudem mit ausgearbeiteten Manuskripten und den dafür notwendigen Chemikalien.

Zwei wissenschaftliche Großveranstaltungen werden jährlich ebenfalls sehr intensiv von uns begleitet. Das ist einmal die »Wissenschaftliche Niederrhein-Sitzung«, eine unternehmensinterne Veranstaltung, auf der Kollegen aus den verschiedensten Geschäftsbereichen über den aktuellen Stand ihrer Forschungsarbeiten referieren und auf der Medaillen an Mitarbeiter für herausragende Forschungsergebnisse verliehen werden.

Bei der anderen Veranstaltung vergibt Bayer an externe Naturwissenschaftler den inzwischen recht renommierten Otto-Bayer-Preis für besondere wissenschaftliche Leistungen. An dieser Festlichkeit nehmen auch viele Persönlichkeiten aus Hochschulen, Politik und Verbänden teil.

Für beide Veranstaltungen liegt die komplette organisatorische Abwicklung in unseren Händen. Wir sind gleichzeitig Organisator, Problemlöser und Informationsbeschaffer. Wir entwerfen ausführliche Laudatien und Begrüßungsreden, die von unserem Vorstandsvorsitzenden und dem Vorstandsmitglied für Forschung und Entwicklung bei diesen Anlässen gehalten werden.

Darüber hinaus stehe ich dem Vorstandsmitglied für Forschung und Entwicklung für diverse Stabsaufgaben zur Verfügung. Ein Schwerpunkt meiner Arbeit hängt mit seiner Tätigkeit als Kuratoriumsvorsitzender des Fonds der Chemischen Industrie zusammen. Dieser Fonds wurde 1950 von einer Reihe chemischer Unternehmen gegründet und hat sich der Schul- und Hochschulförderung im Chemiebereich verschrieben. Inzwischen gehören zu den Fonds-Aufgaben auch wissenschafts- und bildungspolitische Themen. Meine Arbeit besteht darin, den Kuratoriumsvorsitzenden in seinen Verpflichtungen wie Sitzungsleitung, Korrespondenz und vielem anderen mehr zu unterstützen.

In vielen Bereichen bin ich auch persönlich engagiert, beispielsweise in Fachgruppen beim Fonds der Chemischen Industrie, in der Gesellschaft Deutscher Chemiker oder im Verband Angestellter Akademiker in der Chemischen Industrie. Außerdem arbeiten wir mit vielen Abteilungen unseres Unternehmens, die für Schulen oder Hochschulen im Chemiebereich spezielle öffentlichkeitswirksame Aktivitäten planen, zusammen.

Mit Chemie hat das, was ich derzeit tue, natürlich relativ wenig zu tun. Ich habe mir den Wechsel in dieses Referat auch vorher sehr genau überlegt, weil es mir wirklich leid tat, meine alte Stelle so schnell zu verlassen. Aber dieser Job hat mich gereizt, und ich denke, daß ich die richtige Frau am richtigen Platz bin. Für meine Entscheidung war ausschlaggebend, daß ich im Stab noch mehr über das Unternehmen lernen würde. Man wird in diesen Positionen häufiger in Entscheidungsprozesse eingebunden, von denen man normalerweise nichts oder nur wenig erfährt. Allerdings treffe ich letztendlich keine Entscheidungen, und deshalb möchte ich diese Tätigkeit nicht mein Leben lang ausüben. Man agiert mehr im Hintergrund, muß die eigene Persönlichkeit zurückstellen können. Auf der anderen Seite habe ich völlig freie Hand in der Bearbeitung meiner Aufgaben: Ich kann mir alle Informationen besorgen, die ich für notwendig erachte, und erhalte vielfältige Unterstützung bei den unterschiedlichsten Stellen. Insgesamt ist der Lerneffekt enorm groß, wenn man sich engagiert und bereit ist, über den Tellerrand zu schauen.

Selbstverständlich mache ich mir auch Gedanken, was nach dieser Position kommt. Erfreulicherweise bietet gerade ein Großunternehmen vielfältige und reizvolle Aufgaben für Chemiker. Mittelfristig möchte ich gern in eine operative Einheit zurückgehen. Das könnte eine Anwendungstechnik oder ein Produktionsbereich sein; ich hätte aber auch nichts gegen einen Auslandsaufenthalt einzuwenden. Mein Mann ist sehr flexibel, und auch ihn reizt es, für einige Zeit in einem anderen Land zu arbeiten. Da er Kaufmann ist, dürfte das auch kein so großes Problem sein.

Im Berufsalltag lege ich besonderen Wert auf Selbständigkeit. Ich möchte Freiraum haben, um Prioritäten zu setzen, oder Aufgaben neu definieren zu können. Mein Wunsch nach Mitbestimmung in der Arbeitsgestaltung war auch der Hauptgrund, warum ich überhaupt studiert habe. Ich glaubte, als Vorgesetzte über mehr Möglichkeiten zu verfügen, selbst etwas zu entscheiden und zu bewegen. Heute weiß ich, daß man auch als Führungskraft vielen äußeren Zwängen unterworfen ist; aber dennoch verfügt man über größere persönliche Freiheiten. Dazu gehört auch die Arbeitszeit und der Arbeitsplatz. Wenn es beispielsweise in der Firma mal ganz besonders hektisch zugeht und ich dringend Ruhe für eine komplizierte Aufgabe benötige, dann arbeite ich zu Hause am Schreibtisch weiter.

Allerdings arbeite ich mehr als vierzig Stunden die Woche und kann nicht regelmäßig um 17 oder um 18 Uhr nach Hause gehen. Es wird aber auch nicht jeden Tag 19 oder 20 Uhr. Wie viele Stunden ich durchschnittlich pro Woche arbeite, weiß ich nicht einmal, ich messe dem auch keine besondere Bedeutung bei. Wichtiger sind mir dagegen zwei Dinge: Die Tätigkeit muß interessant sein, und ich muß mit der Sache, die ich tue, zufrieden sein. Ich mag keine »zusammengeschusterte« Arbeit, selbst wenn ich wüßte, das merkt keiner.

Für mich war es immer selbstverständlich, auch als Frau eine Führungsposition anzustreben. Entsprechend wunderte ich mich, als mir mein erster Laborant im Unternehmen nach einem halben Jahr einmal gesagt hat, daß ihn seine Kollegen, bevor ich kam, ein bißchen hochgenommen haben. Tenor: »Was? Eine Frau als Chefin? Das kann doch nicht gutgehen!« Aber es lief hervorragend, wir haben optimal zusammengearbeitet. Vielleicht hängt das auch mit meinem Führungsstil zusammen, von dem ich nicht glaube, daß er frauenspezifisch ist. Mein Umgang mit Mitarbeitern orientiert sich am kooperativen Führungsstil, den ich auf Dauer für den tragfähigsten und effizientesten halte. Auch führe ich regelmäßig Mitarbeitergespräche durch, und es ist mir wichtig, in allen Dingen offen und ehrlich zu sein.

Ein Karriere-Typ bin ich nicht. Das Wort Karriere ist für mich negativ besetzt. Es hat etwas mit reinem Machtstreben und »Ellenbogeneinsatz« zu tun, bei dem nur das eigene Fortkommen zählt. Mir geht es eher darum, daß alle Mitarbeiter mit ihrer Tätigkeit zufrieden sind und persönliche Anerkennung erfahren. Allerdings bin ich durchaus zielstrebig und ergebnisorientiert. Ich wünsche mir beruflichen Erfolg und möchte die Früchte meiner Arbeit ernten. Für mich liegt im Beruf ein großes Stück Selbstverwirklichung und die Chance, die eigenen Fähigkeiten und Grenzen auszuloten. Nicht umsonst heißt es, daß man an seinen Aufgaben wachse.

Ein Leben ohne berufliche Tätigkeit könnte ich mir daher nicht vorstellen. Was mir allerdings früher nicht so bewußt war, ist die Tatsache, daß die Arbeit auch die Persönlichkeit beeinflußt. Beispielsweise fällt es mir schwer, die im beruflichen Alltag anerzogene Leistungsorientierung im Privatleben abzulegen. Auch gehe ich mit meiner Freizeit sorgfältiger um. Obwohl ich so manches Mal Zeit zum Faulenzen hätte, kann ich das heute nicht mehr so gut. Ich bin einfach unruhiger geworden und möchte ständig etwas leisten. Diese Entwicklung sehe ich schon als negativ an, deshalb versuche ich, bewußt dagegen anzugehen.

Der Einstieg für junge Hochschulabsolventen in ein Unternehmen ist nicht ganz leicht. Man verläßt die gewohnte Umgebung, trennt sich von langjährigen Freunden und Bekannten. Doch mit diesem Wechsel eröffnen sich neue, hochinteressante Möglichkeiten und Perspektiven. Jungen Hochschulabsolventen kann ich deshalb nur raten, für den Berufseinstieg einen Bereich zu wählen, der keine Einbahnstraße ist. Für promovierte Chemiker/innen bietet sich beispielsweise eine Forschungstätigkeit an. In diesem Bereich ist der Berufsstart einfacher, da man schon einen fachlichen Background mitbringt, sich daher intensiver mit den unbekannten firmeninternen Gegebenheiten vertraut machen kann. Dieser Einstieg bietet dann aber auch die Möglichkeit, nach einigen Jahren relativ leicht in andere Unternehmensbereiche zu wechseln.

Im Berufsleben gilt für Frauen und Männer dasselbe: Man sollte rege sein und eine große Bereitschaft mitbringen, über den eigenen Horizont zu schauen. Ein Unternehmen wie Bayer ist einfach zu groß, um dort als einzelner ohne Eigeninitiative für weiterführende Aufgaben »entdeckt« zu werden. Als Frau hat man hier durchaus einen kleinen Vorteil; denn man fällt eher auf und kann dadurch viel schneller zeigen, welche Fähigkeiten man hat. Allerdings werden auch Fehler und Schwächen eher deutlich.

Ein privater Rückhalt ist für mich ebenfalls von entscheidender Bedeutung. Dabei sehe ich auch keinen Unterschied zwischen Männern und Frauen. Eine Ehefrau, die nicht hinter ihrem Mann steht und nörgelt, sobald er etwas später nach Hause kommt, kann die Leistungsfähigkeit genauso negativ beeinflussen wie ein Mann, der die Berufstätigkeit seiner Frau nicht akzeptiert. Ein Geständnis meiner Mitarbeiterin ist mir in diesem Zusammenhang noch sehr im Gedächtnis: Nachdem wir eine Woche lang regelmäßig Überstunden machen mußten, erzählte sie mir: »Was bin ich froh, daß Sie eine Frau sind! Wenn Sie ein Mann wären, hätte mir der meinige nach einer Woche nicht mehr geglaubt, daß es Überstunden sind.« Über diese Aussage mußte ich zuerst amüsiert lachen, aber sie hat mir auch zu denken gegeben. Ich bin häufiger bis spät abends oder sogar über Nacht beruflich unterwegs, und mein Mann hat mir noch nie diesbezüglich irgend etwas unterstellt. Diese Vertrauensbasis ist für mich außerordentlich wichtig.

Natürlich reden mein Mann und ich sehr ausführlich über unsere berufliche Situation. Diese Einblicke in die Arbeit des Partners helfen sehr; man versteht einander einfach besser, und damit vergrößert sich die gegenseitige Toleranz. Auch mit der Aufteilung der Hausarbeit haben wir in unserer Ehe noch nie Probleme gehabt. Etwas anders wäre unsere Situation sicherlich, wenn wir Kinder hätten.

Am 6. März 1956 wurde ich in Münster geboren. Ich habe drei Geschwister, eine ältere und eine jüngere Schwester und einen jüngeren Bruder. Mein Vater starb, als ich dreieinhalb Jahre alt war. Nach seinem Tode zogen wir nach Stukenbrock, ein kleines Dorf zwischen Paderborn und Bielefeld. Etwas außerhalb der Ortschaft hatte meine Mutter die Möglichkeit, ein Haus zu mieten – trotz vier kleiner Kinder. In dieser Abgeschiedenheit sind wir relativ frei und ungestört aufgewachsen; wir verfügten über einen großen Garten mit guten Spielmöglichkeiten. Um uns Kindern eine vernünftige Schulausbildung zu ermöglichen, begann meine Mutter mit ihrer Berufstätigkeit, als ich ins dritte Schuljahr kam.

Meine Mutter habe ich ganz bewußt als berufstätige Frau erlebt. Es gab aber auch Situationen, wenn ich beispielsweise bei einer Freundin zu Hause war und deren Mutter mit einem Teller Kuchen in der Hand ins Zimmer kam, in denen ich dachte, »es wäre ganz schön, wenn ich so etwas auch genießen könnte«.

Wirklich vermißt habe ich eine solche Fürsorge aber nicht. Ich bin mit dem Bild einer ganz selbständigen Mutter groß geworden, die ihr Leben im Griff hatte und trotz der außerordentlichen Belastungen noch in der Lage war, uns Kindern das Gefühl eines Zuhauses zu vermitteln.

Eingeschult wurde ich in einer sogenannten Zwergschule in Stukenbrock. Es gab insgesamt zwei Klassen: Eine für das 1. bis 3., eine andere für das 4. bis 8. Schuljahr. Nach der Grundschule kam ich auf das staatliche Mädchengymnasium in Paderborn. Der Schulweg war sehr lang. Meistens kam ich erst gegen 14.30 Uhr nach Hause. Dort angekommen, verdrängte ich die Schule und vor allem die Hausaufgaben sofort. Interessanterweise hatte sich mein Schulengagement mit dem Wechsel auf das Gymnasium verändert. In der Grundschule war ich sehr ehrgeizig gewesen und hatte mich über jeden Fehler, den ich machte, maßlos geärgert. Doch auf dem Gymnasium versuchte ich mit einem Minimum an Aufwand möglichst weit zu kommen. Da zu Hause niemand meine Schularbeiten kontrollierte, wundert es nicht, daß ich in der Quarta eine Ehrenrunde gedreht habe. Erst in der Oberstufe setzte sich mein alter Ehrgeiz wieder durch. In diesen letzten drei Jahren habe ich dann versucht, die Defizite aus der Grund- und Mittelstufe auszugleichen.

Viel Spaß in der Schule hat mir die Biologie gemacht. Letztlich fand ich über dieses Fach den Zugang zum Chemie-Studium. Denn ich merkte bereits in der Oberstufe, daß man ohne chemische Kenntnisse nur wenig in der Biologie machen kann. Aber chemische Kenntnisse hatte ich zu Schülerzeiten kaum: Die Naturwissenschaften waren in meiner Schule unterrepräsentiert. Mein Abitur habe ich deswegen mit nur einem einzigen Jahr Chemie- und Physikunterricht abgelegt. Meine letzten Schuljahre fielen zusammen mit einer zunehmenden Popularität des Faches Biochemie, so daß ich zwischen einem Biologie- und Biochemie-Studium schwankte. Leider war aber mein Abitur-Notendurchschnitt für den Numerus clausus dieser Fächer zu schlecht.

Bei der endgültigen Berufsentscheidung hat mir mein Mann sehr geholfen. Wir hatten unmittelbar nach meinem Abitur geheiratet und damit unsere bereits sechs Monate andauernde »wilde Ehe« im streng katholischen Paderborn legalisiert. Er unterstützte mich bei meiner Entscheidung, über ein Chemie-Studium vielleicht später einmal Zugang zur Biochemie zu finden.

Um etwas mehr über das Chemie-Studium zu erfahren, nutzte ich ein Angebot der Hamburger Universität und nahm als Gasthörer an einem sechswöchigen Vorbereitungskurs für Studienanfänger teil. Nach dieser Zeit stand für mich fest, daß ich ein Chemie-Studium beginnen würde.

Im Januar 1977 gingen wir gemeinsam nach Berlin. Mein Mann war beruflich dorthin versetzt worden. Bis zum Sommersemester 1977 verbrachte ich meine Zeit mit Jobben und Chemielernen. Zwischendurch schaute ich mir beide Berliner Universitäten im Westteil gründlich an und entschied mich für die Technische Universität. Das Vordiplom habe ich pünktlich nach den vorgeschriebenen fünf Semestern abgeschlossen. Anschließend ging ich nach Hannover, wo mein Mann bereits seit einem Jahr tätig war. Ursprünglich hatte ich vorgehabt, zeitgleich mit meinem Mann Berlin zu verlassen. Deshalb erkundigte ich mich an der Universität Hannover nach den Möglichkeiten eines Studienortwechsels nach dem dritten Semester. Leider geriet ich dabei an einen Hochschullehrer, der sich gegenüber verheirateten Studentinnen außerordentlich destruktiv verhielt. Er gehörte zum Prüfungsausschuß, der die Entscheidung über die Anerkennung meiner bisherigen Studienleistungen treffen mußte. Ich hatte zwei Termine bei ihm. Beim ersten Mal berichtete ich ihm alles über meine abgeleisteten Prüfungen und Praktika, und ich gab auch meinen privaten Grund für den gewünschten Studienortwechsel an. Aber da ging es schon los: »Die Leute wechseln nur, damit sie ein dünneres Brett bohren können«, warf er mir vor, und: »Sie werden sich noch wundern, wie hoch hier unsere Leistungsanforderungen sind.« Dieses Gespräch endete dann damit, daß ich ihm alle Unterlagen einreichte, er sich aber weigerte, diese zu prüfen. Beim zweiten Gespräch hieß es dann: »Frau Frie, Sie können gerne kommen, natürlich, aber wir werden Ihnen sicherlich nicht alles anerkennen; und was das sein könnte, kann ich Ihnen heute noch nicht sagen. Ich kann nicht einmal versprechen, ob wir Ihnen überhaupt einen Praktikumsplatz geben können.« An dieser Stelle unseres Gesprächs war ich dann doch ziemlich geschockt, denn mit diversen Nebensätzen ließ er durchblicken, daß so ein langes Studium sowieso nichts für Frauen sei; wenn ich überhaupt studieren wolle, dann schon eher ein Lehramt.

Bis heute habe ich nie wieder eine derartige Anti-Gleichberechtigungshaltung erlebt. Als ich ihm dann antwortete: »Ich werde mein Vordiplom in Berlin absolvieren und erst dann wechseln«, da wurde ich das erste und bisher letzte Mal praktisch von jemandem rausgeworfen. Dieser Vorfall hat mich sehr frustriert, zumal er eine längere Trennung von meinem Mann, der bereits in Hannover war, zur Folge hatte. Aber irgendwie motivierte mich auch diese negative Einstellung Frauen gegenüber: Jetzt wollte ich erst recht weitermachen.

An der Universität Hannover konnte ich meinen langjährigen Wunsch verwirklichen und neben den chemischen Kernfächern auch einige Vorlesungen und Praktika in Biochemie hören und ableisten. Dennoch blieb ich der Chemie treu, obwohl mein Exkurs in die Biochemie mir sehr viel Spaß gemacht hatte. Trotz eines Studienortwechsels und einem breit angelegten Studium – von der Biochemie bis zur Technischen Chemie – beendete ich 1982 mein Diplom; im Frühjahr 1985 legte ich meine Dissertation über ein Thema aus der präparativen organischen Chemie vor.

Nach der Promotion stand dann die große Zukunftsentscheidung an. Mein Doktorvater gab mir einige Anschriften von Industrieunternehmen und Ansprechpartnern dort. Er empfahl mir, mich nicht direkt in der Personalabteilung zu bewerben, sondern die von ihm empfohlenen Kontakte zu nutzen. Mittlerweile weiß ich, daß diese Vorgehensweise bei promovierten Chemikern üblich ist.

Mein Wunsch war es, in der chemischen Großindustrie eine Anstellung zu finden. Ich hatte während meiner Doktorarbeit an einem dreiwöchigen Doktorandenkurs in einem großen Chemieunternehmen teilgenommen, der sehr beeindruckend gewesen war, zeigte er doch die vielfältigen Einsatzmöglichkeiten und Arbeitsbedingungen von Chemikern in überzeugender Weise. Zuerst bewarb ich mich nur bei Bayer, weil mein Mann zur damaligen Zeit bei der Agfa, einer Tochter der Bayer AG, beschäftigt war. Schon nach wenigen Tagen wurde ich zu einem Vorstellungsgespräch eingeladen. Die angebotene Stelle in der Abteilung Literaturwesen und Dokumentation entpuppte sich aber als ein typisches »Damen-Angebot«. Bei dieser Tätigkeit ging es um die Betreuung eines bestimmten Chemierecherchen-Systems. Rational sah ich ein, daß diese Arbeit nur von einer hochqualifizierten Kraft ausgeführt werden konnte. Nachdem ich mir aber alle Erläuterungen genau angehört hatte, entschloß ich mich, ehrlich zu sein, und sagte, daß ich mir zwar vorstellen könnte, so etwas einmal später zu machen, aber nicht zu Beginn meiner Berufstätigkeit. Natürlich stellte ich auch die Frage, welche Möglichkeiten es sonst noch geben würde. Die Reaktion meines Gesprächspartners hat mich dann sehr beeindruckt: Er war nicht böse über meine ablehnende Haltung. Zusammen mit mir füllte er den Personalbogen aus und sagte: »Ich werde jetzt hier hineinschreiben, daß ich Ihre Einstellung sehr begrüßen würde, und bitte darum, daß diese Unterlagen in den normalen Umlauf der Forschungsabteilungen gegeben werden.« Als ich meinem Doktorvater von dem Vorstellungsgespräch berichtete, verstand er überhaupt nicht, warum ich zu diesem Angebot nein gesagt hatte. Er erklärte mir die Vorzüge einer solchen Tätigkeit und sprach über die vielfältigen Aktivitäten von Bayer – gerade in diesem Bereich. Mit diesen Worten im Kopf durchlebte ich dann eine aufregende Woche. Abends war ich immer bereit, das Angebot »in Gottes Namen« anzunehmen. Doch morgens, wenn ich ausgeschlafen war, sagte ich mir erneut, nein, das mache ich nicht. Als ich nach einer Woche immer noch nichts von dem Unternehmen gehört hatte, entschloß ich mich, bei dem Forschungsleiter der Zentralen Forschung und Entwicklung, meinem heutigen Chef, anzurufen. Er erklärte mir, er habe die Unterlagen wieder in den Umlauf gegeben. Natürlich könne er mir nicht versprechen, daß eine adäquate Stelle für mich frei sei, aber er würde sich auf jeden Fall wieder bei mir melden. Ich war mir natürlich nicht sicher, ob das gutgehen würde, und so bewarb ich mich noch bei anderen Unternehmen. Ich erhielt dann auch kurze Zeit später einen zweiten Termin bei Bayer. Inzwischen hatten mir zwei andere Firmen eine Forschungsstelle angeboten. Ich wollte aber vor einer endgültigen Entscheidung erst mein zweites Vorstellungsgespräch bei Bayer abwarten. Dieses Anliegen wurde auch von beiden Firmen akzeptiert. Meine zweite Vorstellungstour bei Bayer fand dann tatsächlich im Bereich Forschung und Entwicklung statt. Noch am gleichen Tag wurde mir eine Forschungstätigkeit, die mich sehr reizte, angeboten, so daß ich direkt zusagte. Am 1. November 1985 begann ich meine Tätigkeit bei Bayer in der Zentralen Forschung, Bereich Forschung Wirkstoffe – als einzige Frau des Fachbereichs.

Mein direkter Vorgesetzter erleichterte mir den Start am Arbeitsplatz. Persönlich führte er mich durchs Haus und stellte mich überall als neue Kollegin vor. Eigentlich war das nicht unbedingt üblich, aber er meinte mit einem Zwinkern in den Augenwinkeln: »Damit Sie keiner für meine neue Laborantin hält, wenn Sie hier mit einem weißen Kittel herumlaufen.«

In der Bayer AG waren zum Zeitpunkt meines Berufseinstieges 43 Chemikerinnen beschäftigt; 1990 gab es bereits 82 Kolleginnen, von denen mehr als 50 Prozent in der Forschung und Entwicklung tätig sind. Diese Zahlen halte ich für durchaus ermutigend. Allerdings bin ich mir auch darüber im klaren, daß diese Entwicklung durch die hervorragende Konjunktur der letzten Jahre begünstigt wurde. In schlechten Zeiten sind möglicherweise gerade die Frauen als erstes von einer zurückhaltenden Einstellungspraxis betroffen. Mit rund 4,5 Prozent liegt der Frauenanteil bei den Chemikern in unserem Unternehmen meiner Ansicht nach immer noch recht niedrig. Meine bisherigen Erfahrungen zeigen aber, daß dieser Tatbestand nicht allein den Unternehmen angelastet werden darf. Interessanterweise bewerben sich viele Kolleginnen erst gar nicht um einen Arbeitsplatz in der Industrie. Vergleicht man das prozentuale Einstellungsverhältnis Chemiker zu Chemikerinnen mit der jeweiligen Bewerbungszahl, so haben in den letzten Jahren sogar mehr Frauen als Männer einen Arbeitsplatz bei Bayer erhalten.

Meine persönlichen Erfahrungen gehen in die gleiche Richtung. Meine Doktorprüfung legte ich beispielsweise ziemlich zeitgleich mit vier anderen Kolleginnen am Organischen Institut der Universität Hannover ab. Dennoch bin ich die einzige gewesen, die sich überhaupt für eine industrielle Berufstätigkeit entschieden hat. Zwei meiner Kolleginnen haben sich für die Nur-Hausfrau- und Mutterrolle entschieden, die anderen beiden sind als Lehrerinnen an eine Privatschule für Chemielaboranten und chemisch-technische Assistenten gegangen.

Mein Berufsstart begann – völlig normal für Chemiker – als Sachbearbeiterin in einem Forschungslabor mit einem Chemielaboranten und einer Chemiefachwerkerin als Mitarbeiter. Unsere Aufgabe bestand in der Synthese neuer Wirkstoffe für den Pflanzenschutzbereich.

Der Wechsel von der Hochschule in die Industrie ist mir fachlich nicht schwergefallen. Die Herstellung neuer Substanzen war ein Schwerpunkt meiner Ausbildung gewesen. Dafür gab es aber vielfältige Umstellungen anderer Art: Zuerst einmal mußte ich lernen, was ein »Vorgesetzter« überhaupt ist. Mein Laborant pflegte so manches Mal zu mir zu sagen: »Sie sind die Chefin, das müssen Sie entscheiden.« Aber in Wirklichkeit gab er mir sehr viel Hilfestellung und zeigte mir, »wo es lang geht«. Ich war ihm dafür dankbar und habe das auch offen gezeigt. Meine fachliche Kompetenz fand schnell Anerkennung, und dank dem Engagement und den Fähigkeiten meiner Mitarbeiter wurden wir schnell zu einem guten Laborteam. Mit meinem direkten Vorgesetzten bin ich ebenfalls sehr gut ausgekommen. Er ließ mir viele Freiräume und erwartete, daß ich mich selbst um meine Angelegenheiten kümmerte und neue Ideen entwickelte. Bei Bedarf stand er als Ansprechpartner stets zur Verfügung, und er behandelte mich genauso wie meine männlichen Kollegen, was mir schon sehr wichtig war. Auch die Abteilung hat ganz normal auf mich als Frau und Kollegin reagiert. Allerdings steht eine Frau ein wenig mehr auf dem Präsentierteller und damit unter Beobachtung als die männlichen Kollegen. Das kann natürlich auch ein Vorteil sein. Ich denke, daß ich bisher davon eher profitiert habe.

Nach gut zwei Jahren Forschertätigkeit erhielt ich eines Tages einen Anruf und wurde gefragt, ob ich mir vorstellen könnte, im Hause Bayer mal etwas ganz anderes zu machen. Man bot mir eine Tätigkeit in der Anwendungstechnik Materialschutz im Geschäftsbereich Organische Chemikalien an. Nachdem ich mich eingehend informiert hatte, sagte ich zu. Diese Abteilung befindet sich im Werk Krefeld-Uerdingen, etwa 70 Kilometer von Leverkusen entfernt. Von Anfang an hat mich diese Tätigkeit stark gefesselt. Als kleines Geschäftsfeld oblag uns die anwendungstechnische Betreuung eines internationalen Kundengeschäfts. Die Produktpalette reichte von Desinfektionsrohstoffen über technische Konservierungsmittel bis hin zu Fungiziden für Holzschutzmittel oder Kunststoffe. In mein Aufgabengebiet fielen die Betreuung der Forschung sowie die Bereiche Desinfektion und Kunststoffausrüstung. Mit elf Mitarbeitern hatte ich ein großes Labor zu leiten, in dem mikrobiologische Prüfungen – auch für Kunden – durchgeführt wurden. Darüber hinaus standen diverse Geschäftsreisen an, bei denen technische Details, oder – falls vorhanden –, auch Kundenprobleme besprochen und gelöst werden mußten. Da die Mikrobiologie nicht zur klassischen Chemikerausbildung gehört, versuchte ich, meine Defizite so schnell wie möglich auszugleichen. Ich hörte an der Universität Düsseldorf einige Vorlesungen zu diesem Thema und informierte mich intensiv bei meinen Mitarbeitern und Kollegen. Dabei kamen mir meine Biochemiekenntnisse zugute. Für die Zusammenarbeit mit meinen Mitarbeitern war diese Einarbeitungsphase von großem Vorteil. Wir lernten uns und unsere Fähigkeiten kennen, und ich merkte schnell, daß ich den beiden Chemotechnikern in meiner Gruppe Projekte mit viel Verantwortung übertragen konnte.

Der Umgang mit unseren Kunden gestaltete sich unproblematisch. Manche waren anfangs ein wenig erstaunt, eine »Fachfrau« als Ansprechpartnerin vorzufinden. Ich habe aber in dieser Zeit die Erfahrung gemacht, daß man mit fachlicher Kompetenz sehr schnell zum anerkannten Gesprächspartner wird – unabhängig vom Geschlecht.

Ich war in dieser Abteilung mitten in eine Umstrukturierungsphase hineingeraten, und auch der Wettbewerb war sehr viel härter geworden. Beides bewirkte, daß es unglaublich viel Arbeit gab und der Tagesablauf fast hektisch war. Doch diese Belastungen und Herausforderungen reizten mich sehr. Deshalb war ich im ersten Augenblick nicht sehr begeistert, als mir nach nur sechzehn Monaten in Uerdingen ein neues Angebot gemacht wurde: Die Leitung des Referates Sonderaufgaben im Zentralbereich Forschung und Entwicklung in Leverkusen. Heute betrachte ich diese Tätigkeit als eine Bereicherung und wichtigen Zwischenstop für meine berufliche Entwicklung. Rückblickend würde ich eigentlich alles wieder so machen.

Regina Ziegler

Produzentin, Film

Um zum vereinbarten Interviewtermin mit Regina Ziegler auf keinen Fall zu spät zu kommen, beeilte ich mich trotz eigenem Zeitdruck. Doch was geschah? Kaum war ich in ihrem Büro angekommen, eilte sie freudestrahlend auf mich zu, bat mich um Entschuldigung, aber ich müsse mich noch rund zwei Stunden gedulden, sie müsse noch ein paar ganz dringende Angelegenheiten telefonisch klären. Regina Ziegler machte das derart nett, daß ich gar keine Gelegenheit fand, mich auch nur im geringsten zu ärgern. Wenn auch mit Verspätung, so führten wir das geplante Gespräch – es klappte alles, dank ihrer Professionalität.
Die Filmproduzentin ist eine Business-Lady par excellence: Sie macht tausenderlei Dinge auf einmal und verliert dabei nicht die Contenance. Sie führt ein Interview, telefoniert nebenbei durch halb Europa und beantwortet noch Fragen ihrer Mitarbeiter, die nicht aufschiebbar sind.
Regina Ziegler hat sich ganz und gar der Filmbranche verschrieben. Wenn sie über Filmprojekte spricht, muß selbst der größte Kinomuffel neugierig werden, so ansteckend sind ihre Begeisterung und ihr Engagement für die auf Filmrollen gebannten Objekte ihrer Begierde. Sie ist einerseits die coole und selbstbewußte Erfolgreiche, eben die bekannte und

erfolgreiche Filmproduzentin, aber sie ist auch ganz sie selbst, ohne Maskerade. Ihr Arbeitszimmer trägt ihre ganz persönliche Handschrift. Was mir am meisten auffiel, das waren die vielen Clowns, die sich hier ein Stelldichein geben. Clowns sind überall, ob als Stoffpüppchen oder Keramikfigur – sogar den Aschenbecher ziert ein Clown. Sie mag Clowns einfach, sagt sie.

Regina Ziegler ist eine Frau, die in ihrem Berufsleben aufgeht; sie weiß zwar sehr wohl, was sie kann und was sie leistet, kann aber durchaus sich selbst gegenüber eine kritische Haltung einnehmen.

Mein Ziel war es nicht, eine »bekannte« Filmproduzentin zu werden. Ich wollte einfach Filme machen, die mich interessieren, mit denen ich mich identifizieren kann. Macht hat mich nie gereizt. Ich bin und war immer neugierig, will und wollte etwas entdekken, Dinge in Bewegung setzen. Dementsprechend ist mein Lieblingsspruch: »Wenn schon durch die Wüste gehen, dann Spuren hinterlassen«. Wenn mir einer sagt, etwas geht nicht, dann werde ich hellhörig. Dann sage ich mir, das willst du, das mußt du schaffen.

Als ich 1975 die »Sommergäste« produziert habe, hat die Branche über mich und mein Vorhaben gelächelt. Alle haben gesagt, das geht doch gar nicht, aus diesem Theaterstück einen Film zu machen, und das an Originalschauplätzen! Natürlich war es machbar. Insgesamt sind da schöne Geschichten passiert, auch Freundschaften entstanden mit Schauspielern von der Schaubühne, die heute noch von dieser gemeinsamen Arbeit schwärmen. Für diese Produktion haben wir in Kladow eigens einen Birkenwald angelegt, den brauchten wir nämlich. Wir haben junge Birken gepflanzt, aber die wurden und wurden nicht grün. Also sind wir jeden Tag mit Litern von heißem Wasser hingefahren und haben die Birken gegossen, damit sie schneller ausschlagen. Und es hat geklappt. Nach diesem Film hatte die Branche dann wirklich Achtung vor mir. Alle merkten, da war etwas Ungewöhnliches passiert, da war das Nicht-Vorstellbare realisiert worden.

Ich produziere viel für das Fernsehen, das hat Ende der siebziger Jahre angefangen und hat sich sehr ausgeweitet. Ab einer bestimmten Unternehmens-Größenordnung braucht man eine Arbeitskontinuität, die die Existenz sichert. Man kann nicht feste Mitarbeiter haben, wenn man sie nicht erhalten kann. Fernsehproduktionen sind kontinuierliche Produktionen, die eine gewisse Sicherheit für alle bedeuten. Ich mache dem Fernsehen Programmangebote, und wenn die akzeptiert werden, wird die geplante Produktion kalkuliert und ein Festpreis vereinbart. Dieses Geld zahlt das Fernsehen für die Produktion. Ist sie dann teurer, ist es mein Risiko. Natürlich ist in der Kalkulation auch eine Gewinnspanne für den Produzenten vorgesehen. Ein guter Produzent paßt natürlich auf, daß er dieses Geld erwirtschaftet. Das ist schließlich das Geld, mit dem er seine Firma finanziert.

Jetzt ist meine beste Zeit. Ich bin auf dem Höhepunkt meiner

Power. Ich merke, was ich jetzt eindrehen und umsetzen kann, das kann ich sicher nicht mehr in zehn Jahren. Deswegen will ich jetzt optimal für mich arbeiten. Ich komme beispielsweise überhaupt nicht klar damit, daß manche Leute 35 Stunden in der Woche arbeiten wollen, wo ich genau weiß, ich arbeite 70 und mehr. Um so wichtiger ist es, mit einem Mann zusammenzusein, der Verständnis für meine Arbeit hat und der nicht erwartet, daß ich pünktlich um 19 Uhr zu Hause bin und Essen koche.

Gedanken darüber, ob ich als Frau in dieser Branche nun Vorteile oder eher Nachteile habe, habe ich mir nie gemacht. Ich bin jemand, der erst mal sagt, die Flasche ist halb voll und nicht halb leer. Ich habe immer gedacht, auf mich haben die Männer nur gewartet. Ulrich Schamoni hat mal gesagt, »die Ziegler ist für uns Männer ein Silberstreifen am Himmel«. Und das wollte ich auch sein. Ich habe nie mein Geschlecht problematisiert. Ich habe nie gesagt, weil ich eine Frau bin, habe ich vielleicht die und die Chancen nicht, sondern ich habe vorausgesetzt: Hier komme ich, Regina Ziegler, und meine Power reicht aus, um alle anderen zu überzeugen.

Vielleicht habe ich Feinde, kann sein. Ich habe dazu kein Verhältnis, es interessiert mich auch nicht. Ich weiß, daß ich Freunde habe. Freunde, die Freunde sind und nicht nur behaupten, es zu sein. Aber ich will mich nicht damit belasten, herauszufinden, wenn mich jemand nicht leiden kann, warum das so ist. Ich habe oft die Feststellung gemacht in meinem Leben, daß ich nach einem ersten Eindruck von einem anderen Menschen dachte, ach, den kannst du nicht leiden, und merkte dann innerhalb kürzester Zeit, das ist ein toller Mensch. Entweder schaffen es die Menschen, aufeinander zuzugehen, oder sie schaffen es nicht, und dann ist es auch nicht so wichtig. Ich mache mir ungern Gedanken über unnütze Dinge. Ich gehe immer sehr zielstrebig vor, und wenn ich merke, hier komme ich aus irgendeinem Grund partout nicht weiter, dann gehe ich zwei Schritte zurück und gehe die nächsten Schritte schneller. Dann schlage ich einen anderen Weg ein, aber ich komme trotzdem dahin, wo ich hinwill.

Ich habe auch schon Mißerfolge gehabt; wenn Filme nicht so gelaufen sind, wie ich es mir vorstelle. Pleiten versuche ich immer ganz schnell hinter mich zu bringen, mich daran nicht aufzuhalten und mich deswegen nicht unterkriegen zu lassen. Aber es gibt Erfahrungen, die einen wirklich an den Rand des Abgrunds bringen. Beispielsweise haben der Wolf Gremm und ich den Film »Die Brüder« produziert. Das war eine Produktion, die unheimlich problematisch wurde. Wir hatten nur einen Finanzier, der mit uns Verträge gemacht hatte, und es stellte sich eine Woche vor Drehbeginn heraus, daß der gar nicht berechtigt war, die Verträge zu unterschreiben, weswegen die Verträge keine Gültigkeit hatten. Und wir standen da mit einem Produktionsvolumen von 1,6 Millionen Mark und hatten keinen Pfennig. Wir hatten auch keine Subventionen, wir hatten gar nichts. Als wir das erfuhren, haben der Wolf und ich uns angeguckt und haben gesagt, wenn wir jetzt aufhören, dann können wir Konkurs anmelden. Und dann habe ich gesagt, »schaffen wir das?« Ich habe ihn angeschaut, er hat mich angeschaut: »Wir schaffen das!« Das war 1976. Dieser Film war dann ein großer Erfolg für die damaligen Verhältnisse, der hat rund 400 000 Besucher gehabt. Er war bei einem amerikanischen Verleih unter Vertrag. Der damalige Chef dieser Verleihfirma wurde später ein guter Freund von uns, und als der den Rohschnitt gesehen hatte, fragte er, »was wollen Sie haben?« Ich wollte eine Verleihgarantie in Höhe von 350 000 DM, weil ich das Geld dringend brauchte für die nächste Produktion, und er sagte, »okay, ich will nicht handeln, mir gefällt es, das kriegen Sie«. Da hat sich eine Freundschaft entwickelt, und wir haben gemeinsam ein neues Projekt geplant, das hieß »Tod oder Freiheit« und war eine moderne filmische Version der »Räuber«. Das ist ein Film, den ich persönlich sehr gut finde. Aber dieser Film ist in einer Zeit gekommen, als der Schleyer entführt wurde. Wir hatten dafür wunderschöne T-Shirts gemacht mit einem Strick und einer Rose drauf und dem Text »Tod oder Freiheit«. Eines Tages kam dann unsere Tochter nach Hause und sagte, die haben mich beschimpft in der Schule, ich sei eine Terroristin, mit so einem T-Shirt könne man nicht rumlaufen. So fing das an. Dann lief der Film in den Kinos an, 1977 war das noch freitags, also wußte man immer am Montag, ob der Film beim Publikum ankommt. Ich habe früher immer heimlich angerufen in den Kinos und habe gefragt, kann ich noch mal eben Karten bestellen? Und wenn es hieß, ausverkauft, war es für mich gut. Aber bei diesem Film konnte man überall noch Karten kriegen. Das war furchtbar. Und am Montag früh rief dieser amerikanische Freund an und sagte nur zu meinem Mann, der am Telefon war, »mein Sohn, ich stehe an der Bahre deines Films«. Mein Gefühl hatte mich nicht getrogen. Und das hat mir wirklich leid getan, weil das ein Film ist, der unheimlich professionell gemacht ist. Da sind Actionszenen drin, die internationalen Standard haben, heute noch. Da hat beispielsweise der Fröbe mitgespielt, der Adorf oder auch die Pluhar. Es war der Lieblingsfilm von meiner Mutter. Sie sagte immer, der Film hat was. Ich halte ihn nicht für den besten Film, den Wolf und ich zusammen gemacht haben, aber an diesem habe ich sehr emotional gehangen.

Für außerordentlich gut gelungen halte ich den »Fabian« und »Die Brüder«. »Fabian« war auch ein großer Publikumserfolg, der hatte 1980 immerhin knapp eine Million Besucher, war deutscher Oscar-Beitrag und wurde auf viele Festivals eingeladen. Für ausgesprochen gut halte ich auch den Film »Kamikaze« mit Fassbinder.

Die Ziegler-Produktion ist eine persönlich haftende Einzelfirma; jede Verpflichtung, die ich eingehe, muß bis an mein Lebensende abgetragen werden. Mein Unternehmen hat mittlerweile sechs feste Mitarbeiter, und ich habe weitere sechs Mitarbeiter mit festen freien Verträgen und eine große Anzahl von freien Leuten, auf die ich zurückgreifen kann. Dann habe ich mit Schamoni zusammen die Bärenfilm GmbH, da hält jeder von uns 50 Prozent. Dieses Unternehmen wurde 1973 gegründet. Außerdem gehören mir 25 Prozent der Firma Eurostar, die in Paris seit Anfang 1990 etabliert ist und von einem Geschäftsführer geleitet wird. Eurostar entwickelt auf eigene Kosten Projekte; wir machen jetzt eine Serie über Fremdenlegionäre. Anlaß für die Gründung einer europäischen Firma war der Aspekt Europa 1992, also einerseits die Möglichkeiten auszuschöpfen, die sich im europäischen Markt bieten, andererseits die Tatsache, daß überall die Etats sehr knapp geworden sind. Deshalb überlegte ich mir, daß es wichtig ist, schon in der Entwicklungsphase der Projekte, im Anfangsstadium seine Partner zu kennen. Dann passiert es nicht, daß eine Produktion fertig ist und einer kommt und sagt, das hätte ich aber gerne anders. Es geht darum, das finanzielle Risiko auf mehrere Schultern zu verteilen, auch von Anfang an zu wissen, daß die eigenen Vorstellungen realisiert werden. Wird eine Serie entwikkelt, kostet das schnell ein paar hunderttausend Mark, und wenn man davon ein Viertel bezahlt, ist das was anderes, als wenn man für die Gesamtkosten der Produktion verantwortlich zeichnet. Auf diese Art und Weise haben wir bereits vier Serien entwickelt.

Mehrere Produzenten zusammen haben natürlich auch viel mehr Möglichkeiten als einer: Daß vier Projekte floppen, ist unwahrscheinlich; bei einem hat man schnell das Problem.

Meine Partner bei Eurostar sind sehr seriöse Filmproduzenten. Wir haben uns über drei Jahre die Köpfe heißgeredet und haben letztlich festgestellt, wir passen gut zusammen. Diese Zusammenarbeit hat sich mehr zufällig ergeben. Ich lernte einen englischen Produzenten in London kennen, wir haben uns auf Anhieb gut verstanden, und der sagte, Mensch, wir sollten doch mal was zusammen machen, und so ist das entstanden.

Die Medienlandschaft verändert sich gravierend, Konzentrationen finden statt, beispielsweise kaufen sich Konzerne in mittelständische Betriebe ein und übernehmen Anteile. Ich denke schon, daß dieser Konzentrationsprozeß weitergeht. Für Produzenten wie für mich, die für sich beschlossen haben, ihre eigene Position allein zu halten, wird es nicht leichter, sondern schwieriger werden. Auf der anderen Seite hat man als unabhängiger Produzent Vorteile, die ich gut finde. Man muß eben nicht fragen, ob man jetzt ein Projekt machen darf oder nicht, und deshalb habe ich mich ganz bewußt – obwohl ich natürlich auch mit der Frage Konzernbindung konfrontiert wurde – erst mal dafür entschieden, daß ich alleine weiterkämpfen möchte. Wenn sich die Medienlandschaft so stark verändert, wie das derzeit der Fall ist, muß man sich Gedanken darüber machen, kann nicht so tun, als interessierte man sich nicht dafür. Man muß diese Veränderungen mittragen und für sich selber eine Möglichkeit finden, zu reagieren und Präsenz zu zeigen.

Daß ich für etwas bezahlt werde, was mir auch Spaß macht, das ist eine große Faszination. Ich verstehe mich als Kaufmännin und als Künstlerin. Film ist ein Kulturwirtschaftsfaktor; hätte ich aber keine kaufmännische Basis, könnte ich keine Filme produzieren.

Wenn ich gerade mal wieder richtig auf die Nase gefallen bin, überlege ich mir immer mal wieder, ob es nicht besser wäre, die Firma an den Nagel zu hängen. Ich könnte es auch leichter haben, wenn ich eine Position irgendwo als Geschäftsführerin hätte, da würde ich bestimmt freitags um 18.30 Uhr nicht mehr im Büro sein. Aber in der Regel bin ich freitags auch noch abends um 20 Uhr hier, auch sonnabends. Ich bin auch manchmal sonntags in der Firma, wenn ich es nicht geschafft habe, die Papierberge abzubauen.

Mein erstes Firmendomizil war in der Kalckreuthstraße. Da hatte ich im fünften Stock eine wunderbare Etage. Mein Zimmer bestand an zwei Seiten aus Glas, so daß ich einen wunderbaren Blick über Berlin hatte. Das war ein Traumbüro. Doch eines Tages kamen Baukräne. Dann habe ich mich erkundigt, was das soll, und man hat mir gesagt, da würde ein Hotel gebaut, aber das Dach von diesem Hotel würde genau an dem Punkt abgeschlossen, wo mein Balkongeländer anfange. Es war aber nicht so. Als ich einmal morgens ins Büro kam, hatte ich keinen Blick auf Berlin mehr, sondern eine Mauer vor der Nase: Mein Büro war praktisch zugebaut. An diesem Morgen habe ich den Mietvertrag fristlos gekündigt und habe gesagt, ich gehe nie wieder in dieses Büro, weil ich diesen Mauerblick nicht ertragen kann. Das ist ein Beispiel für meine Spontaneität. Ich war in diesem Fall nicht bereit, Kompromisse zu machen, sondern sagte sofort, nein, da mache ich nicht mit. Ich habe dann das Büro in der Budapester Straße gefunden und sofort gemietet. In diesem Büro habe ich sechs Wochen alleine gesessen mit einem Nottelefon, und der Fahrer ist immer rübergekommen aus der alten Firma und hat mir die Unterlagen gebracht. Ich habe nie wieder mein altes Büro betreten, bin auch nie wieder da vorbeigefahren. Wenn ich in diese Gegend muß, fahre ich immer außen herum. Ich habe dieses Hotel auch noch nie betreten, ich weiß nicht, wie das aussieht. Meine Mitarbeiter haben sich alle sehr amüsiert über mich, aber ich bin da ganz konsequent. Ich wollte mir nicht diesen grauenvollen Anblick einprägen.

Als freie Produktion habe ich in den letzten Jahren beispielsweise einen Spielfilm von Andrzej Wajda, »Dr. Korczak«, beendet, der 1990 in Cannes lief und ein großer Erfolg war. Das ist ein sehr bewegender Film über die Geschichte von Dr. Korczak, der mit den ihm anvertrauten Kindern in Treblinka 1942 umkam. Das war auch ein verrücktes Projekt: Ich habe mit Herrn Wajda »Schuld und Sühne« gemacht, da haben wir uns kennen- und akzeptieren gelernt. Bei dieser Gelegenheit habe ich ihn gefragt, welches sein Wunschprojekt sei. Er sagte, es gibt ein Projekt, aber da würde ich nie die Rechte kriegen, weil das schon andere versucht und sich die Zähne dran ausgebissen hätten, nämlich der »Dr. Korczak«. Er erzählte, dafür gäbe es ein Drehbuch von der Agnieszka Holland, das ein Produzent in England gekauft hätte. Ich habe mich also darum bemüht und Kontakt aufgenommen zu diesem Produzenten. Das war sehr kompliziert, den zu überzeugen, daß ich unbedingt die Rechte haben wollte. Aber ich habe ihm einen Scheck in Höhe von 150000 Dollar auf den Tisch gepackt, dem er nicht widerstehen konnte. Nachdem ich die Rechte hatte, bin ich zu Herrn Wajda gegangen und habe gesagt, »ich habe die Rechte«. Das konnte er gar nicht fassen und sagte nur, gut, wir machen den Film. Es ist ein europäischer Film geworden, wir haben in polnischer Sprache gedreht. Ich konnte beispielsweise im Vorfeld die BBC gewinnen, den Film zu kaufen, obwohl er in Schwarzweiß gedreht wurde, und ich habe in Frankreich und Italien Geld aufgetrieben, habe in Deutschland mit dem ZDF geredet, das den Film nach der Kinoauswertung bringen wollte. Ich habe in diesem Film keine Subventionen drin, ich habe den frei finanziert mit 5 Millionen DM. Das war schon eine sehr intensive Sache, den Film auf die Beine zu stellen.

Ich habe eine positive Vernetzung zwischen Berufs- und Arbeitsleben. Mein Mann, Wolf Gremm, sagt immer, ich freue mich immer wieder, wenn du nach Hause kommst. Das hängt natürlich auch mit seiner Kenntnis von meinem Beruf zusammen, und weil wir oft zusammen arbeiten. Und so wie er meinen Arbeitsrhythmus akzeptiert, tue ich das umgekehrt. Er arbeitet oft nächtelang, was mich überhaupt nicht stört. Ich finde, das muß jeder für sich selbst ausleben. Ganz bestimmt wird dadurch das Zusammenleben auch eher spannender und interessanter als umgekehrt. Ich kann nur sagen, ich habe mich noch nie mit meinem Mann gelangweilt.

Neben meiner Arbeit engagiere ich mich stark für meine Branche: In Berlin organisiere ich regelmäßig Treffen der Berliner Produzenten.

Drei Jahre lang – 1986, 1987 und 1988 – habe ich zusammen mit Ulli Schamoni ein Kinofest organisiert, und wir hatten damit einen sehr großen Erfolg. Dann haben wir eigentlich gedacht, daß da mal die Jüngeren drangehen sollen. Wir fanden an sich die Zahl 3 toll, damit war das Fest etabliert, aber es haben sich für uns als Organisatoren leider keine Nachfolger gefunden.

Ich bin als einzige und erste Frau im Bundesverband der Fernsehproduzenten. Der Bundesverband hat als festen Gesprächspartner das ZDF und handelt Rahmenbedingungen aus für alle Produzenten, die für das ZDF arbeiten. Das ZDF setzt nicht auf eigene Produktionskapazitäten, sondern arbeitet mit freien Produzenten zusammen. Da ist es natürlich hilfreich, wenn es feste Regelungen gibt, und die werden zwischen dem Verband und dem ZDF getroffen und betreffen hundertprozentige Auftragsproduktionen. Ansonsten ist natürlich jeder Produzent frei, sich seine eigenen Bedingungen auszuhandeln.

Wir haben jetzt in Berlin auch den Filmrat gegründet, das ist eine Institution, in der alle Filmschaffenden Berlins vertreten sind. Dieser Filmrat besteht aus zwanzig Delegierten und dem Filmbeauftragten, und dieser Filmrat hat jetzt die neue Gestaltung der Richtlinien für die Berliner Filmförderung erarbeitet. Das war eine sehr aufwendige Tätigkeit, die auch viel an Wochenenden stattgefunden hat, weil es so ungewöhnliche Konstellationen eben noch nicht gegeben hat. Das ist das erste Mal, daß in einer Stadt ein Filmrat existiert, der das gesamte Filmschaffen in einer Stadt abdeckt. Ich habe einen Lehrauftrag an der Universität Berlin, da lehre ich praktische Filmwirtschaft. Ich mache das mit einem Produktionsleiter zusammen, und wir geben uns sehr viel Mühe: Wir verwöhnen die Studenten regelrecht mit Beiträgen. Es kostet mich sehr viel Zeit, macht eine Heidenarbeit, bringt finanziell überhaupt nichts, aber es macht riesigen Spaß, mit den jungen Leuten zusammenzuarbeiten.

Ich habe die Vorstellung, daß ich mich in rund zehn Jahren etwas aus dem aktiven Tagesgeschäft zurückziehen und eine Seniorposition einnehmen möchte. Ich habe noch viel vor, beispielsweise durch die Welt reisen. Ich bin jemand, der sehr neugierig ist. Wenn alles so funktioniert, wie ich mir das vorstelle, sowohl im nationalen als auch im internationalen Bereich, dann gibt es noch etliche Dinge, die ich jetzt einfach nur ein bißchen zurückgestellt habe.

Die Ideen für die Filme habe ich oft selbst; zum Teil kommen sie in Gesprächen mit Leuten, mit denen man sich gut unterhalten kann, und dann suche ich mir Autoren, manchmal kommen die Autoren auch mit einem Exposé oder einem Treatment zu mir. Ich habe schon Visionen von Filmen, die ich irgendwann einmal drehen möchte: Ich möchte irgendwann eine zu Tränen rührende und ergreifende Liebesgeschichte drehen, weil ich glaube, daß Gefühle im Kino wieder angesagt sind in den nächsten Jahren. Aber eine Vision wie »Vom Winde verweht« habe ich nicht. Bei den Filmstoffen verlasse ich mich immer auf meinen beruflichen Instinkt. Anders geht das gar nicht. Aber die Trends werden natürlich oft von Amerika gemacht. Auf der anderen Seite gibt es erfolgreiche Filme wie »Herbstmilch«, der über zwei Millionen Besucher ins Kino zog, der nun zu gar keinem Trend gehörte. Natürlich krankt die Situation des deutschen Films ein bißchen daran, daß der deutsche Film keine Serienfilme hat, also keine Filme, die regelmäßig wiederkommen. Man müßte solche Filme haben, die auch der Filmwirtschaft eine Kontinuität garantieren. Wenn ein Verleih zwei, drei starke Filme hat, kann er andere Filme leicht mitziehen. Dann gibt es in Deutschland auch das Problem, daß wir große Marktanteile verloren haben, und jeder jetzt versucht, irgendwelche Rezepte zu basteln. Die einen sagen, man darf nur noch teure Filme machen. Ich dagegen sage, das kann ich mir gar nicht vorstellen: Wenn ein Film zwanzig Millionen DM kostet und ein Flop ist, und dagegen vielleicht zehn Filme à zwei Millionen DM stehen, ist einer von diesen zehn Filmen ganz bestimmt kein Flop. Es ist mir lieber, von zehn Filmen mindestens ein oder zwei erfolgreiche zu machen, als einen Riesenflop zu landen.

Ich habe viele Filme produziert, die viele Menschen gesehen haben, und bin begeistert über den Erfolg unserer Komödien. Wir haben mit einem Fernsehfilm, mit »Heckenschuß«, angefangen, der hatte zwanzig Millionen Zuschauer, 48 Prozent der Fernsehzuschauer haben ihn gesehen. Das sind meine Erfolgserlebnisse, und wenn ich beim Zuschauer was bewirke, finde ich das schon ganz toll. In unserer Medienlandschaft überwiegen die starken Männerfiguren, und da finde ich eben, muß man was dagegensetzen. Es interessiert mich, Frauenfiguren zu entwikkeln und aufzubauen. Das sehe ich als wichtig an. Das Problem ist nur wiederum, und das weiß man heute, daß in Familien die Frauen die Meinung über das TV-Programm bestimmen, und die meisten Frauen wollen interessante Männer sehen.

Ich finde es nicht schlecht, wenn man Filme primär unter dem Aspekt des potentiellen Publikumserfolges produziert. Der Produzent, der das nicht macht, hat den falschen Beruf. Leute, die Filme für sich machen wollen, die können das auf Super-8 und Video machen, das ist nicht kostenintensiv, das kann jeder verkraften, da braucht man nicht Produzent zu werden.

Manchmal scheue ich Konflikte, besonders wenn es menschliche Konflikte sind. Da habe ich durchaus Probleme, sie auszutragen. Manchmal habe ich das Gefühl, daß ich, obwohl ich konsequent bin, oft viel zu schnell nachgebe. Hinterher ärgere ich mich dann und denke, verdammt noch mal, bist du doof gewesen.

Ich habe keine Lust, morgens aufzustehen und mich zu ärgern. Ich sehe das Positive im Lcbcn. Das Wort Arbeit allein ist für mich noch kein Streß. Ich bin besessen von meiner Arbeit, und das finde ich überhaupt nicht negativ. Das liegt an meiner Leidenschaft, ich bin überhaupt ein leidenschaftlicher Mensch und hoffe auch, diese Ausstrahlung zu haben. Ich finde nichts schlimmer als Menschen, die sich überhaupt nicht auf Leidenschaftlichkeit einlassen, weil sie das Gefühl haben, daß es ihnen schadet.

Eines meiner einschneidendsten Erlebnisse war der Tod meiner Mutter. Obwohl wir immer nächtelang geredet hatten, hatte ich auf einmal das Gefühl, daß wir uns doch nicht alles gesagt hatten. Dann konnte ich es plötzlich nicht mehr. Wenn beide Eltern tot sind, kommt man plötzlich an einen Punkt, wo man sehr genau merkt: Es fängt ein neuer Abschnitt im Leben an. Und man wird sich bewußt, daß man selbst auch einmal sterben muß. Diese Endgültigkeit ist eine wichtige und ganz schwere Erfahrung.

Einschneidend war für mich auch der Wunsch meiner Tochter, ins Internat zu gehen. Der Wolf hat sie hingebracht, und ich lag zu Hause im Bett und habe geheult wie ein Schloßhund. Aber auf einmal sah ich die Wimperntusche auf diesem schönen weißen Bett und habe gedacht, mein Gott, was bist du dumm, sie kommt doch wieder. Da ist mir klar geworden, daß diese Trennung nur eine äußerliche ist und die Verbindung schließlich bleibt.

Ob meine Tochter das Berufsleben ihrer Mutter als Kind auch so genossen hat wie ich selbst, weiß ich nicht. Sie war ja in einer anderen Situation als ich. Ich bin aus der Provinz in die Großstadt gekommen und habe meine Spuren selber gezogen, und Tanja ist in der Situation, daß sie ganz schnell »die Tochter von der Ziegler« ist. Und damit plagt sie sich herum. Aber ich denke, mittlerweile wird sie ganz gut fertig damit.

Ich bin am 8. März 1944 in Quedlinburg geboren. Weil meine Großeltern mütterlicherseits einen Bauernhof im Harz hatten, behaupte ich immer, ich komme vom Bauernhof. Ich habe eine Schwester, die fünf Jahre älter ist. Als die Russen 1944 in Quedlinburg einmarschierten, ist meine Mutter mit meiner Schwester an der Hand und mir auf dem Arm geflohen. Sie ist im Kugelhagel abgehauen und war eine der letzten, die dort herausgekommen ist. Sie wollte nicht, daß ihre Kinder in einer russisch besetzten

Zone großwerden, und ist zu ihren Schwiegereltern nach Obernkirchen gegangen. Mein Vater war in russischer Gefangenschaft und kam erst Anfang 1949 zurück.

Meine Mutter war die Älteste von sieben Kindern und hat früh die leidvolle Erfahrung gemacht, wie schwierig es ist, das älteste Kind auf einem Bauernhof zu sein, wenn es um den täglichen Überlebenskampf geht. Das war für sie ein besonderer Druck oder Ehrgeiz, daß sie etwas aus sich gemacht hat: Sie wurde eine erfolgreiche Journalistin in Niedersachsen. Auf der anderen Seite hatte sie auch den Ehrgeiz, daß ihre Kinder etwas werden sollten, und ich habe diesen Ehrgeiz offensichtlich zu hundert Prozent übernommen. Mein Leben war sehr mutterbezogen. Zuerst war der Vater in Gefangenschaft, und als er zurückkam, arbeitete er meist im Ausland als Brückenbauer. Er ist gestorben, als ich 24 Jahre alt war.

Ich fand es wunderbar, eine berufstätige Mutter zu haben, weil ich nie jemand war, der die Bemutterung wollte und suchte. Meine Mutter hat immer versucht, mittags zu Hause zu sein, sie konnte sich ihren Beruf zeitlich einteilen, und dann hatten wir immer ein Stündchen zusammen. Ich habe Schularbeiten gemacht, sie hat ihre Artikel getippt. Wenn sie unterwegs war, hat sie mich oft mitgenommen. Ich fand ihren Beruf ganz toll. Ich fand es auch ganz toll, daß sie so eine Eigenständigkeit hatte. Ich bin der Meinung, daß Selbstbewußtsein etwas ungeheuer Wichtiges ist. Ich habe keineswegs unter dieser eigenständigen Mutter gelitten, im Gegenteil: Dadurch, daß sie so einen Drive hatte, war bei uns alles möglich. Weil sie aufgeschlossen und medienbewußt war, waren wir natürlich eine der ersten Familien, die einen Fernsehapparat hatten. Bei den anderen gab es das nicht, doch wir hatten ihn. Ich habe es auch genossen, wenn sie abends ihre verschiedenen Versammlungen hatte. Das war für mich immer ein Grund, eine kleine Tour ums Eck zu machen.

Ich bin 1950 in Obernkirchen in die Schule gekommen, ab 1954 ging ich auf das humanistische Gymnasium, Abitur habe ich 1964 gemacht. Dieser Ort, Obernkirchen, hat mich als Kind sehr angezogen, vielleicht hing das mit der Kirche zusammen. Ich war immer im Kindergottesdienst, und in der Zeit um die Konfirmation herum hat mich die Kirche sehr beeindruckt. Mit dem Pastor zusammen habe ich sehr viel kirchliche Jugendarbeit betrieben. Damals hatte ich immer die Vorstellung, Jugendrichterin zu werden.

Eine gewisse Affinität zur Institution Kirche verspüre ich noch heute. Ich gehe zwar nicht regelmäßig zum Gottesdienst, aber ich gehe sehr gerne mal alleine in die Kirche. Ich habe für mich das Gefühl, einen Glauben zu haben – trotz aller Zweifel. Ich bin keineswegs der Meinung, daß das, was die Kirche als Institution macht, unbedingt richtig ist. Die Kirche müßte sich auf neue Lebensformen einstellen können. Beeindruckend finde ich, was die Kirche in der ehemaligen DDR gemacht hat. Wenn die Kirchenarbeit in der Bundesrepublik die gleiche Qualität gehabt hätte, wäre hier gewiß auch eine andere Entwicklung gewesen. Dennoch fühle ich mich zur Kirche hingezogen. Das hat bei mir viel zu tun mit Andacht und mit Besinnung. Für mich ist es wichtig, dieses Gefühl der Aufrichtigkeit zu haben, und das auch für mich selbst bewußt einzusetzen.

Als Kind habe ich intensiv Sport getrieben. Ich habe viele Preise in den unterschiedlichsten Disziplinen gewonnen, sowohl in der Leichtathletik als auch im Hallensport. Ich war eine Zeitlang sogar mit in leitender Funktion im Männer-Turnverein Obernkirchen. Mit diesem Turnverein habe ich viele Ausflüge und Veranstaltungen organisiert. Dieses »frisch, fromm, fröhlich, frei« fand ich auch eine Zeitlang sehr beeindruckend.

Ich bin mit zwanzig, direkt nach dem Abitur, nach Berlin gekommen, und da hat sich in meinem Leben etwas verändert, da habe ich auch aufgehört, mich so intensiv mit Sport zu beschäftigen.

Ich bin mit der Vorstellung nach Berlin gekommen, Jura zu studieren und habe das ein Semester lang gemacht. Aufgehört habe ich aus zwei Gründen: Erstens, weil ich Hans Ziegler kennengelernt habe, wir hatten eine dufte Beziehung, und zweitens weil ich gemerkt habe, ein Studium ist nicht das Richtige für mich, es dauert mir zu lange. Ich habe in Berlin ein intensives Lebensgefühl entwickelt. Das Studium aufzugeben, war wegen meiner Eltern sehr schwer, sie hatten natürlich eine bestimmte Erwartungshaltung. Meine Mutter hätte es sehr gern gesehen, wenn ihre Tochter eine akademische Ausbildung gehabt hätte.

Dann habe ich meinen Abschluß als Wirtschaftsdolmetscherin in Englisch gemacht, das hat anderthalb Jahre gedauert. Diese Ausbildung haben mir meine Eltern auch noch bezahlt, aber sie waren schon verbittert. Einen richtigen Kommunikationsbruch gab es zwischen uns freilich nicht, wir haben immer miteinander geredet. Dazu kam noch, daß mein Vater in dieser Zeit an Krebs erkrankte, und das hat die Familie unheimlich zusammengehalten. Jedes Wochenende sind meine Schwester und ich abwechselnd nach Hause gefahren, mein Vater war vorrangig.

Charakterlich habe ich bestimmt mehr von meiner Mutter geerbt als von meinem Vater. Mein Vater war eine große Persönlichkeit und hatte eine herzliche Güte, aber er war sehr zurückhaltend. Meine Mutter war die Kommunikationsfreudige. Sie hat überall Kontakte geknüpft, egal, wo sie war. Sie ist später häufig nach Berlin gekommen, weil sie natürlich auch gemerkt hat, daß mich mein Beruf ausfüllt. Und der Umgang mit den Menschen, die sie bei mir kennengelernt hat, hat ihr sehr viel gegeben. Sie kam immer zu den Kinofesten, die ich veranstaltet habe, sie kam auch zu jeder Bundesfilmpreisverleihung. Und zu jedem Preis, den ich bekommen habe, habe ich von ihr ein Schmuckstück geschenkt bekommen. Sie hat mir verziehen, daß ich das Studium aufgegeben habe.

Im Jahr 1966 habe ich als Redaktionshilfe beim SFB angefangen. Da war ich erst einmal Mädchen für alles: mußte Briefe wegbringen, Kaffee holen, Kopien machen, alles tun, was eben an kleinen Tätigkeiten anfällt. Ich konnte dann immer mehr in der Redaktion arbeiten und hatte mehr und mehr das Gefühl, daß es ganz wichtig sei, auch die Produktion kennenzulernen. Also bin ich 1969 im SFB in den Produktionsbereich übergewechselt, um da als Produktionsassistentin zu arbeiten. Zwischenzeitlich hatte ich geheiratet, 1965, was nicht ganz im Sinne meiner Eltern war, aber als dann 1966 meine Tochter Tanja geboren wurde, waren sie doch stolz auf das Enkelkind.

Als Produktionsassistentin macht man beispielsweise die Kalkulationen. Beim Fernsehen – da ist es anders als in der freien Produktion – betreut man die verschiedensten Sendungen. Ich hatte einen Produktionsleiter als Chef, der mir sehr vertraut hat. Ich konnte dort sehr frei arbeiten, weil ich immer zuverlässig war. Ich habe laufende Projekte betreut, mußte zusehen, daß die Dispositionen eingehalten werden, daß das Materialverhältnis stimmt, mußte mit Regisseuren sprechen und eben kalkulieren. Zum Schluß mußte dann immer ein Abschlußbericht gemacht werden, und wenn einmal das Budget nicht eingehalten werden konnte, mußte hier begründet werden, warum und weshalb nicht. Im Prinzip gehörte es aber mit zu meinen Aufgaben, rechtzeitig einzugreifen, wenn ich merkte, daß das Budget überschritten werden könnte. Ich war also schon ganz intensiv im Produktionsgeschehen drin. Mit Geld umzugehen habe ich zu Hause gelernt, weil bei uns auch immer jeder Pfennig umgedreht wurde, bevor er ausgegeben wurde; ich behaupte auch, wenn einer etwas lernen will, dann lernt er das, egal wie. Und das andere, das habe ich mir selbst erarbeitet, da bin ich wirklich Autodidakt. Für mich hieß es immer »Learning by doing«.

Produktionsassistentin war ich bis 1973, bis ich meine eigene Firma gegründet habe. Das war beim SFB damals schon die große Karriere. Ich war der erste weibliche Produktionsassistent beim SFB. Anfangs hat das Irritationen bei den Kollegen gegeben, aber ich habe das nicht so an mich herangelassen. Ich bin ziemlich schnell anerkannt worden, weil ich durch Leistung überzeugt habe. Ob den anderen das nun gepaßt hat, daß ich eine Frau bin, oder nicht, darüber habe ich mir nie Gedanken gemacht.

Diese Arbeit hat mir Spaß gemacht, weil ich meine Talente einsetzen konnte. Ich halte mich für ein großes Organisationstalent, und ich kann auch gut überzeugen. Im Grunde genommen habe ich schon im SFB gemerkt, daß es mich reizt, wenn jemand sagt, das geht nicht, und genau das dann möglich zu machen. So etwas verstehe ich als persönliche Herausforderung.

Es gibt immer wieder Dinge, in die ich meinen ganzen Ehrgeiz setze, damit ich mein Ziel erreiche, beispielsweise, wenn der Produktionsleiter Schwierigkeiten hat, Drehgenehmigungen zu kriegen. Wenn irgendwo gedreht werden soll, braucht man vorher eine Genehmigung. Wenn da schon andere Teams gedreht haben, erhält man die meistens nicht mehr, weil die Vorgänger soviel verbrannte Erde hinterlassen haben, daß dann die Leute sagen, »Hier nicht mehr!« Wir hatten das 1988. Da wollten wir in einer Fabrik drehen, und alle waren im Vorfeld gescheitert, aber wir brauchten dieses Motiv unbedingt für »Das Milliardenspiel«. Also habe ich mit der Geschäftsleitung gesprochen, die haben gesagt, »hier können Sie nicht rein, das wird nichts, das lassen wir nicht zu«. Ich habe zwei Nächte nicht geschlafen, was bei mir ganz selten ist, weil ich im Prinzip immer schlafe, ob ich Sorgen habe oder nicht. Dann habe ich ein Konzept entwickelt, von dem ich dachte, es muß klappen. Das hat viele Telefonate gekostet, aber es hat funktioniert. Die Geschäftsleitung, die uns zu einem Besuch empfangen hat, war erst verärgert und verbittert, daß ich es doch geschafft habe, aber zum Schluß haben wir uns gut verstanden, weil die gemerkt haben, daß wir eigentlich doch ganz nette Typen sind. Ich bin verdammt hartnäckig, das ist auch mein Ruf in der Branche, und das ist auch die einzige Chance, um so weit zu kommen, wie ich es möchte.

Selbständig gemacht habe ich mich, weil ich natürlich genau wußte, daß ich nicht mein Leben lang Produktionsassistentin bleiben möchte. Ich hatte das Gefühl, ich muß aufpassen, daß ich mich nicht selber in eine Position begebe, die ich dann letztlich für mich als ausreichend akzeptiere. Ich hatte mich auch von meinem ersten Mann getrennt, hatte den Wolf Gremm kennengelernt, mit dem ich inzwischen seit 13 Jahren verheiratet bin. Wir haben damals Dokumentationen, Feature-Produktionen gemacht, die ich betreut habe, und da haben wir uns über die Arbeitsbeziehung näher kennengelernt, was uns beiden sehr gut gefallen hat. Und das war auch ein wichtiger Punkt: Der Wolf hat mich ganz schön motiviert, weil er gesagt hat, hör mal, du hast doch Fähigkeiten, du willst doch nicht irgendwie hier auf der Strecke bleiben. Er hat mir noch mehr Mut gemacht, als ich schon hatte, er hat mich zusätzlich noch in diese Richtung geschubst.

Das ist heute noch so, daß der Wolf oft sagt, »komm, das bringst du doch, das schaffst du doch, mach doch so und so«, an Punkten, wo ich mir überlege, ach, besser nicht. Ich habe dem Gremm da viel zu verdanken. Was ich eben auch toll fand: Er hat nie einen Anspruch dafür geltend gemacht. Er hat nie gesagt, »das verdankst du mir«, sondern er ist einfach ein unheimlich starker Typ, der akzeptiert und für sich ganz toll gelöst hat – was nicht einfach ist –, mit einer Frau wie mir zusammenzusein. Er kann damit gut umgehen, und das finde ich eben ganz wichtig. Mein Mann fühlt sich keineswegs untergebuttert von mir, im Gegenteil, er genießt meine starke Position.

Wenn ich nicht in diesen ganzen Jahren diesen Partner gehabt hätte, bin ich mir nicht sicher, ob das alles so gelaufen wäre. Ich habe immer das Gefühl gehabt, ich kann mich zurücklehnen, und das tut gut zu wissen. Jedenfalls war er mit ein ganz entscheidener Grund zu sagen, okay, ich mache es, springe in die Selbständigkeit. Als erstes habe ich seinen Film »Ich dachte, ich wäre tot« mit der Y Sa Lo produziert, der auch den Bundesfilmpreis gekriegt hat und den Kritikerpreis. Das ist eine verrückte Geschichte gewesen: Diesen Film haben wir im Sommer 1973 produziert, und ich habe ihn dann nach Mannheim eingereicht, wo im

Herbst Erstlingsfilme laufen. Zuerst sind wir abgelehnt worden, aber das konnte ich nicht akzeptieren, das hat mich gewurmt. Also sind wir nach Mannheim gefahren, und ich habe eine Adhoc-Vorführung organisiert, habe drei Tage in einem Büro gesessen und habe Leuten, die ich nicht kannte, persönliche Einladungen geschrieben, in denen stand, der Film ist wichtig; wir sind zwar Leute, die noch keiner kennt, aber wir haben den Film, den hoffentlich bald alle kennen. Es gibt viele Dinge, die man vergißt, aber auch welche, die man nie vergißt, und dazu gehört der Traum, den ich in der Nacht vor dieser Vorführung hatte: Ich habe geträumt, der Film ist asynchron. Dann bin ich noch mal zu dem Vorführer gegangen, habe dem ein Trinkgeld in die Hand gedrückt, und er hat ihn für mich noch einmal gestartet. Es konnte sich gar nichts verschieben, weil es ein Film mit einer Tonspur war, aber ich wollte es einfach noch mal sehen und hören.

Die Vorführung in Mannheim war ein riesengroßer Erfolg. Wir hatten sofort begeisterte Reaktionen. An diesem Abend habe ich einen über den Durst getrunken, jedenfalls behauptet der Wolf das, und wenn ich mich richtig erinnere, ist da was dran: Ich saß morgens um halb vier auf Mannheims Prachtstraße, den Planken, und habe gesagt, »ich gehe hier nie wieder weg, es ist alles so toll«. Bei diesem ersten Projekt hatte ich jede Menge finanzielle Probleme: Ich hatte das Projekt vorgeschlagen bei verschiedenen Sendern, und wir hatten einfach keine Resonanz gefunden. Nein, noch schlimmer: Ich habe es einmal vorgeschlagen beim kleinen Fernsehspiel beim ZDF, und da haben wir das Projekt zurückgekriegt mit der Bemerkung, es hätte mehr Chancen beim Kirchenfernsehen. Da wurde ich dann so sauer, daß ich gesagt habe, also dann machen wir es eben alleine, auf Pump, und es ging noch ziemlich viel schief. Wir hatten einen Negativschaden, auch Dr. Geyer, der Chef von dem Kopierwerk, erinnert sich heute noch ganz genau daran. Die hatten mir mitgeteilt, das Material ist durch Verschulden des Kopierwerkes nicht in Ordnung, aber im übrigen verweisen wir auf die AGBs, die Allgemeinen Geschäftsbedingungen. Und das hieß, die wollten nur das Material ersetzen, und ich hatte keine Negativ-Versicherung. Da bin ich zu dem Boß gestürmt und fragte, wie stellen Sie sich das eigentlich vor, und überhaupt, so kann man nie was werden, und was weiß ich. Letztlich habe ich doch bei dem noch was rausgeholt. Er hat auch auf mich gesetzt und dachte natürlich, es sei doch besser, es nicht ganz mit mir zu verderben. Wir arbeiten heute noch zusammen und sind sehr gute Freunde. Der Film hat damals 100 000 DM gekostet. Das war Low-Low-Low-Budget, das kann man im Prinzip gar nicht machen. Das war schon damals extrem wenig, das waren die reinen Selbstkosten. Die meisten haben für wenig Geld gearbeitet, andere wie der Wolf für gar nichts. Und damals, 1973, hat man in Deutschland auch schon Filme gemacht, die zwei, drei oder fünf Millionen DM gekostet haben.

Um das Geld zusammen zu bekommen, haben wir überall gepumpt: Wir haben Wolfs Eltern angepumpt, meine Mutter und Freunde. Jeder hat eine kleine Summe gegeben, und wir haben das Geld zusammengekriegt. Wir haben diesen Film ohne Fernsehen und ohne Subventionen gedreht, das war eine zu hundert Prozent freie Produktion. Und wir haben das alles zurückbezahlt, weil ich den Film an das Fernsehen verkaufen konnte, nachdem er in den Kinos gelaufen war. Der Film hatte einen bezaubernden Charme, aber wurde natürlich kein kommerzieller Erfolg, hätte vielleicht einer werden können, wenn die Bedingungen im Verleih anders gewesen wären. In Berlin ist er hervorragend gelaufen, aber er hat in anderen Städten keine richtige Verleihpower gehabt, weil es auch keinen richtigen Verleih gab. Der Filmverlag hatte sich gerade etabliert und hat mehr die Produktionen verliehen, die von den eigenen Leuten kamen, wir waren ja Außenseiter, wir waren als Berliner nicht in der Münchner Szene drin. Und im Filmgeschäft ist es ganz wichtig, daß man die richtigen Connections zu den Verleihern hat, sonst läuft da wenig.

Den Bundesfilmpreis und den Kritikerpreis hat der Film 1974 bekommen, also ein Jahr später, als ich mich selbständig gemacht hatte. Damals wurde man dann aufmerksam auf mich. Aber es hat doch ganz schön lange gebraucht, bis die Leute kapiert hatten, daß ich nicht nur eine Eintagsfliege bin. Danach fingen die Probleme eigentlich erst an, weil erst mal eine Infrastruktur für die Firma aufgebaut werden mußte.

Ich habe die ersten zwei Jahre meine Firma ganz alleine gemacht, als Einfrau-Unternehmen. Ich war meine eigene Sekretärin, ich habe meine Briefe selbst geschrieben, habe meine Verträge selbst formuliert und ausgehandelt, ich habe alles selbst gemacht, auch die Aufnahmeleitung und die Produktionsleitung. Danach habe ich »Eine glückliche Familie« gemacht, da hatte ich einen Aufnahmeleiter, aber das war's auch. Ich hatte immer noch keine festen Mitarbeiter und auch keine freien, die regelmäßig für mich gearbeitet haben. Die Produktionszeit des ersten Filmes lag bei drei Monaten, und mein Geld habe ich in dieser Zeit damit verdient, daß ich bci Rosa von Praunheim, Marianne Lüdcke und Ingo Kratisch Produktionsleitung gemacht habe.

Meine zweite eigene Produktion war »Fünf Frauen und ein Pianist«, das waren Engländerinnen und ein Engländer, die Hits der fünfziger und sechziger Jahre parodiert haben, sehr witzig, und da habe ich gedacht, so wie ich halt bin, wenn ich was will, da mache ich eine große Show draus, und habe das aufgezeichnet. Dann kam das böse Erwachen, weil keiner das haben wollte. Ich konnte es nicht verstehen, weil ich gesagt habe, die mit ihren langweiligen Shows in den Fernsehanstalten, die brauchen doch ein bißchen Power, die »Moodies« hatten »Jailhouse Rock« und so Sachen drauf, richtig tolle Sachen, sehr komisch. Das ist eine Produktion, von der ich glaube, daß ich sie demnächst verkaufen kann, daß sie dann erst entdeckt wird. Manchmal bin ich meiner Zeit einfach viel zu weit voraus. Das war bei dem nächsten Film, »Meine Sorgen möcht' ich haben«, auch so. Da hat zwar die Angelika Milster den Lubitsch-Preis dafür gekriegt, aber der ist nie richtig untergebracht worden. Den konnte ich dann 1990 an das ZDF verkaufen.

Elke Schumacher

selbständig, Karriereberatung

Kennengelernt habe ich Elke Schumacher bei einem Managerinnen-Kongreß, und aufgefallen an ihr ist mir zuallererst ihre Fröhlichkeit: Wenn andere Frauen mit ernsten Mienen mehr oder weniger ernsthafte Themen diskutieren, scheut sie sich nicht, in ein ansteckendes Lachen auszubrechen, wenn ihr danach ist. Sie tritt auch nicht im kleinen Schneiderkostüm mit passend-neutraler Schluppenbluse auf, sondern im pfiffigen Hosenanzug. Eine wohltuende Abwechslung im weiblichen Führungskräfte-Bild.
Elke Schumacher ist zuallererst Mensch und dann erst Beraterin, und das genau ist das Schöne an ihr. Denn der/die klassische Berater/in aus dem Management-Handbuch vergißt häufig, daß er/sie mit Menschen zu tun hat; sie hingegen vergißt das nie. Sie geht mit anderen Menschen ganz natürlich um, stellt sich selbst nicht aufs Podest. Sie ist eine Frau, die eine warme, angenehme Atmosphäre um sich verbreitet – nicht gezielt oder bewußt, sondern weil sie einfach so ist. Und darin liegt auch ihr Erfolgs-Geheimnis begründet: Sie tut nur Dinge, von denen sie überzeugt ist, und das teilt sich den Menschen in ihrer Umgebung mit.
Die Karriereberaterin aus Gütersloh ist nicht nur atypisch für eine Beraterin, sie ist auch atypisch für ihre Generation.

Einerseits lebt und denkt sie in ganz konventionellen Bahnen, wurde schon in sehr jungen Jahren Mutter – wie es eben für die Nachkriegsmädchen üblich war –, aber andererseits hat sie es geschafft, sich selbst aus diesem tradierten Denken herauszukatapultieren. Sie hat gemerkt, daß sie denken kann. Doch an diesem Punkt ist sie – im Gegensatz zu vielen anderen Frauen – nicht stehengeblieben und hat gejammert über nicht oder zu spät erkannte Möglichkeiten, sondern sie hat die Chancen ergriffen, die sich ihr geboten haben. Sie hat für sich selbst gelernt, dieses Denken nicht nur zum eigenen Nutzen, sondern auch zum Nutzen Dritter einzusetzen.

Geboren bin ich am 25. Juni 1946 in Gütersloh, und in Gütersloh lebe ich heute noch, womit ich gleich bei einem wichtigen Punkt bin: Ich bin ein typischer Nesthocker und eine ausgesprochene Ost-Westfälin. Ost-Westfalen sind nicht so überschwenglich, machen auch aus kleinen Sachen etwas. Oetker ist typisch ost-westfälisch: Diese kleinen Puddingtüten halte ich für eine gute Idee. Ost-Westfalen war vor hundert Jahren noch eine ganz arme und trübe Gegend. Daraus muß man eben trotzdem etwas machen, und das prägt enorm. Man ist sparsam und zurückhaltend, die persönliche Lebensführung ist nicht sehr aufwendig. Ich meine damit: Nicht unbedingt zeigen, was man hat, auch nicht unbedingt alles haben müssen. Der ost-westfälische Unternehmer investiert lieber ins Unternehmen statt in seine persönliche Lebensführung. Das ist auch für mich ganz typisch: Wenn ich Gewinn mache, dann stecke ich den ins Geschäft wieder rein, verlebe das Geld nicht.

Mein Vater, ein mittelständischer Unternehmer, war auch so. Bei uns mußte meine Mutter immer aufpassen, daß das Geld ausgegeben wurde, mein Vater brauchte vieles nicht. Sein Geld hat er immer wieder ins Unternehmen gesteckt und war später im ost-westfälischen Markt auf seinem Gebiet marktführend. Er hat Möbelbeschläge hergestellt. Er hat damit angefangen auf einem Bauernhof, in einem Hühnerstall. Deshalb bin ich auch die ersten zehn Jahre meines Lebens auf einem Bauernhof aufgewachsen. Das war eine tolle Kindheit.

Mein Vater hat mich nicht nur sehr geprägt, ich habe auch einiges von ihm geerbt. Je älter ich werde, desto mehr stelle ich das fest. Mein Vater konnte auch gut auf Menschen zugehen. Er war wahnsinnig kundenorientiert. Und er war, genau wie ich, sehr risikoscheu – interessanterweise. Ich kann richtig nachempfinden, welche Überwindung es ihn gekostet haben muß, für Investitionen höhere Kredite aufzunehmen. Er hat dann sein Unternehmen mit 65 Jahren verkauft. Er war eigentlich froh, daß er es dann los war, obwohl es ihm unheimlich Spaß gemacht hat. Aber diese Risiken haben ihn sehr belastet.

Wir waren drei Töchter, aber nie sind meine Eltern auf die Idee gekommen, daß eine von uns das Unternehmen übernehmen könnte. Das war damals gar kein Thema bei uns. Dennoch sind wir alle drei Unternehmerinnen geworden. Ich bin das Nesthäkchen, aber deswegen bin ich nicht verwöhnt worden. Wir waren alle nur ein Jahr auseinander. Ich bin immer ein bißchen im

Windschatten meiner Schwestern gesegelt. Die zankten sich öfter, und ich wollte immer schlichten oder habe das wenigstens versucht. Ich bin ein sehr harmoniebedürftiger Typ – wie mein Vater. Meine Mutter sagt, ich wäre ein wahnsinnig angenehmes Kind gewesen. Ich hatte als Kind immer großen Respekt vor meiner Mutter. Sie ist durchaus eine dominante Persönlichkeit, und mir liegt es nicht, mich Knall auf Fall durchzusetzen. Langfristig setze ich schon meinen Kopf durch, aber nicht mit Krach und Gewalt, und auch nur in ganz bestimmten Bereichen. Es gibt wirklich Bereiche, wo ich mich einfach raushalte, aber in anderen kann ich langfristig meine Linie ganz gut durchsetzen. Ich bin da eher wie mein Vater.

Meine Schwestern und ich waren typische Nachkriegskinder und typische Fabrikantentöchter: Plisseerock, Tennis-Style und solche Attitüden. Heute bin ich davon allerdings total weg, aber eine Zeitlang war das wichtig für mich.

Als ich zehn war, sind wir weggezogen vom Bauernhof, auf die entgegenliegende Seite der Stadt. Da hat mein Vater dann seine Firma aufgebaut und daneben ein Haus gebaut. Meine Mutter hat in dem Unternehmen nie mitgearbeitet. Meine Eltern hatten die klassische Rollenteilung: Meine Mutter sorgte für das Gesellschaftliche und den Haushalt, mein Vater verdiente das Geld. Ich fand diese klassische Rolle meiner Mutter immer ganz normal. Dieses Leben habe ich nie in Frage gestellt. Verblüfft hat mich das erst im nachhinein, als ich selber selbständig war; als ich feststellte, ich werde nicht so ernst genommen wie ein Mann.

In der Schule war ich auch immer die Jüngste. Ich bin bereits mit fünf Jahren in die Schule gekommen und hing eigentlich die ganze Schulzeit ein bißchen hinterher. Aber daß ich das Gymnasium beende, war immer klar: Eine »höhere Tochter« hat eben Abitur zu machen. Die einzige Sorge, die ich eine Zeitlang hatte, war, sitzenzubleiben. Das war für mich die allerletzte Vorstellung, noch mal in eine andere Klasse reinzukommen. Ich bin sowieso eher ein Einzelgänger und kein Gruppentyp.

Ich habe als einzige von uns dreien das Gymnasium abgeschlossen. Ich war wohl immer eine Art Hoffnungsträger der Familie, obwohl ich das nie so empfunden habe. Eine Bürde war für mich die Schule nicht, eine Belastung war höchstens die Oberstufe: Da hatte ich einen Mathelehrer, der mich immer zur Schnecke machte und mich an der Tafel noch zum Heulen kriegte, und mein Deutschlehrer war ein Giftzwerg. Wir nannten ihn so, weil er so klein war. Mit dem hatte ich auch meine Schwierigkeiten. Jetzt im nachhinein sagen meine Klassenkameradinnen, der hätte mich ganz gern gemocht. Ich habe das nie gemerkt. Ich vergesse nie, wie ich endlich mal eine Drei in Deutsch kriegte – sonst schrieb ich nur Vieren und Fünfen – und der mich zu sich in sein Büro rief. Da wußte ich noch nicht, daß ich eine Drei geschrieben habe. Ich dachte, »um Gottes willen, was hast du jetzt wieder gemacht?« Aber er guckte mich groß an und sagte zu mir: »Elke, deine Blase ist geplatzt.« Er meinte meine Reifeblase! Jetzt hätte ich mich doch endlich zu einem reifen Menschen entwickelt. Aber danach schrieb ich wieder schlechtere Noten. Manchmal denke ich über diese einzige Drei, die ich in meiner Oberstufe in Deutsch geschrieben habe, nach. Das war etwas über Moral, Religion und Ethik. Das fand und finde ich hochinteressant, es hat mir auch wirklich Spaß gemacht. Dialektische Aufsätze waren für mich dagegen die absolute Katastrophe, weil ich nie so klar die Positionen vertreten konnte. Das kann ich auch heute noch nicht. Das ist ganz typisch für Leute, die dann hinterher Berater werden – wie ich eben. Die haben für alles immer Verständnis und können sich sowohl das eine wie das andere wie auch das in der Mitte vorstellen. Aber mit so glasklaren Aussagen nur in eine Richtung hatte ich immer wahnsinnige Schwierigkeiten. Eine wichtige Richtschnur sind für mich die Zehn Gebote: Etwas mehr Beschäftigung damit würde manchem Unternehmer oder Manager besser bekommen als das publikumswirksame Klagen über den Verfall von Moral und Ethik in Wirtschaft und Gesellschaft.

Ich wußte auch nie so recht, was ich später mal machen sollte. Ich bin ein ausgesprochener Spätentwickler, was solche Sachen angeht. Mit dreizehn wollte ich jedenfalls ein Dorf in Indien errichten. Ich wußte damals nur, ich will irgend etwas stark Nutzenorientiertes machen und etwas Sinnvolles für andere Leute tun. Ich war eben schon immer recht pragmatisch. Als ich mit 18 Jahren Abitur machte, kannte ich meinen Mann schon. Wir waren blutjung, als wir uns kennenlernten. Ich war restlos verliebt, wollte heiraten und Kinder haben. Aber damals wurden ja Frauen nach dem Abitur automatisch Lehrerin. Ich kam auch gar nicht auf eine andere Idee. Deshalb bin ich ein Jahr noch zur pädagogischen Hochschule gegangen, und da bin ich genauso blind durchgelaufen wie durch die Schule. Bis auf ein paar wenige Sachen hat mich nichts interessiert. Ich fand das alles, auch die Studenten, sehr seltsam. Ich konnte mit denen nichts anfangen. Das war eine andere Welt. Nach zwei Semestern an der PH habe ich dann geheiratet und auch gleich, ruckzuck, zwei Kinder bekommen.

Die Kinder waren für mich absolute Spitze. Etwas Besseres hätte mir überhaupt nicht passieren können. Das Studium war für mich komplett erledigt. Als ich beim ersten Klassentreffen von den ehemaligen Klassenkameradinnen bedauert wurde, nach dem Motto »Ach Gott, du Ärmste, sitzt da schon mit zwei Kindern, und wir haben ein schickes Studium«, hat mich das nicht berührt. Ich habe immer gedacht: Leute, ihr macht das so, ich mache das so. Ich habe nie gedacht: Die haben ein schöneres Leben, die haben ein freieres Leben. Ich bin durch die Kinder erst richtig wach geworden. Da habe ich erst die Welt richtig registriert, habe über Sachen nachgedacht und mich selber kennengelernt. Weil ich für zwei Kinder verantwortlich war, fing ich plötzlich an, mich für Pädagogik zu interessieren. Ich habe unheimlich viel über Psychologie gelesen und kannte mich mit sämtlichen neuen Kindererziehungsmethoden aus. Überhaupt interessierte ich mich für diese ganzen neuen Sachen, die man mit Kindern machen kann. Hinterher war ich eine richtige Expertin. Und das Faszinierende war: Ich hatte lebende Objekte, an denen ich alles ausprobieren konnte. Von allem, was ich tat, erhielt ich immer direkt Resonanz. Man macht etwas, und entweder schreit das Kind, oder es lacht. Das ist einfach toll! Für mich war das wie eine Lehrzeit.

Mein Ehemann und die beiden Kinder haben mich zum ersten Mal so richtig gefordert. Das war auch manchmal ganz schön anstrengend. Das läuft ja nicht problemlos, wenn man so früh heiratet. Da entwickelt man sich noch. Ich habe mich im Grunde genommen von meinem 20. bis zum 30. Lebensjahr um 180 Grad gedreht. Und das war für meinen Mann auch nicht ganz einfach. Wir hatten manchmal ganz schön harte Zeiten zwischendurch. Aber wenn man jung ist, dann kracht man sich eben mal kräftig, verliebt sich aber auch wieder ganz kräftig. Die Beziehung hat bis heute gehalten und funktioniert. Wir haben beide die gleiche Grundhaltung, nämlich: »Was ich mache, mache ich richtig, sonst lasse ich es ganz.« Mit dem, was ich tue, setze ich mich immer auseinander und versuche, das Beste daraus zu machen.

Durch die Beschäftigung mit Kindern, mit meinen eigenen und mit denen, denen ich Nachhilfe gegeben habe, habe ich gemerkt, daß es verschiedene Lerntypen gibt. Das hat mich sehr beschäftigt. Mir sind da auch plötzlich viele Diskussionen mit meinem Mann bewußt geworden: Wir sind uns zwar in vielen Dingen ähnlich, aber wir denken sehr unterschiedlich. Ich bin ein Typ, der um eine Sache kraus drumrum denkt. Ich habe ein bißchen dieses ostasiatische Denken. Irgendwann habe ich mal ein Buch darüber gelesen und habe gedacht, endlich erklärt dir mal einer, wie du denkst. Ich hatte endlich einen Namen für mein krauses Denken. Das fand ich toll. Mir ging da ein Licht auf. Das war für mich eine Offenbarung, die mir einen großen Selbstbewußtseinsschub gegeben hat.

Als die Kinder beide zur Schule gingen – meine Tochter war acht Jahre alt, mein Sohn sieben –, habe ich ein Fernstudium angefangen: Wirtschaftswissenschaften. Gerade wenn man ein Fernstudium macht, stellt man fest, was man selbst für ein Lerntyp ist, wenn man drüber nachdenkt. Ich habe mich immer selber studiert und fand es hochinteressant, wie mein Gehirn funktioniert. Ich brauche manchmal viel mehr Zeit als andere Menschen, wenn es um logische Dinge geht. Mein Mann beispielsweise denkt sehr logisch. Das ist für mich ein linearer Denker: Er kann wirklich von A nach B und C eine gerade Linie ziehen, und so argumentiert er auch. Ich bewege mich dagegen in Schlangenlinien oder im Kreis drumherum, aber komme auch zum Ziel, das ich langsam einkreise. Das habe ich bei diesem Fernstudium festgestellt. Ich mußte im Studium wieder Mathematik machen, jetzt mußte ich mich aber selber damit beschäftigen, hatte keinen Lehrer mehr, der mir angst machte. Da gab es Tage, da habe ich gedacht, »das schnallst du nie«. Und plötzlich gab es dann wieder einen Tag, da begriff ich schlagartig einen kleinen Bruchteil davon. Und danach wieder etwas mehr, und plötzlich hatte ich es, dann war der Knoten geplatzt.

Ich bin sehr zeitintensiv. Deswegen fiel es mir in der Schule auch schwer, in der Gruppe zu lernen und zu arbeiten. Ich bin eben kein guter Team-Mensch. Wenn jemand schneller denkt als ich oder schneller agiert, ist der mir überlegen, weil ich nicht sofort reagieren kann. Ich kann immer erst am nächsten Tag oder in der nächsten Woche reagieren. Aber ich besitze ein gutes Gespür für langfristige Entwicklungen, da habe ich immer recht. Wenn es um Trends geht, bin ich mit meinem Denken richtig im Vorteil. Wenn andere einen Trend endlich entdeckt haben, finde ich ihn schon wieder langweilig. Aber wenn es darum geht, sich kurzfristig durchzusetzen oder irgend eine Sache ganz schnell hintereinander fertig zu kriegen oder etwas zu entscheiden auf die Schnelle, da bin ich im Nachteil. Mit meiner Art zu denken, steckt man am Anfang bei Auseinandersetzungen nur Schlappen ein, weil man sich ständig übervorteilen, im Grunde genommen auch überstimmen läßt. Das lasse ich mir eine Weile gefallen und fange dann an, die Leute zu studieren: Wie funktioniert das bei denen, wie funktioniert es bei mir? Wenn ich das weiß, versuche ich natürlich, Abwehrmechanismen einzubauen, daß mir das nicht mehr so schnell passiert. Dadurch habe ich gelernt, strategisch zu denken; ich war gezwungen dazu.

Meine persönliche Entwicklung hat mit einem Nähkurs richtig angefangen. Es verblüfft mich im nachhinein immer wieder. Aber es war wirklich so. Irgendwann dachte ich: Immer nur zu Hause sein mit Kind und Kegel, das ist nichts für mich. Es sollte etwas passieren. Da ich nun in der traditionellen Denke drin war, habe ich erst mal geguckt, was es bei der Familienbildungsstätte gibt. Da fiel mir ein Nähkursus auf, und ich fand es ganz pfiffig, selber mal etwas zu nähen. Ich stellte aber fest, das ist wohl doch nicht das Wahre. Ich kann auch nicht gut räumlich denken. Ich konnte mir immer nicht vorstellen, wie ich da nun eine Naht machen muß. Aber immerhin: Einiges habe ich da doch zustande gebracht.

Als meine Kinder im Kindergartenalter waren, haben sich plötzlich die Ansichten über Kindererziehung total gewandelt. Das ging weg von dem Brav-am-Tisch-Sitzen und Ein-bißchen-mit-Bauklötzchen-Spielen und Ein-bißchen-Malen. Die Kinder haben gebacken, haben mit Gewichten gearbeitet, überhaupt total praktische Sachen gemacht: Sie haben die Welt erfahren durch Selbertun. Das hat mich fasziniert. Dann habe ich gedacht: Es ist ja langweilig, wenn du das immer nur mit zweien zu Hause machst. Das mußt du eigentlich im Kindergarten machen. Also bin ich zur evangelischen Kirchengemeinde gegangen und habe gesagt, ich möchte im Kindergarten arbeiten. Erst hieß es, das geht nicht. Doch ich hatte Glück, da fehlten Kindergärtnerinnen. Ich habe die dann bequatscht, so daß keinem mehr ein Gegenargument einfiel. Der Chef hat nur noch ganz ergeben gesagt: »Okay, dann machen Sie das.« Danach habe ich richtig halbe Tage im Kindergarten gearbeitet, drei Jahre lang.

Das erste halbe Jahr habe ich umsonst gearbeitet, danach wurde ich bezahlt. Ich konnte machen, was ich wollte, und hatte noch den Vorteil, daß ich die Kinder mitnehmen konnte. Wir waren morgens alle drei im Kindergarten, und mittags waren wir alle drei geschafft zu Hause. Das war eine ganz tolle Sache. Ich hatte noch das Glück, daß da eine Kindergruppenleiterin war, die unter aller Kanone war. Dagegen glänzte ich natürlich und war echt Spitze. Die Eltern fanden mich alle toll: Endlich war etwas los in der Gruppe. Wir haben auch tolle Aktionen gemacht. Ich war sehr engagiert.

Das war schon immer so bei mir: Wenn ich merke, daß irgendwo eine Lücke ist oder etwas fehlt, fühle ich mich extrem gefordert. Das mag an meinem Harmoniebedürfnis liegen, aber auch an diesem Gefühl, daß sich für so etwas der Einsatz lohnt. Ich setze meine Energie nicht gerne für Sachen ein, wenn es sich nicht so lohnt. Ich muß das Gefühl haben, da ist Handlungsbedarf. Und wenn ich das merke, dann kann ich richtig aktiv werden. Ich schätze, während meiner Schulzeit hatte ich keinen Handlungsbedarf. Das war alles ganz harmonisch. Da war nichts, was ich hätte verändern können; es gab nichts, wovon ich mich richtig herausgefordert fühlte. Aber dieser Kindergarten war eine echte Herausforderung: Kinder hatten Mangel, und wenn irgendwelche Menschen Mangel haben, fordert mich das. Ausschlaggebend für mein Studium waren diese drei Jahre Kindergarten. Das war dann genug: Ich kannte alles, ich konnte alles, ich war mindestens so gut wie die anderen. Und außerdem hatte ich ständig Magenschmerzen. Heute weiß ich auch, warum: Ich habe zwar eine gute pädagogische Ader, aber Defizite bei Kindern sind für mich eine absolute Handlungsaufforderung. Ich wollte die schwachen Kinder fördern, habe das auch getan, aber das ist sehr anstrengend. Ich lebe wohl stark nach dem ökonomischen Prinzip, setze meine Kräfte am liebsten nur da ein, wo sie die größte Wirkung haben. Das ist wahrscheinlich auch eine Art Egoismus. Ich glaube nicht, daß das unbedingt immer karitativ ist. Es ist einfach so, daß man für sich im Grunde genommen das Optimum rausholen will. Es war für mich selber auch befriedigend. Wenn ich so ein Defizitkind hatte, was sprachlich noch nicht so weit war wie andere Kinder, und ich habe es geschafft, dieses Kind zu fördern, hatte ich das Gefühl, ich habe da wirklich etwas erreicht. Bei Kindern merkt man das relativ fix, wesentlich besser als bei Erwachsenen. Das ist eine tolle Sache, macht Spaß. Aber es reibt wahnsinnig auf, wenn man das ernsthaft angeht. Seitdem habe ich großen Respekt vor Kindergärtnerinnen und Lehrern. Ich war aber eben in dieser privilegierten Situation, daß ich auch sagen konnte, ich will nicht mehr, weil ich verheiratet war.

Nach der Kindergartenzeit habe ich, wie ich das immer so mache, mal wieder rumgeguckt, was es sonst noch alles so gibt. Durch Zufall habe ich dann von dem Fernstudium gelesen. Da habe ich gedacht, »guck mal, das wäre doch spannend, das läßt sich gut kombinieren mit Haushalt und Kindern«. Das war auch nicht mit hohen Kosten verbunden. Ich habe das dann angefangen mit dem Gefühl, ich kann es machen oder auch wieder lassen. Ich sagte mir, okay, versuch es mal. Und so bin ich durch das ganze Studium gestolpert. Ich habe eigentlich von Klausur zu Klausur gedacht, »na, das ist ja verblüffend, daß du das schaffst, also machst du die nächste auch noch und guckst, wie es weitergeht«. Ich habe das Studium auch durchaus ernst genommen, aber dieses Ernstnehmen bedeutete nicht, daß ich Karriereabsichten gehabt hätte. Ich hatte auch keine berufliche Planung. Ich wollte einfach etwas machen. Ich glaube, das ist sowieso ein Grundtenor bei den meisten Menschen: Wenn alles glatt läuft, werden Menschen mit einem gewissen Aktivitätspotential automatisch unruhig, da muß wieder irgendwas passieren. Ich vergleiche das mit einem Billardspiel: Wenn die Kugeln alle ruhig liegen, wird ein Stoß gemacht, und sie fliegen alle durcheinander, bis wieder eine neue Ordnung entsteht. Dieses Verhalten bezeichnen dann viele Menschen im nachhinein als Planung – weil sie mit ihrer Organisation angeben wollen. Ich dagegen bin immer flexibel. Auf mich paßt haarscharf die Aussage, »der Weg ist das Ziel«. Ich will aus dem, was ich an Möglichkeiten mitbekommen habe, etwas machen. Aber was ich letztendlich daraus mache, wie das dann abläuft, da bin ich relativ flexibel. Ich fange auch einfach erst mal eine Sache an, wie eben dieses Studium. Ich habe mir nicht überlegt, was machst du hinterher damit. Ich sehe dann ja, wo ich lande. Vielleicht hängt dieses Verhalten mit meiner Position als Jüngste in der Familie zusammen: Ich hatte von uns drei Schwestern am wenigsten zu kämpfen und besitze auch ein relativ stabiles Selbstbewußtsein. Meine Mutter hat mich einmal mit einem

Bambus verglichen: hart und spröde, aber flexibel und biegsam, und wenn der Wind stark weht, dann kann ich mich lange Zeit ducken. Stimmt aber der Wind, dann stehe ich wieder gerade auf. An diesem Vergleich mit dem Bambus ist was dran. Wenn die Zeiten in meinem Leben mal etwas schwieriger waren, konnte ich mich wirklich einigeln und den Sturm vorüberziehen lassen, weil ich genau wußte, jetzt kann ich nicht viel ändern. Aber ich bin genauso ruckzuck wieder da, wenn das schöne Wetter da ist.

Das Studium war eigentlich die ausgeglichenste Zeit meines Lebens. Das lief alles hervorragend. Da ich eigentlich ein ziemlich fauler Typ bin, was wieder mit dem ökonomischen Prinzip zusammenhängt, habe ich die Kinder dazu erzogen, alleine klarzukommen und selbständig zu werden. Immer wenn ich das Gefühl hatte, die können wieder etwas selber, war ich heilfroh, mich daraus zurückziehen zu können. Ich war immer happy, wenn ich zu einem Kind sagen konnte, »das kannst du jetzt alleine, mach mal«. Da brauchte ich mich nicht mehr einzumischen. Die waren mit sieben und acht schon ziemlich weit. Ich habe nie gegluckt. Die konnten sich schon gut selber beschäftigen. Wenn ich zwei oder drei Stunden in meinem Zimmer saß, wußten die Kinder, sie können mich nur bei ganz dringenden Sachen stören, ansonsten hatten sie mich in Ruhe zu lassen. Sie wußten aber andererseits wieder genau, wenn ich fertig war, dann hatte ich unbegrenzt Zeit für sie. Insofern haben sie sehr früh Selbständigkeit gelernt. Und sie fanden das auch ganz spannend. Mit zunehmendem Studium fand mein Mann alles auch immer interessanter, weil er mehr und mehr feststellte, daß er eine Frau hatte, mit der er sich über viele Themen unterhalten konnte. Genau darin liegt die Chance für verheiratetete Frauen, wenn es darum geht, sich weiterzuentwickeln oder sich auch selbständig zu machen: in der egoistischen Denkweise eines jeden – in diesem Fall des Mannes, was ich aber akzeptabel finde.

Schwierig wurde es im letzten Semester. Im letzten halben Jahr hatte ich die letzte Klausur vor mir: Finanzwissenschaft, ein Fach, das für mich das Schlimmste war. Da hatte ich richtig Bammel. Wir hatten noch einen besonders scharfen Professor, und da habe ich mich ein halbes Jahr nur damit beschäftigt, diese Klausur zu schaffen. Ich habe mir gründlich überlegt, welche Themen der stellen wird. Da kam ich auf zwei Klausurthemen. Diese Themen habe ich ausgearbeitet, und siehe da, eines kam wortwörtlich dran! In dieser Klausur bekam ich Note 1 – das ist klar. Sonst war ich nicht so umwerfend. Ich glaube, ich hatte 3,5 im Schnitt. Das ist typisch für mich. So gehe ich mit Sachen um, vor denen ich Angst habe. Diese Dinge werden so gründlich analysicrt, wcil ich versuche, das Risiko auf ein Minimum zu reduzieren; das war bei dieser Klausur auch so. Ich wußte, ich bin so ein Typ; wenn ich erst mal in Panik gerate, dann kriege ich einen Adrenalinschub, und dann ist absolut Ebbe bei mir im Gehirn. Dann kommt nichts mehr. Dann habe ich totale Blockierung. Das kannte ich ja nun aus meiner Schulzeit. Daher resultiert das, daß ich mir angewöhnt habe, Sachen zu analysieren und zu versuchen, die dann durch viel Arbeit in den Griff zu kriegen. Es blieb mir nichts anderes übrig. Ich hätte diese Klausur nicht anders hingekriegt. Dieses Talent habe ich im Studium an mir entdeckt.

Nachdem ich mich dann nach dem Studium viel mit Trends, mit Wirtschaft und mit Konsum, mit Unternehmensideen und Selbständigkeitsideen beschäftigt habe, habe ich festgestellt, daß meine Ideen oft Jahre später tatsächlich zum Trend wurden. Da merkte ich dann, daß ich für so etwas eine Begabung habe. Dieses Gespür für Trends hängt vermutlich auch damit zusammen, daß ich ein absoluter Individualist bin und immer schon war. Ich war zwar beispielsweise in der Schule in der Tennismannschaft, bin auch mit allen hervorragend klargekommen, aber im Innersten habe ich immer gedacht, irgendwie geht mich das gar nichts an. Ich gucke mich dann um und denke, was machst du hier eigentlich? Es war für mich auch nie drin, einen anderen als Gruppenführer zu akzeptieren. So eine charakterliche Eigenschaft ist ein sehr guter Ansporn für den Sprung in die Selbständigkeit, weil man Marktlücken findet.

Manchmal kommen mir aber auch leise Zweifel mit meiner Selbständigkeit. Der Witz ist: Solange eine Sache noch neu und schwierig und noch in den Griff zu kriegen ist, finde ich es wahnsinnig spannend. Ich kann aber eine Sache auch fallenlassen wie eine heiße Kartoffel, wenn sie anfängt, mich zu langweilen. Das ist natürlich nicht der Sinn der Sache. Wenn ich nämlich etwas ausprobiert habe und habe festgestellt, es ist so, wie ich dachte, dann wird es schon uninteressant und langweiliger. So ein Verhalten birgt aber in punkto Selbständigkeit seine Probleme. Deswegen habe ich Widerwillen dagegen, mich sehr hoch zu verschulden, weil mich das schon festlegen würde. Dann wäre ich gezwungen, das weiterzumachen. Wenn ich alleinstehend wäre, würde ich diese Eigenschaft nicht als positiv ansehen. Ich bewundere auch alleinstehende Frauen, die genauso risikostark handeln, als wären sie verheiratet und damit abgesichert. Privilegien bezahlt man aber natürlich auch wieder: Ehe ist auch etwas, wo man abhängig ist, wo man sich nach einem anderen richten muß, wo man auch mal einstecken und zurückstecken muß. Man kriegt das eine nicht ohne das andere.

Schwierig wurde es für mich, als ich mit dem Studium fertig war. Da bin ich im nachhinein erst drauf gekommen: Ich brütete was aus. Damals ist mir das gar nicht bewußt gewesen. Wenn ich noch in der Brütephase bin, rede ich nicht darüber. Ich habe mich immer wieder in mein Zimmer zurückgezogen und gelesen, gelesen und nochmals gelesen. Damals war ich ein sehr schwieriger Typ, obwohl ich sonst eher pflegeleicht bin. Ich habe im Grunde genommen nichts anderes gemacht als Marktforschung.

Die Brütephase hat drei Jahre gedauert. Da habe ich mich so richtig selber analysiert und überlegt, was kannst du eigentlich richtig gut. Da war ich natürlich auch in einem Alter, so Mitte Dreißig, wo man das auch ganz gut hinkriegt. Damals ist mir bewußt geworden, daß hinter Leuten, die etwas bewegen, irgendwo ein Kompensations- und Frustbedürfnis steckt. Es gibt bloß kaum einer zu. Die Erfolgreichen unterscheiden sich von den Nichterfolgreichen eigentlich nicht dadurch, daß die einen mehr oder weniger schlechte Erfahrungen haben in ihrem Leben; einen Hammer hat jeder mal in seinem Leben auf den Kopf gekriegt. Bloß die einen sagen, warte, euch werde ich es zeigen, und die anderen lassen sich davon unterbuttern. Das unterscheidet die einen von den anderen.

Mir haben immer meine Visionen geholfen. Ich habe zwar nicht unbedingt Ziele, aber ich habe Visionen, was und wie ich gerne mal sein möchte. Ich wäre gerne eine rundherum entwickelte Persönlichkeit. Das finde ich toll, wenn man das ist. Deswegen werde ich auch gern älter, weil ich mit jedem Jahr etwas dazukriege. Eine Vision vergesse ich zum Beispiel nie: Als ich mit meiner Selbständigkeit angefangen hatte, war ich mit meinem Mann, meinen Schwestern und meiner Mutter essen in einem schicken Hotel in Gütersloh. Und als ich so durch die Eingangstür ging, dachte ich, »hier gehst du auch mal richtig erfolgreich durch«. Das bin ich dann auch. Es dauerte nur ein bißchen.

Während meiner Brütephase dachte ich immer, irgend etwas muß es geben, was genau richtig ist. Irgendwann las ich dann zufällig einen Artikel von einer Frau, die in der Schweiz Karriereberatung macht, und da fiel förmlich der Groschen bei mir. Ich dachte: Das ist es. Alles paßte, was ich vorher bei mir analysiert hatte. Das Wichtigste für eine Beraterin ist, gut zuhören zu können, zu wissen, was abläuft in einem Menschen und zur richtigen Zeit das Richtige zu sagen. Und das paßte eben auf mich. Das hatte ich in dieser Analyse festgestellt, und schon öfter hatten das Leute zu mir gesagt. Die sprachen mich darauf an, was ich mal zu denen gesagt hatte, und bestätigten, das sei immer genau das Richtige gewesen. Und ich wußte da meist nichts mehr davon. Ich weiß eben ziemlich gut, wann ich was sagen und wann ich was lassen muß. Interessanterweise antwortete unsere Tochter oft, wenn ich sagte, »das machst du jetzt so und so«, »ja, ja, das wollte ich auch gerade machen.« Und deswegen sagte ich das doch. Ich habe erst dann etwas gesagt, wenn ich wußte, die will das selber machen. Als Mutter muß ich ja das Gefühl haben, ich kümmere mich, habe es aber zu dem Zeitpunkt gesagt, wo sie es auch selber machen wollte. Dann haben die Kinder ein tolles Gefühl. Erst mal finden sie mich als Mutter gut. Aber sie fühlen sich selber auch toll, weil sie es selber auch wollen.

Ich kann lange auf der Lauer liegen, kann mir lange Entwicklungen angucken. Das kann ich auch in der Beratung. Ich kann mir jemanden angucken, der im Moment wirklich Probleme hat, darunter im Moment auch leidet, weil er das als unangenehm empfindet. Ich kann den solange brüten lassen, bis ich merke, jetzt ist er soweit, jetzt kann was gemacht werden. Dazu kommt, daß ich mich eben für Entwicklung und Menschen interessiere und mich auch mit Psychologie beschäftige. Ich bin so eine Art Miß Marple aus Gütersloh. Dem Typ ähnele ich sehr. Ich vergleiche fremde Leute nämlich immer mit Personen, die ich kenne. Und Miß Marple fängt ja auch immer so an. Wenn ich heute eine Top-Frau kennenlerne, erinnere ich mich plötzlich an Tante Sowieso, irgendeine Nachbarin oder irgendeine Bekannte, oder ich stelle eine Ähnlichkeit fest, und plötzlich habe ich es: Ich weiß, wie die Frau denkt, ich kann sie gut einschätzen. Ich habe heute bestimmte Bilder im Kopf, nach denen werden die Leute eingeschätzt, und ich liege häufig richtig. Ich kann mir die Leute auch in bestimmten Situationen vorstellen. Beispielsweise hatte ich eine Frau in der Beratung, die als Baby adoptiert worden ist. Die hat zuerst Krankenpflegerin gelernt, dann Altenpflegerin und wollte ihren Beruf wechseln. Wir überlegten, was sie machen könnte, und da schoß mir ein Gedanke durch den Kopf, den ich auch formulierte, »wissen Sie, wo Sie echt hinpassen, ist in ein Hotel als Hausdame«. Da lachte sie und erzählte, ihre leiblichen Eltern hätten ein Hotel. Das funktioniert nicht immer. Das wäre ja langweilig, aber es funktioniert schon ziemlich oft. Ich lese viel, und durch meine risikoscheue Einstellung stelle ich mir lieber vieles vor. Ich muß nicht alles haben. Das hat mit dieser Angst zu tun, daß ich Situationen nicht unbedingt selber erleben möchte. Ich muß nicht in ein fremdes Land gehen. Mir reicht das, wenn ich mir das vorstelle. Das ist auch nicht so unsicher und im Grunde genommen viel einfacher. Wenn man nicht in ein Land reingehen will, ist man gezwungen, sich das vorzustellen. Und wenn man reingeht und sich vorher intensiv orientiert, hat man auch weniger Probleme.

Mit meiner Karriereberatung habe ich Mitte der achtziger Jahre relativ klein angefangen, weil ich mich ja erst autodidaktisch einarbeiten mußte in den Markt. Ich habe dann bemerkt, daß sich alle Probleme auf bestimmte, einfache Grundtatsachen reduzieren lassen. Bloß: Viele Menschen wollen das nicht wahrhaben. Die meisten Menschen, die Beratung brauchen, versuchen etwas zu erreichen, ohne die Kosten zu bezahlen: Man will etwas bekommen, aber man ist nicht bereit, dafür zu zahlen, ob es mit Zeit oder Energie, ob mit Spaß oder sonst irgendwas ist. Typisches Beispiel dafür ist eine Physikerin, die ich neulich kennengelernt habe. Die ist jetzt 34, drei Jahre verheiratet, der Mann wohnt 400 Kilometer entfernt, also eine Wochenendehe. Kinder will sie gerne, aber ihren Beruf möchte sie natürlich nicht aufgeben, und sie weiß nicht, wie sie das anfangen soll. Die machte mich ein bißchen nervös. Ich versuchte ihr klarzumachen, was ich in dieser Situation machen würde. Nämlich 10 Jahre lang einer guten Wirtschafterin ein gutes Gehalt bezahlen und die auch wirklich gut behandeln. Dann könnten sie sich auch ein Kind leisten. Doch die Physikerin fand das etwas abwegig. Die guckte mich an, wie das manchmal typisch ist bei Beratungen. Sie wollte eigentlich nur klagen, vielleicht will sie das Kind eigentlich gar nicht richtig. Ich habe ihr eine praktikable Lösung gezeigt, und das fand sie nicht gut. Aber je mehr man sich mit Beratung beschäftigt, und je mehr man sich damit beschäftigt, wie Menschen handeln oder warum sie irgendwas tun oder warum sie in Probleme reinkommen, um so mehr merkt man, es gibt ein paar bestimmte Grundregeln, wie in unserer Marktwirtschaft: Wenn man ein Ergebnis will, muß man erst investieren, danach funktioniert es. Andererseits – das ist meine Erkenntnis – gibt es im Leben Zuschauer und Schauspieler. Die Menschen, die da rumwirbeln und unheimlich viel anrichten – positiv oder negativ –, sind eben mehr die Schauspieler, und Berater sind ausgesprochene Zuschauer. Wenn es keine Leute gäbe, die ständig chaotische Sachen machten in ihrem Leben, müßte es keine Berater geben. Insofern ist das eine wieder auf das andere angewiesen. Und das muß man schon wieder fast positiv sehen. Also nehme ich den Leuten das Verhalten auch wieder nicht übel.

Auf Karriereberatung für Frauen bin ich gekommen, weil ich über mich selber nachgedacht habe, und aus dem Instinkt heraus. Natürlich kann ich Frauen auch besser einschätzen. Mir kann kein Personalchef erzählen, er nimmt Männer und keine Frauen, weil er Männer besser findet. Der hat einfach Angst, Frauen einzustellen, weil er die nicht so gut einschätzen kann. Wenn ich mich eine Viertelstunde mit einer Frau unterhalte, weiß ich über die viel mehr als über einen Mann. Das ist einfach effektiver. Bei Männern müßte ich erst sieben Zwiebelschalen runterschälen. Und außerdem berate ich Frauen, weil ich zu meiner Verblüffung wohl doch konservativ bin. Ein Mann, der nicht alleine klarkommt, der macht mich nervös. Ich erwarte von einem Mann, daß er alles alleine schafft. Ich bin wohl bereit, einem Mann zuzuhören und ihm irgendwie zu helfen, aber die Entscheidung, was er macht, muß er schon alleine treffen. Bei Frauen dagegen habe ich eine Engelsgeduld, aber auch nur dann, wenn ich merke, da bewegt sich etwas, wenn ich mich nicht ausgenutzt fühle.

Bekannt gemacht habe ich meinen Personal Economic Service mit Kleinanzeigen, und jetzt habe ich noch die Karriere-Hotline gegründet, ein telefonisches Netzwerk für Frauen. Da berate ich nicht, sondern bringe Frauen miteinander in Kontakt, die sich gegenseitig helfen können.

Mich fasziniert an meiner Arbeit, daß ich ständig Neues höre und immer wieder mit völlig neuen Berufsbildern, mit völlig neuen Entwicklungen zu tun habe. Ich muß immer auf dem laufenden bleiben. Ich muß viele Informationen sammeln, damit ich fit bleibe. Das liegt auch an dieser japanischen Denkweise: Man muß erst viel sammeln, stochert ganz schön im Nebel herum, ehe man auf den Kern stößt und ein klares Bild hat. Ich muß erst ein ziemlich vollständiges Bild haben, bevor ich richtig beraten kann, und dazu brauche ich unheimlich viele Rasterpunkte. Die setze ich aus Tausenden von Informationen zusammen. Aber es macht mir Spaß. Ich bin auch ein ausgesprochen neugieriger Mensch. Und mein Beruf ist dafür natürlich toll. Jetzt kriege ich viel zu hören und kann das, was ich schon aus lauter Neugierde lese, auch anwenden.

Ich berate meine Klientinnen so, wie ich das für richtig halte. Manchmal habe ich mich schon mit anderen Beratern unterhalten und habe festgestellt, wenn es gute Berater sind, sind sie mir sehr ähnlich. Es gibt ja gerade im Beratungsgeschäft wahnsinnig viel Mist, wahnsinnig viel Schaumschlägerei. Ich denke, diejenigen, die am wenigsten auf sich aufmerksam machen, die beraten eigentlich am besten. Gut beraten heißt für mich, einfach den Leuten zuhören und ihnen helfen draufzukommen, was in ihrem Innern schlummert. Einfach sich ein bißchen danach richten, was der Bauch sagt, nicht nur nach dem Kopf. Das ist eigentlich simpel. Für mich hat jeder auch den Berater, den er verdient. Manche Menschen wollen ja nicht richtig etwas verändern. Die wollen nur mal aus Image zu einem Berater, um das Gefühl zu kriegen, ich habe was getan. Die kaufen sich einen Berater teuer ein, der soll agieren, und der Klient schaut zu – das ist wie ein Spiel.

Richtig leben kann ich von meiner Selbständigkeit seit 1989, seit diesem Zeitpunkt bin ich in den schwarzen Zahlen. Vorher habe ich nur reingebuttert, also alles, was ich verdiente, eben immer wieder reingesteckt. Ich habe mir eben kein schickes Kleid gekauft, sondern lieber eine Anzeige aufgegeben. Obwohl ich sehr viel Zeit in meinen Beruf investiere – nicht selten arbeite ich auch am Wochenende – verzichte ich auf nichts. Ganz im Gegenteil: Ich habe mich selber gewonnen. Ich profitiere viel von meinen Beratungsgesprächen. Ich bin mit meinem Leben, wie ich das so gemacht habe, rundum zufrieden. Aber in dem Moment, wo ich merken würde, daß ich in meinen Beruf mehr reinstecke als ich rauskriege, da würde ich teurer werden. Meine Zeit ist mir sehr wichtig. Wenn ich merke, daß mir jemand meine Zeit stiehlt, werde ich teurer, damit er sich ein bißchen mehr überlegt, ob er mir meine Zeit stehlen soll oder nicht. Ich finde schon, es hat nicht jeder das Recht, mir meinen ganzen Tag mit seinem Gerede kaputtzumachen, bloß damit er sich in mir widerspiegelt und sich toll finden kann. Es gibt aber Ausnahmen: Ich habe mich neulich mit einer Frau vier Stunden unterhalten. Normalerweise, wenn ich berate, dauert das maximal zweieinhalb bis drei Stunden. Mit der hätte ich mich aber noch länger unterhalten können. Das war eine Frau, von der ich genau wußte, die braucht mich, um mit sich selber klarzukommen. Da kam auch für mich etwas dabei rum, und dann finde ich das okay. Aber wenn ich das Gefühl habe, die will nur alles bei mir abladen und findet sich dabei im Grunde genommen ganz gut, werde ich ärgerlich.

Im Vergleich zu vor zehn Jahren habe ich mich schon verändert, aber eigentlich nur zum Vorteil. Für mich ändert sich eigentlich jedes Jahr was, weil ich noch mehr dazulerne und mich noch besser kennenlerne. Ständig kriege ich in dieses Mosaik, was die Welt, das Leben und die Menschen angeht, immer mehr Steinchen rein. Das macht mir meistens Spaß. Ich freue mich wahnsinnig, wenn mir eine Klientin einen völlig neuen Gedanken bringt. Dabei gewinne ich auch für mich am meisten.

Ich freue mich heute, daß ich die Souveränität habe zu sagen, das kann ich nicht, aber auch, das kann ich. Das hat anscheinend den Effekt, daß viele Leute mich wahnsinnig selbstbewußt finden.

Meine Stärke ist meine absolute Schwäche. Irgendwann hab ich festgestellt, es ist heute eine echte Stärke, ein absolut mittelmäßiger Typ zu sein. Und das bin ich. Statt mittelmäßig kann man sagen, ein Mittellagetyp – hört sich besser an. Ich habe auch mal so ein paar schicke Tests mitgemacht. Da habe ich festgestellt, daß ich hohe Werte habe bei Risikoscheu und Unabhängigkeitsstreben. Ich brauche mich nicht ständig anzulehnen bei irgend jemandem. Das will ich auch gar nicht. Aber bei allen anderen Eigenschaften, die da abgefragt wurden, lag ich fast immer im Mittelfeld. Das ist wirklich typisch. Das ist heute meine Stärke, obwohl es in der Schule echt meine Schwäche war. Aber im Umgang mit Menschen ist das eine Stärke, weil ich sowohl mit dem einen Extrem gut klarkomme wie mit dem anderen. Ich habe für beide Verständnis. Im Grunde genommen wollen Menschen ja immer nur sich selbst bestätigt finden. Und wenn mir einer von dem und dem Extrem erzählt, dann kann ich das nachvollziehen, und der merkt das natürlich. Ich kann mich da reinversetzen, weil ich nicht so weit entfernt bin von dem. Ich habe festgestellt, es gibt heutzutage viel mehr extreme Menschen als früher. Weil die Menschen heute viel mehr Freiheit haben, lassen sie auch wieder individuelle Eigenschaften raus, stehen nicht mehr so sehr unter Konformitätsdruck. Jeder versucht heute, sich selber als Individuum mehr zu profilieren. Da wirkt so ein Mensch wie ich wahnsinnig entspannend, und das finden die Leute gut. Ich bin eben in der Beratung gut aufgehoben.

Uta Würfel

Mitglied des Deutschen Bundestags

Richtig gespannt war ich vor unserem Zusammentreffen: Viel hatte ich in der Vergangenheit von der Politikerin Uta Würfel gelesen und gehört, aber persönlich begegnet war ich ihr bis zu unserem Interview noch nie.

Die FDP-Frau ist eine Vollblut-Politikerin mit Tugenden, die sich Wähler von ihren Vertreterinnen und Vertretern im Bundestag nur wünschen können: Ihr berufliches Domizil ist zwar die in der öffentlichen Meinung keineswegs nur positiv besetzte Politik, aber die typische Berufsglätte der Politiker geht ihr angenehm ab.

Uta Würfel ist ein Mensch mit Ecken und Kanten. Sie gibt anderen die Möglichkeit, sich mit ihr auseinanderzusetzen. Sie hat ihre Überzeugungen nicht an der Tür des Bundestages abgelegt. Eine Ja-Sagerin um jeden Preis ist sie wahrlich nicht: Sie sagt, was sie denkt, und sie steht dazu. Sie tut alles in ihrer Macht Stehende, um ihre Vorstellungen zu realisieren.

Spricht Uta Würfel von ihren Wählern, beschleicht den Zuhörer nicht das Gefühl, es sei das Stimmvieh Wähler gemeint, sondern ihre Ehrlichkeit gegenüber den Wählern ist zu spüren: Sie will einfach halten, was sie verspricht. Sie gehört eben nicht zu jenem Typus Politiker, der seine

Stimmen über leere Zusicherungen sammelt. Uta Würfel will umsetzen und deutliche Spuren hinterlassen.

Die Politik ist für sie nicht nur ein Beruf, sondern eine Berufung. Und genau das macht sie so überzeugend und glaubwürdig.

Die Politik habe ich gewählt aus der Wut heraus, ohnmächtig zu sein. Als mein Entschluß, mich parteipolitisch engagieren zu wollen, 1976 feststand, war mir auch klar, daß ich Karriere machen wollte. Ich habe eine Karriere angestrebt, weil ich als Schulelternsprecherin gelernt hatte, daß der eigene Wille allein nichts nützt: Wenn der Herr Landrat nicht will, bekomme ich meinen Zebrastreifen nicht, und wenn ich ihn noch so sehr will – Durchsetzungsfähigkeit braucht Macht. Also dachte ich, ich muß etwas werden, damit ich Einfluß bekomme.

Zuerst sah ich mir die CDU an. Die saarländische Landesregierung war 1976 eine Koalition aus CDU und FDP. Ich lernte schnell, daß man sich als Frau in der CDU zuallererst in dem CDU-Frauenverband unter Frauen durchsetzen mußte, und erkannte, daß es mir dort niemals gelingen würde, die bestehenden Strukturen zu durchbrechen. Im Saarland gilt man als »Hergeloffene«, wenn man keine gebürtige Saarländerin ist. Da die FDP aufgrund ihres Selbstverständnisses davon ausgeht, daß Mann und Frau die gleichen Rechte und Pflichten in der Partei wie auch außerhalb haben, war das für mich dann die richtige Partei.

Mein Mann hat mich ermuntert, in die Politik zu gehen. Er litt genauso wie ich darunter, daß seine Kräfte nicht ausreichten, mir abends die Welt ins Wohnzimmer zu bringen. Als ich ihm deshalb Vorwürfe machte, wie jede Ehefrau in dieser Lage, sagte er mir, »nimm doch deine Intelligenz zusammen, tu etwas, geh in die Politik, versuche, deine guten Ideen durchzusetzen«.

Ich habe jeden weiteren Schritt auf der Erfolgsleiter mit ihm abgesprochen, denn es hat sich schnell herausgestellt, daß die FDP tatkräftige und fleißige Menschen sehr wohl brauchen konnte. Ich sagte ihm, ich hätte die Gelegenheit, erste weibliche Kreisvorsitzende einer Partei im Saarland zu werden, wies ihn auch auf die Konsequenzen hin und fragte ihn, »trägst du das mit?«

Zur damaligen Zeit war es für meinen Mann selbstverständlich, zu sagen, »wenn du das für dich als richtig erachtest, mußt du das tun«. Natürlich hat es dann zwangsläufig dazu geführt, daß die Fülle meiner Aufgaben immer mehr zunahm, mehr als erwartet – von ihm ebenso wie von mir.

Ich merkte rasch, daß Politikmachen erst einmal Lernen heißt, daß man aus dem Hausfrauenstand heraus eben keine Presseerklärung machen kann, daß man anfänglich Hemmungen und Angst hat, wenn man vor fünf Leuten reden muß. Ich besuchte

Presseseminare, mußte Public Relations lernen, mußte reden lernen.

In das Politikmachen muß man hineinwachsen. Am Anfang bedeutet es, an einem Abend in der Woche weg zu sein, danach werden es mehr Abende, und die Wochenenden kommen hinzu. Wenn man wie ich in dieser Anfangsphase kleine Kinder hat, heißt das, Nachbarinnen, Kindermädchen oder den Ehemann zu bitten, an diesem Abend zu Hause zu sein, um die Kinder ins Bett zu bringen. Für mich hat es auch bedeutet, auf einer klapprigen mechanischen Schreibmaschine selbst meine Reden zu tippen, zwischendurch Essen zu kochen und den Putzlappen zu schwingen.

Als die Kinder größer wurden, ließ ich sie teilhaben am Konzipieren einer solchen Rede; der Alexander hat beispielsweise die Zeit gestoppt, und als beide schon Gymnasiasten waren, haben sie zugehört und auch massiv Kritik am Stil – »langweilig« – und Inhalt – »das versteht kein Mensch« – geübt. Sie haben mich durchaus mit auf den Weg gebracht und auch die Mühen dieses Aufstiegs erlebt. Wir haben von Anfang an gemerkt, daß es mühevoll ist, daß es Rückschläge gibt, Neid und Mißgunst. Ich habe das immer mit ihnen besprochen und sie voll eingebunden. Sie begannen teilweise auch, meine Durchsetzungsfähigkeit zu fürchten. Ich erinnere mich an eine Situation, wo sie mich händeringend baten, mich nicht mit dem Direktor ihres Gymnasiums anzulegen, und es hieß, »Mutti, halt dich zurück!« Aber ich gehöre andererseits zu den wenigen Politikern, deren Kinder voll hinter ihrem Tun stehen. Meine Kinder haben auch Wahlkampf mit mir gemacht, in gelben Overalls mit dem FDP-Emblem darauf. Sie haben keine Probleme mit einer Mutter, die Berufspolitikerin ist, sagen mir allerdings auch ab und zu, daß ich im Privatleben ruhig das »politische Gehabe« ablegen sollte. Sie wußten immer, egal, welche Probleme sie hatten, Mutter ist für sie da.

Mittlerweile sind die Kinder nicht mehr zu Hause, beide sind sehr stark sportlich orientiert und trainieren in Warendorf bei Münster. Deshalb bin ich auch in den Sportausschuß gegangen, damit ich kapiere, was die Kinder bewegt. So prägen die Kinder die Eltern.

In der Kommunalpolitik habe ich nie eine Rolle gespielt. Ich habe zugunsten eines Kreisvorsitzenden aus dem benachbarten Kreisgebiet auf die Kandidatur zum Landtag verzichtet, obwohl alles dafür vorbereitet war. Dieser hatte seine berufliche Position aufgrund einer politischen Entscheidung verloren. Das tat ich aus meinem Selbstverständnis heraus, daß ein Familienernährer Vorrang haben muß vor eigenen Interessen. Ich ging statt dessen als wissenschaftliche Mitarbeiterin in eine Halbtagsstelle in die Landtagsfraktion, habe eineinhalb Jahre das Parlamentarierdasein aus der Perspektive der Hilfskraft kennengelernt und schaffte dann direkt den Sprung in den Deutschen Bundestag.

Ich fand damals in meinem Landesvorsitzenden einen Fürsprecher für mein Ziel, es mit der Spitzenkandidatur zu versuchen, und wurde nach zehnjährigem Wirken in der Partei Spitzenkandidatin an der Saar. Nach 26jähriger Abwesenheit eines FDP-Politikers aus dem Saarland ist es mir 1986 gelungen, als FDP-Abgeordnete in den Bundestag einzuziehen. Als Wahlkämpferin bekam ich damals noch einen Maulkorb. Es hieß, ich solle keine Frauenthemen zu Wahlkampfthemen machen. Man hatte einige ketzerische Reden über Gleichberechtigung von mir gehört, in denen ich kein Blatt vor den Mund genommen habe. Inzwischen habe ich gelernt, für mich einzustehen. Manche wundern sich über meine Couragiertheit. In den Ausschußsitzungen während der 11. Legislaturperiode gab es durchaus Situationen, in denen man sich innerhalb von 30 Sekunden entscheiden mußte, seine eigene Einstellung zu vertreten, ohne sich mit der Fraktion abgestimmt zu haben. Wenn es um Frauenangelegenheiten ging, überwand ich meine inneren Ängste und stimmte auch mal mit der SPD und den Grünen. Diese Selbstüberwindung hat es in verschiedenen Situationen gegeben. Es ist ein Abwägungsprozeß. Die Fraktion kann erwarten, daß man sich solidarisch verhält. Dennoch gab es Situationen, in denen ich allein meinen Vorstellungen folgte.

Ich muß bekennen, daß mir in der Politik die Macht, der Einfluß, das Gestaltenkönnen, große Freude macht. Niederlagen müssen verkraftet werden. Die Fülle an Arbeit und Vorgängen und die Bewältigung der Sachthemen, in die man sich einarbeiten muß, verlangen ein hohes Maß an Lernbereitschaft und Fleiß. Als FDP-Abgeordnete muß man mindestens doppelt soviel arbeiten wie die anderen: Die FDP-Fraktion hat ein Drittel der Stärke von der CDU, auch von der SPD. Jeder und jede von uns muß entsprechend mehr arbeiten, wenn er/sie bei allen Themen gleichwertig mitreden und sich nicht unsterblich blamieren will im Ausschuß, in der Fraktion oder im Arbeitskreis und auch in der Öffentlichkeit. Also lernt man. Ich habe dreieinhalb Jahre lang die Nächte zum Lernen benutzt, um kompetent zu sein. Das Amt als Abgeordneter ist längst nicht so einfach, wie manche sich das vorstellen.

Es macht aber auch Spaß, mir und anderen beweisen zu können, daß ich, die ich vom Arzneimittelrecht keinerlei Ahnung hatte, nun plötzlich Novellen zum Arzneimittelrecht federführend für die Fraktion machen kann. Wenn man sich mit solchen Themen beschäftigt, muß man in der Gentechnologie, in der künstlichen Befruchtung, in der Biomedizin oder genauso in den Naturheilverfahren zu Hause sein. Die Frauenthemen sind nicht minder vielfältig: Da muß man wissen, was läuft auf EG-Ebene, was ist ein Gleichstellungsgesetz, was ist ein Anti-Diskriminierungsgesetz, oder wie sieht das Strafrecht bei der Vergewaltigung und beim Schwangerschaftsabbruch aus. Die Frauenthemen waren mir schon immer sehr wichtig, weil das für mich Identifikationsthemen sind. Ich will mich einsetzen für Benachteiligte und für Schwächere. Genauso, wie ich mich für Kinder stark mache und für verbesserte Lebensbedingungen für sie eintrete. Es ist für mich selbstverständlich, für Frauen einzutreten, denn die sind benachteiligt. Ich habe es als völlig unangemessen und diskriminierend empfunden, als man mir nahelegte, ich solle im Wahlkampf keine Frauenthemen ansprechen.

Es geht mir darum, für meine Wähler das zu erreichen, was ich versprochen habe. Meine Wähler und Wählerinnen erwarten zu Recht, daß ich »meinen Mann« im Bundestag stehe. Auch vor mir selbst könnte ich es nicht verantworten, mich mit wachsweichen Entscheidungen zufriedenzugeben. Das hat vielerlei Konsequenzen: Ich habe beispielsweise sieben Messerstiche im Hinterreifen meines Wagens gehabt, oder ich bekomme Briefe übelster Art, gerade im Zusammenhang mit dem § 218. Solche Dinge muß man als Politikerin wegstecken und verkraften können. Die Zeiten, in denen ich aufgrund von erlittenen Erniedrigungen durch eigene Leute aus der Partei nächtelang heulend im Bett lag, sind vorbei. Inzwischen weiß ich: Sich in der Öffentlichkeit bewegen heißt, sich täglich in Frage stellen zu lassen und natürlich auch anzuecken. Ich muß damit leben, es nicht allen recht machen zu können. Das bestärkt mich darin, meine Ziele konsequent zu verfolgen. Das bedeutet auch, daß ich nicht immer auf Konsens gehen kann. Ich lebe nicht nach dem Motto »Meinen täglich Streit gib mir heute, lieber Herrgott«, ich weiche ihm aber auch nicht aus. Mein Harmoniebedürfnis mußte weichen. Das war ein schmerzhafter Prozeß, bis ich soweit war.

Ich habe über die Jahre bemerkt, daß Kollegen Emotionalität bei Wortmeldungen abschreckt, und ich habe mich umgestellt. Inzwischen verfolge ich meine Ziele emotionsloser, sachlich und mit erlernter Härte. Das Zeigen von Betroffenheit über erlittene Benachteiligungen ist kontraproduktiv. Wer in der Politik unter Männern mitmischt, macht sich sehr bald deren Regeln zu eigen. Eine Kollegin wurde ironisch die »gewissenspolitische Sprecherin« genannt, weil sie immer wieder Fehlverhalten anderer artikulierte und anprangerte.

In der Politik ist erst einmal jeder ein Einzelkämpfer, jeder versucht, sich ein Höchstmaß an Einflußmöglichkeiten zu schaffen. Trotzdem kann und muß man gerade in der Frauenarbeit gemeinsame Interessen artikulieren und kanalisieren. Bei mir ist es eine Art Lebensprinzip, überall dort, wo ich Positionen aufgebe, die von Frauen erringen zu lassen, die ich vorher gefördert habe. Es ist mir ein Anliegen und eine innere Freude, wenn ich es wieder einmal geschafft habe, Frauen dorthin zu bringen, wo ich glaube, daß sie ihre Qualitäten ganz anders unter Beweis stellen können, als sie es bislang taten; das ist innerparteilich so und außerparteilich. Wir Frauen brauchen dasselbe Netzwerk, das die Männer haben.

Ich glaube, daß Frausein immer noch bedeutet, möglichst ohne sich und anderen Wunden zu schlagen durchs Leben zu kommen. Es schmerzt uns, wenn wir uns gegen andere durchsetzen müssen und nicht so angenommen werden, wie wir sind. Ob Männer das alles leichter ertragen, oder ob sie von Kindheit an eher dazu erzogen werden, sich durchzusetzen – ich weiß es nicht. Ich beobachte aber, es ficht sie vielleicht nicht so an, während ich bei Frauen bemerke, daß es ein wirklich langsamer und schmerzhafter Prozeß ist. Aber wenn Frauen diesen Prozeß durchstanden und durchlitten haben, kommen sie an einen Punkt, wo sie sagen: Hier stehe ich, ich kann nicht anders, für euch alle streite ich jetzt weiter. Es ist schön, in den letzten Jahren zu spüren, daß die Solidarität unter den Frauen wächst. Die lang ersehnten Erfolge stellen sich ein. Gegen den Willen meines damaligen Landesvorsitzenden setzte ich die Kandidatur einer Parteifreundin zum Landtag durch und schlug sie den Delegierten selbst vor. Mit einer Stimme Mehrheit gewann sie die parteiinterne Abstimmung, und nun ist sie stellvertretende Fraktionsvorsitzende im Landtag.

Als ich mit dem Rückenwind der Frauengruppe in der jetzigen Bundestagsfraktion als stellvertretende Fraktionsvorsitzende kandidierte, schlug mich eine Kollegin mit den Worten vor: »Mit dieser Kandidatur wollen wir Zeichen nach innen wie nach außen setzen.« Das hat mich sehr gefreut.

Wir Kolleginnen in der Fraktion halten zusammen. Wir treffen uns und sprechen uns ab. Wir Politikerinnen sehen uns ebenso wie unsere männlichen Kollegen einem immer weiter sinkenden Ansehen gegenüber. Wir müssen zusammen mit unseren Partnern und Kindern Diffamierungen und Pauschalierungen ertragen. Politiker ist kein Beruf mit hohem Ansehen mehr. Ich kann mir denken, das hängt einerseits mit der Berichterstattung über nicht vorbildliches Verhalten von Politikern zusammen und mit der unvollständigen, manchmal einseitigen Darstellung unserer politischen Arbeit. Die Kommentare auf den ersten Seiten der Zeitungen beschäftigen sich gerne damit, wenn die Landtags- oder Bundestagsabgeordneten sich die Diäten um 3 Prozent erhöhen, aber ein richtiges Bild von unserem Wirken wird gar nicht gezeichnet. Der Vergleich zu den Gehältern von Verantwortlichen in der Wirtschaft, der Gewerkschaft oder zu Verbandsfunktionären wird niemals hergestellt. Wer weiß schon von dem langen Arbeitstag für uns FDP-Abgeordnete? Für uns alle gilt: Immer gefordert sein auf allen Ebenen, nie nachlassen können, sich hinstellen vor Bevölkerungsgruppen aus allen sozialen Schichten, argumentieren auf verschiedenen Ebenen und sich immer wieder einstellen auf neue Menschen. Das alles erfordert viel Kraft, ganz abgesehen von den zwei Kilo Post, die ich jeden Tag bekomme zum Bearbeiten. Wir arbeiten in der Woche meist keinen Tag unter zwölf Stunden, oft 14 Stunden, manchmal 16 Stunden. Meine Mitarbeiterinnen machen da mit, sonst würden wir das Pensum gar nicht schaffen. Wenn man nicht immer nur auf die leeren Bänke bei Plenumssitzungen hinweisen würde, sondern berichten würde, was wir gleichzeitig tun, hätten wir sicher ein anderes Image. Wir empfangen die Vertreter der Verbände und Organisationen, wie zum Beispiel des Verbandes der Hirngeschädigten, der Heilpraktiker, der Apotheker oder des Deutschen Frauenrings, damit sie uns ihre Anliegen vortragen. Statements für Podiumsdiskussionen müssen erarbeitet, Reden müssen vorbereitet werden. EG-Richtlinien werden mit deutschem Recht verglichen, Anhörungen werden parallel durchgeführt, Grußworte müssen auf Jahrestagungen vorgetragen werden.

Der Schwerpunkt in der Frauenarbeit ist für mich eindeutig: Ich möchte die nach wie vor vorhandene gesellschaftliche Diskriminierung der Frauen abschaffen. Dazu gehört auch, die sexuelle Selbstbestimmung der Frau gesetzlich zu erreichen. Das ist ein Thema, das sofort auf Ressentiments stößt, vor allen Dingen bei den männlichen Kollegen. Denn es ist ein Thema, bei dem die Männer das Gefühl haben, wir beschuldigen sie persönlich, gegen ihre Partnerinnen selbst so zu handeln. Ich ertappte mich dabei, als ich eine Rede zu diesem Thema konzipierte, daß ich überlegte, ob ich einen Hinweis darauf geben sollte, daß diejenigen, die über mißhandelte Frauen sprechen, nicht unbedingt selbst mißhandelt sein müssen. Es wird die Verbindung hergestellt, »die weiß, wovon sie redet«, wenn man sich engagiert für die Interessen mißhandelter Frauen einsetzt.

Es gibt Schlüsselerlebnisse, die einen persönlich stark fordern, solch ein Thema aufzugreifen: Da existiert ein Urteil eines Darmstädter Gerichts, daß ein erzwungener Geschlechtsverkehr eine tätliche Beleidigung ist, da der Mann die Angst des Opfers nicht erfaßt habe, weil die Frau sich nicht genügend gewehrt habe. Bei solchen Urteilen stehen mir als Frau die Haare zu Berge. Die Psychologie des Mannes als Täter spielt eine Rolle, die der Frau mit ihren anerzogenen Verhaltensweisen der Unterwürfigkeit dagegen nicht.

Wenn ich dieses Urteil betrachte und auf der anderen Seite die Entschließung des Europäischen Parlaments zur Gewalt an Frauen werte, in der eine ganze Reihe bester Maßnahmen stehen, die von unserem nationalen Parlament umgesetzt werden müssen – beispielsweise dafür zu sorgen, daß die Vergewaltigung innerhalb der Ehe der außerehelichen gleichgestellt wird –, so verdoppele ich meine Anstrengungen im Arbeitskreis. Es muß sein, daß der Bewußtseinszustand der männlichen Bevölkerung ein anderer wird, auch der Frauen, die unter Umständen gar nicht wissen, was ihr Recht ist. Eine Emnid-Umfrage hat 1988 ergeben, daß 42 Prozent der befragten Männer nicht wußten, daß körperliche Gewaltanwendung zum Zwecke der Durchführung des Geschlechtsverkehrs strafbar ist. 42 Prozent der männlichen Bevölkerung sind also der Auffassung, das sei ihr gutes Recht, sie hätten ein Nutzungsrecht am Körper ihrer Frau. Das ist völlig unbegreiflich. Die Zeit ist einfach reif, nicht nur über die Verletzung der Würde des Menschen weltweit zu sprechen, sondern auch vor der eigenen Tür zu kehren.

Den so handelnden Männern muß verdeutlicht werden, daß es neben der körperlichen Schädigung für die Frau auch eine erhebliche seelische Erniedrigung bedeutet, Instrument eines anderen Menschen zu sein. Ich habe bemerkt, daß es für die Fraktionskollegen schwer ist, sich mit solchen Themen zu befassen. Sie dürfen nicht von vornherein denken: Was für mich nicht in Frage kommt, tut auch ein anderer nicht. Leider gibt es das doch – in allen gesellschaftlichen Schichten. Frauen in Frauenhäusern berichten ganz schlimme Dinge, und diese Schicksale fordern geradezu heraus, Frauenpolitik zu betreiben, auch wenn die Themen schwierig anzupacken sind. Wer einmal in einem Frauenhaus war, mit den Frauen geredet hat, aus eigener Anschauung von diesen Leiden Kenntnis bekommen hat und einfach weiß, was Frauen und Töchtern am Tatort Familie angetan wird, der ist nicht mehr derselbe. Danach kann man die Augen vor dem Leid dieser Frauen nie mehr verschließen. Wir müssen uns für diese Frauen einsetzen auf den Ebenen, auf denen wir handeln können, wir müssen für den Schutz dieser Frauen sorgen, sie müssen aufgefangen werden.

Es hat sich herausgestellt, daß viele Frauen von Kindheit an in Abhängigkeiten leben, zum Abhängigsein erzogen werden, was sie nicht befähigt zu erkennen, daß sie von Wert sind. Frauen, die ihre Wertigkeit nur daher nehmen, daß Männer, Ehemann, Vater, Bruder oder andere Männer sie anerkennen, können sich im Leben nicht selbständig bewähren. Das sind Frauen, die zurückkehren zu ihren gewalttätigen, schlagenden Ehemännern, weil sie sich gar nicht vorstellen können, daß es zärtliche Männer gibt, daß es Leben ohne Gewalt gibt. Da gibt es Frauen, die sind 60-, 70-, 80mal vergewaltigt worden unter Schlägen, unter Zufügen von gravierenden Verletzungen, bevor sie sich ins Frauenhaus flüchten. Doch die Hälfte derer, die geflüchtet sind, gehen wieder zurück, weil sie keinen Ausweg sehen, das aus eigener Kraft nicht schaffen.

Als die CDU einen ganzen Parteitag unter das Motto des christlichen Menschenbildes stellte, machte ich mich daran, mich mit dem christlichen Frauenbild auseinanderzusetzen. Da habe ich aufgearbeitet, wie die christlichen Meinungsbildner über die Jahrhunderte mit Frauen umgegangen sind; zwangsläufig stieß ich dabei auf den Einfluß der Kirche auf den Umgang mit der Sexualität und der Abwertung der Frau. Ich gehöre zu denjenigen, die viel Ahnung haben von dem weltweit anzutreffenden Zusammenhang zwischen Mißachtung der Frau und Religion, ohne der feministischen Theologie anzugehören oder selbst Feministin zu sein. Je länger man sich persönlich mit dem Thema Frauendiskriminierung beschäftigt, um so mehr verändert man sich selbst. Trotzdem hat es keinen Sinn, verbittert Frauenpolitik zu betreiben. Ich bin keine Xanthippe.

Was wir Politiker, ob Männer oder Frauen, unseren Familien zumuten, ist extrem, hängt aber mit der Art des Verständnisses von Politikmachen zusammen. Wenn wir wenigstens am Wochenende nach einer Sitzungswoche, ausgepumpt wie wir hier dann sind am Freitagabend, uns erholen könnten im Kreise der Familie, wäre manches besser. Dem ist aber nicht so. Die Basis zu Hause, der Bürger, hat das Verständnis, daß ein Politiker immer greifbar zu sein hat. Wir werden nachts angerufen zu Hause, mittags um 13 Uhr am Sonntag, es gibt kein Pardon. Und jeder Verband verlangt, daß man sich zur Jahrestagung und zu den Festen sehen läßt. Für mich als Angehörige einer kleinen Fraktion mit wenig Leuten – ich bin die einzige FDP-Bundestagsabgeordnete im Saarland – heißt das, immer auf Achse zu sein, und es bedeutet für meinen Mann, ein großes Maß an Alleinsein zu ertragen. Ein anderer, positiver Gesichtspunkt dieser Medaille ist, daß sich beim Partner dadurch bestimmte Fähigkeiten neu oder wieder entwickeln.

Die typische Arbeitswoche eines Politikers sieht so aus, daß wir in der Regel am Sonntagabend oder Montagmorgen nach Bonn einfliegen oder einfahren. Ich fahre mit dem Zug, das sind viereinhalb Stunden, oder mit dem privaten PKW über die Eifel, auch bei Schnee und Nebel. Habe ich am Sonntag noch eine Veranstaltung und kann am Montag erst in Bonn sein, heißt das, daß ich um 4.30 Uhr aufstehen muß. Ich habe dann die ganze Woche über ein Schlafdefizit, das ich nicht mehr aufholen kann. Die Abstimmung in der Koalition erfolgt durch ein Frühstücksgespräch, darüber hinaus gibt es noch Frauenfrühstücke und -kreise, auch interfraktionell. Diese Frühstücke beginnen um 7 Uhr, sonst wäre es vom Zeitablauf her nicht zu machen. Ab 8 Uhr, zurückgekehrt in das heimische Büro, finde ich dann einen Tagesplan vor – es gibt für jeden Tag eine spezielle Mappe –, der beispielsweise wie folgt aussieht: Als erstes Petitionsausschuß; wenn dieser Ausschuß beendet ist, geht es ohne Pause in den nächsten Ausschuß, Ausschuß für Jugend, Familie, Frauen und Gesundheit, dort gilt es dann beispielsweise, das Krankengymnasten-Gesetz, das Antidiskriminierungs-Gesetz, die Entscheidung des Europäischen Parlaments »Gewalt gegen Frauen«, einen Antrag der SPD zu Menschenhandel an Frauen und Mädchen, dann einen reinen Frauenantrag zu Menschenrechtsverletzungen an Frauen, einen Antrag zur Gleichbehandlung am Arbeitsplatz, eine Änderung des BSHG und Unfallverhütungsvorschriften zu behandeln. So könnte eine Tagesordnung in diesem Ausschuß aussehen. Meist kennen wir keine Mittagspause, wir Gesundheitspolitiker arbeiten so ungesund, wie es nur irgendwie geht. Dazwischen muß ich dringende Telefonate führen, was bedeutet, daß ich aus dem Ausschuß raus muß, um in der Telefonkabine draußen zu telefonieren. Dann haben wir beispielsweise am Mittwochnachmittag in der Regel Befragung der Bundesregierung, wo eingereichte schriftliche Fragen mündlich von den Staatssekretären oder den Ministern beantwortet werden. Dort gilt Präsenzpflicht. Habe ich eine schriftliche Anfrage an die Bundesregierung gerichtet, muß ich mich am Mikrofon aufstellen, um die Antwort der Bundesregierung abzuwarten und kann dazu noch zwei Fragen stellen. Donnerstags und freitags tagt das Plenum, manchmal bis 1 Uhr früh. Zweimal schon habe ich um 0.30 Uhr zu sozialpolitischen Themen im Plenum gesprochen. An den Abenden der Sitzungswoche ist Betreuung der Verbände und Organisationen angesagt. Sie haben ihren parlamentarischen Abend und tragen in der Regel an diesem Abend ihre Anliegen vor. Der Tag ist dann zwischen 22 Uhr und 23 Uhr vorbei, was die Termine betrifft. Doch bis zu diesem Zeitpunkt habe ich noch keinen einzigen Brief diktiert, noch keinen Satz gelesen, noch keine Rede vorbereitet. Das muß ich dann alles anschließend machen, bevor ich schlafen gehe. Und so geht das Schlag auf Schlag, jeden Tag. Dann kommen dazu die Interviews und das Abfassen von Presseerklärungen. Der Politiker lebt von der veröffentlichten Meinung. Wenn man von mir nichts hört, gibt es mich nicht, und dann bin ich schnell weg vom Fenster als Politikerin. Insofern verwende ich sehr viel Zeit darauf, meine Basis im Saarland zu befriedigen. Ich nehme dort die Veranstaltungen wahr, zu denen ich eingeladen werde, um zu berichten über die Arbeit in Bonn, damit wenigstens die eigenen Leute einen Eindruck haben von der Vielfalt der Arbeit hier.

Richtig, ich bin auch ehrgeizig. Ich bin ein heiterer Mensch, lache gern und viel und freue mich über Kleinigkeiten. Ich versuche, den Grad der Einsamkeit in Bonn nicht zu groß werden zu lassen. Ich bin ein Gluckentyp, was Muttersein angeht, und muß mich schwer zusammennehmen, nicht überall noch meine Fühler reinstecken zu wollen, weil die Kinder den Kinderschuhen ja mehr als entwachsen sind. Ich bin auch halsstarrig, das ist ein Vorwurf, der mir vom Ehemann und anderen gemacht wird, ich bin wenig flexibel, wenn es darum geht, ein einmal als richtig erkanntes Ziel zu erreichen. Ich habe als Frau im Alter von 35 Jahren erst gewußt, was ich nicht will und dann überlegt, was willst du eigentlich? Alle, die um die 40 sind, kennen das, mit denen bin ich eins in der Überzeugung, daß man 35 Jahre braucht, bis man soweit ist. Erst dann hat man gelernt, zu sich zu stehen, zu seinen Neigungen, zu den eigenen Wünschen, zu den eigenen Forderungen. Ich bin ein Ästhet und brauche eine Umgebung, in der ich mich wohl fühle. Ich habe mir meine Bonner Wohnung jetzt so eingerichtet, wie ich es wollte, mit Liebe zum Detail. Ich bin preußisch diszipliniert, aber leider auch zunehmend ungeduldiger. Ich vergesse manchmal, daß ich die Leistung, die ich als erfolgsorientierter Mensch von mir selbst verlange, nicht von anderen verlangen kann. Ich merke, daß ich ungeduldig werde, wenn mir ein Vortrag zu langatmig ist, dann funke ich auch schon einmal taktlos dazwischen. Ich muß wieder lernen, mehr Geduld mit anderen zu haben. Ich habe das fast verlernt hier, bei diesem Streß. Ich lege viel Wert auf Kameradschaftlichkeit, unter Männern wie unter Frauen, ich bemühe mich immer um Konsens, habe jedoch auch gelernt, letztlich Entscheidungen allein zu verantworten. Als ich als gestandene Mutter meine ersten Schritte in die Politik tat, hatte ich mir besonders zwei grundsätzliche Dinge vorgenommen: 1.) du läßt dich nicht beugen; 2.) du hörst auf, sobald du den Alltag in der Politik nur noch mit Alkohol oder Tabletten bestehst. Bis jetzt habe ich mich daran gehalten und gebe nun auch ein Schlüsselerlebnis an, über das zu reden mir immer noch Mühe bereitet. Es ist dies die bitterste Entscheidung meiner politischen Laufbahn. Mein Landesvorsitzender stand wenige Wochen vor der Bundestagswahl nicht mehr als Chef der Partei zur Verfügung. Der Parteitag vertraute mir mit großer Mehrheit dieses Amt an. Ich legte mich, wie es meine Art ist, ordentlich ins Zeug, um den Landesverband nach dem Verlust des sehr fähigen Vorgängers organisatorisch und politisch gut zu leiten. Erst nur zu meiner großen Verblüffung, dann jedoch mit wachsendem Entsetzen stellte ich fest, daß ich von einer starken Gruppe innerhalb des Landesvorstandes belehrt wurde, daß ich eine Galionsfigur des Landesverbandes zu sein hätte, daß weitreichende Beschlüsse gegen meinen Willen getroffen werden sollten und daß ich als Folge die Beschlüsse dann auch noch auf höherer Ebene zu verantworten gehabt hätte. Ich wurde bewußt nicht unterstützt, eine loyale Zuarbeit gab es nicht. Ich mußte erkennen, daß ich nicht würde durchsetzen können, was ich für richtig und notwendig hielt. Nachdem ich etwa 25 Stunden in zähem Ringen zugebracht hatte, ohne ein Bein auf den Boden zu bringen, mußte ich mir von einem jungen Studenten anhören, ich sei als Landesvorsitzende nicht gefügig genug. Diese Bemerkung traf mich zutiefst. Sie lief meinem Verständnis von Führung extrem zuwider. Zu diesem Zeitpunkt war ich bereits stellvertretende Fraktionsvorsitzende der Bundestagsfraktion. Als der junge Mann fortfuhr und meinte, er müsse dem Bundesvorsitzenden Kenntnis von meiner Weigerung geben, kam mir plötzlich in den Sinn, was wohl mein erwachsener Sohn von mir dächte, wenn er mich in dieser Situation sähe. Und plötzlich wußte ich, was ich tun mußte. Ich packte meine Tischvorlage ein und erklärte meinen Rücktritt vom einflußreichen Amt der Parteivorsitzenden. Es war für mich eine Frage der Selbstachtung: Ich war nicht länger bereit, mich so erniedrigen zu lassen. Nach nur 57-tägiger Amtszeit gab ich um meiner selbst willen auf, so bitter die Entscheidung war.

Ob man persönlich einen Preis zahlt und sich charakterlich verändert? Ja, ich denke, das ist so. Das Anstreben einer Spitzenposition bedeutet, daß man sich im klaren sein muß, daß eine Reihe anderer versuchen, das gleiche zu werden. Auch bemühen sie sich mit teilweise sehr unfeinen Methoden, zu verhindern, daß ein anderer dieses Ziel erreicht. Nun kommt es darauf an, wie man selbst damit umgeht. Ich habe das innerlich durchgestanden und blieb nach langem inneren Ringen bei der ersten entscheidenden Kandidatur und dann doch bei der Stange. Ich habe mir nicht gesagt, »ich mache nicht weiter, weil ich das seelisch nicht verkrafte«. Ich hatte auch in meinem Mann eine Stärkung, der zu mir sagte, »du hast A gesagt, jetzt sagst du gefälligst B!« Er ließ mich nicht mehr zurückweichen, als ich diese Kandidatur angegangen war und merkte, daß sich mir gegenüber weitaus mehr Nicht-Freunde artikulierten als anders herum. Ich merkte damals, daß diese Welt wesentlich schroffer, kälter und härter ist, als ich gedacht hatte. Ich lernte, daß es nicht reicht, fleißig, tüchtig, anständig und erfolgreich zu sein. In der Politik registriert das kaum einer. Man muß mit offenen wie mit verdeckten Angriffen von allen Seiten leben, mit Häme, mit Mißgunst. Dadurch wird man mißtrauisch und verliert seine Offenheit. Man beginnt, sich im voraus gegen Angriffe zu wappnen. Man lernt sozusagen politisch Schach zu spielen, vorauszudenken, Reaktionen anderer einzukalkulieren und darauf zu reagieren. Dank gibt es nicht. Alles ist selbstverständlich. An der Spitze ist man einsam, und es zieht, es weht ein schroffer Wind von allen Seiten. Alle meinen, man würde sich in Spitzenpositionen verändern, und behandeln einen auf einmal zurückhaltender.

Ich bin ein Nachkriegskind: Am 19. August 1944 kam ich in einer Pension in Bad Wiessee am Tegernsee zur Welt, nachdem meine Mutter, im 9. Monat schwanger, Ostpreußen, genauer Königsberg, mit zwei Koffern, Kindermädchen und meinen zwei älteren Geschwistern hatte verlassen können. Mein Vater war zu dieser Zeit im Krieg. Ich habe eine zehn Jahre ältere Schwester, einen acht Jahre älteren Bruder und einen Bruder, der fünf Jahre jünger ist. Ich habe die ersten neun Jahre meines Lebens auf einem Dorf in Bayern gewohnt. Die ersten Erlebnisse für mich bestanden darin, daß ich gemerkt habe, was es bedeutet, protestantisch zu sein, also eine andere Religion als die Dorfbewohner zu haben, und darüber hinaus eine Mutter, die durch ihre Größe, ihre hellblauen Augen und ihr blondes Haar sich deutlich von anderen unterschied. Dazu kam noch die hochdeutsche Sprache.

Ich durfte, obwohl ich mich sehr darauf freute, nicht mit bei der Fronleichnamsprozession dabei sein und wie die anderen Kinder Blumen streuen. Ich konnte schon als Fünfjährige nicht verstehen, warum es zweierlei Wege zu Gott geben sollte und mir das Blumenstreuen für den Herrgott verwehrt wurde. Ich habe schon als Kind nicht akzeptiert, daß ich aufgrund einer Andersartigkeit in der Religion und wegen eines anderen Aussehens der Mutter eine Fremde zu bleiben hätte. Verstärkt wurde das Ganze dann noch dadurch, daß mein Vater, nachdem er beruflich wieder Fuß gefaßt hatte, als Beamter laufend versetzt wurde. Alle vier Jahre war ein Umzug fällig. Für mich hat das bedeutet, entwurzelt zu werden aus der Gemeinschaft von Sprache, von Freunden, von Schule. Es bedeutete auch, dem Spott von Gleichaltrigen ausgesetzt zu sein, ausgelacht zu werden: Ich kam als kleine Bayerin nach Hessen, ging mit hessischem Dialekt nach Delmenhorst in den Norden und als »An-den-spitzen-Stein«-Anstoßende zurück nach Bayern. Das alles hat in mir natürlich auch Fähigkeiten entwickelt, beispielsweise eine große Integrationsfähigkeit, weil ich als Kind schon gemerkt habe, worauf es ankommt.

Anfangs war es alptraumhaft für mich, mir vorzustellen, mich wieder vor eine neue Klasse hinstellen und mit lauter Stimme sagen zu müssen, wer ich bin und wo ich herkomme. Doch um schnell wieder Freunde zu gewinnen, mußte ich einfach bestimmte Qualitäten entwickeln. Ich wollte nicht fremd sein, ich entwickelte auf die Art und Weise eine große sprachliche Fähigkeit, ich beherrschte Dialekte, und mein Beruf als Übersetzerin kam fast zwangsläufig. Es fiel mir leicht, Sprachen zu erlernen, das Gehör dafür zu schulen, wie Menschen sich verständigen untereinander. Ich mußte schnell lernen, was Normalität und was das vor Ort Übliche ist, denn an jedem Ort ist das etwas anderes, und ich mußte mich anpassen, um nicht aufzufallen. Ich mußte mich anstrengen, wenigstens so gut zu sein wie der Durchschnitt, besser noch, von der Leistung her alle anderen zu übertrumpfen. Ich lernte, daß Menschen sich auseinandersetzen müssen. Um mit dem dauernden Entwurzeltsein zurechtzukommen, fing ich dann an, Fähigkeiten zu kultivieren: Mutter mußte mich korrigieren, wenn ich bayerische Ausdrücke benutzte, und ich machte für alle Zeichnungen, weil ich gut malen konnte. Und ich habe mich bemüht, meinen Trotz zurückzuhalten und mich mit Liebenswürdigkeit durch die Welt zu bringen.

Der Offenheit halber muß ich sagen, daß Liebenswürdigkeit und Charme auch in der Politik nicht gerade hinderlich sind. Ich denke auch, daß Frauenpolitik keine Politik gegen Männer sein kann, sondern eine Politik sein muß, bei der ich Männer dafür gewinnen muß, sich hinter uns zu stellen, anders geht es nicht.

In unserer Familie gab es eine gerechte Verteilung von Rechten und Pflichten. Ich habe nie gemerkt, daß ich aufgrund meines Geschlechts benachteiligt wäre in der Familie. Meine Mutter war berufstätig, als ich klein war, weil sie die Familie ernähren mußte. Sie ist Erzieherin für schwer erziehbare Kinder. Sie nahm mich mit, als sie Direktorin einer Einrichtung wurde, und ich lernte zwischen Mutter und Direktorin zu unterscheiden. Der extreme Gerechtigkeitssinn meiner Mutter veranlaßte sie, während der Dienststunden ausschließlich Direktorin zu sein. Ich hatte keine »Sonderrechte« und litt darunter, daß meine Mutter als Mutter nicht für mich da war. Nachdem ich nun selbst berufstätig bin, habe ich bewußt Wert darauf gelegt, für meine Kinder immer erreichbar zu sein. Als meine Mitarbeiterin mich einmal nicht aus dem Plenum rief und damit zuließ, daß meine damals 12jährige Tochter stundenlang auf einen Anruf von mir warten mußte, obwohl sie einen telefonischen Hilferuf an mich gesandt hatte, habe ich ganz schön meinen sonstigen Gleichmut verloren. Ich konnte aufgrund eigener Erlebnisse zu gut nachempfinden, was das Kind gefühlt hatte.

Ich habe nie einer Jugendorganisation oder einer politischen Jugendorganisation angehört. Mein Berufsweg macht deutlich, daß ich schon damals vor 30 Jahren begriffen hatte, daß man sich am besten durch dauerndes Lernen fortentwickelt und daß so etwas Spaß macht.

Nach Beendigung des Gymnasiums ließ ich mich erst zur Arzthelferin an einer Privatschule ausbilden. Nach dem Examen bekam ich eine Anstellung beim flugmedizinischen Institut in Fürstenfeldbruck. Dort war ich für das EKG und das EEG zuständig und beschäftigte mich eineinhalb Jahre lang mit ausgebildeten Flugzeugführern oder jungen Menschen, die Piloten werden wollten. Das waren in der Regel junge, gesunde Menschen, denen medizinisch nichts fehlte. Von der Aufgabe her war das dermaßen uninteressant, daß ich mich weiterbilden wollte. Also meldete ich mich an zur Fortbildung in Toxikologie und Pharmakologie bei einem Chemieunternehmen. Diesem Beruf war ich überhaupt nicht gewachsen. Ich mußte dort Tierversuche durchführen und die Tiere auch sterben lassen durch Höchstdosen an zu erprobenden Medikamenten. Das war ein einziges Trauma. Ich war nach sechs Wochen körperlich krank, hatte Nierenbeschwerden, die zwar zurückzuführen waren auf einen Infekt, aber nicht ausheilten, weil ich es seelisch nicht schaffte. Es war eine schlimme Zeit, und ich wollte lieber umschulen, als auf diesem Gebiet weiterzuarbeiten.

Es ergab sich dann die Möglichkeit für mich, rechte Hand des Leiters einer Dienststelle zu werden, die Flugzeuge testete. Ich mußte mich in ein völlig neues Gebiet einarbeiten und verstand von Büroarbeit wenig. Bald merkte ich, daß ich ein Flop für meinen Vorgesetzten war, wollte aber meinen Aufgaben entsprechen und belegte einen Sekretärinnenkurs bei der Industrie- und Handelskammer. Ich habe dort nach 32 Vollsamstagen mein Diplom als Sekretärin abgelegt. Das fiel mir nicht sehr leicht, weil mir diese schreibtechnischen Fähigkeiten nicht zuflogen, aber ich schaffte es.

Die nächste berufliche Herausforderung kam, als auf der Dienststelle gemeinsam mit amerikanischen Piloten und Ingenieuren neue Flugmuster erprobt wurden. Ich verstand einfach viele Anweisungen von Vorgesetzten nicht. Das gefiel mir selbst so wenig, daß ich anfing, militärisches Englisch zu lernen. Nach einigen Monaten mußte ich mich dann innerhalb von wenigen Stunden entscheiden, ob ich in den USA auf einer dortigen Dienststelle vier Jahre lang an einem bilateralen Projekt arbeiten wollte. Ich ergriff diese Chance und war im Ausland sehr glücklich. Mein Übersetzer-Examen machte ich nach zweijährigem Aufenthalt in den USA.

Ich kehrte dann der Liebe wegen nach Deutschland zurück und heiratete. Ich war 28 Jahre alt, als mein Sohn Alexander geboren wurde, Tochter Corinne kam drei Jahre später zur Welt. Wir wohnten damals und leben heute noch in einem saarländischen Dorf, und recht schnell bemerkte ich als Mutter mit kleinen Kindern, welche Defizite es hierzulande gibt in der gesellschaftlichen Anschauung über Mutter und Kinder, generell über Frauen. Dinge, die mir als junges Mädchen nie aufgefallen waren. Meine persönliche Prägung und Sensibilisierung dafür erfolgte in den Vereinigten Staaten durch den Zusammenhalt der Frauen dort.

Als ich ins Saarland kam, ging ich von meinen amerikanischen Vorstellungen des Zusammenlebens von Jung und Alt auf dem Lande aus. Das Miteinander spielt da eine große Rolle. Gemeinsam grillt man, lädt man die alleinstehenden Älteren ein, engagiert man sich in der Kirche oder kocht. Jeweils eine Mutter bringt die Kinder umschichtig zur Schule, die Kinderkleidung wird gesammelt und rundum weitergereicht. Ich stieß an enge Grenzen, als ich auf der Mutterebene meine Vorstellungen umsetzen wollte, und das wollte ich nicht akzeptieren.

Es gab Konfrontationen, als ich im Kindergarten darauf hinwies, daß es eine Rahmenrichtlinie zur vorschulischen Erziehung gibt, nach der man nicht alle zwei Jahre, sondern einmal pro Jahr den Elternbeirat wählt; es gab Schwierigkeiten, als ich fragte, wie es um die musikalische Früherziehung bestellt sei; es gab Probleme, als ich darauf hinwies, daß in der drei Minuten entfernten Schulturnhalle doch die Kinder turnen könnten, die Kindergartenleitung aber seit 20 Jahren noch nie auf diese Idee gekommen war. Als ich das alles bemerkte, wollte ich diesem Kindergarten Dampf machen. Zu dieser Zeit registrierte ich allerdings auch, daß Engagement und Einsatz für andere nicht immer nur positiv sind.

Wegen dieser Kindergartengeschichte stand ich plötzlich an einem Scheideweg: Ich hatte versucht, verschiedene Mütter hinter mich zu bringen, indem ich ihnen darlegte, daß Kindergarten mehr ist als nur eine Aufbewahranstalt. Ich hatte vorgeschlagen, daß Mütter im Kindergarten ab und zu mit den Kindern basteln sollten, wenn die Kindergärtnerinnen und die Helferinnen dafür keine Zeit hätten, und die anderen Mütter hatten mir zugestimmt. Ich stellte diese Idee bei einer Elternversammlung vor und mußte bemerken, wie der örtliche Pfarrer und die leitende Nonne tomatenrote Köpfe bekamen ob meiner Ausführungen und die angeblich hinter mir stehenden weiteren Mütter ihre Mithilfe zurückzogen und mich total im Regen stehenließen. Ich bin aus dieser Elternversammlung wie erschlagen rausgegangen, mit dem Gefühl, »das gibt es nicht! In welcher Zeit lebst du, in welchem Jahrhundert, daß Mütter es nicht wagen, für ihre eigenen Kinder einzustehen?« Meine eigenen Kinder hätte ich wirklich allein zu Hause erziehen können, inzwischen hatte ich ein Pflegekind dazubekommen, ich hatte also sogar eine kleine Gruppe, aber für mich war es so selbstverständlich, für alle Kinder gemeinsam etwas zu erstreiten und Solidarität zu zeigen. Ich fuhr heulend nach Hause, Wut, Enttäuschung und Mutlosigkeit hielten sich die Waage, und ich focht in mir den Kampf aus: »Soll ich alles bleiben lassen, oder jetzt erst recht!« Ich entschied mich für »jetzt erst recht!«

Als die Kinder zur Schule kamen, hatte ich es mit denselben Müttern wie im Kindergarten zu tun, aber sie hatten inzwischen begriffen, daß ihre Kinder Defizite hatten. Sie hatten gemerkt, daß all das, wofür ich eingetreten war, wohl richtig war, deshalb erhielt ich von diesen Müttern plötzlich Unterstützung. Trotzdem reichte diese Unterstützung nicht, um ein Babyschwimmbecken im Hallenbad zu bekommen, andere Busfahrzeiten und eine sichere Einstiegsmöglichkeit für dic Schulkinder oder einen Zebrastreifen dort, wo er unbedingt erforderlich war. Also ging ich in die Partei und machte mein Anliegen öffentlich. Mit Erfolg.

Die Erfahrungen, die ich beispielsweise beim Hausbauen machte, prägten mich ebenso. Wenn man bemerkt, wie man als Ehefrau des Bauherrn eingeschätzt wird, als dämlich und bei technischen Sachverhalten als unbedarft, dann läßt man sich das eine Weile gefallen, weil man es gewöhnt ist, aber dann kommt der Punkt, wo Schluß ist und man zu kämpfen beginnt. Anderen Frauen erging es ebenso. Ich lud sie ein, und wir besprachen unseren Kummer und lernten, einander aufzurichten und diejenigen Frauen, die das nicht können, dazu zu bewegen, die Zähne zu zeigen, sich zu »ermannen«, wie es so schön heißt, und nicht in der Rolle der demütig wartenden Frau zu verharren.

Ich muß durch meinen Beruf schon auf einiges verzichten: Ich sehne mich danach, mal wieder ein Konzert erleben zu können, ich sehne mich nach Muße schlechthin. Ich sehne mich danach, mal wieder mit bloßen Händen in warmer Erde zu wühlen und Blumenzwiebeln einzusetzen. Ich habe alle Freunde vernachlässigt, muß mich immer um die Bedürfnisse der Bevölkerung kümmern, um die Bedürfnisse fremder Menschen, die sich an mich wenden. Ich tue das gern und mit Pflichtbewußtsein, ich beantworte jeden Brief, aber es bedeutet, weniger Zeit zu haben für den privaten Bereich.

Es ist ein großes Stück Lebensqualität, das ich aufgegeben habe, weil mir diese Dinge etwas bedeutet haben. Mein Mann antwortet auf meine Klagen, daß mich niemand in den Bundestag geprügelt habe, und damit hat er natürlich recht. Der Zugewinn liegt an anderer Stelle. Als Bundespolitiker hat man die Möglichkeit der Wissenserweiterung durch Gespräche mit vielen verschiedenen Menschen. Reisen ist begrenzt möglich und damit Erfahrungsaustausch über Ländergrenzen und Kulturen hinweg. Diese Vielfalt an Themen, die ich zu bearbeiten habe, bildet mich auch als Mensch, das ist positiv. Mir gefällt auch die Möglichkeit, mich bewähren zu können. Es ist ein schönes Gefühl, wenn man ein Live-Interview morgens um 6 Uhr im Deutschlandfunk durchgestanden hat, ohne sich zu wiederholen, ohne etwas Falsches zu sagen oder ohne politisch auszurutschen. Das ist dann genauso, als wenn man den Führerschein bestanden hat, oder einfach wie eine gute Note in der Schule. Ich kann mich heute noch genauso an Erfolgen freuen wie vor zehn Jahren.

Susanne Wiebe

selbständig, Mode

Susanne Wiebe, eine sehr lebendige, temperamentvolle Frau, hat bereits echte Höhenflüge erlebt in ihrem Leben, aber ebenso stark ausgeprägte Tiefs. Doch sie ist ein Mensch, der sich von Mißerfolgen nicht niederdrücken läßt, sondern daran wächst. Sie steht auch weniger erfolgreiche Perioden mit Gelassenheit durch, weil sie an sich selbst und ihrem Können nicht zweifelt. Ihr Erfolgsgeheimnis: Sie wartet nicht über das Schicksal klagend hoffnungsvoll auf den Zukunftsstreifen am Firmament, sondern gestaltet ihr Leben aktiv.

Nicht nur in ihrer Mode hat Susanne Wiebe eine ganz individuelle Linie gefunden, sondern auch in ihrem eigenen Leben. Diese Linie verfolgt sie energisch und konsequent, wobei sie den Eindruck vermittelt, durchaus noch mehr Dinge gleichzeitig erledigen zu können als bereits jetzt schon.

Ihre kreative Richtung ist nicht versponnen oder abgehoben, sondern höchst realistisch und hat das gewisse Etwas, einen jungen, modernen Charme. So ist ihre Mode, so ist aber auch ihr berufliches Leben. Richtig zufrieden kann die selbständige Modemacherin natürlich erst dann sein, wenn sich ökonomische Erfolge einstellen. Und genau dieser realistische Blick auf das Wirtschaftsleben ist die beste Voraussetzung für steigende Umsätze.

Ich hatte mein Studium noch nicht einmal fertig, als ich von der Berliner Pelzfirma Zazou gefragt wurde, ob ich für sie Entwürfe machen könnte. Angesprochen wurde ich, als ich mich in ihrem Geschäft am Kudamm umschaute, und zwar aufgrund meines recht auffallenden Outfits. Also habe ich Pelzentwürfe gemacht. Für diese Firma stand ich 1978 auf der Düsseldorfer Modemesse IGEDO und hatte einen ganz verrückten, selbst entworfenen Chintzanzug an. Das fiel dem Einkäufer eines großen Kaufhaus-Konzerns auf, der gleich ein paar hundert Stück von diesem Anzug geordert hat. Das war im Prinzip der Anfang: Von heute auf morgen wurde ich in die Selbständigkeit reingenötigt, und ich habe diese Chance ergriffen und ohne große Umschweife angefangen. Unter dem Dach dieser Pelzfirma habe ich dann die Firma Zazou aufgebaut, die auf Lederkleidung spezialisiert war.

Für dieses Unternehmen habe ich angefangen als Freiberufler zu arbeiten. Ich wurde nach Prozenten bezahlt, doch ich hatte vertraglich vereinbart, daß ich mein Honorar komplett im Unternehmen stehen lassen und damit Firmen-Anteile erwerben konnte. Das habe ich getan, wodurch ich von Anfang an beteiligt war und eine Mitsprachemöglichkeit hatte. Aber was passierte? Das Unternehmen lief vier Jahre wie eine Granate, von 1982 bis 1986, wir machten Millionen über Millionen Umsätze, und plötzlich war Leder out: Wir gingen pleite. Zu diesem Zeitpunkt hatten wir siebzig festangestellte Näher, hatten zusätzlich zu Berlin noch in Bayern ein neues Werk gekauft, und dann ging Leder nicht mehr, die Umsätze sind bis auf 20 Prozent zurückgegangen: Das war 1986. Da haben wir gesagt, bevor wir Konkurs anmelden müssen, lösen wir auf. Alle anderen Modefirmen, die ich kenne und denen es damals genauso ging, meldeten freilich Konkurs an und machten hinterher ohne schlechtes Gewissen weiter.

Bei dieser Auflösung bin ich finanziell restlos ausgeblutet. Ich habe alles verloren, weil ich natürlich alles Geld dringelassen habe, um die Firma flüssig zu halten. Wer aber ein Unternehmen über den Weg des Vergleichs schließt, verliert alles, die Gläubiger ziehen einem wirklich noch die Hosen aus, es bleibt nichts mehr übrig: Meine 12-Zimmer-Villa am Ammersee, von der aus ich meine Fabrikation geleitet habe, und meine Riesenwohnung in Berlin am Kudamm fielen mit in die Vergleichsmasse.

Ich ging dann zu meinem Banker und sagte, ich kann nur noch die Hand heben. Doch er hatte Vertrauen in mich und räumte

räumte mir einen neuen Kredit ein. Also habe ich am 1. Januar 1987 in München, in meiner ehemaligen Stadtwohnung, wieder ganz von unten angefangen mit der ersten Susanne Wiebe Prêt -à-porter-Kollcktion. Ich bin erst seit Ende 1990 aus den roten Zahlen raus, weil ich eben mit wahnsinnig viel Schulden angetreten bin. Jetzt bin ich froh, daß ich mich aus meinen Schulden, die im siebenstelligen Bereich lagen, rausgearbeitet habe. Daß ich das geschafft habe, zeichnet mich wohl als gute Unternehmerin aus.

Ich habe mich nicht entmutigen lassen, sondern habe einen neuen Start gewagt. Viele Firmen wollten mich nach der Pleite zwar als Designer einkaufen, aber ich wußte genau: Das ist nichts für mich. Das war gut und richtig so. Das merke ich jetzt, wenn ich von außen in eine Firma als Berater reinkomme. Die Designer verdienen gut, aber sie werden solange ausgequetscht, bis nichts mehr rauskommt, und dann werden sie weggeworfen. Wenn man dagegen als Berater von außen kommt, steht man längst nicht so unter diesem unternehmensinternen Druck.

Ich bin zur Selbständigkeit erzogen worden. Mein Vater hat immer dafür gekämpft, unabhängig zu sein, selbst mit vier Kindern arbeitete er immer freiberuflich: Wurde ihm ein großes Projekt angeboten, sind wir eben umgezogen. Diese Freiheit zu haben war für mich eine Selbstverständlichkeit. Auch meine ganzen Geschwister sind selbständig, obwohl es bei uns daheim meistens sehr knapp mit dem Geld war. Das sind wir jedoch alle gewöhnt, das gehört bei so einem Job dazu.

Ich habe mir nie überlegt, irgendwo fest angestellt zu arbeiten. Das ist nicht das, was ich will: Ich kämpfe lieber, bis ich tot umfalle, um etwas Eigenes machen zu können. Auch die Pelzfirma wollte mit mir einen Angestelltenvertrag schließen, was ich kategorisch abgelehnt habe. Ich habe klipp und klar gesagt, daß ich Umsatzprozente haben möchte, was ich auch anstandslos bekommen habe. Dieser Wunsch ist für ein Unternehmen erfüllbar, denn es geht kein Risiko ein. Natürlich sind 10 Prozent Umsatzprovision viel, wenn es läuft, wahnsinnig viel sogar, aber wenn nichts läuft, ist es schlecht für beide. Dieses Denken kann ich allerdings kaum jemand vermitteln. Ich merke das ganz oft, weil ich versuche, meinen jungen Diplomdesignern dieses Beteiligungsmodell anzubieten, aber die jungen Leute sind alle total auf dem Sicherheitstrip. Sie wollen lieber eine fixe Summe im Monat als ein Risiko eingehen und richtig Kasse machen. Dabei lernt keiner irgendwo mehr, als wenn er von Anfang an das Produkt mitdesignt, mit auf der Messe steht, wenn es verkauft wird, dafür verantwortlich ist, daß es produziert und versandt wird, und dann an der Rechnung beteiligt ist. Dieses Denken-Können in Risiken ist einerseits Veranlagung, andererseits bestimmt auch Erziehungssache. Wer von zu Hause das immer hautnah miterlebt hat, wächst schon in diesem Bewußtsein auf.

Die Auflösung von Zazou hat mir sehr zu schaffen gemacht, das war der absolute Horror. Es hat ein halbes Jahr gedauert, bis der Vergleich abgewickelt war. Außerdem war ich mit dem Inhaber der Firma auch noch privat liiert. Das war alles eine Katastrophe, grausam, es war wirklich schlimm, nun alles aufzulösen: Berliner Wohnung, Villa am Ammersee, Fabrik in Penzberg, das war schon alles nicht komisch, vor allem merkt man in so einer Situation auch, wo die Freunde sind und wo nicht. Ein Glück war, daß ich da meinem Mann begegnet bin, der mich wunderbar abgelenkt hat davon und mir einen unheimlich starken Halt gegeben hat.

Als ich wieder angefangen habe, war mir klar: Aber dieses Mal ohne Produktion! Wichtigste Aufgabe für mich war also, eine Produktion zu suchen. Ich fand einen Produzenten, mit dem ich einen Vertrag gemacht habe, daß er alles, was ich an Aufträgen bringe, produziert und ausliefert und im Moment der Auslieferung meine Anteile sofort an mich abführt. Diese Arbeitsweise ist auch viel professioneller. Es kann schließlich nicht der Punkt sein, daß ich dafür auch noch verantwortlich bin, daß die Teile richtig genäht werden. Ich habe mir einige Freelancer gesucht, sehr gute Schnittleute: Der eine macht tolle Hosen, der nächste macht gute Jacken, der dritte prima Mäntel. Inzwischen habe ich echte Profis, aber am Anfang war es ein Alptraum, weil ich es mit fürchterlichen Krautern zu tun hatte. Dann habe ich meine erste Kollektion zusammengestellt, habe mir noch ein ordentliches Budget von der Bank geholt, bin auf die Messe gegangen und habe verkauft. Von Anfang an lief alles gleich ganz gut. Mein Vorteil war, daß ich immerhin schon sechs Jahre in der Branche gearbeitet hatte, mich von meiner Firma Zazou alle kannten, ich auch schon einen sehr guten Namen als Designer hatte. Ein paar Lorbeeren konnte ich hier beim zweiten Start von Zazou durchaus noch ernten. Dadurch, daß ich bei Zazou jeden einzelnen Auftrag selber geschrieben habe, hatte ich den Vorteil, viele Leute zu kennen, die ich bei der ersten Wiebe-Kollektion angerufen habe.

Die Wiebe-Prêt-à-porter-Kollektion wird zweimal im Jahr nach dem gleichen Ablauf erstellt: Ich mache den ersten Entwurf, und danach arbeiten die Freelancer die Schnitte und die ersten Muster aus Nessel. Meine Freelancer kommen dann zu mir und führen den Nessel an meinem Hausmannequin vor. Jetzt wird daran so lange herumgefeilt, bis alles stimmt, dann geht der Schnitt zur Technik und wird eingeteilt für den Originalstoff. Anschließend wird das Stück das erste Mal genäht, und fertig ist das Musterteil. Und mit diesem Musterteil wird dann in die Produktion gegangen, wo das Teil genau kalkuliert wird, danach wird dann der endgültige Verkaufspreis festgelegt.

Die gesamte Kollektionsherstellung bezahle ich. Ich bin selber Unternehmer, ich beschäftige das ganze Freelancerprogramm, die Erstellung der Kollektion bezahle ich ebenfalls. Ab dem Moment, wo die Aufträge kommen, übernimmt alles der Produzent, damit habe ich nichts mehr zu tun. Produziert wird nur nach Aufträgen.

Die Aufträge hole ich überwiegend auf Messen ein, es kommen aber auch sehr viele Kunden direkt zu mir und ordern bei mir in München. Aber die ersten Kontakte werden natürlich immer auf der Messe geknüpft. Ich beliefere mit meinen Teilen Deutschland und das nähere Umfeld, ein Teil geht nach Taiwan, ein bißchen geht nach Japan und ein wenig nach Amerika. Der Auslandsumsatz liegt bei rund 15 Prozent. Von der ersten Wiebe-Kollektion haben wir gleich 4000 Teile verkauft. Das war für den Anfang und für dieses teure Produkt schon sehr gut. Sukzessive geht der Umsatz in die Höhe: Wir machen jede Saison etwa 25 Prozent mehr.

Jede Kollektion hat ungefähr 150 Teile. Bei dieser Zahl lande ich jedesmal wieder, das ist wie ein goldener Schnitt, und sie hat sich für meine Kollektion als sinnvolles Maß erwiesen. Die Accessoires machen wir alle selber dazu, auch Hüte und Handschuhe. Wir haben auch die passenden Schuhe und die passenden Strümpfe, aber die werden nicht weiterverkauft, das lohnt sich nicht.

Ich mache Mode, die mir selber gefällt, ich ziehe meine Sachen auch selber gerne an. Ich kann nur nicht alles tragen, weil ich keine 36er Größe habe. Aber meine Mode ist so angelegt, daß sie locker bis Größe 44 getragen werden kann und immer noch toll aussieht. Komischerweise sagen mir auch manche Frauen mit kleinen Größen, an mir würden die Sachen viel besser aussehen als an ihnen! Das finde ich zwar nicht, aber zumindest verkaufen wir auch sehr stark in den Größen 40 und 42. Meine Mode ist eben sehr gut von Frauen ohne Mannequinfigur tragbar. Das war eine ganz bewußte Entscheidung von mir, weil die wenigsten Frauen so eine Figur besitzen.

Produziert wird die Kollektion tatsächlich so, wie ich sie auf einer Messe vorstelle. 98 Prozent der Kunden kaufen die Sachen so, wie ich sie präsentiere. Ich habe allerdings von Anfang an nie ein Blatt vor den Mund genommen. Wenn einer mit Änderungsvorschlägen kam, habe ich gesagt, »wissen Sie, es gibt so viele Hersteller, der Markt ist voll, sie finden sicher woanders, was Sie brauchen«. So bin ich, aber ich denke, wenn man nicht zu seiner eigenen Linie steht, kriegt man seinen eigenen Stil nie durch. Die meisten Kunden kaufen Themen und Gruppen von mir. Mir geht es darum, daß die Auslage Wiebe im Geschäft ist, daß nicht nur eine toll bestickte Jacke von mir als Sensationsfänger fürs Schaufenster gekauft wird.

Einerseits mache ich junge, provokante Mode, auf der anderen Seite ist natürlich auch sehr viel Klassik dabei, die aber durchaus provokante Aspekte hat. Normale Couture-Linien sind von der Blickführung her nicht so rasant, und in meinen Sachen ist zum Teil schon eine recht rasante Aussage drin. Mode ist für mich mein Beitrag zu dem, wie eine Frau in der jeweiligen Saison auszusehen hat, und das entwickelt sich immer wieder jede Saison ein kleines bißchen weiter. Ich finde nichts schlimmer als ein Kleid, dem man ansieht, daß es nicht in die Zeit paßt. Wer etwas Falsches trägt, fühlt sich selber unwohl darin. Typisch für meine Kollektion ist, daß sie sehr zeitgemäß ist und paßt, daß sie in der Zeit richtig liegt, sowohl von den Farben und von den Schnittführungen wie von der Gesamtsilhouette, und daß die Frau die Garantie hat, damit einen hundertprozentig sicheren Auftritt zu haben. Es gibt schon Wiebe-Fans, die nur Wiebe tragen. Wie die Bekanntheit steigt, merken wir an den Telefonaten: Zunehmend rufen uns Frauen an und wollen wissen, wo sie unsere Sachen kaufen können.

Ich sehe mich mehr als Motivator denn als Managerin. Es ist meine Aufgabe, die anderen immer wieder zu motivieren. Am liebsten sehe ich mich als Mitglied eines Teams. Ich versuche ständig, den Teamgeist zu forcieren. Ich möchte nicht unbedingt der Oberguru sein, der permanent trommelt. Was mich sehr stört, ist ein autoritärer Führungsstil, obwohl ich mehr und mehr feststelle, daß es leider nicht ohne geht: Ich bin schon sehr oft derjenige, der das Ganze organisiert und managt, muß ich auch einfach sein. Ich merke schon, daß nicht jeder Mensch in der Lage ist, ein Unternehmen auf die Beine zu stellen. Für Unternehmer ist es eben ganz wichtig, mit anderen Menschen gut umgehen und sie motivieren zu können.

Früher habe ich nie darüber nachgedacht, ob ich das kann, sondern ich habe einfach losgelegt, wobei ich auch über viele Dinge gestolpert bin. Es ist ein Unterschied, ob man einen Betrieb leitet, so wie ich das früher gemacht habe, oder ein Fashion Consulting Office, so wie es heute ist. Handwerklich arbeitende Leute in einem Betrieb kann man sehr gut motivieren, wenn man Prämien zusagt. In der Produktion gibt es einen direkten Bezug zwischen Leistung und Prämie. Deswegen kriegt man in die Produktion sehr schnell einen Zug rein, auch einen ungeheuren Teamgeist: Meine Leute im Betrieb sind für mich durch die Hölle gegangen, haben nachts noch Lkw ausgeladen, wenn es nötig war, da war ein Wir-Gefühl viel schneller reinzukriegen als hier im Büro. Heute sind meine Mitarbeiter alle mit unglaublich verschiedenartigen Aufgaben betraut, aber das Erfolgserlebnis ist sehr wenig greifbar, das merkt man eben nur an den Verkaufszahlen und am Gesamtimage.

Ich mache den Schulen deswegen auch einen großen Vorwurf. Die jungen Designer kommen mit ihren völlig praxisfremden Zeichnungen anmarschiert und haben überhaupt noch nicht mitbekommen, was im Modebusiness abläuft. An den Schulen bekommen sie ein falsches Bewußtsein. Wenn sie fertig sind, denken sie, »jetzt bin ich Diplomdesigner, wo sind die Aufträge?« Die meisten wissen überhaupt nicht, was sie in einem so kleinen Laden wie bei mir gegenüber der Modeindustrie für Vorteile haben. Bei mir dürfen sie frei arbeiten, ich lasse ihnen Freiheiten. Ich sage zum Beispiel, ich möchte eine Kuh sehen und das Ganze gagig-frech, provokant für ein T-Shirt-Motiv, macht mal. Mehr sage ich nicht. Im Grunde genommen ist das das Schönste, was sich ein Designer überhaupt vorstellen kann, aber damit umgehen können die wenigsten. Einer, der künstlerisch orientiert ist, ist heilfroh, wenn er so frei arbeiten darf, bloß haben die meisten Flausen im Kopf und wollen das, können es aber effektiv nicht. Ich brauche Allroundleute, und die gibt es immer weniger. Immer weniger Leuten ist bewußt, wie sie sich selber von Anfang an zu Fachidioten machen. Und dieses frühzeitige Spezialisieren finde ich überhaupt nicht gut. Das geht total weg vom selbständigen Arbeiten.

Der Altersunterschied zwischen mir und meinen Mitarbeitern ist gar nicht groß, noch nicht einmal zehn Jahre. Trotzdem wird mein freier Führungsstil und der motivierende Teamgeist leicht mißverstanden, weil ich eben einen sehr lockeren Ton habe: Ich bin jung und powervoll, nicht autoritär. Das wird schnell ausgenutzt. Die neue Generation wurde so erzogen, daß sie nur noch auf Druck reagiert, will aber das freie Team – nur kann sie nicht besonders gut damit umgehen.

Ich suche mir meine Mitarbeiter nach Kreativität aus, auch nach ihren Entwürfen. Mir ist es wichtig, daß meine Mitarbeiter loyal zu mir stehen. Sie müssen erkennen, daß sie in einem kleinen Betrieb viel mehr Einblick in unterschiedliche Bereiche bekommen, als in einem großen Laden, daß sie sich aber auch mehr reinhängen müssen. Es würde natürlich noch ganz anders aussehen, würden wir hier selber produzieren: Dann würde ein ganz anderer Wind wehen. So ist das bei mir eine sehr bequeme, wunderbar abgehobene Geschichte: Wir sind ein Consulting-Office, wo Design-Assistenten mit der Praxis und der Realität an und für sich sehr wenig zu tun haben.

Wie es in der Produktion zugeht, daß da ganz kurzfristig mal eine Nacht durchgearbeitet werden muß, weil die bestellten T-Shirts nicht kommen, und Mode eben etwas ist, wo von heute auf morgen alles passieren muß, das kriegt man bei uns nicht mit. Bei uns kriegt man diese Consulting-Geschichten mit, und im Grunde genommen ist das der Wattebausch, die Chefetage des Ganzen.

Vier Wochen brauche ich ungefähr, um eine Kollektion zu entwerfen. Während dieser Phasen ziehe ich mich immer in die Schweiz zurück und komme dann mit dem fertigen Ergebnis zurück nach München. Pro Saison bin ich ungefähr zwei Monate auf Reisen, damit bin ich rund vier Monate im Jahr allein beruflich unterwegs. In jeder Saison gibt es zehn Messen, hinzu kommen die ganzen Info-Reisen. Ich präsentiere meine Kollektion nicht auf einem Messestand, sondern stelle im Hotel aus, das ist für meinen Rahmen passender und individueller. Die Kunden kommen bei mir nicht durch Zufall angewandert, sondern auf

Terminvereinbarung. Neue Kunden fragen vorher an, ob sie überhaupt die Kollektion bekommen. Denn Wiebe gibt es nicht an jeder Ecke: Nicht jeder Laden kann uns führen. Meine Reisenden prüfen interessierte Geschäfte: Paßt unser Produkt überhaupt in dieses Geschäft, wie sieht das Umfeld aus, wie sehen die anderen Firmen aus, die in diesem Geschäft gezeigt werden. Klar und übersichtlich müssen die Läden sein, in denen meine Kollektion verkauft wird, und so gestaltet, daß die Marken deutlich gezeigt werden. Die Ware muß in Form von Boxen präsentiert werden, in denen die Kundin die Ware beurteilen kann. Was mir sehr verhaßt ist, ist ein wildes Durcheinander, wo alles reingestopft wird, ich empfinde das für die Kunden auch als Zumutung. Dann achte ich natürlich auf das Personal: Mir ist es wichtig, daß man sich in den Geschäften um den Kunden kümmert, daß das Verkaufspersonal die Kunden einschätzen kann in bezug auf deren persönlichen Stil. Die Kundin braucht eine Vertrauensperson, zu der sie gerne einkaufen geht.

Eine Belastung ist der Vergleich von Zazou heute für mich überhaupt nicht mehr, das ist völlig weg. Ich denke manchmal nur, ich könnte noch einen Kick weiter sein, wenn das nicht gewesen wäre. Andererseits hätte ich die Produktion zu organisieren und wäre nie zum Consulting gekommen, weil ich mit meinem Produktionskram beschäftigt gewesen wäre. Der Vorteil ist: Das alles habe ich mir auf eine wirtschaftlich negative, andererseits aber elegante Art und Weise vom Hals geschafft und mich auf einen höher liegenden Bereich gehievt. Ich muß mich nicht mit der Produktion rumschlagen, aber es verläßt trotzdem kein einziges Produkt die Fabrikation, was von uns nicht abgenommen worden ist: Meine technische Leiterin prüft Stück für Stück. Ich habe mir absichern lassen, daß das Produkt so auszusehen hat wie die Musterteile. Das hat aber trotzdem eine Weile gedauert, bis es genauso aussah, wie ich mir das vorstelle. Hätte ich aber eine eigene Produktion, wäre das auch nicht anders gewesen.

Als Höhepunkt meiner Arbeit empfinde ich jedesmal meine Modenschau. Bevor es soweit ist, habe ich richtig Angst, ob auch alles so läuft und so ankommt, wie ich mir das vorstelle. Es ist jedesmal eine Zitterpartie, vom Kreativen her ein Alles oder Nichts: Treffe ich wirklich den Nerv, werden die Leute in Begeisterung versetzt oder nicht? Es ist doch ein sehr kritisches Publikum da. Der Erfolg bei solch einer Schau spaltet sich: Die Presse will etwas ganz anderes sehen als der Kunde, insofern ist es immer eine heikle Kiste. Die Presse will etwas Spektakuläres, wo sie sich dran hochziehen kann, wo sie sagen kann, da hat sie genau den Nerv der Zeit getroffen, der Kunde dagegen guckt nur nach dem verkäuflichen Teil. Alle müssen eben zufriedengestellt werden.

Ich bin am 13. November 1955 in Stuttgart geboren. Ich habe drei jüngere Geschwister, zwei Schwestern und einen Bruder. Aufgewachsen bin ich in den verschiedensten Orten in Deutschland. Es war ein richtiges »Wanderleben«, weil mein Vater Innenarchitekt ist und permanent irgendwelche anderen Großobjekte angenommen hat. Deswegen sind wir alle paar Jahre umgezogen. Ich bin etwas später eingeschult worden, weil wir in Persien waren, mein Vater hatte da einen großen Auftrag für die Vereinigten Werkstätten. Nach drei Jahren Grundschule bin ich auf das Gymnasium gekommen. Ich habe kein Abitur gemacht, sondern nach der mittleren Reife mit der Schule aufgehört. Ich war in diesem Alter völlig renitent, hatte überhaupt keinen Bock auf nichts, vor allem nicht auf Schule, das war ganz schlimm.

Was ich wirklich werden wollte nach der Schule, war mir nie so ganz klar. Irgendwann hatte ich einmal vor, wie mein Vater Innenarchitekt zu werden, auch mein Vater hätte das gerne gehabt; daß ich mich dann umentschlossen habe, hat ihm nicht besonders gefallen.

Weil ich Innenarchitektin werden wollte, habe ich nach der mittleren Reife zwei Jahre lang in einer Kunsttischlerei in Augsburg gearbeitet: Ich bin Kunsttischlergeselle. Ich war das einzige Mädel, was ein Wahnsinn war, denn das war eine ganz harte Abteilung. Dort hatte mein Vater mich untergebracht, weil er diese Schreinerei kannte. Er hoffte wohl, daß mir – ich war damals ein ganz aufmüpfiger, revolutionärer Typ – meine Flausen ausgetrieben würden. Das ist zwar nicht gelungen, aber ich habe diese Lehre komplett durchgezogen und abgeschlossen und sehr viel dabei gelernt. Ich würde jedem jungen Menschen eine Lehre empfehlen, egal, was für eine. Die Hauptsache ist, daß man mitbekommt, wie aus der Idee, die man zeichnet, der fertige Gegenstand entsteht. Ich finde es auch sehr gut, wenn man lernt, mit seinen eigenen Händen etwas zu gestalten. Interessanterweise habe ich festgestellt, daß es vom Prinzip her das gleiche ist, ob ich ein Möbelstück entwerfe und das hinterher herstelle oder ob ich Mode zeichne und sie hinterher nähe. Aber ich finde es wichtig, einmal den konstruktiven Ablauf zu lernen und die praktische Umsetzung zu verinnerlichen.

Nach der Lehre ging ich nach Berlin, um an der Hochschule der Künste zu studieren. Meinem Vater hat es überhaupt nicht gefallen, daß ich nach Berlin gegangen bin. Er war darüber sehr mißgestimmt, sah das sehr negativ, und hat mich auch boykottiert. Ich habe keinen Pfennig von zu Hause bekommen, weil ich schließlich Abitur machen sollte. Er hatte immer noch gehofft, daß ich die Schule beende. An der Hochschule hieß es, ich solle eine Mappe zusammenstellen. Hatte man diese Mappe, konnte man freie Malerei, Architektur oder Mode studieren, und ich wollte immer noch Architektur machen. Doch als ich die Mappe fertig hatte, hieß es, mittlere Reife reicht nicht mehr, um Architektur zu belegen, das Abitur wird verlangt. Also fiel das Thema Innenarchitektur flach. Dann war ich natürlich total frustriert, weil ich nächtelang die notwendigen Kurse belegt hatte, jetzt mit dieser Mappe dastand, aber nicht mehr Innenarchitektur studieren konnte. Also habe ich freie Malerei gemacht, fast acht Semester lang, in Abend- und Nachtkursen, und bin dann übergewechselt zur Mode. Nebenbei habe ich weiterhin diese freien Malereikurse belegt. Ich denke, man merkt das auch an meinen Kreationen, daß ich stärker aus der Malerei komme als aus dem reinen Modedesign.

Ich mag Sachen, die eine Wertigkeit für eine lange Zeit haben, ich bemühe mich, in meiner Mode Dinge zu machen, die man auch nach ein paar Jahren aus dem Schrank holt und immer noch toll findet, aber für die Ewigkeit möchte ich auch nicht unbedingt etwas schaffen. Außerdem brauche ich Druck: Ich bin am besten, wenn ich unter einem unglaublichen Druck arbeiten muß, wenn die Zeit am knappsten ist. Das gibt es in der Mode sehr oft, während die Architektur und die angrenzenden Bereiche da eher geruhsam sind. Außerdem bin ich der Meinung, daß man den Zeitgeist nirgends so schön wiedergeben kann wie in der Mode. Zeitgeist ist für mich das Hier und Jetzt, das was wirklich ringsum passiert, nicht nur in etablierten Kreisen, sondern wirklich von der Straße bis nach oben. Da merkt man doch, wenn man mit offenen Augen rumläuft, daß sich täglich irgendwas Neues tut. Diese Eindrücke aufzufangen und umzusetzen, das macht mir Spaß. Man muß einfach wissen, was im Theater los ist, was beim Film oder auch in der Malerei abläuft. Ich finde es wichtig, daß man als Designer ein ganz breites Spektrum von Perspektiven hat. Hätte ich mich nur auf die Schiene Mode konzentriert, fände ich das ziemlich traurig.

Es war für mich völlig selbstverständlich, daß ich einen Beruf ergreife. Ich war als kleines Kind schon so, daß ich unbedingt etwas machen wollte, was mich ausfüllt, so daß ich morgens aufstehe und das Gefühl habe, da freue ich mich drauf. Ich habe es mir auch nicht leicht gemacht: Jeder junge Mensch ist vertraut mit der Suche nach dem richtigen Metier, doch viele geben diesem Suchen gar nicht nach, sondern lassen sich von einer Ausbildung in die nächste drängen. Dann ist jemand zwar hochqualifiziert ausgebildet, aber im Endeffekt kann er sein Wissen nicht praktisch anwenden oder tut etwas, das nicht zu seiner Persönlichkeit paßt. Mir war frühzeitig klar, daß ich aktiv danach suchen möchte, was ich wirklich will.

Gefördert wurde meine Kreativität stark von meinem Vater. Mein Vater hat mit uns viel gemalt und gezeichnet, und dadurch habe ich als kleines Kind schon Kleider gemalt und überhaupt viel mit Mode rumgespielt. Da gibt es süße Bilder mit unglaublichen Kleiderkonstruktionen für Prinzessinnen von mir. Natürlich sind die kitschig und kindlich, aber ich erkenne daran, daß ich mich mit dem Thema Mode schon frühzeitig beschäftigt habe. Mein Vater hat mich auch schon als kleiner Wicht oft mitgenommen und mich gefragt, wie findest du die Farbe vom Vorhang, oder wie findest du denn das, was hältst du davon? Dadurch bekommt man natürlich ein Selbstbewußtsein und weiß sehr genau, was man will.

Ich habe während meines Studiums schon immer für Künstler und irgendwelche Cabaret- und Fernsehgeschichten Sachen gefertigt. Ich habe die Entwürfe gemacht und habe mich gleich mit zwei Leuten aus meinem Semester zusammengerottet, die genäht haben. Ich konnte schon damals ganz gut organisieren. In die Künstlerszene reingekommen bin ich Anfang der siebziger Jahre. Ich war als junger Mensch wahnsinnig extrem: Ich war überall unterwegs, in sämtlichen Nachtläden und sämtlichen Bars, und lernte alle möglichen Leute und Prominente kennen, die sagten, ich sei toll angezogen, ich solle ihnen doch auch so etwas machen.

Meine eigenen Sachen nähte ich schon seit meinem 13. Lebensjahr immer selbst. Im Vergleich zu damals bin ich heute sehr klassisch angezogen. Damals habe ich viel Wert darauf gelegt, möglichst exaltiert aufgemacht rumzulaufen. Es kam einem auch ungeheuer wichtig vor, jeden Abend möglichst verrückt aufgestylt irgendwo aufzutauchen. Die Szenerie war damals eine ganz andere als heute, fast noch Spätausläufer der 68er. Dieses Revolutionäre war damals noch sehr stark da, also ist man noch richtig schräg gegangen. Da bin ich eben wesentlich mehr aufgefallen als andere, und dadurch habe ich schon frühzeitig für andere Leute Sachen entworfen.

Meine Ideen sind Ergebnisse aus vielen Mosaiksteinchen, die ich zusammensammle, indem ich überall mit offenen Augen herumlaufe. Ich bin unheimlich viel unterwegs: Ich gehe in die neuen Filme und die neuen Theaterstücke und auch auf Messen, beispielsweise Kunstmessen, die nicht direkt mit meiner Branche zu tun haben. Mir wäre es zu langweilig, wenn ich mich nur mit dieser kleinen Ecke »Mode« abgeben würde. Das wäre viel zu eng. Dann würden auch die Inspirationen nur noch von »Es war einmal ...« leben, und nichts finde ich schlimmer. Deshalb finde ich in der Mode die Orientierung nach hinten völlig verkehrt. Man kann nur Dagewesenes im heutigen Zeitgeist verstanden neu interpretieren, aber nicht wiederholen; deshalb braucht ein Modemacher die Anregungen aus den anderen Bereichen.

Meine Inspirationen hole ich mir Tag für Tag, und ich bin ständig am Übersetzen und Aufschreiben von Eindrücken. Ich gehe um die Ecke und sehe am Blumenstand irgendwas und denke, wow, das ist die Farbe! So ging es mir beispielsweise mit rot-pink-orangefarbenen Rosen, diese Farbe habe ich dann stark in der Sommersaison 1991 übernommen. Zudem arbeite ich mittlerweile in ganz verschiedenen Bereichen, ich berate auch die Modeindustrie, wo ich mit meinem Denken der Zeit immer rund 18 Monate voraus bin. Ich gehöre zu den Designern, die die Faserindustrie als Berater eingekauft hat, um die Trendlinien für die Industrie festzulegen. In Paris oder Mailand werden die Trends erspürt, dann heißt es, Afrika kommt sehr stark wieder, oder es kommt eine sehr starke Welle aus Miami, die grellen, schrillen Pastelltöne. Und diese Trends muß ich dann übersetzen und auf die Bühne bringen, begreifbar machen für den Faserhersteller. So arbeite ich praktisch gleichzeitig an drei Kollektionen in drei Saisons: Ich arbeite beispielsweise im Frühjahr 1991 für mich selber am Winter '92, für die Faserleute am Sommer '92 und für andere Textilunternehmen, die ich ebenfalls berate, noch am Nachmusterungsbereich vom Sommer '91.

Ich berate einen renommierten Textilproduzenten, mache die Konzeption. Das mache ich im Grunde auch am allerliebsten. Ich kann Modekonzeptionen machen, die wirklich umgesetzt werden können – wie andere ein Drehbuch schreiben und danach einen Film drehen: Die Kollektion entspricht dann meiner Konzeption. Das Konzeptionelle liegt mir mehr als das Umsetzen. Deshalb arbeite ich heute nur noch mit Freelancern zusammen. Ich will keine Fabrikation mehr haben, wie ich das früher schon einmal mit der Ledergeschichte hatte: Da saßen siebzig Mann um mich herum. Das hasse ich! So etwas finde ich total unkonstruktiv. Ich finde immer, eine Idee muß im Kopf fertig sein, und die Konzeption muß stehen. Wer anfängt, am einzelnen Teil rumzumachen, zu diesem Zeitpunkt noch die große Inspiration sucht, arbeitet kunstgewerblich. Das hat dann nichts mit der großen Linie und der Aussage zu tun. Ich habe auch festgestellt, daß es schlecht ist, wenn ich mich irritieren lasse und von meiner Anfangskonzeption weggehe.

Die Consulting-Tätigkeit finde ich toll, das sind andere Kulissen, andere Bereiche. Ich bin ein wahnsinnig neugieriger Mensch, und um meine ganzen Fragen und mein ganzes Soll dauernd zu erfüllen, möchte ich möglichst rundum einen Einblick bekommen, ohne daß ich mich nun unter Streß setze. Und je mehr ich in verschiedenartige Bereiche reingucke, um so mehr kriege ich mit, fühle ich mich inspiriert, und um so perfekter wird letztendlich die Konzeption. Mit Stoffleuten arbeite ich ebenfalls im konstruktiven Bereich sehr eng zusammen, also schließt ein Kreis den anderen, jeder Bereich profitiert von einem anderen. Meine Arbeit ist ganzheitlich ausgerichtet.

Dieses ganzheitliche Denken ist mir im Privatbereich auch sehr wichtig. Mir bleibt auch gar nichts anderes übrig: Ich lebe mit einem Mann zusammen, der von heute auf morgen von der Schweiz nach Österreich versetzt worden ist. Wir sind in den letzten fünf Jahren fünfmal umgezogen. Mein Partner unterstützt mich beruflich sehr. Er gibt mir als Kaufmann viel strategischen Input, den ich vom Ansatz her nicht so hatte. Er weist mich darauf hin, wo ich mit meiner Analyse ansetzen muß, was ich früher nie gemacht habe.

Ich habe ein Team aus zwanzig Leuten: Zwei Designer, zwei

Bürokräfte und der Geschäftsführer sind fest angestellt, und fünfzehn arbeiten für mich als Freelancer. Alle arbeiten die Ideen aus, die ich habe. Ich frage auch schon mal, wie sie meine Ideen finden, was ihnen am besten gefällt, aber letztlich ist es gerade im kreativen Bereich so, daß es auf einem Schiff eben nur einen Kapitän geben kann.

Ich kann mir nicht vorstellen, daß ich irgendwann einmal keine Lust mehr auf meine Arbeit habe, weil mir Mode einfach Spaß macht. Ich glaube auch, wenn man Mode mit den verschiedenartigsten Inhalten sieht, dann kann sie auch nicht langweilig werden und ist somit auch nicht oberflächlich. Wer sich nur diese Modewelt reinzieht, permanent von einem Empfängchen zum anderen trippelt und abhängig ist von diesem Boutiquen-Getue, der wird auf Dauer bestimmt zermürbt, aber das alles hat mit der eigentlichen Arbeit nichts zu tun. Ich drücke mich weder laufend auf irgendwelchen Empfängen rum, noch fahre ich auf diese High Society-Schiene ab: Erstens bin ich kein Hausschneider, der es nur nötig hat, den Einzelkunden hinterherzupfeifen, und zweitens will ich mit dieser oberflächlichen Kiste nichts zu tun haben.

Für die Zukunft kann ich mir vorstellen, daß ich vielleicht noch eine weitere Konfektionsfirma berate, die in einem ganz anderen Genre liegt als die, die ich derzeit berate. Was mich noch viel mehr reizt momentan, ist der weitere Aufbau meines Namens und die Lizensierung: Ich habe eine Lizenz für Handschuhe abgeschlossen und für Accessoires, mich interessiert außerdem der Bereich Kosmetik und Parfums.

Professor Dr.

Helga Rübsamen-Waigmann

Direktorin, Forschung

Es ist ein äußerst schwieriges Unterfangen, mit der vielbeschäftigten Wissenschaftlerin Helga Rübsamen-Waigmann überhaupt in Kontakt zu treten: Entweder ist sie auf Dienstreise, oder sie befindet sich in einer Besprechung, oder aber sie telefoniert. Nicht zuletzt bedingt durch ihre internationale Tätigkeit und ihre weltweit anerkannte Aids-Forschung ist sie stark gefragt.

Dennoch: An einem trüben Winternachmittag trafen wir uns im altehrwürdigen Paul-Ehrlich-Institut, ihrem Arbeitsplatz. In ihrem Arbeitszimmer mit dem Flair der Jahrhundertwende dominiert ein großer Besprechungstisch – ein Indiz dafür, wie häufig ihre Arbeitsstunden von Sitzungen und Konferenzen geprägt sind. In diesem historischen Ambiente verkörpert Helga Rübsamen-Waigmann vom Scheitel bis zur Sohle die vitale Gegenwart.

Was mir an der agilen Naturwissenschaftlerin als erstes auffiel, ist die Intensität, mit der sich Helga Rübsamen-Waigmann auf Themen konzentrieren kann, die Geschwindigkeit, mit der sie sich auf neue Situationen einstellt, und die Begeisterung, die sie für ihre Arbeit empfindet. Aber genau diese Voraussetzungen ermöglichen es ihr, ein Mammutprogramm in Personalunion zu bewerkstelligen: die Forschung, die Lehre und das Management ihres Instituts. Daß sie außerdem noch ihren Aufgaben als Mutter gerecht wird, versteht sich für Helga Rübsamen-Waigmann dabei ganz von selbst.

Um die Jahrhundertwende gründete Paul Ehrlich zwei Institute, das Chemotherapeutische Forschungsinstitut Georg-Speyer-Haus und das Paul-Ehrlich-Institut. Beide sind über viele Jahre in Personalunion geführt worden. Das Georg-Speyer-Haus ist eine private gemeinnützige Stiftung, die ausschließlich Forschungsaufgaben auf den Gebieten Krebs, Infektionskrankheiten und Immunologie hat. Das Paul-Ehrlich-Institut ist heute eine Bundesoberbehörde.

Im Jahr 1986 wurde beschlossen, die Häuser zu trennen. Der letzte gemeinsame Leiter der Institute, Professor H. D. Brede, führte das Georg-Speyer-Haus noch ein Jahr weiter, danach wurde ich 1987 zur Direktorin berufen.

Als ich 1981 in Frankfurt die ersten Vorstellungsgespräche führte, war diese Entwicklung nicht vorauszusehen. Ich hatte ein Institut gesucht, an dem ich einen kleinen wissenschaftlichen Arbeitskreis führen konnte, meine Habilitation beendigen konnte und Kooperation mit Kollegen fände, die ähnliche wissenschaftliche Interessen hatten. Brede ließ mich allerdings schon zwei Jahre später wissen, daß er bald in den Ruhestand ginge und ich, sofern ich mich weiter bewährte, auch leitende Funktionen in größerem Maßstab übernehmen könnte. Damals hatte er offensichtlich selbst aber noch nicht daran gedacht, mir die Institutsleitung zu übertragen, und ich auch nicht. Ich war zu sehr mit meiner Habilitationsarbeit über Krebsgene beschäftigt, arbeitete als Nebengebiet auch an einem Thema aus der Allergologie und überlegte, wie intensiv ich meine Kenntnisse als Retrovirus-Forscherin auch auf dem AIDS-Gebiet einsetzen sollte. Ich war glücklich, daß ich wissenschaftlich gut vorankam und dachte dabei – das ist vielleicht typisch für viele Frauen unserer Generation – sehr wenig an Karriere.

Die Frage nach der Institutsleitung stellte mir Brede später völlig unerwartet bei einer Kongreßreise: Wir waren zusammen in den USA, auf einem Kongreß über Allergie. Ich hatte über unsere eigenen Arbeiten einen Vortrag gehalten, der sehr gut ankam. Anschließend bat er mich zu sich und sagte, »Rübsamen, ich habe Sie unterschätzt! Ich finde, Sie sollten ein Institut leiten«. Ich war völlig überrascht und fragte: »Meinen Sie denn, ich könnte das?« Seine Antwort: »Probieren Sie es.«

Zu Hause sprach ich mit meinem früheren Mann darüber. Er meinte, ich sollte es versuchen. Sein Hauptargument war, daß ich viele wissenschaftliche Ideen hatte, die ich mit der entsprechenden Mannschaft eines ganzen Instituts auch würde umsetzen können. Bislang war das immer nur zu dem Teil möglich gewesen, den ich mit meiner recht kleinen Gruppe bearbeiten konnte.

Mir war andrerseits klar, daß bei einer Institutsleitung die Managementfunktionen schnell die Oberhand gewinnen könnten und daß ich immer um die Zeit würde kämpfen müssen, um täglich auch weiterhin wissenschaftlich arbeiten zu können. Ich hielt dies bei guter Disziplin aber für machbar.

Damals hatte ich allerdings unterschätzt, wieviel Energie es kosten würde, das Institut nach der Trennung – bei der es fast seinen ganzen Etat verlor – erst einmal wieder auf Trab zu bringen. Es zeigte sich, daß ich weniger als geplant selbst in der Wissenschaft arbeiten konnte und daß uns anfangs auch manche Entwicklungen davonliefen. Dennoch haben wir in den wenigen Jahren sehr große Fortschritte gemacht und konnten viele neue Schwerpunkte setzen, so daß ich aus heutiger Sicht sehr sicher bin, die richtige Entscheidung getroffen zu haben.

Weil das Georg-Speyer-Haus eine Stiftung und kein Universitätsinstitut ist, sind wir sehr frei: Wir können mit Firmen kooperieren, mit der ganzen Welt zusammenarbeiten. Diese Möglichkeit der Verbindung von Grundlagenforschung und ihrer Umsetzung in medizinische Tests oder Medikamente hatte mich bei der Übernahme des Direktorats gereizt und hat sich in der Praxis auch als sehr vorteilhaft erwiesen. Sie war die vielen Mühen beim Wiederaufbau wert.

Mit einem unserer heutigen großen Forschungsthemen, nämlich AIDS, war ich schon recht früh in Berührung gekommen. Ich war 1982 zu einem Forschungsaufenthalt in die USA gegangen. Zu diesem Zeitpunkt war ich studierte Chemikerin, die sich in der Diplom- und Doktorarbeit zur Biochemikerin weiterentwikkelt und als Postdoktorandin zusätzlich Virologie gelernt hatte. Ich wußte allerdings wenig über Gentechnik und wollte deshalb diese Methoden erlernen. Ich war überzeugt, daß man in allen Forschungsrichtungen in Zukunft ohne gentechnische Arbeitsweisen nicht mehr weiterkommen würde.

Ich nahm für diese Weiterbildung die Einladung von Jim Mullins an die Harvard Universität an und lernte viel von ihm. Mullins und ich arbeiteten an dem ersten bekannten Retrovirus, das beim Menschen eine Leukämie hervorrufen kann. Es gelang uns in kürzester Zeit, das Virus molekular zu klonieren. In dieser

Zeit sprach man an den amerikanischen Universitäten aber auch schon von AIDS. Es wurde als eine merkwürdige Krankheit diskutiert, niemand wußte Genaues, ein Erreger war nicht bekannt, und man fragte sich auch noch, ob diese Krankheit überhaupt eine Infektionskrankheit sei.

Ende 1982 kam ich nach Frankfurt zurück und berichtete meinem Chef über die neue, rätselhafte Krankheit in Amerika, die vermutlich eine Infektionskrankheit war. Schon ein Jahr später hatte auch Deutschland eine nicht mehr zu übersehende Zahl an AIDS-Fällen, so daß klar war, daß man sich mit dieser Krankheit würde auseinandersetzen müssen. Im selben Jahr publizierte die Französin Barre-Sinoussi zusammen mit Jean-Claude Chermann und Montagnier die Entdeckung des Virus, das der Erreger der Krankheit ist.

Es war Anfang 1984, als Professor Brede zu mir kam: »Rübsamen, das AIDS-Virus ist doch genau so ein Retrovirus wie Ihre Tumorviren, arbeiten Sie jetzt auch an AIDS. Wir können uns hier wissenschaftlich nicht länger heraushalten.« Ich hatte keine große Neigung, allein daran zu arbeiten, weil ich meine Krebsforschung nicht aufgeben wollte, und suchte deshalb einen Kooperationspartner. Von dem damaligen Virologen des Schwester-Instituts und dessen heutigem Leiter erhielt ich allerdings einen Korb: »Das machen wir allein.« Brede bestand aber trotzdem darauf, daß ich Arbeiten an AIDS aufnehmen sollte. »Dann machen Sie eben etwas anderes als die Kollegen!«

Also ging ich zur Frankfurter Uniklinik, wo bereits die ersten AIDS-Patienten lagen, und fragte die sie betreuende Professorin, Eilke Helm, was denn aus ihrer Sicht ein Problem bei AIDS sei, an dem ein Virologe vernünftig arbeiten könnte. Sie teilte mir ihre Vermutung mit, daß es sich bei AIDS wohl nicht nur um einen einzigen Erreger handle, weil es ganz unterschiedliche Inkubationszeiten bis zum Ausbruch der Krankheit und ganz unterschiedliche klinische Verläufe gäbe. »Ein einziges Virus kann so ein Spektrum von Erkrankungen nicht hervorrufen.« Wir vereinbarten, daß ich mir das Virus noch mal genauer ansehen würde, und sie gab mir Blut von sechs ihrer Patienten.

Gemeinsam mit einem Diplomanden habe ich dann unter zunächst sehr primitiven Bedingungen begonnen, an diesen Proben zu arbeiten. Wir versuchten zuerst, das nachzuvollziehen, was die Franzosen und die Amerikaner bis dahin über die Kultivierung des Virus veröffentlicht hatten. Natürlich hatte aber niemand die Methode genau beschrieben, und wir kriegten es erst einmal nicht hin. Nach vielen Versuchen, in denen wir eine ganze Reihe von Kulturbedingungen erprobten, und dank einiger Tips, die mir ein südafrikanischer Kollege gab, der einige Zeit Gast am Institut war, klappte es schließlich: In den Kulturen sah ich, wie die Zellen durch das Virus verändert wurden, und ich konnte das Virus in der Kulturflüssigkeit nachweisen. Wir hatten es geschafft! Das war aufregend! Noch spannender war aber, daß wir bei den Kulturen aus den sechs verschiedenen Patienten sofort sahen: Jedes Virus verhält sich anders in der Kultur. Das hatte noch niemand beschrieben. Wir vermuteten sofort, daß dies ein Grund für die Beobachtung der Ärzte sein könnte, daß jedes Krankheitsbild anders ist. Es hatte mich gepackt, und wir begannen mit Hochdruck die verschiedenen Virustypen zu untersuchen.

Ich rief Frau Helm an und sagte ihr, ich würde nun auch glauben, daß AIDS nicht durch ein einziges Virus hervorgerufen würde. Vielmehr handele es sich offensichtlich um eine große Familie mit vielen, sehr unterschiedlichen Vertretern. Die Viren seien zwar alle verwandt, aber sie zeigten extrem unterschiedliche Wachstumseigenschaften in Kultur und seien auch gegenüber den Immunzellen unterschiedlich aggressiv. Sie war ebenso beeindruckt davon wie wir, und wir vereinbarten, daß wir weitere Blutproben von anderen Patienten untersuchen sollten.

Diese Erkenntnis wollten wir natürlich auch publizieren, und ich schickte unsere Veröffentlichung im Sommer 1985 an eine sehr angesehene britische medizinische Zeitschrift, »The Lancet«. Doch die schrieben mir zurück, das sei zwar eine sehr interessante und schöne Arbeit, aber ich müsse verstehen, man habe so viel Wichtiges zu publizieren, das könne man jetzt nicht unterbringen. Also ist die erste Publikation über die Variation vom AIDS-Virus im Januar 1986 in einer deutschen Zeitschrift erschienen.

In diese Zeit fiel aber auch eine große Enttäuschung: Derselbe Kollege, der zunächst abgelehnt hatte, mit mir auf dem AIDS-Gebiet zusammenzuarbeiten, hatte erfahren, daß mir erstmals in Deutschland die Isolierung des Erregers gelungen war. Eine Woche, nachdem ich gerade selbst wußte, daß es geklappt hatte, erhielt ich einen Anruf aus den USA. Der Anrufer sagte mir, er habe von diesem Kollegen erfahren, wir (!) in Frankfurt hätten mit der Isolierung des Erregers Erfolg gehabt. Er rufe an, weil ihn das wunderte, denn soweit er informiert sei, müsse es doch die Arbeit meiner Gruppe gewesen sein. Ich fiel aus allen Wolken, denn ich hatte es dem Kollegen noch nicht einmal selber erzählt, die Erkenntnis war ja erst eine Woche alt. Ich konnte nur bestätigen, daß es tatsächlich allein die Arbeit meines Labors gewesen war, und mich für den Hinweis bedanken.

Als ich meinen Frankfurter Kollegen zur Rede stellte, zeigte er wenig Verständnis für meine Empörung. Ich solle es doch nicht so eng sehen, sondern mich eher freuen, wenn andere davon erführen ... »Wir sitzen doch alle in einem Boot« – Plötzlich! Meine Weigerung, die Leistung meiner Gruppe durch andere »vermarkten« zu lassen, brachte mir eine unerbittliche Feindschaft ein, die mir auch später das Leben nicht leicht machte. Ich mußte lernen, daß Karrieregedanken eines Menschen auch in der Wissenschaft alle Gebote der kollegialen Fairneß und eines konstruktiven Zusammenarbeitens außer Kraft setzen können, aber auch, daß man sich einer solchen Herausforderung stellen muß. Sie hat mit wissenschaftlichem Denken und wissenschaftlicher Ethik nichts zu tun und kostet leider auch viel Zeit, die man lieber seinen Forschungen widmen würde. Glücklicherweise standen mir aber in diesem Konflikt einige Kollegen, die die Umstände kannten, und vor allem mein Chef zur Seite.

Aber auch in anderer Hinsicht hatte ich Probleme mit unserer Erkenntnis: Ich stellte Ende 1985 einen Antrag beim Bundesministerium für Forschung und Technologie, um weitere Gelder für unsere Arbeiten zu erhalten. Ich schrieb in meiner Antragsbegründung, das Hauptproblem bei AIDS sei die Wandlungsfähigkeit des Virus. Deswegen werde es sehr schwierig sein, einen Impfstoff zu entwickeln – gegen welchen Virus-Subtyp soll man denn impfen? –, weshalb auch die Therapie sehr schwierig sein werde. Ich schrieb dazu, daß ich vor allem erwarten würde, daß unsere diagnostischen Tests zum Nachweis der Infektion nicht alle Erreger erkennen würden, und bat um Geld, damit ich die Wandlungsfähigkeit des Virus weiter untersuchen könnte.

In der ersten Runde der Beurteilung des Antrags sagten die Gutachter, die Variationsfähigkeit, die ich beobachtet habe, sei ein »Rübsamen-Phänomen«. Die Gutachter hätten das Virus schließlich selbst in ihren Labors, aber *sie* könnten nicht sehen, daß es variierte. Es gäbe keine Notwendigkeit, die Virus-Veränderung zu studieren, geschweige denn, die Tests auf neue Viren anzupassen. Kein Wunder, denn was hatten sie gemacht? Sie hatten sich den einen Stamm geben lassen, den die Franzosen isoliert hatten und den die Amerikaner auch benutzten. Wenn man nur einen Stamm anguckt, dann ist notwendigerweise das Ergebnis jedesmal dasselbe. Ich betonte nochmals, ich hätte aber von sechs *verschiedenen* Patienten die Viren angeschaut, und die seien nun mal alle verschieden. Das kann gar nicht stimmen – so die Meinung; der Antrag wurde zunächst abgelehnt.

Ich mußte ein ganzes Jahr lang kämpfen, bis ich Geld bekam, um weiterzuarbeiten, und es wurde mir sogar gesagt, ich solle mich mit diesem Geld nicht der Veränderung des Virus widmen. In der Zwischenzeit war uns aber schon bald das Geld ausgegangen, um unsere kostbaren Kulturen weiterzuzüchten. Hier kam Hilfe von einer ganz unerwarteten Seite: Frau Helm kannte unsere Sorgen und war von unseren Ergebnissen überzeugt. Ein Infizierter aus Frankfurt spendete durch ihre Vermittlung aus seinem Privatvermögen Geld, damit ich unsere Kulturen aufrechterhalten und zumindest »auf kleiner Flamme« weiterarbeiten konnte.

Noch 1986 veröffentlichten wieder die Franzosen, daß es einen neuen Typ des AIDS-Erregers gäbe, das HIV-2, der mit den damaligen diagnostischen Tests nicht mehr sicher zu erfassen sei – ich hatte also recht gehabt. Kurze Zeit später hatten wir in Frankfurt ein Virus in der Hand, das dem HIV-2 der Franzosen verwandt war, aber offensichtlich auch von diesem erheblich abwich. Ich stellte einen Nachantrag auf Forschungsgelder, ich wollte auch diesen Typ genauer untersuchen. Zunächst gab es denselben negativen Bescheid wie beim ersten Antrag. »Warum wollen Sie denn, Frau Rübsamen, das HIV-2, das Herr Montaignier vom Pasteur-Institut schon beschrieben hat, nun noch mal untersuchen?« Antwort: »Weil mein Virus ganz anders ist.« Auch hier bedurfte es harter Kämpfe, bis ich genug Geld bekam. Ich habe zunächst wieder unter einfachsten Bedingungen weitergearbeitet. Auch bei der Stelle, die die Forschungsgelder vergab, fand sich aber zu diesem Zeitpunkt glücklicherweise jemand, der zu glauben begann, ganz so abwegig könnten unsere Ergebnisse doch nicht sein, und die genaue Analyse des Virus wurde möglich.

Sie zeigte zu unserer eigenen Überraschung, daß wir einen Urtyp des AIDS-Erregers entdeckt hatten, der entwicklungsgeschichtlich zwischen der Gruppe der HIV-2-Viren des Menschen und der AIDS-Viren der Rhesusaffen und Mangaben steht. Dieser Fund wird heute als eines der wichtigsten Argumente dafür angesehen, daß AIDS eine alte Krankheit ist, die schon lange im Menschen und Affen existiert und die nur dank der modernen Verkehrsverbindungen die Möglichkeit hatte, aus ihrer »ökologischen Nische« – einem vermutlich früher abgeschieden lebendem Völkerstamm – auszubrechen und sich über die Welt zu verbreiten. Und daß AIDS das variabelste Virus ist, das die Virologen überhaupt kennen, bezweifelt heute niemand mehr.

Es war also schwer gewesen, mich gegen das »wissenschaftliche Establishment« durchzusetzen. Wer mir in dieser Zeit den Rükken stärkte, war Professor Brede, der mir immer wieder sagte: »Rübsamen, machen Sie das, setzen Sie sich durch!« Aber auch der Amerikaner, der wußte, an was ich arbeite und auch die Rolle von Frauen in der Wissenschaft kennt, hat mich vermutlich bewußt angerufen, um mich vor meinem Frankfurter Kollegen zu warnen. Ohne ihn hätte ich vielleicht lange nicht gemerkt, daß er versucht hatte, den Erfolg auf seine Fahnen zu schreiben und mich nach außen als seine Mitarbeiterin zu verkaufen, obwohl ich es lange nicht mehr war und er sogar die von mir angebotene Kooperation abgelehnt hatte.

In dieser Zeit hat mir aber auch mein früherer Mann geholfen, die Mechanismen, die eingesetzt werden, wenn eine Karriere nicht allein durch fachliche Qualifikation vorgezeichnet ist, zu durchschauen. Ich wäre viel zu naiv gewesen. Er half mir auch, bei aller Empörung nach außen hin halbwegs ruhig zu bleiben und machte mir klar, daß ein Auftreten als Furie selbst bei Männern, die einem gewogen sind, überwiegend negative Reaktionen auslöst. Es war trotzdem nicht immer leicht, ruhig zu bleiben, und es gelang auch nicht immer. Ich mußte mir zeitweilig sehr ernste Sorgen um die Möglichkeit machen, an meinen Aufgaben weiterarbeiten zu können. Ich stellte dann aber fest, daß sich gerade die schwächeren Kollegen auf die Seite dessen schlugen, der mir das Leben schwer machte, und das beruhigte mich. Es gab aber auch einige wenige, wissenschaftlich zum Teil hervorragende Frauen, die meinen Weg für aussichtslos hielten und als stille Dulderinnen auf der anderen Seite standen oder sich sogar, nachdem sie von mir ausgebildet waren, abwerben ließen. Einige dieser Frauen waren älter als ich und gehören vielleicht noch zu der Generation, die es gewohnt war, sich beruflich unter die Fittiche eines Mannes zu begeben. Diese Frauen haben bis heute nicht begriffen, daß es zwar eine Gratwanderung ist, sich durchzusetzen, ohne zur Furie zu werden, daß es sich aber lohnt und daß gerade viele starke Männer einer solchen Entwicklung heute mit Sympathie gegenüberstehen.

Man muß sich aber auch klarmachen, daß Mißerfolge, die einen solchen Weg gelegentlich begleiten, auch Männern passieren, und daß man sich hüten muß, in allen Fällen gleich zu sagen: »Das ist eben, weil ich eine Frau bin.« Sicher ist dennoch, daß man es auch heute als Frau noch schwerer hat und daß selbst der berechtigte Anspruch einer Frau in unserer noch stark von Männern bestimmten beruflichen Umwelt leicht ins Lächerliche gezogen und statt mit fachlichen Argumenten gerne unter dem Hinweis auf die Weiblichkeit abgetan wird. So, wie es eine Kollegin vor einigen Jahren erlebte, als sie mit einem Kollegen schimpfte, der ihr ein Gerät völlig verdreckt zurückgeben wollte, und dieser antwortete nur unter dem beifälligen Gelächter der anderen umstehenden Männer: »Du hast wohl deine Tage!«

Auch das Kinderkriegen ist neben den biologischen Vorgängen, die eine Frau zwangsläufig belasten, in unserer heutigen Gesellschaft mit psychologischen Belastungen verbunden, die ein Mann nie so erlebt. Wenn er als beruflich engagierter Mensch bekannt gibt, daß er Vater wird, erntet er beifälliges Nicken, und niemand stellt in Frage, daß er ein guter Vater oder weiterhin ein guter Abteilungsleiter, Direktor, Vorstand sein kann.

Als ich vor die Frage gestellt wurde, ob ich die Direktorin des Speyer-Hauses werden wollte, war ich schwanger. Manche »liebe Kollegen« waren von der Botschaft, ich sei schwanger, begeistert und dachten, jetzt sei ich »weg vom Fenster«. Andere machten sich Sorgen und fragten sich, wie die Arbeit weitergehen sollte. Mein ehemaliger Chef glaubte daran, daß ich meine Arbeit nicht aufgeben würde und daß ich Kind und Beruf, wie geplant, verbinden könnte. Im Gegensatz dazu hat der mich betreuende Arzt aus der benachbarten Uniklinik, ein sehr erfahrener, hervorragender Geburtshelfer, sich immer aufgeregt, wenn ich mit meinem Bauch in seiner Sprechstunde saß und Computerkarten durchsah, während die anderen Mütter strickten. »Wann werden *Sie* endlich Mutter?« »Wenn das Kind da ist!«

Er war recht fest davon überzeugt, daß mir »die Hormone«

einen Strich durch meine Pläne machen würden, Mutterschaft und Beruf zu verbinden, und daß mir nach der Geburt nur noch das Kind wichtig sei, die Wissenschaft dagegen egal. Glücklicherweise hatte dieser von mir sehr geschätzte Kollege unrecht, aber natürlich fragte ich mich auch selbst, ob denn tatsächlich alles so werden könnte, wie ich es mir wünschte: Wunschkind und Fortsetzung meiner Arbeit.

Auch wenn Brede sich vermutlich dieselben Fragen stellte, hat er mir immer Mut gemacht. Als ich die ersten drei Monate der Schwangerschaft, in denen es etwas problematisch war, hinter mir hatte, ging es mir blendend: Ich war fit, hatte keinen sehr dikken Bauch, trug Schlabberkleider, und weil ich groß bin, konnte ich den Bauch wunderbar verstecken. Selbst im achten Monat haben es mir manche Mediziner nicht angesehen, und ich hielt noch einen Vortrag in Paris. Hochschwanger wurde ich dann zur Direktorin berufen. Ich arbeitete bis zum letzten Tag, es machte mir keine Schwierigkeiten.

Meine Mitarbeiter haben mich alle sehr unterstützt und waren natürlich auch besorgt, daß jetzt alles, was wir gemeinsam aufgebaut hatten, in die Brüche gehen könnte. Nach der Entbindung gab es deswegen auch kein »Babyjahr für Frau Direktor«, sondern ich nahm meine Arbeit nach wenigen Wochen, zunächst halbtags, wieder auf. Leicht war diese erste Zeit nicht, aber ich hatte von allen Seiten optimale Unterstützung. Auch mein früherer Mann war in der ganzen Zeit immer hundertprozentig an meiner Seite. Er befürwortete die Verbindung von Beruf und Mutterschaft aus voller Überzeugung und trug ganz selbstverständlich einen großen Teil zur Pflege unseres Kindes bei. Dies ist, wie ich von anderen Fällen weiß, wohl immer noch eine seltene Ausnahme.

Selbst wenn ich gewollt hätte, hätte ich den Mutterschutz nicht in Anspruch nehmen können, obwohl es mir schwerfiel. Es ging aufgrund der damals vorherrschenden Situation nicht anders: Ende 1985 hatte ich die ersten deutschen AIDS-Viren, die uns auch patentrechtlich vom Ausland unabhängig machten. Anfang 1986 wurden das Georg-Speyer-Haus und das Paul-Ehrlich-Institut getrennt und uns wurden vom Ministerium 90 Prozent unserer Stellen genommen, 90 Prozent unseres Haushaltes, und in den Haushalt des Paul-Ehrlich-Instituts überführt. Dieses hatte angegeben, es könne ohne diese Mitarbeiter seine Prüfaufgaben nicht erfüllen. Ob dabei wichtige wissenschaftliche Arbeiten gefährdet würden, interessierte niemand, so daß wir Anfang 1986 mit den ersten deutschen AIDS-Viren dasaßen, mit diesen hochvariablen Stämmen, und drei Stellen hatten: meine eigene, eine technische Assistentin und eine Verwaltungskraft. Nicht mal eine Sekretärin gab es, ich habe alle meine Briefe selber geschrieben.

Der Hintergrund für diese Entscheidung war in meinen Augen eine gewisse Kurzsichtigkeit vom Bundesgesundheitsministerium, das einfach nicht begreifen wollte, daß gesundheitliche Forschung auch eine hoheitliche Aufgabe ist und daß speziell infektiologische Arbeiten in einer Welt des Massentourismus – AIDS ist nicht der einzige Krankheitserreger, der sich auf die Weltreise gemacht hat – ein absolutes Muß sind. Als ich Direktorin wurde, war dieser Einbruch noch keineswegs überwunden, sondern das Institut befand sich nach wie vor im Chaos. Ich hatte also nur die Wahl, die Berufung abzulehnen oder gleich anzupacken.

Von Anfang an hatten wir eine Kinderfrau. Ich fühlte mich unwohl bei dem Gedanken, das Kind morgens irgendwo zur Betreuung abzugeben und abends wieder abzuholen. Ich wollte meinen Sohn nicht »herumschleppen«. Um dies praktisch zu lösen, bin ich in dieser Hinsicht in einer recht glücklichen Position: Ich habe ein großes altes Haus in Bad Soden, in dem eine Wohnung für die Kinderfrau ist. Es ist also ziemlich egal, wann ich abends nach Hause komme. Hinzu kommt, daß meine Mutter, wenn Not am Mann ist, auch immer gerne einspringt und meinen Junior betreut.

Die ersten Jahre des Wiederaufbaus des Instituts waren hart. Es waren hier nicht nur die Verhandlungen mit den Ministerien zu führen, damit wir wieder mit Stellen ausgestattet wurden, sondern es gab auch eine Menge juristischer und wirtschaftlicher Probleme. So saß das Paul-Ehrlich-Institut trotz der Trennung nach wie vor in unserem Gebäude. Wir hatten kaum Platz zum Arbeiten, und Geld hatten wir ohnehin keines. Es standen Patente an, die geschrieben werden mußten, Verträge, die mit Firmen abzuschließen waren, alles Dinge, die in der Ausbildung eines Wissenschaftlers nicht vorkommen.

Hier hat mir derselbe Mann, der uns auch die Spende zum Weiterarbeiten gegeben hatte, sehr viel geholfen. Er kam aus der Wirtschaft und stand immer zur Verfügung, wenn ich einen Rat brauchte. Rückblickend kann ich sagen, daß er mich sehr klug beraten und damit indirekt unendlich viel für die Wissenschaft getan hat. Ihm persönlich hat es allerdings nichts mehr genutzt. Ich erfuhr von seinem Tod erst, als er schon begraben war. Ich sollte offensichtlich zum Schluß nicht wissen, wie schlecht es ihm ging. Diese Hilfe für die Wissenschaft, die er auch anderen Forschern zuteil werden ließ, war ein Aspekt seiner bewundernswerten Art, sich mit seinem Schicksal auseinanderzusetzen. Schon bei der ersten Begegnung sagte er, er sei überzeugt, ihn würde niemand mehr retten können, und das sei auch nicht seine Motivation dafür, uns helfen zu wollen. Er wolle nur mit dem Rest seines Lebens nach Kräften einen Beitrag zur Lösung des Problems leisten. Seinen Zustand hatte er jederzeit glasklar vor Augen, wenn er mit mir sprach. Er nannte es einmal so: »Ich fühle mich, als ob ich im Zeitraffertempo altere«, und beschrieb damit eigentlich die Summe der chronisch degenerativen Erkrankungen, die das Krankheitsbild über die Immunschwäche hinaus prägen. Solche Begegnungen bedeuten für mich auch eine Verpflichtung für die Zukunft.

Inzwischen haben wir mehr Stellen, und die meisten Räume des Institutsgebäudes stehen uns wieder zur Verfügung. Wir befinden uns immer noch in einem mühsamen, aber kontinuierlichen Aufbauprozeß. Heute arbeiten am Institut 85 Mitarbeiter, von denen immer noch nur sehr wenige aus festen Mitteln finanziert sind. Es ist also nach wie vor eine schwierige und unsichere Situation. Dennoch macht die eigentliche wissenschaftliche Arbeit sehr viel Spaß. Als Professorin der Universität Frankfurt betreue ich zusammen mit Professor Brede, der nach wie vor am Haus ist, und meinen Laborleitern viele Diplomanden und Doktoranden, die Chemiker, Biologen, Mikrobiologen und Mediziner sind und aus der ganzen Bundesrepublik zu uns kommen. Ein Großteil unserer Forschung basiert auf diesen jungen, sehr engagierten Leuten. Nach wie vor widme ich etwa 50 Prozent meiner Arbeit der Krebsforschung.

Neben den sehr vielen jungen Mitarbeitern – das Durchschnittsalter meiner Mitarbeiter ist um die Dreißig – arbeitet auch mein ehemaliger Chef noch am Institut. Er macht eine sehr interessante Studie, das sogenannte Frankfurter HIV-Modell. Die Idee dazu hat er 1987 im Bundesgesundheitsministerium entwikkelt, als klar wurde, daß die HIV-Infektion eine chronisch fortschreitende Krankheit ist. Sie läßt über die ersten Jahre die meisten Leute relativ in Frieden, etabliert sich aber trotzdem mit chronisch fortschreitenden kleineren und größeren Symptomen, und irgendwann haben die Infizierten AIDS. Früher hat sich die Medizin nur auf das Endstadium gestürzt, hat AIDS studiert, aber man hat sich nicht darum gekümmert, was in der Zwischenzeit, in der HIV-Phase, passiert.

Wir betreuen mit Professor Brede als Projektleiter deswegen jetzt im HIV-Modell überwiegend arbeitsfähige Infizierte; davon sind 80 Prozent homosexuelle Männer, 15 Prozent sind Drogenabhängige, das sind hälftig Männer und Frauen, und die restlichen 5 Prozent sind Heterosexuelle. Die Betreuung erfolgt in Kooperation mit etwa 120 niedergelassenen Ärzten im Großraum Frankfurt. Den Ärzten stellen sich die Infizierten alle drei Monate vor, sie werden jedesmal untersucht, ob sich ihr klinischer Status geändert hat, und uns wird jeweils eine Blutprobe geschickt. Wir erheben die Laborwerte und speichern diese anonym im Computer. Damit machen wir eine Multivariantenanalyse, um herauszufinden, was bestimmt, wie schnell ein Infizierter ernsthaft krank wird. Dieses Projekt wird direkt vom Gesundheitsministerium finanziert, und gehört zu den klugen Entscheidungen, die dort in Sachen AIDS getroffen worden sind. In den USA laufen inzwischen ähnliche Projekte; dort müssen sie aber von den Betroffenen selbst finanziert werden, so daß man in dieser Hinsicht mit Bewunderung auf uns schaut.

Für mich ist die Arbeit im Georg-Speyer-Haus eine optimale Kombination: Ich kann durch meine naturwissenschaftliche Ausbildung medizinische Fragen der Grundlagenforschung bearbeiten und habe die enge Kooperation mit der Medizin. So wie mein Doktorvater ein Doktorvater im klassischsten und positivsten Sinne des Wortes war, war auch Professor Brede für mich ein ganz entscheidender Mentor. Er ist Mediziner, und die Naturwissenschaftler am Haus und auch ich selber können sehr viel von ihm lernen, bis heute, weil er mit 70 nach wie vor im Fulltime-Job hier arbeitet. Wir arbeiten ganz phantastisch zusammen und sitzen oft vor schwierigen Entscheidungen gemeinsam da und überlegen, wie man es am besten anfaßt. Das ist eine ganz seltene und kostbare Konstellation, die natürlich auch hier und da ihre Schwierigkeiten hat, die im Generationsunterschied liegen.

Geboren bin ich 1949 in Münchberg nördlich von Bayreuth.

Ich war ein Jahr alt, als meine Eltern nach Düsseldorf zogen. Mein Vater war Banker, meine Mutter war damals Hausfrau. Ich habe in Düsseldorf mit 18 Jahren Abitur gemacht. Bevor ich Abitur machte, hat meine Mutter beschlossen zu studieren, und ist noch Hauptschullehrerin geworden. Damals war in Nordrhein-Westfalen Lehrermangel. Sie war 40 Jahre alt, als sie fertig war. Meine Mutter hat sehr jung geheiratet und uns Kinder bekommen, war aber immer überzeugt davon, daß sie einen Beruf wollte. Eine ihrer ganz wichtigen Aussagen war, »Du kannst machen, was du willst, du kannst auch heiraten, wen du willst, aber sieh zu, daß du eine vernünftige Berufsausbildung hast. Mach erst deinen Doktor und heirate danach.«

Ich habe noch eine eineinhalb Jahre ältere Schwester, die ist Physikerin und lebt in Hamburg. Auf der Schule war meine Schwester immer mein Leitbild: Sie war immer super in allen Fächern, während ich hier und da meine Fünfen schrieb. Als ich Abitur machte, stellte sich die Frage, was soll ich jetzt machen? Ich interessierte mich für vieles, brauchbares Talent hatte ich auch für vieles. Ich war sehr gut in Sprachen und überlegte, Dolmetscherin zu werden, das Übliche eben. Am liebsten hätte ich Medizin studiert, aber aus Angst vor der Verantwortung des Arztes für das Leben des Menschen – ich hatte sonntags schon freiwillig Dienst im Krankenhaus gemacht – habe ich mich damals an diesen Beruf nicht rangetraut. Und weil ich keine eindeutige Präferenz für ein Studium hatte, entschloß ich mich ganz kurzfristig für Chemie – weil ich davon gar keine Ahnung hatte. Ich kam von einer traditionsreichen Schule, auf der ich fünf Sprachen gelernt und sehr viel Philosophie, Musik, Kunst und Germanistik gehabt hatte, aber wenig Naturwissenschaften. Also habe ich Chemie »probiert«. Ich ging nach Münster, an eine harte Universität in Sachen Chemie.

Mein erstes Semester war 1967. Es war natürlich überschwemmt von Jungen, die alle von naturwissenschaftlichen Gymnasien kamen und genau wußten, daß sie Chemiker werden wollten. Ich dagegen wußte nicht einmal, was ein natürlicher Logarithmus ist, und hatte nie einen Rechenschieber bedient. Wir waren 120 Studenten, 60 Arbeitsplätze standen zur Verfügung. Es mußte also eine Auswahl getroffen werden. Das Problem wurde damals gut gelöst, ich denke, besser als heute mit dem Numerus clausus: Alle Studenten erhielten einen vierwöchigen Aufbaukurs, am Ende mußte man eine Klausur schreiben, und die 60 Besten erhielten die Arbeitsplätze. Ich wußte schon in der Klausur, ich war nicht so doll. Ich hatte zwar so viel gearbeitet, wie ich konnte, aber es war fast alles nachzuholen.

Mein Name war dann auch nicht dabei, als das Ergebnis ausgehängt wurde. Also dachte ich, ich sei vielleicht doch zu blöd für Chemie. Und obwohl ich nicht auf der Liste der 60 Besten war, die es geschafft hatten, einen Arbeitsplatz zu bekommen, wollte ich wenigstens wissen, wie ich überhaupt abgeschnitten hatte. Also bin ich zu dem Dozenten hin und erfuhr, ich war genau die Nummer 61! Naja, dachte ich, dann studiere ich eben erst mal das Semester weiter, Vorlesungen hören konnte ich schließlich.

Nach vier Wochen hieß es plötzlich, ich solle mich beim Assistenten melden. Der Assistent sagte mir, eine Kommilitonin habe aufgegeben, ihr Arbeitsplatz stünde nun zur Verfügung, und ich sei die nächste, die aufgrund der Klausur drankäme. Es würde allerdings bedeuten, daß ich vier Wochen Laborarbeit nachholen müßte. Er fragte, ob ich das denn noch »nachkochen« wollte, was die anderen schon gemacht hatten. Meine Antwort: »Sofort!« Dann versuchte ich verzweifelt, mit den anderen Schritt zu halten und aufzuholen, und hier und da zweifelte ich schon, ob ich es schaffen würde, und es gab Tränen im stillen Kämmerlein. Faktum war dann aber Ende des ersten Semesters, daß ich zumindest theoretisch mit an der Spitze war und praktisch-technisch immerhin im Mittelfeld. Aber ich überlegte immer noch, ob ich nicht doch Medizin studieren sollte, weil es mich immer noch reizte.

Also sprach ich mit einem Assistenten. Doch der sagte, ich solle bei der Chemie bleiben. Also machte ich brav weiter bis zum Vordiplom, war aber nie völlig überzeugt, ob ich wirklich Chemie zu Ende machen wollte. Mir war durch die Auseinandersetzung mit Chemie klargeworden, daß mich biologisch-medizinische Aspekte doch viel mehr interessierten. Doch das Vordiplom mußte ich haben, so war ich erzogen worden: »Wenn du dich schon für etwas entscheidest, dann mach es fertig, oder laß es gleich bleiben.«

Im Vordiplom hatte ich in allen Fächern eine Eins und wurde deshalb zu Professor Schäfer gerufen, einem anorganischen Chemiker, einer »Grauen Eminenz« an der Uni Münster. Der sagte zu mir: »Rübsamen, ich glaube, daß Sie wirklich Talent haben für die Chemie. Ich möchte Sie gerne für die Studienstiftung vorschlagen.« Ich hatte natürlich nichts dagegen einzuwenden.

Zur Aufnahme in die Studienstiftung mußte ich dann verschiedene Interviews geben. Am Tag, bevor ich bei einem der Chemiker das Interview hatte, hatte ich mir furchtbar die Hände verbrannt, weil ich im Labor eine Sicherheitsvorschrift nicht beachtet hatte und mir ein großes Glas mit Alkohol in Brand geraten war. Ich kam also mit einem dicken Verband an beiden Händen zum Interview und mußte natürlich erzählen, was im Labor passiert war. »Wenn ich Ihnen erzähle, was ich gestern gemacht habe, nehmen Sie mich bestimmt nicht auf«, sagte ich – aber ich wurde trotzdem aufgenommen.

Von der Studienstiftung aus gab es viele Veranstaltungen, damit man sich über das eigene Fachgebiet hinaus informieren konnte. Dort hörte ich einen Vortrag über die Biologie der Evolution, über die Regulierung des Wachstums der Zellen und über die Entstehung einer Krebszelle. Ich erfuhr, daß fast jede Zelle eines erwachsenen Organismus alle Informationen hat, um den gesamten Organismus noch einmal zu machen, daß aber jede Zelle des Organismus von dieser Information nur einen ganz kleinen Teil nutzt, der ihrer speziellen Aufgabe entspricht. Auch hörte ich, daß Krebs entsteht, wenn diese Regulation schiefgeht. Das hat mich so fasziniert, daß ich mir sagte, das ist es! Ich will in die Biochemie, in die Krebsforschung!

Ich hatte also relativ blind angefangen zu studieren, hatte mich dann umgeguckt, und was ich auf dieser Ferienakademie der Studienstiftung gehört hatte, war die Brücke von der Naturwissenschaft, für die ich zwar offensichtlich Talent hatte, die mir auch Spaß machte, mich von der Sache her aber nicht so fesselte, zu medizinischen Fragen, die mich schon immer fasziniert hatten.

Es stand fest: Ich gehe in die Biochemie. Nun gab es damals in Münster keine Biochemie, ich mußte deshalb doch erst ein klassisches Diplom in Chemie machen. Und um möglichst bald mit der Weiterbildung in Biochemie beginnen zu können, beeilte ich mich im Studium. Zusammen mit zwei weiteren Kommilitonen stellte ich einen Antrag, die Prüfungen vorziehen zu können. Wir schafften es alle drei. Nach der Diplomprüfung war ich 22 und wollte in der Diplomarbeit schon in Richtung Biologie gehen. Glücklicherweise hatte der erste Biochemiker in Münster gerade den Ruf angenommen. Er war Mediziner und Biochemiker, genau der richtige Mann für mich. Ich ging also zu ihm und sagte, ich wolle eine Diplomarbeit machen. Er fragte mich: »Welches

Thema stellen Sie sich denn vor?« »Ich möchte wissen, warum eine Zelle eine Krebszelle wird.« Er war ein hervorragender Pädagoge und hat glücklicherweise nicht gelacht, sondern mich angelächelt. Er erklärte, das sei doch ein sehr, sehr kompliziertes Thema, er würde mir vorschlagen, mit etwas Einfacherem zu beginnen und erst einmal zu lernen, was überhaupt ein Enzym ist. Also habe ich bei ihm meine Diplomarbeit gemacht über ein Thema aus der Enzymologie, anschließend auch die Doktorarbeit. Mit 24 Jahren hatte ich meinen Doktor, was bis heute in Münster in der Chemie der Rekord sein soll.

Danach wollte ich sofort in die USA gehen und dort in die großen Labors, die in der Krebsforschung anerkannt waren. Ich habe mich an mehreren Stellen beworben, aber keiner wollte mich! Ich konnte mit 24 eine Promotion mit Auszeichnung vorweisen, ich hatte ein Stipendium, um dort zu arbeiten, trotzdem wollte mich keiner. Ich war sehr enttäuscht. Ich habe dann in den Nachrichten aus Chemie, Technik und Labor eine Stellenanzeige aufgegeben, in der ich eine Anfangsstelle in der Industrie suchte. Erfolg: Zwei Zuschriften, eine von Coca Cola, die jemanden zur Produktionsüberwachung suchten, die andere von der wissenschaftlichen Bibliothek einer großen Firma, die jemanden zum Sortieren der Bücher brauchte ...

Ich ging ganz kleinlaut wieder zu meinem Doktorvater und fragte, was ich denn jetzt machen sollte. Er empfahl mir, noch in der klassischen Biochemie zu bleiben, und sagte, ich solle zu seinem Freund George Hess an die Cornell University in Amerika gehen. Das sei eine der besten Universitäten der USA und Hess ein sehr guter Biochemiker.

Ich folgte seinem Rat und kam in ein klassisches biochemisches Department zu einem Mann, der als Chef aus meiner damaligen Sicht ein furchtbarer Kerl war, von dem ich aber fachlich sehr viel gelernt habe. Dort habe ich mich mit komplexeren biochemischen Strukturen befaßt und mich gleichzeitig nach guten Modellsystemen für die Krebsforschung umgeschaut, indem ich beispielsweise auf Krebskongresse fuhr und mir die Vorträge anhörte. Obwohl ich an der Cornell University hätte Assistant Professor werden können, hing mein Herz an Europa, und ich wollte nach Deutschland zurück.

Bei einem Kongreß hörte ich von dem optimalen Modell, um Krebsentstehung zu studieren, nämlich einer bestimmten Sorte von Retroviren, die Krebs auslösen können. Man kannte diese Retroviren damals nur bei Tieren, heute kennt man sie auch beim Menschen.

Ein solches krebsauslösendes Retrovirus kann man auf eine Zellkultur geben, und innerhalb von 16 Stunden entsteht eine Tumorzelle. Diese Zellen können nun biochemisch sehr genau untersucht werden, um zu verstehen, was geschieht. Einer der führenden Leute in Deutschland auf diesem Gebiet war damals Professor Bauer aus Gießen. Ich ging also 1976 von der Cornell University nach Gießen.

Dort arbeitete ich drei Jahre und begann meine eigenen Ideen zu entwickeln. 1979 bin ich von Gießen mit einem Habilitationsstipendium an das Institut für Virologie in Köln gegangen. Dort hatte ich eine eigene kleine Forschungsgruppe mit einer Doktorandin und einer Assistentin für die Krebsforschung; es war der erste Schritt in die wissenschaftliche Selbständigkeit.

Es gab etliche Marksteine in meiner beruflichen Entwicklung. Der erste war, daß mir die Assistenten sagten, ich solle bei der Chemie bleiben, der zweite ist personifiziert in Professor Schäfer, der mich in die Studienstiftung aufnehmen ließ. Der dritte Markstein war mein Doktorvater, der mir sehr viel Spaß an der wissenschaftlichen Arbeit vermittelt hat.

In der Schule habe ich nie an eine Karriere gedacht. Die Karriere hat sich einfach ergeben. Mit 18 Jahren dachte ich, ich heirate sowieso bald, ich war damals schon sehr kinderlieb und wollte unbedingt eigene Kinder haben. Hinzu kommt eine sehr klassische Erziehung: Ich kann nähen, sticken, stricken, kochen, mit Garten und Blumen umgehen, alles, was eine gute Hausfrau kann.

Als ich mit dem Chemiestudium anfing, waren wir rund zehn Prozent Mädchen, also von 120 Anfängern zwölf Frauen. Das hat sich schon in den ersten Semestern noch mehr zu Ungunsten der Frauen verschoben. Diplom hat außer mir wohl nur noch eine Frau gemacht, die aber nicht promoviert hat.

An der Universität hat es bei der Beurteilung der Leistung durch die Lehrenden nie eine Rolle gespielt, welchem Geschlecht man angehörte. Ich fühlte mich fair und gut behandelt. Seitens meiner Kommilitonen hat es dagegen hier und da schon Seitenhiebe gegeben. Wir mußten uns anhören: »Die Mädels studieren nur Chemie, weil sie heiraten wollen und es bei den Chemikern so viele Männer gibt – da kommt dann jede unter ....« Gerade von meinen Kommilitonen wurde ein ernsthafter Wunsch, etwas zu lernen und an interessanten Dingen in den Naturwissenschaften zu arbeiten, oft nicht ernst genommen, und wir hörten mehr als einmal, das sei eigentlich keine Frauensache. Und wenn wir trotzdem ernsthaft arbeiteten und deshalb im Studium gut waren, waren wir als »Streberinnen« verschrien.

Mehr aber als diese Quatschereien, die mich, die gerade in den ersten Semestern immer noch ihren Weg suchte, durchaus beschäftigten, haben mich aber Spannungen im privaten Bereich berührt. Einer Frau, die zu ihrer beruflichen Weiterbildung die Stadt wechselt oder gar nach Amerika geht, folgt in der Regel kein Freund oder Ehemann, weil die auch in ihren Berufen festgelegt sind. Ein Mann hat da meist schon mehr Glück und wird auf diesem Weg häufig vom Partner begleitet. Auch wird ein Mann kaum vor die Alternative gestellt: Beruf oder Ehe. Das ist das, was mir die Karriere emotional schwermachte, die mir fachlich leicht fiel. Es waren, von einigen Beispielen abgesehen, nicht die Männer innerhalb meiner Wissenschaft. Und selbst mit diesen muß man halt raufen, aber man setzt sich durch, wenn man wirklich will und wenn man die Mechanismen erst einmal durchschaut, auf die wir Frauen meist nicht trainiert sind.

Ich glaube, daß viele Frauen, die durchaus das Zeug hätten, eine Karriere abbrechen, weil sie diesen Konflikt mit ihrem Privatleben nicht aushalten, und nicht, weil sie der Karriere intellektuell oder auch im Durchsetzungsvermögen nicht gewachsen sind. Die meisten Männer, die Karriere machen, schöpfen viel Kraft aus dem Privatleben, wenn eine Frau hinter ihnen steht und die Karriereentwicklung mitträgt. Als Frau tut man sich da schwerer: Der Mann macht oft auch gerade Karriere und schielt vielleicht hier und da voller Neid auf den Kollegen, der zu Hause umsorgt wird. Wenn man ein Kind hat wie ich, wird sogar nicht selten versucht, einem ein schlechtes Gewissen beizubringen: »Bist du nicht eine Rabenmutter, dein Kind in der Obhut einer anderen Frau zu lassen? Kennt dein Sohn dich überhaupt noch?« Dabei ist das alles Quatsch, wie ich glücklicherweise aus Erfahrung sagen kann. Mein Sohn liebt mich heiß und innig, er weiß sehr genau, wer seine Mama ist, und genauso hänge ich an ihm. Ich bin sicher, das ist auch bei den meisten anderen berufstätigen Müttern so.

Der Aufenthalt in Amerika war für mich auch in dieser Hinsicht wichtig. Es ist dort schon viel selbstverständlicher, daß Frauen ihren Beruf ernst nehmen und daß Karriere und Kinder kein Widerspruch sind. An der Cornell University merkte ich, daß meine Arbeit sehr anerkannt wurde und daß professionelle Frauen genauso akzeptiert werden wie professionelle Männer. Das war für mich eine ganz wichtige Erfahrung. Zumindest in der Wissenschaft stellte niemand mehr die Frage: Kann das eine Frau überhaupt? Eine Frage, die ich aber auch heute noch in Deutschland höre. Eine Doktorandin, die ich extern betreute und deren Freund auch Doktorand war, erzählte mir vor kurzem, es sei ihr in diesem Arbeitskreis gesagt worden, man wundere sich über ihr Engagement, sie heirate doch mal. Wenn sie dann Kinder habe, könne sie ihrem Mann noch die Literatur raussuchen. So etwas passiert auch heute noch unter dem wissenschaftlichen Nachwuchs!

Als Institutsleiterin treffe ich Personalentscheidungen grundsätzlich nach Leistung. Prinzipiell denke ich auch, wir Frauen würden uns keinen Gefallen tun, wenn wir jetzt bewußt nur Frauen fördern, weil sie Frauen sind. Ein wichtiger Aspekt der Frauenförderung ist aber für mich, Erfahrungen weiterzugeben, die ich gemacht habe, und mit meinen Doktorandinnen und Diplomandinnen, die zum Teil verheiratet sind oder überlegen zu heiraten, auch über diese Themen zu reden. Wenn die mich fragen, wie ich es geschafft habe, Karriere und Kind zu vereinbaren, sage ich: »Indem ich es hintereinander gemacht habe.« In meinem Fall war es nicht so geplant gewesen, hat sich aber als sehr gut erwiesen. Wenn man beruflich etabliert ist, kann man sein Leben mit Kind besser organisieren und hat auch eher die finanziellen Mittel. Ich versuche klarzumachen, daß sie sich nicht einreden lassen sollen, sie müßten für eine Karriere auf Kinder verzichten. Kind und Karriere sind heute vereinbar. Man braucht natürlich den richtigen Partner, und man muß sein Leben gut organisieren. Aber als berufstätige Frau lernt man das sowieso. Und die alte Mär, Kinder lenkten Frauen in Führungspositionen von ihrem Beruf ab, stimmt ohnehin nicht. Solche Frauen sind – das habe ich an mir selbst erfahren – von vornherein sehr engagiert, und seit ich meinen Sohn habe, bin ich im Umgang mit beruflichen Problemen sogar besser geworden. Statt mich spät abends im Büro herumzuärgern, gehe ich nach Hause, nehme ihn auf den Arm und denke: »Ihr könnt mich alle gernhaben.« Am nächsten Morgen gehe ich gut ausgeschlafen wieder an die Arbeit und bin zielgerichtet und effizient.

Mein typischer Arbeitsalltag fängt damit an, daß ich um sieben Uhr aufstehe, zusammen mit meinem Sohn frühstücke und ihn dann in den Kindergarten bringe. Das ist für uns ein wichtiges Ritual, das hier und da auch mal etwas länger dauern darf. Gegen neun Uhr bin ich im Institut und erledige die Post und institutsinterne Dinge. Ab 11 Uhr laufen meist die Telefone heiß. Ich vertrete das Institut nicht nur wissenschaftlich, sondern auch in der Geschäftsführung, und das bedeutet Gespräche mit den Ministerien, mit der Stadt, Anträge auf Forschungsgelder schreiben, Verhandlungen mit Firmen, Gutachten, und so weiter. Dann habe ich mehrere Patentanmeldungen vom Institut zu betreuen, muß auch darüber mit Firmen verhandeln, und ganz nebenbei muß das Institut auch umgebaut werden und die Planungen dazu müssen laufen. Ferner sind Diplom- und Doktorarbeiten zu lesen und zu begutachten und Vorlesungen zu halten. Wenn ich Glück habe, kann ich es mir ab 3 Uhr nachmittags leisten, mit den Mitarbeitern zu sprechen, um zu erfahren, was sich tut. Das ist der Bereich, der mir am Herzen liegt. Am meisten Spaß macht mir das Schreiben von Veröffentlichungen, aber auch diese Zeit muß ich mir immer wieder erkämpfen. Im Regelfall bin ich zwischen 19 und 20 Uhr im Institut fertig, fahre heim, esse, spiele mit meinem Sohn, bringe ihn ins Bett, und ab zehn Uhr, wenn er im Bett ist, setze ich mich manchmal hin, lese weiter oder schreibe.

Hinzu kommen drei bis vier europäische Auslandsreisen – meist Tagesreisen aus Zeitgründen – als Minimum pro Monat und etwa ein- bis zweimal jährlich eine Reise nach Amerika. Neben diversen Koordinierungsaufgaben in der AIDS-Forschung innerhalb Europas gehöre ich einem Komitee an, das sich »Comitée Consultative des Audits du CNRS« nennt. Hier geht es um die Beurteilung der französischen Forschung, und zwar in diversen Fachrichtungen. Hier und da moderiere ich auch eine Wissenschaftssendung fürs Fernsehen, weil ich hoffe, dadurch einen ganz kleinen Beitrag leisten zu können zu einer sachlicheren Diskussion über Themen wie Tierversuche, Genomforschung, Gentechnologie etc. Ich halte auch Vorträge zur Weiterbildung, mir macht das durchaus Spaß, ich bin auch gerne Hochschullehrerin.

Generell glaube ich: Der alte autoritäre Führungsstil, der noch vor nicht allzu langer Zeit in der Wissenschaft herrschte, hat ausgedient. Wir brauchen Erkenntnisse auf sehr komplexen Gebieten, und das ist nur durch Teamarbeit zu schaffen. Ich sehe meine Hauptaufgabe darin, das Team zusammenzuführen.

Ich glaube schon, daß dieser Führungsstil von meinem Geschlecht geprägt ist. Einem Mann sind mehr prinzipielle Strukturmerkmale wichtig, auch Machtmerkmale. Mir ist es nicht wichtig, ob mich einer mit »Frau Professor« anredet oder nicht, solange akzeptiert wird, was ich sage. Frauen sind auch nicht so sehr darauf getrimmt, sich primär durchsetzen zu wollen, ihnen ist die Sache wichtig, typisch Frau eben. Das ist vielleicht manchmal sogar ein Fehler.

Ehrgeizig bin ich ebenso nicht primär, nicht um meiner selbst willen. Aber ich bin jemand, der sich für eine Aufgabe einsetzt: Ich bin ein Kämpfer. Mir geht es aber immer um die Sache, nicht um meine Person.

Ich sehe unsere Arbeit als Gesamtbild. Eine der Problematiken, an denen die moderne Medizin und auch Forschung krankt, ist, daß sie so schmalspurig geworden ist in den einzelnen Disziplinen. An unserem Institut arbeiten wir interdisziplinär, was in vielen Universitätsinstituten kaum passiert, weil die Universitäten zerhackt sind in Fachbereiche und häufig die Institute auch räumlich getrennt sind. Das ist das Schöne hier, daß man auf kleinem Raum viele Disziplinen unterbringen kann und sie damit zwangsläufig immer miteinander ins Gespräch bringt.

Ich bin über jeden Schritt froh, den wir weiterkommen, auch wenn das ein sehr langwieriges Geschäft ist. Man muß in der Forschung Geduld haben. Wissenschaftliche Erkenntnisse gären an vielen Stellen; wer dann zum Schluß das Rennen macht, ist eigentlich egal. Wichtig ist zu wissen, man hat Entscheidendes dazu beigetragen. Ich denke, man hat von vornherein eine ganz falsche Haltung, wenn man als Wissenschaftler nur deswegen arbeitet, um einen Nobelpreis zu kriegen. Leute, die diesen Ideen nachrennen, machen häufig Fehler, weil ihnen die Sache nicht mehr wichtig ist.

Barbara Jakubeit

Direktorin, Bundesbehörde

Die Bundesbaudirektion verfügt über zwei Standbeine: Ein Dienstsitz ist in Berlin, der andere in Bonn. Das kompliziert es, mit Barbara Jakubeit in Kontakt zu treten. Denn ruft man in Bonn an, befindet sie sich gewiß in Berlin und umgekehrt. Aber trotz Kommunikationsschwierigkeiten hat es mit der persönlichen Begegnung geklappt.

Barbara Jakubeit genießt ihre Arbeit, auch dieses Pendeln zwischen der Hauptstadt neu und der Hauptstadt alt: Sie hat Spaß daran, heute hier und morgen dort zu sein. Das Abwechslungsreiche ihrer Tätigkeit gefällt ihr, auch, daß sie es mit schwierigen Aufgaben zu tun hat. Aber vor Herausforderungen schreckt sie nicht zurück – ganz im Gegenteil: Sie wird durch sie motiviert, ihr Bestes zu geben.

Ihr Wille etwas zu leisten, ihr fachliches Know-how, ihr unermüdlicher Einsatz und ihre Liebe zur Architektur haben Barbara Jakubeit einen großen Berufserfolg beschert. Zurückzuführen ist ihre Karriere aber ganz sicher auch auf ihre ausgeprägte Zielstrebigkeit, die sich wie ein roter Faden durch ihren beruflichen Lebensweg zieht. Schon frühzeitig hat sich Barbara Jakubeit Ziele gesetzt und ihre Energie in die richtigen Bahnen gelenkt: Sie wußte, was sie wollte, und hat für ihre Pläne engagiert gearbeitet – ohne Wenn und Aber.

Mein größtes Projekt bisher war der Wiederaufbau von Schloß Gottesaue in Karlsruhe. Bei der Einweihung am 3. November 1989 hatte ich eine schwere Grippe. Aber kurz vor Fertigstellung eines großen Bauprojektes war an Kranksein nicht zu denken. Danach verordnete mir der Arzt Bettruhe, und ich hatte Zeit zum Nachdenken. Ich wußte nicht so recht, was ich als nächstes tun wollte. Ich hatte kein neues Projekt zum Planen und Bauen. Ich wußte nur, daß ich jetzt in der Oberfinanzdirektion saß und primär zuständig war für die Administration. Ich mußte also einen neuen Job ansteuern, der mir die Möglichkeit bot, erneut zu bauen.

In diese Zeit fiel die Ausschreibung der Stelle des Präsidenten der Bundesbaudirektion. Ich las das und dachte, aha, die suchen einen Neuen, kam aber nicht im geringsten auf die Idee, mich zu bewerben: Ich hatte andere Pläne. Kurz darauf – ich war immer noch bettlägerig – kam ein Anruf von einem ehemaligen, sehr hohen Beamten, der mich fragte: »Wollen Sie sich auf diese Position nicht bewerben? Das wäre doch was für Sie.« Ich sagte nur: »Ich? Nein, das ist ja in Bonn und Berlin. Ich lebe aber in Süddeutschland.« Damit war die Angelegenheit für mich wieder vergessen. Dann traktierten mich aber noch mehr Leute, ich solle mich doch bewerben, und irgendwann dachte ich, warum eigentlich nicht? Wenn ich nicht so gedrängt worden wäre, hätte ich mich nicht beworben. Ich habe es für relativ unwahrscheinlich gehalten, daß ich für diese Position ausgewählt werden könnte. Frauen leiden ja doch eher unter Bescheidenheit.

Ich schickte also meine Unterlagen weg und wurde tatsächlich nach Bonn eingeladen. Das erste Vorstellungsgespräch fand beim beamteten Staatssekretär statt, gemeinsam mit der Spitze seiner Bauabteilung – Architekten und Juristen. Alle stellten mir Fragen, und ich gab unerschrocken Rede und Antwort, weil ich nicht unter Erfolgsdruck stand. Als ich schon gehen wollte, hieß es: »Kommen Sie doch noch mit, ich möchte Sie gerne noch anderen Kollegen vorstellen.« Ich wurde mit einem Gremium von weiteren sieben Leuten zusammengebracht, die mich noch schlimmer »löcherten«. Das Ergebnis: Nach drei Stunden dachte ich nur noch eines – Hunger! Ich hatte vorher nichts gegessen, war ganz erschossen, habe auch manchmal Antworten gegeben, die unkonventionell und unbürokratisch waren. Das hat aber offensichtlich niemanden geschreckt. Auf jeden Fall kam ein Schreiben: Sie sind in der engeren Wahl. Etwas später erfuhr ich, ich wäre in der allerengsten Wahl, die Ministerin wolle mich sehen. Also fuhr ich wieder nach Bonn. Jetzt war die Runde kleiner, sie bestand aus der Ministerin, dem Staatssekretär und dem obersten Baubeamten aus dem Ministerium. Diese Menschen waren mir alle unglaublich sympathisch. Ich hatte das Gefühl, daß es möglich sein müßte, mit »diesem Gespann« gut arbeiten zu können. Nach dem Treffen mit der Ministerin ahnte ich, daß es langsam ernst werden könnte. Also habe ich ernsthaft mit meinem Mann geredet wegen unserer privaten Situation: Mir war klar, daß unser Leben kompliziert werden würde. Wir wohnen in Ettlingen bei Karlsruhe, mein Mann ist Professor für Architektur in Mainz und hat sein Büro in Karlsruhe, und ich müßte zwischen Bonn und Berlin pendeln.

Ich hatte eigentlich immer vor, Chefin vom Hochbauamt I in Karlsruhe zu werden – dem größten Bauamt in Nordbaden. Doch es hieß immer: »Sie sind doch noch so jung, Sie haben doch noch so viel Zeit!« Und genau dieses »Sie sind doch noch so jung!« konnte ich einfach nicht mehr hören. Ich war mittlerweile 44 Jahre alt und fand mich so jung auch nicht mehr. Es tut zwar gut, so etwas zu hören, aber wenn das gesagt wird, um einen hinzuhalten, gefällt mir das wenig. Ich empfand es auch immer als sehr ärgerlich, wenn jemand in einer beruflichen Verbindung zu mir »Mädchen« sagte. Diese Betitelung finde ich nicht komisch, zu einem Mann würde auch niemand »Büble« sagen. Aber ich mußte mir dieses »Mädchen« noch häufig anhören. Einmal sagte ich dann zu einem Mann, der mit dem Spruch »ich könnte Ihr Vater sein« ankam: »Sie könnten aber auch was anderes sein!«, was den nun sehr verblüfft hat. Ich finde es einfach unangebracht und fehl am Platze, wenn Frauen im Beruf verbal so klein gemacht werden.

Durch eine Indiskretion war in Karlsruhe herausgekommen, daß ich in Bonn für die Position der Präsidentin der Bundesbaudirektion in der allerengsten Wahl wäre. Also bin ich zum Oberfinanzpräsidenten und habe ihn darüber unterrichtet, damit er es wenigstens zuerst von mir hörte. Ich wollte keine Bleibeverhandlung führen, ich wollte Karlsruhe und Bonn nicht gegeneinander ausspielen, aber ich mußte sagen, daß ich mich beworben hatte. Daraufhin teilte er mir mit, man würde es in Karlsruhe und in Stuttgart sehr begrüßen, wenn ich im Oktober 1990 die neue

Chefin des Staatlichen Hochbauamtes I in Karlsruhe werden würde – ich sollte bleiben. Eine Garantie dafür, daß es hundertprozentig klappen würde, konnte oder wollte er mir freilich nicht geben. Ein wenig war ich hin- und hergerissen. Mir war nicht unbedingt die große Karriere wichtig, sondern eine selbständige Aufgabe: Ich wollte Vorgesetzte sein, selbst die Weichen stellen können – ob von 150 oder 500 Mitarbeitern, darauf kam es mir nicht an.

Dann kam der Anruf aus Bonn: »Gratuliere, Sie sind die neue Präsidentin der Bundesbaudirektion!« Ich antwortete spontan: »Oh, noch bin ich es nicht, erst muß ich ja sagen! Wir haben noch einiges zu besprechen.« Ich bin also wieder nach Bonn gefahren, wir haben uns noch einmal unterhalten, noch einiges verhandelt, und dann hieß es: »Jetzt müssen Sie sich entscheiden.« Ein weiteres Gespräch noch am selben Tage bei der Ministerin verlief so gut, daß ich mir sicher war, diese schwierige Aufgabe mit der nötigen Unterstützung des Ministeriums gut bewältigen zu können. Also sagte ich: »Ich mache es.« Ich habe der Ministerin auch mitgeteilt, daß ich parteipolitisch nicht gebunden wäre. Ihre Antwort darauf: »Das ist gut, Politik machen wir!«

Präsidentin der Bundesbaudirektion zu sein ist natürlich viel interessanter als Chefin des Hochbauamtes I in Karlsruhe. Ich wäre aber auch in Karlsruhe geblieben, wenn mir gesagt worden wäre, »Sie bekommen die gewünschte Position« – quasi als Anerkennung für die bisher guten Leistungen. Daß das Zögern in Karlsruhe etwas damit zu tun hatte, daß ich eine Frau bin, denke ich eigentlich nicht, obwohl mich manchmal schon das Gefühl beschleicht, daß es ein kleines bißchen damit zusammenhängt. Wenn noch ältere männliche Wesen sich in der Warteschleife befinden, tun sich die zuständigen Herren offensichtlich doch recht schwer, ein jüngeres weibliches Wesen zu bevorzugen. Andererseits war ich sicherlich die einzige Frau, die sich in Bonn beworben hat, und ich habe die Position schließlich bekommen.

Am 2. April 1990 wurde ich als Präsidentin »inthronisiert« und zwar in Berlin, dem Sitz der Bundesbaudirektion. Berlin wurde gewählt aus dem politischen Willen, diese Stadt zu fördern. In Bonn gibt es eine Außenstelle der Bundesbaudirektion für die Bauten der Verfassungsorgane, also Bundestag und Bundesrat, Bundespräsidialamt und Kanzleramt, alle Ministerien und vieles mehr. Zudem bauen wir rund um die Welt Botschaften, also Kanzleien und Residenzen. Der ganze Auslandsbau wird von Berlin aus in die Wege geleitet und koordiniert, wie beispielsweise die Goethe-Institute oder die deutschen Schulen. Ferner werden in Berlin alle Bauvorhaben für die Stiftung Preußischer Kulturbesitz durchgeführt und Baumaßnahmen für obere Bundesbehörden, wie beispielsweise das Bundesamt für Materialforschung, das Bundesgesundheitsamt und vieles andere. Da Berlin jetzt Hauptstadt ist, haben wir natürlich auch eine Menge Mehrarbeit bekommen. Mitarbeiter hat die Bundesbaudirektion derzeit 550, davon etwa 250 in Bonn.

Warum ich diese Aufgabe angenommen habe, hat natürlich mehrere Gründe: Mir war klar, daß ich zunehmend weniger Architektin sein kann. Daß ich mir überhaupt als Architektin einen Namen machen konnte, habe ich mit meiner Freizeit bezahlt. Architektur ist auch mein Hobby. Während der normalen Dienststunden hatte ich dafür schon immer wenig Zeit. Mit einer Beförderung wäre meine verfügbare Zeit noch knapper geworden. Deshalb sagte ich mir, wenn ich schon nicht mehr selbst ausschließlich Architektur machen, sondern mich vornehmlich nur noch für die Architektur anderer einsetzen kann, bin ich natürlich an der Spitze der Bundesbaudirektion an einer sehr viel bedeutenderen Stelle. Hier kann ich mich für Architektur von Weltrang einsetzen, habe die Möglichkeit, mit den Besten des Landes, eventuell sogar der Welt, zu bauen. Wir können manche Wettbewerbe auch international ausschreiben, und so etwas ist unglaublich interessant. Es hat mich auch gereizt, eine Behörde so zu organisieren, daß sie gut funktioniert. Denn speziell die Bundesbaudirektion ist schon oft angegriffen worden wegen Kostensteigerungen bei bestimmten Bauprojekten. Dabei waren das im Regelfall keine Mehrkosten, sondern Kosten für zusätzliche neue Sachen. Zusätzliche Programme kosten eben zusätzliches Geld: Die Baukommission beziehungsweise die Nutzer bestellen mehr, und die Parlamentarier aus dem Haushaltsausschuß schimpfen hinterher, weil die geplanten Kosten aufgrund erweiterter Wünsche überschritten werden. In solchen Fällen würde ich mir einfach mehr Fairneß wünschen, was nicht heißen soll, daß wir in der Bundesbaudirektion nicht auch Fehler machen. Aber die großen Diskrepanzen, die großen »Kostenexplosionen«, sind meist Explosionen des Bauprogramms und kommen selten durch mangelhafte Planung. Wobei man sagen muß, daß Umplanungen bei laufender Baustelle immer mehr kosten, als wenn man gleich geplant und letztendlich das ausgeschrieben hätte, was man tatsächlich wollte. Es ist sicher eine wichtige Aufgabe meiner Behörde, hier rechtzeitig einzugreifen, im Vorfeld bei der Programmfindung gut zu beraten und klarzumachen, daß Änderungen viel Geld kosten. In der Spielbank heißt es irgendwann: Rien ne va plus! Das sollte man beim Bauen auch einführen.

Meine Aufgabe als Präsidentin der Bundesbaudirektion ist sehr vergleichbar mit meiner früheren Tätigkeit. Das Rüstzeug habe ich mitgebracht. Der entscheidende Unterschied ist: Man baut in größeren Dimensionen, das einzelne Projekt eben nicht mehr für 50 Millionen Mark, sondern für 500 Millionen und mehr. Doch die Probleme sind dieselben. Aber wenn etwas schiefgeht, beschwert sich nicht ein Landgerichtspräsident, sondern beispielsweise gleich die Bundestagspräsidentin. Die Dimensionen haben sich überhaupt verändert. Wenn etwas falsch gemacht wird, steht das in einer ganz anderen Öffentlichkeit.

Auch habe ich es hier mit ständig wechselnden, anonymen Gremien zu tun. Wenn ich früher eine Musikhochschule baute, dann hatte ich einen Nutzer. Zwar hat auch hier manchmal der Rektor gewechselt, aber ich hatte immer einen greifbaren Ansprechpartner, mit dem ich meine Probleme unmittelbar besprechen, klären und entscheiden konnte. In Bonn ist das ganz anders: Von den Abgeordneten im Parlament kann sich jeder einschalten, auch in der Baukommission ist immer wieder ein personeller Wechsel. Die Problematik ist, daß der Nutzer schwer greifbar ist, was die Arbeit oft zähflüssig macht.

Als für mich die Position in der Bundesbaudirektion spruchreif wurde, hat mein Mann mir zugeraten. Er hat zwar hinterher gesagt: »Ich mußte dich ermuntern, wenn ich dir abgeraten hätte, hättest du es mir immer vorgeworfen.« Aber ich denke, er hat mir primär aus Überzeugung zugeraten, weil er glaubte, daß ich das packe, und auch aus Stolz. Er sieht das mit einem lachenden und einem weinenden Auge. Manchmal ruft er an und sagt: »So habe ich mir das aber nicht vorgestellt!« Da sitzt er dann abends allein in Ettlingen und ich allein in Bonn oder in Berlin. Es ist eben weniger schön, daß wir beide so aus dem Kühlschrank leben. Aber das ist die Kehrseite der beruflichen Erfolgsmedaille, die wir klaglos in Kauf nehmen.

Ich habe in Bonn eine kleine Wohnung, und in Berlin bin ich

nach wie vor auf der Suche nach einer angemessenen Bleibe. Ich wohne derzeit in einem kleinen möblierten Appartement. Am Wochenende bin ich meistens in Ettlingen. Ich bemühe mich darum, mich am Freitagnachmittag in den Zug zu setzen und nach Hause zu fahren. Ich habe dann Akten in meinem Koffer, arbeite noch im Zug und manchmal auch zu Hause, aber ich bin zu Hause. Am Montagmorgen stehe ich um 4.30 Uhr auf, fahre um 5.30 Uhr zum Bahnhof und bin um 8.30 Uhr in Bonn. Anlaufpunkt ist immer Bonn: Am Montagmorgen ist eine Besprechung im Ministerium. Ich fahre im Laufe des Dienstags nach Berlin, bleibe dort meist bis Donnerstag und bin freitags wieder zurück in Bonn. Ein Zigeunerleben habe ich immer schon gehabt: Ich hatte immer zwei Arbeitsplätze, einen in Karlsruhe und einen in Baden-Baden oder Bruchsal, ich hatte immer zwei Büros, aber ich hatte natürlich immer nur ein Bett. Jetzt habe ich drei. Aber ich genieße dieses »mal da, mal dort«. Eben noch in Berlin gearbeitet oder essengegangen, dann zum Flughafen und kurz darauf in Bonn am Schreibtisch sitzen. Ich bin noch jung genug, um das gut zu finden. Ich glaube, auch für eine Ehe kann eine Trennung manchmal ganz wohltuend sein. Der erfreuliche Effekt ist: Früher hat mein Mann nur gearbeitet, also habe ich auch ständig gearbeitet. Ob ich überhaupt so ein fleißiger Mensch bin von Hause aus, da bin ich mir gar nicht so sicher. Jetzt bleibt mir aber nichts anderes mehr übrig! Früher habe ich meine Bauentwürfe nur in der Freizeit gemacht. Da mein Mann immer nur gearbeitet hat, habe ich das eben auch getan. Wir saßen am Wochenende beide an unseren Schreibtischen und arbeiteten, haben irgendwann zwischendurch die Forelle oder das Lamm in den Ofen geschoben, waren also zusammen, aber haben selten richtige Freizeit miteinander verbracht. Jetzt ist das plötzlich anders geworden: Ich komme am Freitag zwar oft spät zurück, aber Samstag, Sonntag unternehmen wir etwas miteinander. Wir arbeiten beide jetzt täglich bis zu 16 Stunden: Wir packen alles in die Woche, und das Wochenende ist dann zu einem großen Teil wirklich Wochenende. Das ist schön. Es ist ein interessantes Leben. Aber das muß der Partner mittragen, und mein Mann trägt es mit. Ich habe nicht das Gefühl, daß uns dieses Leben schadet, es nützt uns eher.

Ich habe meinen Mann an der Technischen Hochschule in Karlsruhe kennengelernt, er war damals wissenschaftlicher Oberrat und hatte in Karlsruhe ein Architekturbüro. Im Dezember

1972 haben wir geheiratet, kurz vor Beginn meines Referendariates. Mein Mann ist zwölf Jahre älter als ich. Ich habe mich immer schon gegen Bevormundung gewehrt – ich habe mich auch bei ihm dagegen gewehrt. Nachdem ich das Diplom hatte und bei ihm gearbeitet habe, hat er immer im Büro »Greenhorn« zu mir gesagt, das hat mir nicht gefallen. Also sagte ich mir, ich mache jetzt die zweite Staatsprüfung und lerne noch etwas, dann wird er das hinterher nicht mehr zu mir sagen. Aber in der Zwischenzeit habe ich schon geahnt, daß es für mich wahrscheinlich besser wäre, etwas ohne ihn zu machen. Beim Land Baden-Württemberg konnte ich nach dem Referendariat gleich anfangen, das war attraktiv für mich: Ich wußte, da kann ich auf eigenen Füßen stehen und selbständig arbeiten, das war mir ganz recht.

Der Altersunterschied hat mich nie gestört. Ich hatte noch nie Probleme mit den unterschiedlichen Generationen. Ich bin altersmäßig nicht fixiert. Männer, die älter sind, lassen ihren Frauen oft mehr Selbständigkeit, das war bei meinem Mann auch so. Nur als ich in seinem Büro war und er mich immer als Studentin behandelt hat, war das anders, und dagegen lehnte ich mich auf. Ich mochte so nicht behandelt werden. Ich war natürlich ein Greenhorn, irgendwie hatte er ja recht, aber er brauchte es nicht zu sagen. Das hätte er auch zu keiner Mitarbeiterin gesagt. Wenn ich bei ihm geblieben wäre im Büro, hätte es bestimmt Schwierigkeiten gegeben, deshalb ging ich weg. Dennoch hat er meinen beruflichen Werdegang immer verfolgt und mich gefördert. Aber wenn ich mal ein Problem mit nach Hause brachte, hat er mich sofort wie der Professor behandelt! Er hat aber meine Selbständigkeit immer gerne gesehen und mir nie Steine in den Weg gelegt. Je älter ich geworden bin, desto weniger hat es Schwierigkeiten gegeben. Ich bin überzeugt, wir könnten heute ohne Probleme Projekte zusammen machen.

Ich bin in Konstanz geboren und habe dort meine ganze Kindheit verbracht. Mit sechs Jahren bin ich in die Schule gekommen, habe gleich mit einem Kurzschuljahr angefangen, so daß ich mit achtzehn Jahren Abitur gemacht habe, das war Anfang Januar 1964. Das Gymnasium war eine reine Mädchenschule. Allerdings hat mein Vater darauf bestanden, daß ich das große Latinum mache. Da die Mädchenschule keinen altsprachlichen Zweig besaß, mußte ich gemeinsam mit einigen Klassenkameradinnen dafür auf das Knabengymnasium. Mein Vater war Professor für Mathematik und Leichtbaustatik. Meine Mutter war Bankkauffrau; seit mein Bruder geboren wurde – er ist vier Jahre älter als ich –, war sie nicht mehr berufstätig. Meine Erziehung lief auf der klassischen Mädchenschiene. Beim Abspülen oder Abtrocknen mußte ich helfen, das ganz Normale eben. Mein Bruder mußte auch mal etwas tun, aber das waren immer sogenannte männliche Arbeiten wie Rasenmähen, Autowaschen oder eventuell Kehren der Außentreppe. Das war schon ganz typisch: Ging es darum, ein Gerät zu bedienen, durfte der Bruder ran, aber an die Spülbürste mußte ich. Das ist mir immer aufgefallen, das hat mich immer geärgert, ich habe es auch immer artikuliert.

Ich glaube schon, daß die Wahl der Mädchenschule von den Eltern beabsichtigt war, obwohl ich es nicht richtig verstehen kann. Denn für meinen Vater war diese altsprachliche Ausbildung, obwohl er selber Ingenieur war, unabdingbar für die Bildung. Ich hege etwas den Verdacht, daß ich aus Tradition auf die Mädchenschule kam. Den gemischten Schulen hat man mißtraut; man könnte im falschen Alter vielleicht zu früh die Buben sehen oder so. Ich war in meiner Klasse immer unter den Besten in Mathematik. Dadurch kam ich auf die Idee, etwas Naturwissenschaftliches zu studieren. Natürlich war das auch vom Vater geprägt, nach dem Motto: Die Bildung muß her, aber du wirst Ingenieur, weil die Zukunft den Ingenieuren gehört. Die Naturwissenschaften waren wohl ererbte Neigungen bei mir: Ich habe keine Schwierigkeiten gehabt in diesen Fächern, sie haben mich nicht geplagt. Alle naturwissenschaftlichen Fächer, auch Chemie und Physik, haben mir Spaß gemacht. Ich war zeitweilig – im Hochsommer – sehr faul in der Schule, habe nicht viel getan. Ich bin am Bodensee großgeworden, und das hieß, daß man im Sommer zum Baden ging und schlechte Zeugnisse hatte; im Winter hatte man Zeit, konnte das wieder wettmachen, wenn man begabt genug war. Da zu Ostern die Versetzungen waren, hat sich das nie tragisch ausgewirkt. Meine Begabung für naturwissenschaftliche Fächer habe ich erst durch meine Freundin bemerkt, die absolut mathematisch unbegabt war. Als ich versuchte, ihr etwas zu erklären, merkte ich, daß es Menschen gibt, denen man das nicht einhämmern kann. Wenn einem selbst etwas leichtfällt, empfindet man das nicht als Begabung, sondern nimmt es als gegeben hin, hält es für normal, daß es keine Probleme bereitet. Als ich etwa dreizehn Jahre alt war, wollte ich Chemikerin werden.

Doch diese Idee habe ich bald wieder aufgegeben. Mein Onkel war Forschungsdirektor in der chemischen Industrie, und der nahm mich mal in die Firma mit, als ich ihn in den großen Ferien besuchte. Das hat mir dann alles nicht gefallen, es war mir zu klinisch: diese Leute mit ihren weißen Kitteln, ihren weißen Mäusen und ihren Kaninchen. Überhaupt haben mich diese Tierversuche gestört. Auch dieses wissenschaftlich Abgehobene hat mir nicht so sehr gefallen, das ist eben eine Welt für sich. Dann entwickelte ich Interesse für Kunstgeschichte, Bildhauerei und Baugeschichte, und über diesen Umweg habe ich langsam aber sicher Kontakt zur Architektur bekommen. In unserer Nachbarschaft war ein Architekt, der am Bauhaus in Dessau studiert hatte, und der erstellte ganz andere Gebäude als alle anderen. Diese Häuser von Herrmann Blomeier fielen mir immer auf, die waren einfach andersartig und übten auf mich eine unglaubliche Faszination aus. Deshalb kaufte ich mir Bücher über Architekten – Mies van der Rohe, le Corbusier, Frank Lloyd Wright – und andere Standardwerke der Moderne und kam dann auf die Idee, daß Architektur doch eine gute Kombination aus Kunst und Naturwissenschaften wäre. Das hat sich herauskristallisiert, als ich etwa 16 Jahre alt war: Ich wußte in der Oberstufe schon, daß ich Architektin werden wollte. Gegen diesen Studienwunsch hatten meine Eltern auch nichts einzuwenden. Nur vorher, als ich noch Kunstgeschichte pur machen wollte, haben sie immer gesagt: »brotlose Kunst«.

Daß ich so frühzeitig eine klare Berufsvorstellung hatte, hat meine Klassenkameradinnen überhaupt nicht verblüfft, aber meine Lehrer um so mehr. Von den fünfzehn Mädchen meiner Klasse, die Abitur gemacht haben, sind zwölf Lehrerin geworden, eine durfte nicht studieren, eine wurde Ärztin und ich eben Architektin. Wenn wir in der Schule nach dem Berufswunsch gefragt wurden, haben alle ganz brav und ordentlich gesagt, Lehrerin, Lehrerin, Lehrerin. Auch die Bibliothekarin und die Medizinerin waren akzeptabel, aber wenn ich sagte, ich werde Architektin, haben sie verwundert geschaut. Die Lehrer hatten immer ihren Aha-Effekt. Aber es hat nie einer gesagt, »Wissen Sie denn, auf was Sie sich da einlassen?« oder »Können Sie denn das überhaupt?« Es kam immer nur Verwunderung.

Ich wollte gerne in Berlin studieren, weniger der Universität wegen, sondern des Ambientes, der Stadt wegen. Das wollten aber die Eltern nicht, diese Stadt war ihnen zu weit weg, sie gaben die Devise aus, »nicht übertreiben«. Also bewarb ich mich in Karlsruhe an der Technischen Universität und bekam einen Studienplatz, trotz Numerus clausus. Dort lehrte damals der berühmte Professor Egon Eiermann. Das war Grund genug, dorthin zu gehen. Das Architekturstudium verläuft völlig anders als ein Ingenieurstudium, aber man schließt als Diplomingenieur ab. Die anderen Ingenieure halten die Architekten allerdings immer eher für Künstler. In meinem Semesterjahrgang waren wir 70 Männer und sieben Frauen. Diplom gemacht als Architekten haben nur zwei oder drei Frauen, bei den Männern waren es ungefähr 50. Ich weiß gar nicht, wo die Hochschulabsolventen alle abbleiben. Viele, die fertig sind, werden nie Architekten, die werden Gewerbelehrer oder gehen in irgendwelche Firmen, einer wurde Antiquitätenhändler, ein anderer Maler. Höchstens zwei Drittel derjenigen, die Examen gemacht haben, arbeiten nachher tatsächlich in dem Beruf.

Ein bißchen anders sind wir Frauen im Studium schon behandelt worden als die Männer. Um unbegabte junge Männer haben sich manche Assistenten auffallend bemüht, damit deren Noten im Examen nicht ganz so furchtbar wurden. Aber die gleichen Assistenten haben zu ähnlich unbegabten Mädchen gesagt, »geh nach Hause und werde Mutter!« Das waren so Sprüche, die als Beleidigung gemeint waren und die sich ein Mann nie anhören mußte. Keiner hat zu einem Kommilitonen gesagt, geh heim und werde Vater! Ich selber wurde zwar mit solchen Aussagen nie konfrontiert, weil ich eine ganz begabte Studentin war – ich habe mit »Sehr gut« Diplom gemacht –, aber ich habe trotzdem diese Vorbehalte gespürt. Ich erinnere mich an eine Fahrt durch die Stadt mit einem Assistenten. Wir kamen an einem scheußlichen Hotel vorbei, das gerade abgerissen wurde. Es war wirklich unbeschreiblich häßlich. Und was sagte der Assistent zu mir: »Schauen Sie mal da hinauf, das hat eine Frau gebaut, da lohnen sogar die Abbruchkosten.« Ich erkundigte mich dann, das war natürlich gar nicht wahr. Dieses Hotel hatte ein Mann gebaut! Aber solche Sprüche hat man immer noch an den Kopf gekriegt, die waren an der Tagesordnung. Das passiert heute den Architekturstudentinnen nicht mehr so oft. Ihnen wird bescheinigt, daß sie häufig besser sind als die Herren Kommilitonen. Mein Mann ist Architekturprofessor, und der sagt mir häufig, daß die Mädchen durch die Bank weg prozentual gesehen begabter sind, oft eben auch fleißiger. Auch in diesem Beruf gehört natürlich der Fleiß mit dazu, die Dinge fallen niemanden zu. Keiner wird als großer Baukünstler oder großer Architekt geboren, das muß sich jeder zusätzlich zur vorhandenen Begabung auch erarbeiten. Der Beruf des Architekten wird Frauen heute schon eher zugestanden, obwohl es nach wie vor viele Leute verblüfft. Es ist natürlich ein Ingenieurberuf, aber eben auch diese interessante Mischung aus Kunst und Ingenieurwesen.

Der kreative Teil im Studium, das Entwerfen, war natürlich mit Abstand das Schönste und hat mir am meisten Spaß gemacht. In Karlsruhe haben wir ein richtiges Architekturstudium nach alter Väter Sitte gemacht: entworfen, entworfen und nochmals entworfen und dazu viel Baukonstruktion. Schriftliche Diplomarbeiten, wie das an anderen Universitäten in der 68er Zeit üblich war, hätte bei uns kein Professor in die Hand genommen. Deshalb bin ich sehr froh darüber, daß ich in Karlsruhe studiert habe. Ich hatte auch nur Professoren, die selber Architekturbüros hatten. Das ist ganz wichtig. Lehrer, die nicht selber bauen, können nach ein paar Jahren ihren Studenten nichts mehr mitteilen. Professoren, die nicht selber am Ball bleiben, sich nicht selber bekennen und zeigen, was sie tun, bieten keine Reibungsfläche für junge Menschen, was dringend nötig ist. Also muß man Lehrer nehmen, die auch praktisch arbeiten. Und genau das ist heute in der Architekturausbildung ein Problem: Es gibt zu viele Architekturprofessoren, die nicht mehr bauen oder gar nie gebaut haben.

Im Wintersemester 1964/65 habe ich angefangen mit dem Studium und 1970 mein Diplom gemacht. Danach arbeitete ich in einem bekannten, mittelgroßen Architekturbüro in Karlsruhe, das recht gute Sachen machte. Dieser Architekt hat mich natürlich für Wettbewerbe genommen. Die Architekturbüros holen sich die jungen Leute von den Hochschulen, die können entwerfen, wissen, was derzeit gängig ist. Architektur sollte nie modisch sein, und dennoch gibt es immer wichtige Tendenzen. Es ist allerdings kein Kompliment, wenn jemand meint, ein Architekt geht nach der neuesten Mode, sondern eher eine leichte Beleidigung. Die Studenten haben meistens eine natürliche Beziehung zum Zeitgeist. Was jedoch keiner so richtig beherrscht, wenn er von der Hochschule kommt, sind Dinge wie Werkplanung, Ausschreibung, Bauleitung; es sei denn, er hat während des Studiums schon viel in Büros gearbeitet. Deswegen werden Hochschulabsolventen zunächst für die Wettbewerbe eingestellt. Man muß einen Wettbewerb nach dem anderen machen. Gewinnt der Chef den Wettbewerb, hat er wieder einen Auftrag, und das ist für einen selbst auch nicht schlecht. Man will natürlich irgendwann auch selber bauen, weil man etwas dazu lernen will. Das eigentliche Lernen fängt ja meistens nach der Hochschule an. Das kostet den Chef Geld, weil er ausbilden muß. Mein damaliger Chef hat mich nur an Wettbewerben arbeiten lassen und immer versprochen, beim nächsten Mal, wenn wir etwas gewinnen würden, dürfte ich auch an der Werkplanung mitarbeiten. Das nächste Mal kam, doch er hat mich wieder nicht drangelassen. Also hörte ich dort auf und ging zu meinem Mann ins Architekturbüro. Zu der Zeit entschloß ich mich aber schon, mich zur zweiten Staatsprüfung, zum Referendariat, anzumelden. Ich wollte noch eine weitere Ausbildung machen, weil ich auch noch relativ jung war. Ich dachte mir, es könnte gar nichts schaden, wenn ich noch mal etwas Neues lernte. Die Referendarzeit ist kein Muß für Architekten, sondern ganz freiwillig. Nur der, der in der Bauverwaltung Beamter werden will, braucht sie. Aber die meisten gehen als Angestellte zum Staat.

Ich habe das Referendariat 1972 angefangen und habe im April 1974 die zweite Staatsprüfung gemacht, war dann Regierungsbaumeister. Im Referendariat wird man in allen Disziplinen nochmals ausgebildet. Man lernt natürlich auch Haushaltsrecht und Baurecht, Vergaberecht und vieles andere. Einiges davon kennt man zwar schon aus dem Studium, aber man hat nie allzu aufmerksam zugehört. Erst wenn man schon ein paar Jahre gearbeitet hat, erkennt man plötzlich, wie wichtig das alles ist. In Wettbewerben werden beispielsweise keine Entwürfe prämiert, die dem Baurecht widersprechen; im Studium dagegen läßt man das schon eher mal durchgehen.

Ich habe im Referendariat mit viel größerer Aufmerksamkeit zugehört und gelernt, weil ich einfach viele Begriffe aus meiner Praxis schon kannte. Diese Ausbildung ist toll. Da wird viel geboten, man hört viele Vorträge und kommt in die unterschiedlichsten Behörden. Man lernt alles kennen, was so rund um das Bauen herum noch zu beachten ist, bekommt auch Kontakt zu den Stellen, die einem Architekten später das Leben schwer machen können, wie dem Brandschutz, dem Denkmalschutz, lernt die ganzen baupolizeilichen Belange zu beachten. In diesen Behörden arbeitet man mit und bekommt dadurch ein Gespür dafür, daß all diese Auflagen ihre Berechtigung haben. Man lernt einfach die andere Seite kennen. Zudem trifft man viele Leute, knüpft Kontakte, auch zu denen, die später gar nicht zum Staat gehen, sondern freie Architekten werden. Das ist eine Schule für das ganze Berufsleben, ob man nun zum Staat geht oder nicht.

Angefangen habe ich das Referendariat mit dem Ziel, direkt anschließend wieder ins Büro meines Mannes zu gehen. Das habe ich dann nicht getan, weil ich – wider alle Vorurteile – gemerkt habe, daß Beamte schöne Aufgaben haben, man auf diesen Stellen gut arbeiten kann. Da ich eine sehr gute Prüfung gemacht habe, wurde mir die Übernahme in den Staatsdienst angeboten – von 25 Referendaren wurden nur fünf übernommen –, und das habe ich angenommen. Außerdem war mir auch klar geworden, daß ich im Büro meines Mannes immer die Studentin bleiben würde.

Mein erster Arbeitgeber war das Land Baden-Württemberg, und zwar das Staatliche Hochbauamt I in Karlsruhe. Da wurde ich zunächst als Angestellte beschäftigt, frühestens nach drei Jahren wird man Beamter auf Lebenszeit. Der Neubau für das Land- und Amtsgericht in Baden-Baden war mein erstes Projekt. Das war ein ganz kompliziertes Bauvorhaben, weil es keinen gültigen Bebauungsplan gab. Wir hatten große administrative Probleme. Parallel zu dieser Aufgabe habe ich eine Nutzungsuntersuchung gemacht, was in Karlsruhe mit dem Schloß Gottesaue, einer Renaissance-Ruine, geschehen könnte. Wenn man alte Gebäude umbaut, muß man eine Nutzung finden, die mit dem Gebäude und seinen Strukturen harmoniert, ihm nicht widerspricht, sonst würde man es zerstören. Man muß etwas wählen, was sich einfügen kann. Unter anderem bekam ich die Raumwünsche von der Musikhochschule Karlsruhe vorgelegt. Die benötigten viele Unterrichtsräume, auch einen Konzertsaal und eine Bibliothek. Bei Nutzungsuntersuchungen geht es darum, eine sinnvolle Verwendung für ein Objekt zu finden. Bei meinen Untersuchungen, was am sinnvollsten in dem Schloß mit seinen sehr hohen Geschoßhöhen unterzubringen wäre, hat sich herauskristallisiert, daß die Musikhochschule am besten hineinpaßt. Durch diese Nutzung würde das Denkmal nicht zerstört werden. Als ich gemeinsam mit meinem Chef sicher war, daß das Schloß das richtige Domizil für die Musikhochschule wäre, habe ich eine kleine Broschüre gemacht. Dieses Heft haben wir den Politikern an die Hand gegeben, die sollten dafür in der Landeshauptstadt die Werbetrommel rühren. Damit war meine Arbeit daran erst einmal beendet. Sieben Jahre später kam plötzlich ein Anruf: »Das Projekt Gottesaue wird gebaut, wollen Sie es machen?« Das war 1979. Zu der Zeit wurde gerade das Gerichtsgebäude in Baden-Baden erstellt. Die vielen juristischen Probleme an dem Projekt konnten 1977 ad acta gelegt werden, und man konnte mit dem Bau beginnen. 1980 war dann Einweihung.

In der Zwischenzeit habe ich noch ein anderes Projekt gebaut, ein Finanzamt in Bruchsal. Das war eine sehr schöne Bauaufgabe, ein Neubau innerhalb der Schloßanlage. Vieles war durch den Denkmalschutz vorgegeben – die Form des Grundrisses anhand der alten Kellermauern, barocke Lochfassade –, aber im Inneren durfte ein modernes Verwaltungsgebäude entstehen. Die moderne Sprache des Innenausbaus wurde auch am Eingangsportal angewandt. Für das Justizgebäude in Baden-Baden und das Finanzamt in Bruchsal habe ich jeweils einen Architekturpreis bekommen. Der Bund Deutscher Architekten vergibt jährlich den Hugo-Häring-Preis, und an der Ausschreibung habe ich mich beteiligt. Da gibt es die Auszeichnung »Gute Bauten«. Ich war recht stolz auf die Preise. Architekt und Bauherr erhalten eine Plakette, die an dem Gebäude angebracht wird. Von diesem Preis träumt jeder Architekturstudent. Das ist eine Auszeichnung, die auf eine Leistung schon weit über Durchschnitt hinweist, und ist eine Anerkennung von der Fachwelt. Für den Justizbehördenbau bin ich außerdem mit dem 1. Preis beim Kalksandstein-Architekturwettbewerb ausgezeichnet worden.

Ich war von Mai 1974 bis Januar 1980 Entwurfsarchitektin beim Staatlichen Hochbauamt I in Karlsruhe, zuerst als Angestellte, dann als Assessorin, später als Baurätin. Von Februar 1980 bis Mai 1988 leitete ich das Bauamt Baden-Baden. Das ist eine Außenstelle des Hochbauamtes, aber eine recht selbständige Institution und ein sehr begehrtes Bauamt, weil es eine Direktorenstelle hat. Aber weil ich relativ jung war, habe ich die nicht bekommen, die Stelle wurde für einen älteren Kollegen nach Bruchsal verlagert. Die Arbeit dort war dennoch sehr schön. Da war ich unter anderem für die Sanierung und Restaurierung von Schloß Rastatt und von Schloß Favorite zuständig. Unter meiner Betreuung standen auch die Sanierungen der Ruine Ebersteinburg und der Burg

Hohenbaden und vieles mehr, vor allen Dingen Behördenbauten, ein Krankenhaus, aber auch Strafanstalten und die Baumaßnahmen für die Bäder- und Kurverwaltung, Thermalbäder also, oder eine Spielbank. In diese Zeit fiel auch der Brand des Kurhauses Baden-Baden, das im Februar 1987 in Flammen aufgegangen war. Den Wiederaufbau dieses Kurhauses habe ich zusammen mit meinen Mitarbeitern in außergewöhnlich kurzer Zeit über die Bühne gebracht. Noch in der Brandnacht wurde ich gefragt, was der Wiederaufbau kostet! Das ist so typisch, noch bevor das Feuer gelöscht ist, wird man gefragt, was der Wiederaufbau kostet. Solche Fragen finde ich geradezu unsittlich. Wer da Kosten nennt, wird sich immer verschätzen und später an den falschen Zahlen gemessen. Der »heiligste« Tag in Baden-Baden ist der Beginn der Großen Woche, und zu diesem Tag, das war der 28. August, sollte dieses Gebäude wieder stehen, als wäre nichts geschehen. Das war natürlich nicht machbar, aber ich habe gesagt, »wir schaffen es, daß das Gerüst weg ist und das Gebäude außen ganz fertig ist. Wir machen dann – während der Rennwoche – für ein paar Tage Pause, danach geht es drinnen weiter. Das kostet etwas mehr, weil wir hinterher ohne leistungsfähige Baustelleneinrichtung im Inneren weiter bauen müssen«.

Ein weiteres Problem war, eine Kostenschätzung vor Baubeginn vorzulegen. Wir mußten ja erst eine Schadensaufnahme machen, aber auch gleichzeitig mit dem Bauen beziehungsweise den Abbrucharbeiten beginnen, denn eine solche Notmaßnahme erlaubt keine bürokratischen Vorgehensweisen. Das Okay habe ich bekommen, es blieb auch gar nicht viel anderes übrig: Es fing nämlich fürchterlich an zu schneien, und zum Löschwasser kam noch das Schneewasser ins offene Haus. Das Erfreulichste war: Am Ende hat alles zusammen knapp 11 Millionen DM gekostet – weniger als in der Kostenschätzung angenommen –, und am 28. August stand alles im Äußeren, wie es vorher war; im Inneren haben wir weitergebaut bis zum Ende des Jahres. Dann waren die Arbeiten beendet, nur das Restaurant noch nicht, das war nicht ganz abgebrannt, und erst im August fiel die Entscheidung, daß es komplett erneuert werden sollte. Für das Restaurant habe ich dann einen freien Architekten aus Wien dazugenommen. Diese Baumaßnahme ist im Frühjahr 1988 fertiggeworden. Wir haben damals großes Lob eingeheimst, daß alles so schnell fertiggeworden ist, und die Kosten hatten wir auch unterschritten. Das

Ganze war eine außerordentliche schöne Aufgabe. Im Bauamt haben an dem Projekt außer mir noch drei Frauen gearbeitet – eine davon am Schluß hochschwanger –, zudem haben noch einige Sonderingenieure mitgewirkt. Es hat ausgesprochen gut funktioniert.

Ganz selten wird ein Bauamt von einer Frau geleitet. Ich war in Baden-Württemberg die erste Bauamtsleiterin, allerdings von einer Außenstelle. Mittlerweile gibt es in Baden-Württemberg im Stuttgarter Raum eine andere Architektin, die Chefin eines großen Bauamtes ist. In Baden-Baden bin ich nicht mehr Direktorin geworden. Diese Stelle wurde nach Bruchsal ausgeliehen, an einen älteren Kollegen, und dann hat man diese Direktorenstelle nicht mehr zurückverlagern können. Nachdem das Kurhaus fertig war, bin ich zurückgegangen nach Karlsruhe, um mein Projekt Schloß Gottesaue fertigzustellen.

Ich hatte in der Zeit, als ich Leiterin in Baden-Baden war, parallel dazu Schloß Gottesaue weiter betreut und bearbeitet: Ich war drei Fünftel der Woche in Baden-Baden, zwei Fünftel in Karlsruhe, um am Schloß Gottesaue zu arbeiten, zusammen mit meinen Karlsruher Mitarbeitern. Das ist absolut unüblich. Ich bin aber nur unter der Bedingung nach Baden-Baden gegangen, daß ich dieses darf, weil ich immer Architektin bleiben wollte. Ich wollte bauen, das war mir wichtig, um mich und meine Ideen zu realisieren. Nur durch dieses Selberplanen und Durchführen erlebt man die ganze Welt des Bauens. Die Doppelfunktion, Entwurfsarchitektin und Projektleiterin zu sein und gleichzeitig Bauamtsleiterin, war nur deshalb möglich, weil Schloß Gottesaue ein denkmalgeschütztes Gebäude ist. Das war kein Projekt, das so schnell hochgezogen werden konnte wie mancher Neubau. Ich habe in den ersten Jahren in Baden-Baden ganz intensiv an der Planung gearbeitet. Und später ging es darum, die Werkplanung zu realisieren, mit all den Änderungen, die immer wieder nötig werden.

Es waren beide Aufgaben Fulltimejobs, das muß ich schon ehrlich zugeben. Aber erst, als der Wiederaufbau des Kurhauses noch dazukam, habe ich gemerkt, daß ich an der Grenze meiner Belastbarkeit angekommen war. Das war dann einfach zuviel, zumindest auf Dauer. »Ganz Baden-Baden« hat geguckt, wird die Jakubeit fertig mit den Dingen, steht am 28. August das Kurhaus wieder so da, als wäre nichts geschehen; gleichzeitig durfte ich Gottesaue nicht vernachlässigen, das war damals im Innenausbau, und ich hatte noch ein Bauamt mit 25 Mitarbeitern am Hals; da wurden schließlich auch noch andere Sachen gebaut.

Die Termine konnte ich dank guter und straffer Organisation, aber auch dank der Leistungsfähigkeit meiner Mitarbeiter einhalten. Aber ich begriff, daß man nicht alles gleichzeitig mit hoher Intensität machen kann. Ich begriff, daß man Schwerpunkte setzen muß, und das hieß in diesem Lebensabschnitt, ein Bauwerk zu errichten, das Bestand hat. Das hieß für mich, mehr Zeit zu schaffen für Schloß Gottesaue. Deshalb bin im Juni 1988 nach Karlsruhe zurück und wurde dort Referentin an der Oberfinanzdirektion und betreute parallel dazu Schloß Gottesaue. Jetzt konnte ich täglich bis zu zweimal, wenn es nötig war, auf die Baustelle gehen und kurzfristig Dinge entscheiden. Diese Entscheidung hat sich gelohnt. Als Schloß Gottesaue fertig wurde, war es ein großer Erfolg. Es gab viele Veröffentlichungen und viele gute Kritikerstimmen. Meine Idee, das Schloß nicht historisch wieder aufzubauen, sondern eine Synthese aus Alt und Neu zu schaffen und somit auch unserer Zeit und der modernen Nutzung gerecht zu werden, wurde allgemein akzeptiert, sogar bewundert.

An die Oberfinanzdirektion bin ich aus mehreren Gründen gegangen: Erstens bekam ich dort die Stelle als Direktorin, zweitens war der Standort sehr günstig zum Schloß Gottesaue – diese Nähe war gerade in der letzten Phase besonders wichtig, und drittens war der Oberfinanzpräsident der Meinung, daß ich die »höheren Weihen« der Mittelinstanz bekommen müßte, um später Chef in einem großen Bauamt werden zu können. Da hatte er sicher recht. Ich habe dort vieles Neues gelernt und die Dinge aus einem anderen Blickwinkel betrachten können. Ich war für die Landesbaumaßnahmen im Großraum Karlsruhe zuständig. Vornehmlich wurden dort Haushaltsunterlagen, also Kostenanschläge, geprüft und freigegeben, Bauprojekte im Vorfeld auf den Weg gebracht und über komplizierte vergaberechtliche oder andere juristische Fragen während oder nach dem eigentlichen Bauablauf entschieden. Unter anderem mußte ich dort auch die Haushaltsvoranschläge für den gesamten Bezirk zusammentragen, also mitarbeiten am Haushaltsplan. Es war echte Schreibtischarbeit, die dort geleistet wurde. Diese Arbeit – so vielseitig sie ist – bringt dem einzelnen kein sichtbares Ergebnis, und so war ich froh, daß ich noch mein Projekt Schloß Gottesaue hatte, das zusehends seiner Vollendung entgegenging. Das ist das Schöne am Architektenberuf, daß man nach einiger Zeit sehen kann, wofür man all den Ärger in Kauf genommen hat: für ein schönes Bauwerk.

Deshalb habe ich nie eine Karriereplanung machen können. Ich wolltc immer bauen, ich war immer treu an ein Projekt gebunden. Daß ich achteinhalb Jahre in Baden-Baden geblieben bin und mich nie um Positionen beworben habe, hing mit dem Wissen zusammen, daß ich Schloß Gottesaue nur fertig machen konnte, wenn ich in Baden-Baden blieb und mich nicht »zu weit aus dem Fenster lehnte«. Hätte ich mich um eine andere Position, etwa in Stuttgart, Mannheim oder Freiburg beworben, hätte man gesagt, »dann müssen Sie das Projekt abgeben.« Das hätte ich nicht akzeptiert. Dieses Projekt war wie ein Kind, das gibt man nicht ab, bevor es fertig ist. Die Stelle an der Oberfinanzdirektion in Karlsruhe konnte ich akzeptieren, weil ich zwei Tage in der Woche für Gottesaue freigestellt wurde. Ich habe um diese Freistellung lange kämpfen müssen, und ich glaube, es hat auch ein wenig Ärger gemacht bei den Kollegen. Die Arbeit, die vorher einer in fünf Tagen gemacht hat, habe ich in drei Tagen erledigt, und es sind mir dennoch keine Klagen gekommen. Daß ich mir die Zeit für die Mehrarbeit am Feierabend und vom Wochenende abgezweigt habe, hat vielleicht nicht jeder bemerkt. Von einer 40-Stunden-Woche konnte auf jeden Fall keine Rede sein. Mir war es das wert. So gesehen war der Job an der Oberfinanzdirektion ein Glücksfall. Ich bin beruflich weitergekommen, der Horizont hat sich erweitert, und ich konnte dennoch weiterbauen. Es hat sich eben günstig ergeben, daß ich auf einen Schlag zwei Ziele erreichen konnte.

Als aber am 3. November 1989 mein bis dato letztes Projekt eingeweiht wurde, wußte ich, daß ich mir jetzt überlegen mußte, was ich ansteuern wollte: ein neues Projekt oder eine selbständige Position. Und mir war klar, daß ich mich mit nun 44 Jahren um eine Chefposition kümmern müßte. Nur dadurch hätte ich die Chance, mein Berufsleben selbst gestalten, die Mischung zwischen Management und der schöpferischen Tätigkeit selbst festlegen zu können.

Es gibt Menschen, die ihr ganzes Berufsleben lang primär ihre Karriere planen. Ob dies immer der beste Weg ist, wage ich zu bezweifeln. Ich könnte mir vorstellen, daß eine solche Karriereplanung den Betreffenden sogar den Blick für nicht geplante Chancen verstellt. Eines war für mich nun aber sicher, ich brauchte eine Führungsposition: Erstens, weil ich es mir zutraute und ich Freude am Organisieren und Managen habe – gute Architektur umzusetzen, finde ich sehr wichtig –, und zweitens, weil ich mir die Freiräume bei meiner Arbeit schaffen wollte, die ich brauche, um kreativ bleiben zu können. Daß ich dann mit 45 Jahren gleich die Position als Präsidentin der Bundesbaudirektion in Berlin und Bonn bekommen habe, war nicht zu ahnen. Aber es lag sicher mit daran, daß ich meinen Beruf von der Pike auf gelernt habe und viel praktische Erfahrung besitze.

Schlußendlich kann ich für mich feststellen, daß inzwischen wohl auch in Deutschland – ähnlich wie in den USA – bei der Besetzung von Führungspositionen die Leistung Vorrang hat, nicht das Alter oder das Geschlecht. Dennoch verblüfft mitunter auch heute noch bei uns eine Tatsache: In der Noch-Männerdomäne Bau fällt eine Frau in dieser Position immer noch auf, obendrein, wenn sie recht jung wirkt. Wenn ich auf mein Alter angesprochen werde – was oft passiert – tröste ich mein Gegenüber mit folgendem Spruch: »Das kann täglich nur besser werden.«

Angela Brunöhler

Geschäftsführerin, Consulting

Telefoniert hatten wir schon einige Male miteinander, bevor wir uns dann kennenlernten: Ich kannte die Stimme von Angela Brunöhler, hatte mir – natürlich – eine bestimmte Vorstellung von ihr gemacht und war erfreut, daß diese mit der Wirklichkeit übereinstimmte. Mein erster Eindruck vom Telefon, daß Angela Brunöhlers Selbstverständnis und Selbstbewußtsein auf ihrer Kompetenz und ihrem Know-how beruhen und nicht auf ihrer Führungsposition, vertiefte sich, als ich ihr persönlich begegnete.

Angela Brunöhler ist in ihrem Unternehmen mit ihrem Arbeitsbereich Personalforschung und Personalsysteme kontinuierlich in ihre Position hineingewachsen. Nicht zuletzt deshalb kennt sie alle anfallenden Tätigkeiten aus eigener Arbeitserfahrung. Ein Plus, das längst nicht jeder Chef aufzuweisen hat.

Angela Brunöhler ist eine Vorgesetzte, wie sich Mitarbeiter kaum eine bessere wünschen können: Sie zeichnet sich ganz besonders durch die Fähigkeit aus, gut zuhören zu können, was auf Management-Ebene – leider – keine Selbstverständlichkeit ist. Soziale Kompetenz ist für Angela Brunöhler kein Schlagwort der neunziger Jahre, sondern gelebter Berufs-Alltag.

Die ersten Schritte bei PA waren nicht einfach. Ich fühlte mich zunächst etwas verloren: Ich hatte noch wenig praktische Erfahrung mit Verfahren, die zur Auswahl und Potentialeinschätzung von Bewerbern eingesetzt werden. Ich kam eben aus der psychologischen Theorie. Außerdem war der ganze Bereich Personalforschung und -systeme damals neu innerhalb der PA: Unsere Arbeit war für die anderen Kollegen wenig greifbar. Wir waren die Exoten, die Außenseiter, die viel diskutierten.

Im Gegensatz zu den Personalberatern im Rekrutierungsbereich arbeiteten wir im Team zusammen, was unsere Arbeit auch erforderte und heute nach wie vor erfordert: Wir erarbeiteten gemeinsam Konzepte und diskutierten darüber, doch für die anderen war unsere Arbeitsweise schwer nachvollziehbar. Die Personalberater saßen mit uns auf der gleichen Etage. Die Personalberater waren äußerst korrekt – wir waren nur korrekt –, sie saßen in ihren Büros und hatten ihre Sitzecke, und dann kamen die Kandidaten, ganz gepflegt und ruhig. Das war eine sehr disziplinierte Atmosphäre. Bei uns lief die Arbeit durch die Struktur, durch die Teamarbeit einfach anders, auch lebhafter. Das führte dazu, daß es irgendwann hieß: Ihr setzt euch in den hinteren Teil der Büroetage, dann können wir die Tür dazwischen zumachen, ihr seid so laut. Das hing uns ein bißchen an: Wir waren eben die Lauten, die »Turnschuh-Riege«. Wir waren schwer einzuordnen und haben lange um unsere eigene Anerkennung kämpfen müssen innerhalb der PA Consulting Group. Es war wie ein merkwürdiger, integrativer Familienprozeß, der im Unternehmen mit unserem Bereich stattgefunden hat: Wir kamen als die chaotischen Exoten in diese disziplinierte Beratung, die schon lange sehr erfolgreich war und sehr viel Umsatz gemacht hat, und wir waren eben etwas Neues. Man war geneigt, es mit uns und unserem Bereich zu probieren, aber erst einmal sollten wir uns dezent zurückhalten.

Manchmal werden wir heute noch als Chaoten bezeichnet, aber sehr selten, und wir stören uns nicht mehr daran: Der Bereich ist gewachsen und hat einen sehr akzeptablen Kundenkreis. Wir arbeiten für große Unternehmen und leisten gute Arbeit.

Hineingewachsen bin ich in die ganze Personalforschung durch Learning by doing. Kurz nach mir kam noch ein Kollege dazu, und da wir relativ schnell auf eigene Füße gestellt waren, haben wir uns viele Dinge selber erarbeitet und uns ausgetauscht. Das hat gut funktioniert.

Die ersten Projekte habe ich mit dem System biographischer Fragebogen in Versicherungsunternehmen gemacht. Ich habe selbst biographische Fragebögen entwickelt, habe Voruntersuchungen durchgeführt, die Interpretation vorgenommen, die Ergebnisse zurückgemeldet und die späteren Anwender, die Führungskräfte, auf dieses Instrument trainiert. Mit dem Instrument biographischer Fragebogen werden aufgrund des Antwortverhaltens der teilnehmenden Bewerber Rückschlüsse gezogen, ob jemand sehr gute Chancen hat, erfolgreich im Unternehmen zu werden oder nicht. Gemacht wird das wie folgt: Im Rahmen einer Stichprobenuntersuchung wird das Antwortverhalten von bereits im Unternehmen tätigen Mitarbeitern in bezug auf Ausbildung, Alter, Freizeitverhalten und Berufsleben überprüft. Die Antworten, die sich als trennscharf erweisen, werden zunächst auf Akzeptanz überprüft, herausgelöst und Bewerbern vorgelegt. Aufgrund des Antwortverhaltens werden Rückschlüsse gezogen: Derjenige, der eher antwortet wie der bereits erfolgreich tätige Mitarbeiter, hat größere Chancen, im Berufsleben auch erfolgreich zu werden; von demjenigen, dessen Antwortverhalten eher den weniger Erfolgreichen ähnelt, sollte das Unternehmen möglicherweise Abstand nehmen.

Wir haben diese Fragebögen entwickelt, mit dem Unternehmen Erfolgskriterien definiert, Stichproben ausgewählt, die Voruntersuchung durchgeführt, und – ganz wichtig – die Anwender, die Führungskräfte, die mit diesem Fragebogen gearbeitet haben, entsprechend trainiert. Denn bei der Anwendung waren wir nicht mehr involviert. Eine der Zielsetzungen bei der Einführung dieses Instruments ist es, die Unternehmen autonom zu machen.

Mit meinem ersten Projekt habe ich direkt im zweiten Monat nach Beginn meiner Tätigkeit angefangen: Es war eindeutig der Sprung ins kalte Wasser. Die Einarbeitung war sehr komprimiert. Es gab anfangs ein paar witzige Situationen, als ich mit meinem damaligen Vorgesetzten zum Training zu einem Kunden fuhr. Ich war Berater, aber er war ein Typ, der dominierte und im Mittelpunkt des Interesses stand, so daß ich anfangs eigentlich nur dabei war: Ich war mehr oder weniger eine charmante Begleiterin. Das war anfangs meine Rolle, eine typische Frauenrolle. Solche Situationen haben mir sehr zu schaffen gemacht: Es war irritierend und verletzend für mich, in der Beraterfunktion dort zu sein, im Grunde aber in eine Rolle gepreßt zu werden, die nicht die meine war, die ich nicht wollte. Ich merkte aber, daß diese Rollenverteilung nicht beabsichtigt war. Also sagte ich, was mir nicht gefiel. Nachdem ich mein Unbehagen über diese Rolle als weibliche Begleitung verbalisiert hatte, änderte sich alles sehr schnell.

Von meinem Vorgesetzten habe ich mich rasch gelöst, weil ich mich bald mit einem eigenen Bereich beschäftigt habe, mit dem Thema Assessment Center. In diesem Bereich konnte ich selbständig arbeiten. Das Thema Assessment Center war mir keineswegs fremd. Ich hatte als Schwerpunktfach Personalwesen studiert, von daher hatte ich mich in der Theorie schon damit beschäftigt. Mit diesem Instrument zur Bewerberauswahl und Bewerberentwicklung habe ich mich sehr intensiv auseinandergesetzt, weil ich das Gefühl hatte, das kann meine Aufgabe sein, mein Baby. So wurde es dann auch.

Ich habe Assessment Center vorbereitet und aufbereitet, habe die Übungen festgelegt, den Ablauf, die Organisation, habe ein Handbuch geschrieben und die Beobachter geschult. Während dieser Arbeit ist meine Selbstsicherheit gewachsen, ich bekam viel Anerkennung für meine Arbeit. Ich kann mich noch gut erinnern, daß mir ein Kunde beim ersten Assessment Center, das wir durchführten, sagte, ich solle den Kandidaten nicht verraten, daß das Unternehmen noch gar keine Erfahrung mit Assessment Center hätte. Ich selbst war natürlich auch angespannt, durfte mir das aber nicht anmerken lassen. Und heute sind Assessment Center reines Tagesgeschäft geworden.

Dadurch, daß ich so ins kalte Wasser geworfen wurde, habe ich sehr viel gelernt: nicht nur effizient zu arbeiten, sondern auch zu kämpfen. Ich war auf mich allein gestellt. Mein Vorgesetzter war sehr offen gegenüber allem und jedem, er wandte sich schnell neuen Dingen zu und hat wenig Restriktionen vorgegeben, was aber manchmal zu Schwierigkeiten führte. Der große Vorteil davon war aber, daß wir sehr kreativ wurden. Bei meinem damaligen Kollegen und mir konnte gar keine Erwartungshaltung entstehen, wie manchmal heute bei jüngeren Kollegen, weil wir genau wußten, wir haben von nichts und niemand etwas zu erwarten. Mein Vorteil war gewiß, daß ich Berufserfahrung hatte und wußte, wie eine Organisation funktioniert.

Ein bißchen bestand dann auch eine Wettkampf-Situation zwischen dem Kollegen, der kurz nach mir angefangen hatte, und mir: Er kannte zum damaligen Zeitpunkt die Instrumentarien besser als ich, aber ich war durch meine Berufserfahrung in der Industrie weiter in der Orientierung auf den Kunden.

Das Thema Assessment Center hat mich begleitet, bis ich die Bereichsleitung übernommen habe. Es ist nach wie vor ein Konzept, das bei uns einen sehr großen Raum einnimmt, mit dem wir viele Erfahrungen gesammelt und das wir bis heute verfeinert haben. Wenn ich mir den heutigen Standard gegenüber damals anschaue, ist der Unterschied schon gravierend, insbesondere bezüglich der Organisation. Ich habe früher noch Zeitpläne mit der Hand geschrieben, wir hatten zu dritt eine Sekretärin. Manchmal muß ich heute lächeln, wenn ich die Forderungen junger Kollegen höre. Dann fallen mir die »Grundsteine« ein, die wir damals gelegt haben, die handgeschriebenen Zeitpläne und die Ablaufdiagramme eben. Damals war alles ein Stückweit improvisierter, handgestrickter, weil die Erfahrung nicht in dem Umfang vorlag, aber insbesondere weil der Support von der Sekretariatsseite nicht gegeben war. Wir haben sehr viel mehr selbst machen müssen. Aber wir haben auch viel gelernt dadurch, wir haben die Ärmel hochgekrempelt, haben uns, wenn es darauf ankam, an den Kopierer gestellt und die halbe Nacht gearbeitet, aber es hat immer funktioniert. Auch die Zusammenarbeit mit Kollegen oder anderen Bereichen hat hervorragend geklappt: Wir haben immer das beim Kunden leisten können, was von uns erwartet wurde.

Was sich im Laufe der Zeit verändert hat, ist unsere Arbeitsweise. Wir hatten einen Fundus von Instrumentarien, mit dem wir gearbeitet haben, mit dem wir uns sicher fühlten, und dann haben wir diese Instrumentarien mit den Auftraggebern diskutiert. Damals hatten die Kunden oft die Haltung: Sagen Sie uns, was wir tun sollen, Sie wissen schon, was das Richtige für uns ist. Das ist ein Punkt, der sich in unserer Arbeit völlig verändert hat: Heute liefern wir dem Kunden nicht mehr nur ein gutes Produkt, sondern eine Beratung. Wir beraten den Kunden im Hinblick auf seine Anforderungen, bieten individuelle Leistungskonzepte. Damals war die Produktpalette sehr viel schmaler, also versuchte man, verschiedene Probleme mit einer Lösung anzugehen. Wir haben auch heute nicht für alles eine Lösung, aber wir sind sehr viel weiter mit den Lösungsmöglichkeiten.

Selbst an einem Assessment Center teilgenommen habe ich im Gegensatz zu meinen jüngeren Beraterkollegen nie. Ich kenne die

Situation nicht, unter dem Bewerbungs- und Einstellungsdruck auf der anderen Seite zu sitzen. Das heißt aber für mich, daß ich sehr gut hinhöre, was mir ein Teilnehmer sagt. Ich kenne allerdings das Assessment Center aus Trainingssituationen.

Mir ist es immer sehr wichtig gewesen, mich auf die andere Seite einzustellen. Mir hat einmal in einem Vertriebsunternehmen, in dem es um die Einschätzung des Potentials von Führungskräften ging, ein erfahrener Manager von Ende Vierzig gestanden, er hätte sich hinterher nicht mehr erinnern können, in welchem Raum und vor wem er präsentiert hätte. Das habe ich nie vergessen. Wenn eine erfolgreiche Führungskraft sich mit solchen Ängsten auseinanderzusetzen hat, bedeutet das, daß derartige Verfahren als Prüfsituation empfunden werden, gerade von Personen, die vom Lernprozeß schon weiter entfernt sind. Deshalb legen wir sehr viel Wert auf eine umfangreiche Aufwärmphase. Wir bieten den Teilnehmern auch an, eine sogenannte Trockenübung durchzuführen, also Übungen außerhalb der Prüfungssituation durchzuspielen, um ein Gefühl dafür zu entwickeln, wie das ablaufen könnte. Ich glaube, es ist uns mit unserer Methode gelungen, den Teilnehmern die Ängste weitgehend zu nehmen.

Von Anfang an haben wir großen Wert auf das Feedback der Teilnehmer gelegt. Im Anschluß an das Assessment erfolgt immer eine Manöverkritik, die zwei Funktionen hat. Wir wollen zum einen wissen, wo wir noch optimieren können. Und zum anderen bietet diese Manöverkritik den Teilnehmern die Möglichkeit, sich abzureagieren oder selbst konstruktive Beiträge zum Verfahren zu geben. Heute sind wir an einem Punkt, wo nicht mehr viel zu optimieren ist, aber die Berücksichtigung unternehmensspezifischer Gegebenheiten und Herausforderungen noch immer eine wichtige Rolle spielt.

Wir überzeugen nicht nur durch gute Arbeit, oder indem wir das Verfahren vorstellen oder durchführen, sondern wir überzeugen bereits durch den Prozeß: Gemeinsam mit Unternehmensmitarbeitern wird die Vorgehensweise festgelegt. Wir versuchen über eine Projektgruppe, die Zielsetzungen deutlich zu machen: Wir machen klar, daß jedes Verfahren eine zusätzliche Hilfestellung ist, daß niemand entmachtet wird oder Autorität einbüßt und daß keinem Entscheidungsfreiheit weggenommen wird.

Leiterin des Bereiches Personalforschung und -systeme bin ich 1988 geworden, seit 1990 bin ich Geschäftsführerin in der Beratung. Daß ich Geschäftsführerin geworden bin, kam keineswegs überraschend, mein Vorgänger war das auch. Aber mir war das nicht so wichtig, weil ich auf Äußerlichkeiten keinen besonderen Wert lege. Bis zur Übernahme des Bereiches habe ich schwerpunktmäßig mit Assessment-Center-Ansätzen gearbeitet, habe mich aber auch mit anderen personalwirtschaftlichen Fragestellungen beschäftigt. Meine erste Führungsfunktion hatte ich als Projektleiter, das bin ich 1985 geworden. Ich habe damals eine Gruppe von drei Mitarbeitern geleitet. Ein Schwerpunkt in meiner Gruppe war die Personalauswahl und -entwicklung, auch Beurteilungssysteme, Organisationsdiagnosen, Personalhandbücher zur Strukturierung von Prozessen in Unternehmen, zur Schaffung einheitlicher Standards und Maßstäbe.

Als Frau habe ich anfangs sehr viele Überraschungen ausgelöst. Ich erinnere mich an ein Training mit einer Gruppe von Führungskräften in einem Hotel. Ich war offensichtlich als Berater von PA avisiert, aber wohl im Vorfeld nicht namentlich benannt worden. Ich betrat den Tagungsraum, fragte, ob hier das Unternehmen XY sei, und die Herren fragten mich, was ich wünschte. Meine Antwort, ich würde das Training durchführen. Die Reaktion, das könne nicht sein! Ich fragte, warum nicht? Die Antwort, da müsse doch ein Mann kommen. Das waren so die kleinen Freuden, die ich aber witzig fand. Es löst manchmal Verwunderung aus, wenn eine Frau als Berater kommt. Heute nehme ich solche Dinge gar nicht mehr so wahr, auch die Zeit ist mittlerweile ein Stück fortgeschritten. Später gab es einmal eine Situation, in der mir eine Führungskraft bei einem Seminar auf sehr elegante Art und Weise sein Mißfallen mitteilte: In der Pause kam er zu mir und sagte, ich sei eine charmante, sympathische Frau, aber ich müsse wissen, Männer würden sich nicht gerne etwas von Frauen sagen lassen. Das ist das einzige Mal, wo Kritik deutlich gemacht wurde, allerdings auf eine sehr nette Art und Weise.

Eine Frau wird gründlich in Augenschein genommen. Es wird geprüft, kann die etwas leisten, man versucht auch, sie aufs Glatteis zu führen oder stellt ihr schwierige Fragen. Aber ich habe das Frausein im Beruf niemals als Nachteil empfunden. Ich habe immer das Gefühl gehabt, es ist eher positiv, mehr Aufmerksamkeit zu bekommen. Ich muß allerdings die Rolle adäquat füllen, muß mich als kompetenter Ansprechpartner erweisen. Aber wenn das der Fall ist, kann es sogar von Vorteil sein, Frau zu sein, weil man mehr auffällt.

Es ist auch nie passiert, daß ein Kunde mich abgelehnt hat, weil ich eine Frau bin, zumindest ist es mir niemals zu Ohren gekommen. Aber nach wie vor sind manche Unternehmen überrascht, daß eine Frau diese Position einnimmt, insbesondere seit ich Geschäftsführerin bin.

Als ich damals in die Beratung kam, war ich noch eine Art »bunte Kuh«; es gab zwar eine Geschäftsstellenleiterin, aber alle anderen Frauen waren Sekretärinnen oder Sachbearbeiterinnen. Dann ging es los mit dem Thema, was für einen Schreibtisch ich bekomme. Frauen waren eben Sekretärinnen, und die hatten Blechschreibtische. Ich dachte, ich müsse mich frühzeitig abgrenzen. Das kam mir zwar lächerlich vor, trotzdem bestand ich auf einem Holzschreibtisch. Es gab Kämpfe, aber ich habe mich letztlich durchgesetzt. Es gab anfangs mehrmals Situationen, wo die Rolle der Beraterin mit der Sekretärinnenrolle gleichgestellt wurde. Heute gibt es dieses Problem allerdings nicht mehr. Beraterinnen sind genauso akzeptiert wie Berater. Beispielsweise wurde ich damals auch gefragt, ob ich denn eine Sekretärin brauchen würde, ob ich meine Korrespondenz nicht selbst schreiben könne. Da gab es schon einige Punkte, wo ich mich ganz bewußt abgegrenzt habe. Ich habe in unserem Unternehmen sicherlich ein Stück Pionierarbeit geleistet. Heute habe ich keine Probleme damit, wenn keine Sekretärin da ist, mich an die Schreibmaschine zu setzen und etwas zu tippen, aber damals hätte ich es nicht getan, einfach um Zeichen zu setzen.

Nach einem Jahr kam in unserem Bereich die nächste Frau dazu, und heute sind mehr weibliche als männliche Kollegen in meinem Bereich, was aber nicht heißt, daß ich unbedingt Frauen einstellen wollte, im Gegenteil. Das hat sich zufällig ergeben. Ich finde es sehr sinnvoll, ein gesundes ausgewogenes Verhältnis zu haben. Auch wenn wir bei Kunden arbeiten, kombinieren wir die Beraterteams. Für mich wäre es falsch verstandene Pionierarbeit, wenn ich sagen würde, in einem Projekt arbeiten auf Gedeih und Verderb nur Frauen, weil wir die Frauen voranbringen müssen. Wenn in einem Unternehmen kaum Frauen beschäftigt sind, wird dort kein reines Frauenteam arbeiten, wenn es anders möglich ist. Ich mache kein Dogma aus dem Thema Frauen. Ich denke, man sollte versuchen, sich dem Umfeld anzupassen, und das Umfeld ist eben gerade im technischen Bereich häufig von Männern bestimmt. Aber ich merke zunehmend, daß der Kunde es schätzt, wenn Frauen im Team sind.

Anfänglich habe ich gefürchtet, daß Frauen vielleicht in der falschen Rolle gesehen werden. Ich habe einmal gehört, wie über eine Beraterin gesprochen wurde, nämlich nicht als Beraterin, sondern nur als Frau. Das Urteil der Männer hängt aber gewiß auch mit dem Verhalten einer Frau zusammen: Wenn Frauen sehr auf ihre Frauenrolle pochen, kann das leicht einen falschen Eindruck erwecken. Ich habe aber auch schon beobachtet, daß man versucht hat, junge Beraterinnen mehr als Assistentin zu nutzen denn als neutralen Berater. Doch durch die Komplexität unserer Projekte ergibt sich das Problem in der Regel nicht mehr: Wir haben wenig Projekte, wo wir nur ausführende Funktion haben, die beratende Funktion überwiegt. Und wenn Frauen beraten, werden sie auch als kompetente Partner akzeptiert.

Daß ich die Leitung des Bereichs übertragen bekam, als mein Vorgänger ging, habe ich keineswegs erwartet, aber ganz überraschend kam die Frage auch nicht. Ich hatte meiner Hoffnung Ausdruck verliehen, daß wir einen guten Nachfolger finden, wobei dies für mich ein Zeitpunkt war, wo ich eigentlich PA verlassen wollte. Grund hierfür waren einige Irritationen. Als ich gefragt wurde, ob ich den Job machen würde, habe ich schon deshalb gründlich überlegt. Ich war auf das Bild meines Vorgängers fixiert, konnte mir schwer jemand anderen in dieser Position vorstellen, irgendwie dachte ich auch, vielleicht müsse es auch ein Mann sein. Ich habe von Natur aus gar kein immenses Selbstvertrauen. Ich war mir auch nicht sicher, ob ich die richtige Person dafür bin, ob ich gut genug bin. Doch das Unternehmen hat mein Selbstvertrauen gestärkt und gesagt: Du machst das. Zu diesem Zeitpunkt habe ich das erste Mal gemerkt, welche Rolle ich im Unternehmen PA spiele. Es war mir vorher nicht klar geworden, daß man großen Wert auf meine Meinung legte. Das hat mich dann natürlich gefreut. Ich habe zugesagt, weil für mich viel Herzblut in dieser Arbeit steckt: Ich habe diesen Bereich mit aufgebaut, ich bin damit gewachsen wie wir alle. Ich habe mich verantwortlich gefühlt dafür. Dennoch hatte ich vorher überlegt, ganz rauszugehen, aufgrund einiger Konflikte, die dort existierten. Gerade als ich zugesagt hatte, die Leitung des Bereichs zu übernehmen, hat mich ein Unternehmen angerufen und mir eine sehr interessante Aufgabenstellung, nämlich eine Personalleitung Europa, angeboten. Vier Wochen vorher hätte ich akzeptiert. Aber ich hatte durch meine Zusage eine Verantwortung übernommen, und ich bin absolut loyal. Wenn ich einmal etwas versprochen habe, mache ich das auch. Ich bin da wie mein Vater, der war auch so ehrlich.

Als ich die Leitung des Bereichs übernommen habe, hat sich gar nicht allzu viel arbeitsmäßig für mich verändert. Schon vorher hatte ich bestimmte administrative Aufgaben übernommen. Auch vor der offiziellen Übernahme des Bereiches war ich schon zuständig für die Einteilung der Berater und mitverantwortlich für den Ausbau des Bereichs. Was aber neu war für mich: Ich war jetzt allein verantwortlich für den Umsatz. Die Zahlen waren mir zwar vorher auch bekannt, aber es ist etwas anderes, einen Bericht zu machen, als wirklich zu wissen, du mußt jetzt einen Umsatz X in dem Jahr erwirtschaften, um den Bereich lebensfähig zu halten. Es hat mir zwar nie jemand gesagt, wir schließen, wenn ich nicht eine bestimmte Summe erwirtschafte, aber das war eine neue Verantwortung. Neu war für mich auch, den Bereich intern und extern zu repräsentieren. Außerdem habe ich wesentlich stärker akquiriert als vorher.

Ganz faszinierend war es für mich, zu erleben, wie sich das Rad dreht: Früher habe ich gute, saubere Arbeit gemacht, wurde dafür von meinen Kunden anerkannt, aber wenn es dann beispielsweise um eine Präsentation beim Vorstand ging, war nicht mehr ich gefragt, sondern mein Vorgesetzter, der Leiter des Bereiches. Das hat mir wenig gefallen: Ich machte die Arbeit, wurde akzeptiert, aber plötzlich wurde nach Hierarchien gerufen. Als ich dann die Leitung übernahm, merkte ich, daß dies keine böse Absicht war, sondern eine Spielregel: Es ist einfach üblich, daß sich die Hierarchien auf gleicher Ebene begegnen. In bestimmten Situationen ist der Bereichsleiter gefragt und nicht mehr der Berater, selbst wenn der seine Arbeit noch so gut macht: Die Abschlußverhandlungen werden eben heute von mir geführt. Deshalb kann ich auch gut nachvollziehen, wie dies von jungen Beratern empfunden wird, und ich rede mit meinen Mitarbeitern darüber, weil ich weiß, wie ich selbst in dieser Situation gekränkt war.

Recht schnell bin ich aus der reinen Projektarbeit herausgegangen, was mir auch keine Schwierigkeiten bereitet hat. Ich habe nie Probleme gehabt, loszulassen und abzugeben, ich wende mich gerne neuen Aufgaben zu. Ich bin gewachsen mit meiner Rolle, ich habe heute andere Aufgaben: Ich muß akquirieren, ich muß dafür sorgen, daß der Bereich expandiert; wir haben viele Abstimmungen mit der Muttergesellschaft in Großbritannien, wir haben Ziele. Ich bin auch gefragt als Ansprechpartner innerhalb der Organisation, ich habe eine Art konsolidierender Funktion. Es kommen viele Personen zu mir, die um Rat fragen oder sich austauschen wollen.

In Deutschland bin ich die einzige Frau in einer Geschäftsführungsposition bei der PA, aber nicht weltweit. Ich erinnere mich an eine Veranstaltung in Madrid, bei der 150 Executives von PA – die Gruppe insgesamt hat 2700 Mitarbeiter – eingeladen waren. Es waren fünf Frauen dabei, das ist schon wenig. Aber wenn eben dann eine Frau das Mikrofon in die Hand nimmt, fällt sie mehr auf als die männlichen Kollegen. Mein Bekanntheitsgrad in der PA Group ist relativ hoch. Viele Dinge, die überhaupt nicht meinen Bereich betreffen, kommen trotzdem bei mir an. Wir sind angesehen, wir sind als teamfähig bekannt, weil wir versuchen, mit anderen Bereichen zusammen zu operieren und zu kooperieren. Die Personalberatung unterteilt sich in zwei Bereiche, das eine ist HRR, Human Resources Recruitment, das ist die anzeigengestützte Suche und die Direktsuche, das andere ist HRC, Human Resources Consultancy. Für den Bereich HRC bin ich zuständig. Mein Bereich hat insgesamt 15 Mitarbeiter und ist verteilt auf Büros in Frankfurt und Hamburg.

Zu der Zeit, als ich Geschäftsführerin wurde, haben wir gerade einen neuen Bereich aufgenommen und ausgebaut: Total Quality Management. Da geht es darum, einerseits die Strategie des Unternehmens zu optimieren und andererseits das Unternehmen zu lehren, sich selbst zu optimieren. Das ist ein Prozeß der Organisationsentwicklung, der vom Management aus gesteuert wird. Jeder einzelne Mitarbeiter wird in den Qualitätsprozeß eingebunden; unabhängig von Hierarchien, Funktionen und Bereichen werden Stärken und Schwächen des Unternehmens überprüft, um Leistung und Ertrag zu optimieren.

In die Führungsposition bin ich hineingewachsen. Führen hat etwas mit Lebenserfahrung zu tun, und mir ist sicherlich zugute gekommen, daß ich gerne im Team arbeite. Wir waren eine kleine Gruppe, als ich den Bereich übernommen habe, was hilfreich für mich war. Damals hat es weniger Distanz zwischen mir und der

Gruppe gegeben als heute. Wenn ich damals gesagt hätte, ich bin der Chef und ihr habt das so zu machen, das hätte nicht funktioniert. Natürlich gab es Situationen, da habe ich allein die Entscheidung getroffen, aber wir waren im Grunde ein Team, in dem alle gleichgestellt waren. Damals hatte ich auch die Haltung, möglichst viel demokratisch zu entscheiden. Das wurde sogar gemacht, wenn wir neue Kollegen eingestellt haben. Es wurde sichergestellt, daß alle damit einverstanden sind. Heute muß ich das manchmal anders handhaben, weil es in der großen Gruppe so nicht mehr funktioniert: Ich kann nicht ewig diskutieren. Es gibt Situationen, da muß einfach eine Entscheidung getroffen werden – auch auf die Gefahr hin, daß man hinterher merkt, es war falsch, aber das nehme ich in Kauf. Auch heute treffe ich keine Entscheidung über alle Köpfe hinweg, aber ich versuche nicht mehr, jeden Einwand zu berücksichtigen. Wir haben ein gutes Klima im Bereich, wir haben ein offenes Verhältnis zueinander, wir sagen uns, wenn etwas nicht stimmt. Ich erhalte ebenfalls ein offenes Feedback, und das finde ich völlig in Ordnung.

In meinem Führungsstil spielt die soziale Komponente eine große Rolle: Ich versuche immer, Verständnis für die Mitarbeiter aufzubringen. Ich habe in meinem Bereich 1990 zwei Mutterschaften gehabt. Das war ein absolutes Novum, daß eine Beraterin Mutter geworden ist bei der PA, sie ist wiedergekommen, und das funktioniert hervorragend. Eigentlich war ich diejenige, die nicht geglaubt hat, daß dieses Modell funktioniert, aber die Beraterin hat sich vorzüglich organisiert. Wir hatten auch eine Rollstuhlfahrerin, für deren Einstellung ich gekämpft habe. Ich weiß nicht, ob ein Mann das ohne weiteres getan hätte.

Man sagt mir auch nach, ich sei autoritär. Ich glaube, ohne autoritäres Verhalten geht es auch nicht immer. Es kommt ab und zu ein Punkt, wo ich nicht mehr diskutieren kann, aber im Prinzip versuche ich, mich mit den anderen abzustimmen. Mein Führungsstil ist eher demokratisch, zumindest glaube ich das. An dieser Demokratie muß aber jeder mitarbeiten. Wir haben ein paar Regeln eingeführt, und dazu gehört, offen zu kommunizieren. Ich erwarte auch vom anderen, daß er deutlich sagt, was er denkt. Ich kann Offenheit sehr gut ertragen.

Ich stelle hohe Anforderungen. Für mich selbst steht der Beruf im Vordergrund, und ich erwarte das auch ein Stück weit von anderen, wobei das manchmal sicherlich unfair den Kollegen gegenüber ist. Mir wurde das einmal auch sehr klar gesagt. Eine Kollegin meinte, ich würde es den anderen sehr schwer machen, weil meine Meßlatte sehr hoch hängt, und das würde ich eben auch von den anderen erwarten. Durch das Vormachen würde ich den anderen implizit ein Schuldgefühl geben. Mir scheint, an diesem Vorwurf ist etwas dran, und ich versuche, mich da zu korrigieren, auch mir selbst gegenüber etwas nachsichtiger zu werden.

Wenn man einen Schritt vorankommen und etwas erreichen will, muß man eben erst mal vier Schritte machen, aber irgendwann kann ich mich wieder auf ein langsameres Tempo einschießen. Als ich hier angefangen habe, hatte ich schon das Gefühl, ich müßte mich intern verkaufen. Das hing sicherlich nicht nur mit meiner Rolle als Frau zusammen, sondern auch damit, daß die Arbeit völlig neu war. Es gab damals einen witzig gemeinten Ausspruch, der lautete »Angela ist der härteste Mann bei PA!« Ich habe zwar mitgelacht, aber witzig war das eigentlich gar nicht. Ich hatte mir damals eine Härte angewöhnt, die gar nicht meiner Persönlichkeit entsprach. Heute bin ich lockerer und entspannter, weil ich gemerkt habe, ich komme sowieso dahin, wo ich hinkommen will. Ich habe heute meinen Maßstab gefunden und gehe weniger verkrampft an alles heran.

Eine meine Stärken ist gewiß die soziale Komponente: Ich versuche, Verständnis aufzubringen, mir ist die Meinung anderer Menschen sehr wichtig, ich versuche, gut zuzuhören. Eine Schwäche ist meine Ungeduld, aber ich lasse mich auch belehren. Das fällt mir zwar nicht immer ganz leicht, manchmal muß mir jemand auch etwas zweimal sagen, aber ich bin bereit, andere Meinungen zu akzeptieren. Ich kann auch Fehler zugeben.

Ich schätze an meiner Tätigkeit besonders die Eigenständigkeit und die Selbständigkeit. Natürlich habe ich Verpflichtungen gegenüber dem Unternehmen, wir müssen innerhalb eines bestimmten Rahmens funktionieren, aber den Rahmen und die Struktur empfinde ich als positiv, wir profitieren davon, auch von den Erfahrungen der anderen. Was mich fasziniert, ist die Vielschichtigkeit der Arbeit: die planerischen Elemente, die Führungsaufgaben, die Diskussionen in der Arbeit, hier im Bereich, mit den Kunden, mit anderen Kollegen oder auch in anderen Ländern. Auch die Internationalität ist für mich sehr attraktiv, der Austausch auf dieser Ebene ist spannend.

Wir sind ein eigenes Profitcenter und arbeiten gelegentlich mit Kollegen aus anderen Bereichen zusammen, auch auf internationaler Ebene. Durch meine Arbeit, die international eingebunden ist, lerne ich viele Personen kennen. Es würde mir überhaupt nicht gefallen, nur im Büro zu sitzen und nicht zwischen den Bereichen, den Kunden und dem Schreibtisch abwechseln zu können. Ich bekomme eben immer wieder neue Impulse. Damit sind auch Nachteile verbunden, der Papierwust wird immer größer, aber ich sehe primär die Vorteile.

Ich bin am 8. April 1947 in Essen geboren, bin auch in Essen aufgewachsen. Später sind wir nach Oberhausen umgezogen, wo ich 1953 eingeschult worden bin. Ich habe zwei Geschwister, eine Schwester, die zweieinhalb Jahre älter ist, und einen fünf Jahre jüngeren Bruder. Wir waren eine ganz typische Familie: Mein Vater war immer sehr stark im Beruf engagiert, war viel von zu Hause weg und hat eher die passive Rolle gespielt, was den familiären Bereich und somit das tägliche Leben anbetrifft. Mein Vater war Ingenieur, Geschäftsführer, und hat sich selbständig gemacht, als ich 16 Jahre alt war. Den Aufbauprozeß der Selbständigkeit habe ich voll mitbekommen. Vom Familienleben hatte mein Vater sehr klare Rollenvorstellungen. Er stammt aus einer Familie, die sehr männlich ausgerichtet ist. Für ihn war völlig klar, die Männer müssen heiraten, einen guten Beruf haben, erfolgreich sein, und die Frauen haben eine eher untergeordnete Rolle zu spielen, aber heiraten ist für sie natürlich auch angesagt. Deswegen gab es bei uns zu Hause schon relativ viele Diskussionen.

Diese Unterschiede habe ich deutlich gemerkt, als ich etwa zwölf Jahre und mein Bruder etwa sieben Jahre alt war. In diesem Alter muß jedes Mädchen beispielsweise mal abtrocknen, aber er war das verwöhnte Kind und wurde versorgt. Er durfte bereits viele Dinge tun, die meine Schwester und ich in diesem Alter nicht durften, er hatte viele Freiheiten im Vergleich zu uns, auch ein höheres Maß an Selbständigkeit. Ich kann mich noch gut daran erinnern, daß mein Vater einmal zu uns Mädchen sagte, wenn wir nicht gut seien in der Schule, würden wir eben Packerin in einem Textilgeschäft in Oberhausen werden, einem verstaubten, altmodischen Laden. Ich habe mir immer vorgestellt, ich stehe da mit Ärmelschonern im blauen Kittel im Staub und packe. Das ist aber zum Glück nie eingetreten. Mein Bruder dagegen hatte eher Probleme in der Schule, doch es stellte sich nie die Frage, ob er die Schule verlassen solle.

Meine Mutter hatte eine andere Rollenvorstellung als mein Vater. Das hat dazu geführt, daß sich Koalitionen gebildet haben, daß meine Mutter ihre Töchter unterstützt hat und mein Vater und mein Bruder eine Einheit bildeten, was natürlich zu Konflikten geführt hat. Meine Mutter hat erkannt, daß der Vater eine nicht zeitgemäße Vorstellung von Mädchenrollen hatte.

Weil ich nach dem Abitur gerne möglichst schnell selbständig werden wollte, habe ich erst einmal eine Sprachenausbildung gemacht und habe anschließend für einen amerikanischen Konzern als Assistentin des Geschäftsführers gearbeitet, zwei Jahre auch in Großbritannien. Da für mich aber immer klar war, daß ich studieren wollte, habe ich dann angefangen, Wirtschaftswissenschaften zu studieren. Parallel zu meinem Studium habe ich in der Erwachsenenbildung gearbeitet und mir damit mein Studium finanziert. Ich hatte damals vor, noch zu promovieren, das wollte ich eigentlich auch noch, als ich schon bei PA war, aber diesen Plan habe ich dann doch aufgegeben. Ich hatte schon mein Thema, habe das wirklich gewollt, das wäre auch sicherlich gut gewesen für mich, aber ich habe mir das dann überlegt und gesagt, ich muß eine klare Entscheidung treffen: Beruf und Promotion parallel geht eben nicht.

Ich habe mich bei Entwicklungshilfeorganisationen beworben, habe mich aber parallel dazu umgeschaut, was denn noch in Frage käme. Dann las ich eine Stellenanzeige von der PA, die interessant und anspruchsvoll klang, und auf die habe ich mich beworben. Drei Tage später erhielt ich einen Anruf, und ich fuhr zum Vorstellungsgespräch. Das Gespräch führte ich mit meinem Vorgänger. Es war bald klar, daß wir uns vorstellen konnten, gut miteinander zu arbeiten. Der Bereich Personalforschung und -systeme war damals neu ins Leben gerufen worden, und der Forschungsaspekt daran interessierte mich, so daß ich zusagte und im Dezember 1983 in Frankfurt anfing.